标准化视角下的我国基层图书馆事业发展研究

申晓娟　主编

国家圖書館出版社
National Library of China Publishing House

图书在版编目(CIP)数据

标准化视角下的我国基层图书馆事业发展研究/申晓娟主编. --北京:国家图书馆出版社,2015.7

ISBN 978 – 7 – 5013 – 5512 – 9

Ⅰ.①标… Ⅱ.①申… Ⅲ.①基层图书馆—图书馆发展—规范化—研究—中国 Ⅳ.①G259.252.3 – 65

中国版本图书馆 CIP 数据核字(2014)第 282278 号

书 名	标准化视角下的我国基层图书馆事业发展研究	
著 者	申晓娟 主编	
责任编辑	高 爽 金丽萍	

出 版 国家图书馆出版社(100034 北京市西城区文津街 7 号)
(原书目文献出版社 北京图书馆出版社)

发 行 010 – 66114536 66126153 66151313 66175620
66121706(传真),66126156(门市部)

E-mail btsfxb@ nlc. gov. cn(邮购)

Website www.nlcpress.com ——→投稿中心

经 销 新华书店

印 装 北京科信印刷有限公司

版 次 2015 年 7 月第 1 版 2015 年 7 月第 1 次印刷

开 本 787 × 1092(毫米) 1/16

印 张 16.5

字 数 350 千字

书 号 ISBN 978 – 7 – 5013 – 5512 – 9

定 价 80.00 元

本书为国家质检总局公益性科研专项课题"乡镇社区图书馆管理标准研究"（项目批准号：2010250）成果之一

课题组主要成员：

汪东波	陈胜利	尹寿松	王　磊
谢　林	刘慧娟	冯守仁	贺定安
郭　斌	胡明超	王效良	金晓明
关燕云	崔晓西	闻德峰	万行明
阚立民	陈卫东	肖　雪	田　颖
胡　洁	李　丹	王秀香	邵　燕
陈　瑜	槐　燕		

前　言

　　自"六五"时期开始,我国政府就将"县县有图书馆"作为图书馆事业发展的一个中长期目标。经过六个五年计划周期的努力,直到"十一五"末,这一目标才基本得以实现。截至2013 年年底,全国共有省级公共图书馆 39 个,覆盖率为 100%;地市级公共图书馆 360 个,覆盖率为 93.7%;县级公共图书馆 2712 个,覆盖率为 92%。然而,当我们离"县县有图书馆"这个目标越来越近的时候,却发现在每一个县都设置一个图书馆并不等同于图书馆服务的全覆盖,许多基层老百姓仍然难以方便地获得图书馆的服务。其中一个不可忽视的原因是,在我国图书馆事业快速发展的行业语境下,那些数量最大、同时也最为贴近民众的县以下乡镇社区基层图书馆,长期以来却一直被政策忽视,话语权极其微弱甚至缺失,发展状况并不乐观。而这些基层图书馆,恰恰生长在百姓身边,是图书馆事业的神经末梢,只有这些神经末梢发达壮大到对百姓的基本文化需求足够敏感,能够充分发挥作用,行使职能,我们才有可能无限接近公共图书馆服务全覆盖的理想。

　　随着公共图书馆服务体系建设的逐步深入,越来越多的业界同仁开始将探究的目光凝聚于基层图书馆事业发展,有关研究逐渐增多,政策层面也对这一学术研究热点给予了积极回应。文化部在其发布的第一个公共图书馆事业发展中长期规划《全国公共图书馆事业发展"十二五"规划》中就明确提出,"以城乡基层公共图书馆设施建设为重点,加强对公共图书馆布局的统筹规划,按照普遍均等、惠及全民的建设原则,在'十一五'建设的基础上,实现基层图书馆全覆盖,形成比较完备的国家、省、市、县(区)、乡镇(街道)、村(社区)六级公共图书馆设施网络"。然而,要想改变不少基层图书馆缺书少人、门庭冷落的发展现状,也绝非一朝一夕之功。实践证明,通过标准化来促进均等化的图书馆服务是一条可行的路径。在国外,特别是在一些发达国家,通过制订图书馆设置与建设标准来促进全覆盖的公共图书馆服务体系的形成已成为这些国家图书馆事业发展的一条重要经验。在我国,近年来也陆续颁布了《公共图书馆建设标准》《图书馆建筑用地指标》等标准,东莞市在其图书馆总分馆建设中制订了《东莞图书馆分馆建设标准》《东莞图书馆分馆服务标准》等一系列针对街镇基层图书馆的标准。全国图书馆标准化技术委员会在其颁布的《全国图书馆标准化工作"十二五"规划纲要》中,也明确将乡镇社区图书馆管理标准纳入"十二五"时期我国图书馆标准化工作重点领域之一。

　　在此背景下,2010 年 6 月,时任全国图书馆标准化技术委员会委员兼秘书长的索传军教授十分敏锐地抓住基层图书馆标准化研究这一视角,在国家质量监督检验检疫总局和国家标准化管理委员会的支持下,申请立项了质检公益性行业科研专项"乡镇社区图书馆管理标准研究",希望能够通过研究提出面向基层图书馆的标准化发展路径,以此促进基层图书馆事业发展。项目专门针对我国乡镇、社区图书馆标准化工作的目标原则、内容体系及重点领域等问题开展研究,致力于为基层图书馆的标准化发展提供思路,并面向当前基层图书馆发展的部分重点领域提供标准与指南。2011 年 10 月,因索传军教授工作岗位变化,本课题转由我负责。

　　根据课题总体设计,课题组选择了我国内地的 10 个省、市 50 余个县(市)的 171 个乡镇、社区进行了问卷调查和实地走访,对这些地区基层图书馆的发展现状及标准化工作需求进行了系统深入的分析;对美国、英国、日本、韩国、澳大利亚以及我国台湾、香港的公共图书馆标准化研究与建设成果进行了全面梳理和总结。在此基础上,提出了我国基层图书馆标准规范体系框架,并结合当前我国乡镇、社区图书馆建设、管理和服务中亟需解决的关键问题,研制了《乡镇图书馆服务规范》《乡镇图书馆管理规范》《乡镇图书馆统计指南》《乡镇图书馆评估指南》《社区图书馆建设指南》和《社区图书馆服务指南》等六项标准草案。其中,《乡镇图书馆统计指南》《社区图书馆建设指南》和《社区图书馆服务指南》已被立项为 2012 年文化行业标准制订计划项目,《乡镇图书馆服务规范》和《乡镇图书馆管理规范》被立项为 2013 年度国家标准制订计划项目。现将本课题主要研究成果编辑出版,恳请各位读者批评指正,尤其希望能够与更多关心基层图书馆事业发展的业界同仁就此领域进行深入交流与研讨。

　　全书共包括 6 个部分。其中:第一章由申晓娟、田颖撰写;第二章由张涛撰写;第三章正文由吴汉华、胡洁撰写,所附调研报告由胡洁统稿,上海市街镇图书馆发展调研报告由王效良、金晓明撰写,湖北省乡镇、社区图书馆发展调研报告由贺定安撰写,陕、甘两省基层图书馆(室)发展调研报告由谢林、万行明撰写;第四章正文由邵燕、姜晓曦撰写,所附美国基层图书馆标准化工作调研报告由邵燕撰写,英国基层图书馆标准化工作调研报告由王秀香撰写,香港地区公共图书馆标准化工作调研报告由胡洁撰写;第五章由申晓娟、王秀香、李丹撰写;第六章由李丹、姜晓曦、张收棉、王秀香、张凯撰写,所附社区图书馆建设指南由闻德峰、阚立民起草,乡镇图书馆管理规范由胡明超、陈卫东、师丽梅、肖焕忠起草,乡镇图书馆服务规范由王效良、金晓明起草,社区图书馆服务指南由关燕云、郭斌、富平、齐金薇、阎峥、周生浩、吴喜文、陈剑虹、肖楠起草,乡镇图书馆统计指南由谢林、万行明、解虹、陈茹、田颖、贺定安、万群华、徐力文起草,乡镇图书馆评估指南由谢林、万行明、解虹、陈茹、田颖、贺定安、万群华、徐力文起草。全书由申晓娟、李丹、王秀香统稿。

　　课题研究工作得到了全国图书馆标准化技术委员会、全国中小型公共图书馆联合会、中国图书馆学会社区和乡镇图书馆专业委员会的大力支持,在此一并致谢!

　　在本书结稿即将出版之际,中共中央办公厅、国务院办公厅印发了《关于加快构建现代公共文化服务体系的意见》和《国家基本公共文化服务指导标准》,对促进城乡基本公共文化服务均等化、建立基本公共文化服务标准体系等做出了部署,我们有理由期待基层图书馆事业发展迎来一个别样的春暖花开。

申晓娟

2015 年初于北京

目　录

第一章　绪论

　　2005 年 10 月 11 日,中共十六届五中全会通过《中共中央关于制定国民经济和社会发展第十一个五年规划的建议》,提出"加大政府对文化事业的投入,逐步形成覆盖全社会的比较完备的公共文化服务体系"的要求,这是"公共文化服务体系"这一概念首次出现在中央文件中。同年 11 月 7 日,中共中央办公厅、国务院办公厅发布了《关于进一步加强农村文化建设的意见》(中办发〔2005〕27 号),将新时期农村文化建设提升到国家发展战略的高度。2006 年 9 月 13 日,中共中央办公厅、国务院办公厅印发《国家"十一五"时期文化发展规划纲要》,把加强公共文化服务体系建设作为全面建设小康社会的一项重要任务,规划在"十一五"期间建设"结构合理、发展平衡、网络健全、运行有效、惠及全民"的公共文化服务体系。2007 年 8 月 21 日,中共中央办公厅、国务院办公厅印发了第一个关于公共文化服务体系建设的专门政策文件《关于加强公共文化服务体系建设的若干意见》(中办发〔2007〕21 号)。2011 年 10 月,党的十七届六中全会在我党历史上第一次提出了"建设社会主义文化强国"的奋斗目标,并明确提出到 2020 年,要达到"覆盖全社会的公共文化服务体系基本建立,努力实现基本公共文化服务均等化"的目标。2013 年 11 月,党的十八届三中全会又提出要构建现代公共文化服务体系。

　　国家政策层面对公共文化服务体系建设热情的不断高涨,建设目标的层层递进,行动部署的持续推进,使包括公共图书馆在内的公共文化事业被社会主义文化建设的浪潮推动着进入一个崭新的发展时期。

　　公共图书馆作为公共文化服务体系的重要组成部分,承担着保存人类文化遗产、开展社会教育、传播公共知识和信息以及开发智力资源的重要职责。"十五"以来,国家通过实施县级图书馆和文化馆建设、县级图书馆和文化馆修缮、文化信息资源共享工程等重大文化项目,逐步改善了各级公共图书馆的设施设备条件。特别是"六五"期间确立的"县县有图书馆"的目标在"十一五"末终于基本实现,到 2013 年年底,我国县级以上独立建制的公共图书馆 3112 家,总藏书量达 7.4 亿册,从业人员超过 5.6 万人[1],各级图书馆在设施网络建设、服务网络建设、文献资源保障和数字文化服务体系建设等方面取得了长足发展。2011 年,文化部、财政部出台《关于推进全国美术馆、公共图书馆、文化馆(站)免费开放工作的意见》,全国"三馆一站"向社会免费开放成为国家层面的政策部署,图书馆人欢呼雀跃,将其视为"公共图书馆精神回归和重塑的春天"[2]。人们利用图书馆的需求也被极大地激发起来,一些城市的中心图书馆人满为患的报道频频见诸报端,与此同时,一些更为基层的、百姓身边的图书馆因缺少馆舍、人员、文献等而无法提供正常服务的窘况逐步凸显出来。而政策层面对公共文化服务体系"公益性、基本性、均等性和便利性"的要求,使得公共文化服务的广泛覆盖问题成为公共文化服务体系建设在当前一个时期的瓶颈问题。人们的目光开始不约而同地

---

① 国家图书馆研究院.2013 中国公共图书馆事业发展基础数据概览.

② 余胜,吴晞.免费开放:理论追寻、历史回顾与现实思考[J].中国图书馆学报,2011(3).

转向那些长期被忽视的、被称为基层图书馆的公共文化机构,它们是实现公共图书馆服务广泛覆盖的根基。

随着国家文化政策的不断出台,各级政府对基层图书馆的重视也在学术研究上得到反映,关于基层图书馆可持续发展的研究逐渐增多。从现有研究看,基层图书馆多被用来代指县级及县以下公共图书馆。本课题组专门对近 10 年间正式出版的我国基层图书馆相关研究成果及社科基金项目做了整理分析,其中主题论文的研究年度数量统计见表1。

表 1　主题论文年度分布统计(2002—2012 年)

主题＼年度	2002	2003	2004	2005	2006	2007	2008	2009	2010	2011	2012	总计
基层图书馆	5	16	14	13	25	20	36	44	142	128	113	556
县级图书馆	37	27	25	29	53	63	70	63	130	149	133	842
街道图书馆	0	0	3	1	0	0	5	1	1	8	7	27
社区图书馆	51	83	75	74	82	82	82	46	158	128	114	975
乡镇图书馆	26	17	16	27	23	42	50	24	69	37	39	397
农村图书馆	7	5	6	5	25	31	37	3	66	43	43	271
总计	126	148	139	149	209	238	280	181	566	493	449	3068

自 2001 年中国图书馆学会社区乡镇图书馆专业委员会成立以来,学术界对基层图书馆的研究开始逐步增长,尤其是社区图书馆相关研究。而这种增长趋势在 2010 年有了一个飞跃,基层图书馆、社区图书馆的学术论文研究增长分别翻了 3 番,县级图书馆研究论文也有了成倍的增长。这种研究的关注也反映在学术专著的出版和社科基金项目开展数量中,其中专著出版统计见表2。

表 2　基层图书馆研究专著出版情况一览(2002—2012 年)

专著主题	数量(种)	专著主题	数量(种)
基层图书馆	11	社区图书馆	7
县级图书馆	1	乡镇图书馆	0
街道图书馆	1	农村图书馆(含农家书屋)	16

在 2002—2012 年间,社科基金项目立项的基层图书馆发展研究项目有 7 项,其中有秦淑贞主持的"联合型社区图书馆功能及发展模式研究"(02BTQ004)、孙方礼主持的"中国民族地区社区图书馆功能与发展模式研究"(02BTQ008)、于良芝主持的"面向学习型社会主义新农村的县级图书馆功能设计研究"(06BTQ002)、杨勇主持的"欠发达地区农村图书馆的科学发展研究"(08BTQ012)、李东来主持的"区域图书馆整体协同发展模式及路径研究"(08BTQ013)、刘兹恒主持的"县以下基层图书馆的可持续发展与图书馆基金会运作机制研究"(09BTQ012),已出版的阶段性成果为基层图书馆发展研究起到了引领作用。同时带领了一批青年课题的立项,如王丽华主持的"农村文化信息资源共享的路径选择与实现策略"、龚蛟腾主持的"公共文化服务体系中社区图书馆发展战略研究"、郑华主持的"西部地区城市低收入者日常信息需求与社区信息保障机制研究"等。

以上论文、专著、社科基金项目等资料研究,集中对以下几类问题展开讨论:①县级图书馆的建设和发展模式总结与反思、政府关注度对基层图书馆建设的影响以及如何与相关工程建设配套共同完善县级图书馆服务;②乡镇(街道)图书馆建设主体的复杂性与现阶段可行性模式研究分析;③社区图书馆的建设模式——总分馆型、联合共建型、社区自建型的各自利弊与适用性;④农村图书馆(室)公办投入与非政府组织参与建设发展模式研究。这些研究成果从不同侧面反映了当前人们对基层图书馆可持续发展的认识,对实践有较强的指导意义。

一、本课题关于基层图书馆范围界定及属性功能的基本认识

1. 基层图书馆的范围界定

为科学界定本课题研究对象,课题组对国内外资料进行了比较全面的收集整理。在调研国内相关文献中发现,尽管近年来对基层图书馆的研究增长迅速,但是对基层图书馆的概念界定并没有统一认识,目前已有研究成果对基层图书馆的界定主要有四种观点:一是将基层图书馆等同为或主要等同为县级图书馆;二是将基层图书馆主要指向县以下公共图书馆,包括乡镇、街道、村、社区图书馆;三是认为基层图书馆应当包括以上所指的两部分图书馆,即县级图书馆和县以下图书馆;四是将"基层图书馆"理解为相对的概念,即任何图书馆相对于上一级别的图书馆而言都是基层图书馆,相对于其下一级别的图书馆而言又都是非基层图书馆。

国外并没有与我们的基层图书馆严格对应的图书馆群体,课题组对部分主要国家的公共图书馆服务体系进行了研究,特别是对在这一体系中承担主要公众服务职能的图书馆进行了分析,这些图书馆在一个国家公共图书馆服务体系中的定位大致对应于我们通常所指的基层图书馆,即设置在公众身边,承担服务体系中的绝大部分公众服务职能。结果显示,这些国家的基层图书馆范围界定基本是以行政区划等级为参考依据的。例如,在美国的公共图书馆服务体系中,那些服务于小范围人群的社区图书馆、乡村图书馆及流动图书馆等各种形式的分馆,是其公共图书馆服务体系的主体,英文表述中以乡镇图书馆(town library)、乡村图书馆(rural library)、社区图书馆(community library)、流动图书馆(mobile library)等形式出现。在澳大利亚,基层图书馆一般包括每个自然居住区或者邮政编码区的公共图书馆、图书馆分馆或流动图书服务点,以及专门为土著居民提供服务的公共图书馆服务网络。日本的基层图书馆则主要包括区立图书馆(市以上级别的城市中的基层图书馆)、町和村图书馆,其中包括人口"过疏地区"的图书馆。韩国的基层图书馆一般是指邑、面、洞以及里、统图书馆。

我国现行行政区划主要由省级行政区、地级行政区、县级行政区及乡镇(街道)行政区组成,其中乡镇(街道)占绝大多数,可以说,从现行行政区划的角度看,乡镇(街道)系统是其中数量最多、规模最大,也是最为基层的部分。而村和社区虽然不是独立的行政区划,但却是组成乡镇(街道)的基本分子。"十一五"以来,随着我国政府提出建设覆盖全社会的公共文化服务体系,普遍均等的公共图书馆服务体系再次成为我国图书馆行业致力推动的行业发展目标。而要实现"普遍均等"的目标要求,有两个发展维度不容忽视:一是从量化角度看,全民公共图书馆拥有量应当保持在一定水平。根据2013年的统计数据,我国平均每

43.72万人才拥有一座公共图书馆[①],相比而言,美国、英国、加拿大大约每1万人拥有一座图书馆,同比德国是6600人,奥地利为4000人,瑞士为3000人[②]。诚然,这确实在一定程度上说明我国公共图书馆事业的发展还远远滞后于发达国家,但同时我们也应该看到,这个发展现状的统计数据只是计算了我国省、市、县三级公共图书馆。长期以来,我国县以下公共图书馆一直处在一个十分尴尬的发展境地,政策层面虽然没有否认县以下公共图书馆属于公共图书馆事业范畴,但关于公共图书馆事业发展的政策文件,乃至国家关于公共图书馆事业发展情况的统计数据,均未将这部分公共图书馆纳入其中。因此,我国全民公共图书馆拥有量与国外相比有如此大的差异,也就不足为怪了。二是从定性角度看,应当使社会公众都能够就近获取公共图书馆的服务。要实现上述两个维度的发展目标,一个不可回避的问题就是如何使数量众多的乡镇(街道)、村(社区)图书馆(室)承担起向社会提供"普遍均等"图书馆服务的主体任务。

纵观我国图书馆事业发展史,乡镇、街道、村、社区图书馆(室)在改变基层群众生活方式、满足基层群众文化需求、提高基层群众文化素养、保障基层群众文化权利方面曾经做出了相当大的贡献。我国的人口分布特点决定了聚居在乡镇(街道)、村(社区)的人口占人口总数的相当比重,相应地普遍均等的公共图书馆服务体系建设的重点也应放在乡镇(街道)、村(社区)层面。因此,本课题组将基层图书馆的研究范畴界定为"城市街道图书馆和社区图书馆、农村乡镇图书馆和村图书馆"这两级四类图书馆。希望能够通过本课题的研究,为将县以下公共图书馆纳入我国现行公共图书馆体系提供理论支撑,从而促使这些身处老百姓身边的公共图书馆能够切实承担起对普通社会公众提供公共图书馆基本服务的职能。

2. 基层图书馆的属性特征和功能定位

基层图书馆从范畴上从属于公共图书馆,因此,其属性特征首先应符合公共图书馆的属性特征。国际图书馆协会联合会和联合国教科文组织于1994年发布的《公共图书馆宣言》,集中体现了国际社会对公共图书馆属性的共识。"每一个人都有平等享受公共图书馆服务的权利,而不受年龄、种族、性别、宗教信仰、国籍、语言或社会地位的限制。对因故不能享用常规服务和资料的用户,例如少数民族用户、残疾用户、医院病人或监狱因犯,必须向其提供特殊服务和资料""公共图书馆原则上应该免费提供服务。建立公共图书馆是国家和地方政府的责任"[③]。从这些表述中我们可以看到,公共图书馆具有公共性、公益性、均等性、开放性等基本特性。在我国,关于公共图书馆基本特性的认识在相当长一段时期曾经走过弯路。2011年,文化部和财政部联合下发了《关于推进全国美术馆、公共图书馆、文化馆(站)免费开放工作的意见》,明确提出"美术馆、公共图书馆、文化馆(站)是政府举办的公益性文化事业单位,是开展公共文化服务的重要场所,是保障人民群众基本文化权益的重要阵地",要求三馆一站面向社会免费开放[④]。公共图书馆公共性、公益性、均等性、开放性的基本特性在我国政府的政策层面得以确定。基层图书馆作为我国公共图书馆体系的重要组成部分,同样

① 国家图书馆研究院.2013中国公共图书馆事业发展基础数据概览.
② 聂震宁.国民阅读的状况与全民阅读的意义[J].现代出版,2015(1).
③ 王世伟,张涛.公共图书馆服务规范应用指南[M].北京:国家图书馆出版社,2013.
④ 国家图书馆研究院.我国图书馆事业发展政策文件选编(1949—2012)[M].北京:国家图书馆出版社,2014.

带有公共图书馆的这 4 个基本特性。

公共性:基层图书馆是公共图书馆的服务末梢,它在建制上无论是属于街道、社区,或是乡镇、村,都是相应的一级集体组织,并为该集体组织辖区内的所有人员提供服务,因此,基层图书馆具备的首要特性即公共性。

公益性:基层图书馆应当向所有公众提供免费的基本服务,以满足公众基本文化需求,保障其基本文化权益。所需经费由政府予以保障。关于免费服务的内容在《关于推进全国美术馆、公共图书馆、文化馆(站)免费开放工作的意见》中有明确要求。

均等性:基层图书馆的设置布局应遵循普遍均等原则,选址要考虑服务半径、服务人口等因素,方便公众利用图书馆。同时,公共图书馆应当面向每一个社会公众,提供平等服务。

开放性:基层图书馆向所在区域的所有公众开放,使每一个人都能够不受年龄、社会地位、健康状况、宗教信仰、性别等的限制,走进图书馆,获得图书馆的服务。

有学者认为,"一个基层图书馆就是所在地区的文化心脏,是这个地区继续教育、社会阅读的一个平台或者中心"[①]。基层图书馆是各级公共图书馆服务在基层的延伸,是政府保障公民基本文化权益的重要途径。人们在这里阅读图书,分享知识,交流信息,参加文化活动,获得所需要的技能与信息。可以说,基层图书馆由于其最为贴近群众,方便利用,因此肩负着地区文化中心的职能,区域文化通过这些基层图书馆得以保存与传承。基层图书馆促进知识与信息交流分享,营造读书氛围,为人们更好地融入社会、实现自我价值、提高生活质量创造基本条件,是公民的终身学校。

二、基层图书馆发展状况及现实政策环境分析

党的十六大后,文化部作为全国图书馆事业的管理部门,先后组织实施了一系列重大工程、重点项目,完善基层公共文化设施、满足基层群众精神文化需求是这些工程项目的重要建设内容。

——自 2002 年起,文化部联合财政部共同组织实施"全国文化信息资源共享工程",工程利用现代信息技术,将中华优秀文化资源进行数字化加工整合,通过互联网、卫星、电视、手机等新型传播载体,依托各级图书馆、文化站等公共文化设施,在全国范围内实现共建共享。在网络建设方面,该工程提出"实现 1 个国家中心、30 个以上省级分中心和 5000 个以上县、乡、街道和社区基层网点的联网",而这些数量众多的基层网点主要是依托"县、乡、街道和社区图书馆或文化馆、文化站"[②]。

——自 2003 年起,文化部、财政部为解决基层群众看书难问题,共同发起"送书下乡"工程,提出"向 300 个国家级扶贫开发工作重点县图书馆和 3000 个乡镇图书馆(室)赠送农村适用图书 390 万册"[③]。

——为深入贯彻落实中共中央、国务院《关于推进社会主义新农村建设的若干意见》和《关于进一步加强农村文化建设的意见》,切实解决广大农民群众"买书难、借书难、看书难"

---

① 新华网.基层图书馆:死还是生.中青在线—中国青年报[EB/OL].[2014-03-04]. http://news. xinhuanet. com/focus/2008-07/22/content_8743786_1. htm.

②③ 国家图书馆研究院.我国图书馆事业发展政策文件选编(1949—2012)[M].北京:国家图书馆出版社,2014.

的问题,自 2007 年起,新闻出版总署会同中央文明办、发改委、科技部、民政部、财政部、农业部、国家人口计生委在全国范围内实施"农家书屋"工程,提出"'十一五'期间计划在全国建立 20 万家'农家书屋',到 2015 年基本覆盖全国的行政村"①。

——2007 年,国家发展和改革委员会发布的《全国"十一五"乡镇综合文化站建设规划》,提出"开办图书室,组织群众开展读书活动"是乡镇综合文化站的职能之一,要求乡镇综合文化站应配备书刊阅览室,并提出用五年时间在全国完成 24 163 个乡镇综合文化站的建设②。

这些工程大都由中央和地方政府专门设置了专项经费,用于工程的建设、运行和维护等。然而,由于建设与投入主体各不相同,上述工程项目普遍存在重复建设与建设空白并存、难以实现专款专用、基层需求不明、效益不明显等问题。无论是从最初的规划,还是从实际建设情况看,这些工程与基层图书馆的功能设计多有雷同,而且在基层多依托同一个物理空间、同一支管理队伍,面向相同的服务对象,因此,其实施和发展深刻影响着基层图书馆事业的发展。基层图书馆似乎只是被动地随着不同工程的要求而不断变形,与自身的科学发展轨道出现偏离也就不足为奇了。近年来随着公共文化服务体系建设的不断深入,各地纷纷探索建立适合本地区的图书馆总分馆制模式,而基层图书馆多被纳入地区总分馆体系中,一定程度上促进了基层图书馆的建设与发展。然而,从整体上看,广大乡镇(街道)、社区(村)基层图书馆(室)的实际发展情况依然不容乐观。2009 年 6 月,《北京日报》发表了一篇记者报道——《基层图书馆现实窘境 是死还是生 期待峰回路转》③,文章用 6 个字对基层图书馆的现实窘境做了概括:"破"(馆舍破),"旧"(藏书旧),"少"(读者少),"缺"(设备缺),"多"(人员多),"差"(效益差)。这 6 个字的概括,一定程度上反映了基层图书馆在馆舍、馆藏、服务、人员等方面存在的较为普遍的问题与差距。缺乏一套支持基层图书馆可持续发展的机制设计与政策制度,特别是缺乏建设标准恐怕是根本原因之一。

政策规定对基层图书馆事业发展的影响不容忽视。以北京地区为例,2002 年出台的《北京市图书馆条例》第十七条规定"街道、乡镇公共图书馆(室)的建筑面积应当达到 100 平方米以上,阅览座位应当达到 30 席以上",第三十五条规定"街道、乡镇公共图书馆(室)年入藏文献信息资料不得少于 1000 册(件)"④。明确的政策要求效果非常明显,在本课题组 2010—2011 年开展的调研中,北京市街道图书馆建设基本达标。但对于社区、村图书馆而言,由于《条例》没有明确要求,相较街道、乡镇图书馆而言,社区、村图书馆的发展尤为滞后,条件较好的社区、村图书馆,大部分还同时扮演着"益民书屋"、新华书店售书点等多重角色;条件较差的社区、村图书馆则基本不具备提供服务的条件。根据《"十一五"全国乡镇综合文化站建设规划》的规定,乡镇综合文化站有"开办图书室,组织群众开展读书活动"的职能,且"每个综合文化站至少应有 1—2 个编制"⑤。由此可见,乡镇图书馆(室)似乎隶属于

---

① 关于印发《"农家书屋"工程实施意见》的通知[EB/OL]. http://www.law-lib.com/law/law_view.asp? id = 192570.

②④⑤ 国家图书馆研究院.我国图书馆事业发展政策文件选编(1949—2012)[M].北京:国家图书馆出版社,2014.

③ 北京日报.基层图书馆现实窘境 是死还是生 期待峰回路转[EB/OL].[2014-03-04]. http://www.nlc.gov.cn/newtsgj/yjdt/2009n/6y_2164/200906/t20090629_33424.htm.

乡镇综合文化站。然而,这一政策文件更为关注的是乡镇综合文化站的馆舍与硬件建设,对于那些或者独立,或者依附于乡镇综合文化站的乡镇图书馆的日常运行来说,仅有这些规定是远远不够的。乡镇图书馆(室)在管理机制、经费支持、从业人员待遇,以及在地区图书馆体系中的定位等,均缺乏明确规定。2008年发布的《公共图书馆建设标准》依据服务人口设定了大型馆(服务人口150万)、中型馆(服务人口20万—150万)、小型馆(服务人口5万—20万)的建设标准,2011年发布的《公共图书馆服务规范》主要适用于省、市、县三级公共图书馆。而对于服务人口大多少于5万人的基层图书馆而言,其建设规模、人员规模、读者服务、资源建设、业务建设等尚缺乏系统的标准化要求。馆藏文献是图书馆开展服务重要的基础性资源,许多基层图书馆的馆藏建设更多地依赖于共享工程、农家书屋等工程的资源,没有根据本地区社会公众的需求建立馆藏资源体系,自然无法谈及有效服务。

在我国,基层图书馆的发展主要依靠国家和各级政府的财政投入。长期以来,由于受整个国家历史发展阶段和财政状况的限制,基层图书馆一直缺乏稳定充足的经费支持。特别是符合我国管理体制的实际情况、有利于基层图书馆事业发展的保障机制尚未建立,基层图书馆事业发展一直处于较为动荡的状态,在短时期的繁荣发展后总是相对出现一个相对较长时期的沉寂。近年来,文化政策的利好对基层图书馆来说,无疑又是一个新的发展机遇期。

2002年,文化部、国家计委、财政部共同签发《关于进一步加强基层文化建设的指导意见》,明确指出"对于群艺馆、文化馆、图书馆等公益文化事业单位的日常工作给予必要的经费保障,保证各级公共图书馆有一定数量的购书经费",对各级图书馆的经费保障和专项购书经费在政策上有了相对明确的要求,基层图书馆建设经费的投入开始走入正轨,总体趋势向好,但由于《意见》并没有规定承担经费保障责任的主体,对"必要的经费保障"和"一定数量的购书经费"也没有具体量化要求,因此,在政策落实中难免有较大随意性,各地区对基层图书馆的投入差异很大。

2006年,《国家"十一五"时期文化发展规划纲要》中指出:建设社会主义新农村的核心内容之一,就是要大力发展包括县、乡镇图书馆在内的农村公共文化事业,并提出"在巩固县县有图书馆、文化馆的基础上,基本实现乡镇有综合文化站,行政村有文化活动室"的建设要求,在政策层面上将一级政府建设和管理一个图书馆的要求由省、市、县延展到了乡镇和行政村,且在乡镇、村一级以综合文化站或文化活动室的形式整合图书馆与文化馆功能的政策要求已经有迹可循。2007年,发改委、文化部下发《"十一五"全国乡镇综合文化站建设规划》,进一步要求乡镇综合文化站要开办图书室,组织群众开展读书活动,明确了在乡镇依托综合文化站整合文化馆与图书馆职能的政策思路。2012年2月15日,中共中央办公厅、国务院办公厅正式发布了《国家"十二五"时期文化改革发展规划纲要》,将"增加农村文化服务总量,缩小城乡文化发展差距,以农村和中西部地区为重点,加强县级文化馆和图书馆、乡镇综合文化站、村文化室建设"作为公共文化服务体系建设的重点内容之一。

2010年7月,胡锦涛总书记在中央政治局重要讲话中对政治、经济、文化、社会建设做出了"三加快、一加强"的战略部署,明确应"以满足人民群众基本文化需求、保障人民群众基本文化权益为目标,加快构建覆盖全社会的公共文化服务体系"。十七届六中全会通过的《中共中央关于深化文化体制改革推动社会主义文化大发展大繁荣若干重大问题的决定》对公共文化服务体系的建设主体、特点规律、建设重点、具体路径等各方面做出了全面、具体的要求,提出了一系列政策措施。其中关键的几点:一是明确提出了经费保障的要求。《决定》指出:要"保证公共财政对文化建设投入的增长幅度高于财政经常性收入增长幅度,提高文化支出占财政支出比例。扩大公共财政覆盖范围,保障公共文化服务体系建设和运行"。二是着眼于农村基层,明确提出要增加农村文化服务总量,缩小城乡文化发展差距。中央、省、市三级设立农村文化建设专项资金,保证一定数量的中央转移支付资金用于乡镇和村文化建设。三是在人才方面,明确提出"基层文化人才队伍是文化改革发展的基础力量",并要求制定实施基层文化人才队伍建设规划,吸引优秀文化人才服务基层。

自2004年东莞市人民政府印发东莞地区图书馆总分馆制实施方案以来,苏州、嘉兴、佛山、杭州等多地相继出台总分馆制建设政策文件,在区域公共图书馆服务体系建设制度设计,特别是基层图书馆建设制度设计方面有许多新的思路、新的做法、新的突破,也取得了较好的效果。2010年文化部、财政部启动国家公共文化服务体系示范区创建,一些地区前期在总分馆制建设方面的实践在示范区创建中进一步深化,其经验也得到更为广泛的借鉴。

三、关于基层图书馆标准化的思考

标准化(standardization)是指为了在一定范围内获得最佳秩序,对现实问题或潜在问题制定共同使用和重复使用的条款的活动。标准化的主要作用在于为了预期目的改进产品、过程或服务的适用性,防止贸易壁垒,并促进技术合作。图书馆标准化工作无疑是为解决图书馆事业发展中遇到的现实问题及未来可能面临的潜在问题,以及改进图书馆服务而对图书馆相关业务工作进行研究,并在此基础上制定统一标准,通过标准应用实现行业发展的规范化、专业化目标,提升行业发展水平的一系列工作。20多年前,著名图书馆学家黄宗忠先生曾撰文指出:"没有标准化,就没有图书馆的现代化和专业化……图书馆标准化,是高速发展图书馆事业,提高图书馆服务质量和工作效率,充分利用图书馆的资源,提高图书馆经济效益与社会效益的一种重要手段。"[①]从国内外图书馆事业发展的历史来看,标准对行业发展有着无可替代的促进作用。在我国,编目规则、机读目录格式、分类法、主题词表等文献组织领域标准的应用,为全国范围内图书馆馆藏文献资源的共知共享提供了基本条件,极大地改善了读者获知图书馆馆藏文献线索,进而获取文献的体验。而数量众多的基层图书馆因长期游离于图书馆行业边缘,无论在标准应用、标准研究还是标准制定方面都基本还是空白。这就直接导致了基层图书馆的专业化水平低、资源共享基础差、服务不规范、功能不明确。

从本课题调研的情况看,图书馆建设、设施布局、业务管理及服务等标准的制定和实施,对于一个国家的图书馆事业发展面貌是有根本影响的。为此,课题组在深入调研的基础上,认为应当借当前基层图书馆事业发展政策向好的有利时机,抓紧相关标准的制定,从而通过这些标准的实施切实推动我国基层图书馆事业的发展。这也是本课题选题的最基本考虑。

---

① 黄宗忠.论图书馆标准化[J].武汉大学学报(社会科学版),1990(5).

第二章 我国基层图书馆发展的政策环境变迁

公共图书馆迟至近代方始兴起,其中乡间村镇与城市社区的基层图书馆产生、发展则更晚。古代书院与私家藏书虽然不乏地处偏远、散在民间者,其间也有一些对当地读书人开放、在乡里承担教化功能的藏书楼与藏书家出现,但是真正意义上的基层图书馆获得发展,应属 20 世纪以来图书馆史的议题。

以社区和乡镇图书馆为主的基层图书馆是中国公共图书馆事业的重要组成部分。基层图书馆秉承传统图书馆的社会职能,又在功能上相对延伸和拓展。当代的基层图书馆不仅是周边人群学习文化知识、获取科技信息、提高综合素质的场所,也是发展和繁荣城市、乡村文化事业,推动社会主义文化大发展大繁荣,进一步兴起社会主义文化建设新高潮的重要基础。回顾基层图书馆的发展历史,特别是关注其发展环境的变迁历程,对于今后加强基层图书馆建设,实施配套政策措施十分重要。

必须指出的是,"基层图书馆"是我国当代公共图书馆研究中的特有概念,其内涵、外延都有待深入厘清。一般认为,基层图书馆应是政府举办的、非营利性的图书馆,在我国依照行政级别划分的图书馆体系中,尤其特指县以下的社区、乡镇图书馆。不过,历史地看,20世纪曾经出现的乡村图书馆、民众图书馆和抗战特殊历史条件下出现的流动图书馆、马背书馆以及中华人民共和国成立后产生的工厂工会图书馆都具备若干基层图书馆的基本特质。将之纳入考察范围,研究其发展演变的外部氛围,将有助于全面理解基层图书馆政策环境的历史状况。

第一节 从无到有
——1949 年以前基层图书馆发展的政策环境

图书馆学界曾长期认为 1928 年在云南省腾冲县和顺镇双虹桥畔建立的和顺图书馆是中国第一个乡镇图书馆,不少论著均沿袭此一说法。但此说并不准确。同在腾冲县的下绮罗村绮罗图书馆早在 1919 年就已建成①。1916 年近代著名实业家荣德生在江苏省无锡市西郊荣巷西街成立大公图书馆②。1912 年,湖南湘乡青树镇也短暂存在过乡镇儿童图书馆③。黄俊贵更指出,1908 年创办的前身为松口书报社的广东省梅县松口图书馆才是中国最早的乡

① 保山旅游电子政务网. 绮罗图书馆[EB/OL]. http://www.bstravel.gov.cn/dili/html/80.html.
图情牛犊. 和顺图书馆由谁创办?[EB/OL]. http://blog.sina.com.cn/s/blog_4d02754101008syi.html.
② 张峰. 民国时期的乡村图书馆[D]. 长春:东北师范大学,2009.
③ 陈源蒸,张树华,毕世栋. 中国图书馆百年纪事:1840—2000[M]. 北京:北京图书馆出版社(今国家图书馆出版社),2004.

镇图书馆,目前研究所见近代中国基层图书馆以此为最早①。

其实,19、20世纪之交正是社会剧烈变动的时期,对当时的中国而言,图书馆尚属新生事物,最初创立的各馆虽然在后来图书馆史研究的追认中被当作某一类型图书馆的先驱,但据实而言,文献不足征,这些早期图书馆究竟该如何定位,的确存在商讨的余地。以被认为是中国最早的公共图书馆的绍兴古越藏书楼而论,是否可将其定位为一座社区图书馆?此处不拟对这一问题展开深入探讨,而仅指出图书馆在农村乡镇逐渐涌现的现象植根于当时的社会文化环境。基层图书馆的诞生,与当地的政治、经济、文化教育事业密切相关②。而20世纪前期西方图书馆观念传入中国,"新图书馆运动"蓬勃展开,对基层民众的关注逐渐成为中国图书馆学理论和图书馆实践的核心概念③。李小缘所呼吁的"全国民众,无论男女老幼,皆有识字读书之机会"④,这种思想对于基层图书馆的创办与发展是一种催化剂。

一、民国初期基层图书馆尚未引起足够重视

据《教育杂志》4卷4号记事,早在1912年5月28日,直隶总督张金波就发布公告,指出城镇、乡村应设图书馆。1933年,沈祖荣针对当时民众教育馆发展现状指出,民众教育为当前急务,民众图书馆之人才训练亦刻不容缓⑤。可见民国时期从政府到图书馆界,对基层图书馆的建设确有关注。这一时期基层图书馆事业已有初步的发展,但发展速度颇为缓慢,力量也非常分散,未能形成在全国范围内具有影响的建设潮流。从政策层面来看,无论是1915年还是1930年的《图书馆规程》对图书馆的设置仅规定到县一级,同时说明公共团体或私人有权设立图书馆,但并未对县以下的基层如何设置图书馆做出规定。

截至抗战以前,中国总共1900多县,每县设区,区下分乡镇,几乎每县市政府所在地均设有图书馆,但大都因陋就简,藏书规模很小,且多由未受专门训练的馆员主持工作⑥。对于这些图书馆,省立图书馆负有辅导之责。浙江省教育厅1930年章程规定,浙江图书馆有"辅导本省各县市图书馆之责"。实际操作中,具体有调查、视导、通讯、赠书、代办图书用品、拟定标准书目等项。但实际工作中却鲜能落实,或进展迟缓,或"时促力薄,收效盖鲜"⑦,偏远地区如甘肃,1927年以前18县设有图书馆,形同虚设者多,名实相符者少,1936年虽短暂增至40座,但旋即并入当地民众教育馆,到1942年大部分解散,全省仅存县级馆一座⑧。

县市以下的区、乡、镇等基层开办图书馆供民众阅览的案例十分稀有。如前所述,图书

---

① 黄俊贵.中国最早的乡镇图书馆——广东梅县松口图书馆[J].图书馆论坛,2006(4).

② 黄体杨.和顺图书馆的发展原因与历史贡献探究[J].云南图书馆,2008(1).

③ 刘兹恒,余训培."新图书馆运动"的精神实质———对图书馆"民众"概念的回顾和反思[J].图书馆,2005(5).

④ 李小缘.全国图书馆计划书[M]//马先阵,倪波.李小缘纪念文集.南京:南京大学出版社,1988:18.

⑤ 沈祖荣.中国图书馆及图书馆教育调查报告[M]//中国图书馆界先驱沈祖荣先生文集.杭州:杭州大学出版社,1991:177.

⑥ 严文郁.中国图书馆发展史:自清末至抗战胜利[M].新竹:枫城出版社,1983:101.

⑦ 陈训慈.浙江图书馆之回顾与展望[M]//浙江图书馆.陈训慈百年诞辰纪念文集.北京:北京图书馆出版社(今国家图书馆出版社),2006:231.

⑧ 邵国秀.民国时期甘肃的图书馆事业[J].图书与情报,1992(3).

馆史学者在研究中追认出一些早期基层图书馆,只是这些图书馆影响力尚属有限。如果完全按照今天的基层图书馆概念来要求,可以说当时类似的机构为数极少,不成气候。当然,考虑到民国初年平民教育、乡村建设的推展与图书馆活动对基层民众的重视,民众教育馆、通俗图书馆、书报阅览室、平民识字处纷纷涌现,松口图书馆、和顺图书馆、大公图书馆等皆与书报阅览室相仿,这类图书机构可视作未来基层图书馆的早期形态,或是兼具基层图书馆的主要功用。不少省市还设立流动的巡行文库,加强通俗教育,即由各县设通俗文库负责采集民众必需而浅近的书籍,运至各乡镇,再转送村落,限期阅毕送还。在中国图书馆事业奠基时期,通俗图书馆、阅览室、流动文库发展值得注意①。

1915 年公布的《通俗图书馆规程》要求"各省治县应建通俗图书馆,储集各种通俗图书,供公众之阅览,各自治区得视地方情形设置之",私人或公共团体亦得设置;其第 7 条则规定通俗图书馆不得征收阅览费②。这是从政策层面对通俗图书馆做出的保障。1930 年全国民众图书馆达到了 575 座,其中私立 17 座③。尽管如此,通俗图书馆、阅览室工作的开展并非一帆风顺。湖南通俗图书馆 1912 年开始筹建,因经费短缺,无力开馆。1914 年冬才在湖南通俗教育图书编辑所下设,但开办后因藏书少而不能满足读者需要④。不少通俗图书馆经费紧张,藏书寡少,以致少有人来。1936 年,浙江省通俗图书馆已达百余所(包括民众教育馆图书部),但经常无人阅览,故图书馆人感慨道:"单看图书馆数的增加,而没有阅者的增加,根本算不来进步。"⑤

民众教育馆是社会教育的中心机构,因孙中山遗嘱有"唤起民众"字样,此后各县市民众教育馆迅速发展起来。其主要业务是传播健康知识、培养卫生习惯、传习体育技能、培养科学信念、灌输科学知识、提倡合作事业与副业、辅导职业、教授识字、指导阅读、改进家庭物质与精神生活、改良生活习惯、培养交际道德、灌输政治常识、供给娱乐机会等。1932 年教育部公布《民众教育馆暂行规程》指出民众教育馆应设阅览部,负责书籍、杂志、图表、报纸之公开阅览,巡回文库、民众书报阅览所等属之⑥。不过,实际情况也不尽如人意,如山东省立民众教育馆图书馆自 1929 年起,设置图书购置费预算每月 150 元,但因经费困难,第二年即减至每月 40 元,其中还包括为民众学校儿童班,成人夜班学生购买书籍的费用。事实上,该馆内许多杂志都限于经费原因基本停止订购,书籍添置也无从说起。限于财力人力,巡行文库也只在济南市区内试行,难以下到乡村⑦。由于民众教育馆工作范围广而经费少,其用于图书馆的部分微乎其微,全年不能添书者比比皆是。

这一时期基层图书馆的状况实与当时发展环境密切相关。简言之,有两点值得特别注意。一是中国地域广阔,人口素质起点较低,平民教育虽经提倡,但收效远未达到一定程度。

① 王西梅.中国图书馆发展史[M].吉林:吉林教育出版社,1991:254—255.

② 王振鸣.图书馆法规文件汇编[G].保定:河北大学图书馆学系,1985:6—7.

③ 教育部社会教育司.十九年度全国公私立图书馆一览表[Z],1930.

④ 陈源蒸,张树华,毕世栋.中国图书馆百年纪事:1840—2000[M].北京:北京图书馆出版社(今国家图书馆出版社),2004:19.

⑤ 陈训慈.民众图书馆改进之管见[M]//浙江图书馆.陈训慈百年诞辰纪念文集.北京:北京图书馆出版社(今国家图书馆出版社),2006:339.

⑥ 彭大铨.民众教育馆[M].南京:正中书局,1941:21.

⑦ 张鹏.山东省立民众教育馆研究(1929—1937)[D].济南:山东师范大学,2008.

对于此种情形,梁启超 1925 年 4 月 25 日在中华图书馆协会成立大会上的讲话早已点明。梁启超认为,"就读者方面论,实以中学以上的在校学生为中坚,而其感觉有图书馆之必要最痛切者,尤在各校之教授及研究某种专门学术之学者,这些人在社会上很是少数。至于其他一类人,上而官吏及商家,下而贩夫走卒,以至妇女儿童等,他们绝不感有图书馆之必要。纵有极完美的图书馆,也没有法儿请他们踏到馆的门限。这种诚然是极可悲的现象,我们将来总要努力改变他,但在这种现象没有改变以前,群众图书馆无论办理得如何完善,我敢说总是白设罢了"①。

另一点则是由于这一时期政治动荡,政府与地方政区建制更迭频繁,对依靠政府力量尤其是地方支持发展的基层图书馆来说,当时的中国还没有形成促进基层图书馆健康成长的良好环境。国民政府对全国的实际控制力尚弱,能对县市一级图书馆的工作进行监控、督导,已属不易。在农村乡镇设立图书馆,更多地要求地方政府的支持与配合,而民国时期地方政府与国民政府很难做到协调一致,扶持地方发展的力度有限,如江苏无锡张泾镇民众图书馆 1928 年由乡里热心公益的人士严慰苍等人发起创办,后呈请县教育局拨款运营,因经费支绌,不敷分配,馆长不领薪金,馆舍与人合用,艰难维持②。当时从国家到地方,针对基层图书馆工作的法律、制度保障为数甚少,与后来相比,具有明显的不发达、不稳定性③。民国初期的政治局势,制约着全国经济、文化的前进,也同样制约着基层图书馆事业的发展。

二、抗战期间国统区基层图书馆的艰难发展

1937 年 7 月 7 日,日本帝国主义制造卢沟桥事变,抗日战争全面爆发,中国的图书馆事业遭到毁灭性破坏。战争期间,侵略者毁灭和强占中国各地的图书馆,大肆掠夺珍贵历史古籍与进步书籍、报刊,各地图书馆大规模西迁,损失惨重,基层图书馆事业陷入停顿。

1938 年,中央图书馆初步估计全国图书损失于战火者当在 1000 万册以上④。另据抗战后期保守估计,战争期间,日军劫运北平公共图书 20 万册,上海 40 万册,天津、济南、杭州等处各 10 余万册,早在 1939 年,陷入敌手的专科以上院校藏书即达 192 万册以上。私家藏书损失无算,总体估计,日军侵华造成中国书籍损失当在 1500 万册以上⑤。据学者统计抗战期间沦陷区和战区共损失图书馆 2118 所,民众教育馆 835 所,其中仅抗战第一年,上海就损失图书馆 173 所,江苏 300 所,浙江 377 所,河南 392 所⑥。到战争结束后的 1946 年,国统区各类图书馆仅存 731 所⑦。此类统计很难做到全面精准,但侵略战争对中国图书馆事业的沉重打击已可概见。

作为重要的社会教育机关与民众休闲场所,图书馆受到高度重视,即便在抗战期间,国

---

① 梁启超.中华图书馆协会成立大会演说辞[J].中华图书馆协会会报,1925(1).
② 陶宝庆.无锡近代图书馆史存[J].江苏图书馆学报,1989(4).
③ 张峰.民国时期的乡村图书馆[D].长春:东北师范大学,2009.
④ 严文郁.中国图书馆发展史:自清末至抗战胜利[M].新竹:枫城出版社,1983:140.
⑤ 韩启桐.中国对日战事损失之估计:1937—1943[M].上海:中华书局,1946:56—57.
⑥ 谢灼华.中国图书史与中国图书馆史[Z].武汉:武汉大学图书情报学院,1985:376.
⑦ 杨玉麟.抗战时期国民党统治区的图书馆事业[J].四川图书馆学报,1999(5).
   据严文郁记载,则为 831 所,见:严文郁.中国图书馆发展史:自清末至抗战胜利[M].新竹:枫城出版社,1983:164.

民政府对图书馆事业的监督与扶持仍未松懈。对图书馆事业整体来说,当时的主题是西迁;而针对基层图书馆,国民政府则颁布了一系列相关法令。由于原有的社会秩序和统治结构遭到了不同程度的破坏,政策层面对基层图书馆的直接思考与影响反倒成为可能。

1938年7月22日,国民政府教育部公布《修正图书馆规程》,对此前条例、规程有所修订,其中事关基层图书馆的条款是第2条关于图书馆设置机构的条款。该条称:"各县市应于民众教育馆内附设图书室,其人口众多、经费充裕、地域辽阔者,得单独设置县市立图书馆。"此条充分考虑到全国图书馆发展状况,甚至未对县市级图书馆的单独设立做出硬性规定。该条还补充,"地方自治机关、私法人或私人亦得设立图书馆",这就将乡镇一级图书馆设立的可能性纳入到正式法规当中。1939年7月24日,教育部又颁布《图书馆工作大纲》,其中规定县及普通市级图书馆应"按照县市人口之分布,设立分馆、图书站及图书代办处;办理巡回文库,便利人口稀疏、交通不便之山区及边区民众",此项工作由馆内推广组承担。同时,推广组还负有协助县市各社会教育团体、党政学商机关设置图书馆之责(1944年的《图书馆工作实施办法》仍坚持此点)。同年11月4日,《图书馆辅导各地社会教育机关图书教育办法大纲》规定各级图书馆需视导本区内公私立图书馆、下级地方自治机关或私人设立之民众教育图书室,每年至少进行一次。1941年6月3日又公布《各级学校及各机关团体设置图书馆(室)供应民众阅览办法》,其中指出"各图书馆(室)应协助当地乡镇保设置书报阅览室",一律开放,供民众阅览;如图书馆(室)规模较大或具专门性质者,应将普通参考书籍供社会人士阅览,并专辟民众书报阅览室①。

《普及全国图书教育办法》自1941年由教育部公布,经1943、1944年两次修订,对基层图书馆工作的规定更加细致。其第4条要求:"各乡镇应即设书报阅览室1所,并应逐渐增设,以期每保有书报阅览室1所。其经费以乡镇自筹为原则,贫瘠乡镇得由县市政府补助。"这是对设立乡镇图书馆最明确的规定,已经细化到保一级。该《办法》另说明"乡镇书报阅览室得附设于乡镇中心小学及保国民学校办理,每年经费不得少于2千元"。除乡镇书报阅览室外,《办法》第5条要求"各级图书馆应尽量于集镇或人口稠密之处设置分馆或书报阅览室,以利阅览",第7条相应规定各级图书馆"设置书报供应站,办理各该下级图书馆(室)及书报阅览室书报供应事宜";第12条还对包括乡镇书报阅览室在内的各级图书馆(室)选购书报的标准做出统一规定,要求务必符合"阐扬三民主义""适应抗战建国需要"等原则②。可以看出,国民政府对图书馆的教育功能相当重视,有计划、有目的地让图书馆建设服从于抗战大局。基层图书馆在服务民众、教化民众的同时,其宣传作用受到强化。

根据战时特殊情况,基层图书馆的发展相应做出特殊调整。如教育部法令仅要求县市级图书馆负责基层图书馆的推广工作,而实际上随着图书馆西迁,更高级别的图书馆也投身于此类工作。中央图书馆1939年到达重庆未久即在白沙设立民众阅览室,并举办活动。其他如江西省省立图书馆在迁移期间分设展览所于永新、兴国、万安、安福、文江等地及书报流通处12所;陕西省立西京图书馆在城固设分馆,在长安南乡杜曲镇设阅览处;广西省规定各村街国民学校一律设立书报阅览室,并制定《广西省立民众图书馆计划》以期将图书教育推

---

①　王振鸣.图书馆法规文件汇编[G].保定:河北大学图书馆学系,1985:16—31.
②　王振鸣.图书馆法规文件汇编[G].保定:河北大学图书馆学系,1985:32—34.

及各乡镇①。此类阅览室的设置与流动图书阅览处的实施,对普通群众接触图书馆,了解文化知识与时局动态,吸收抗战思想是有帮助的。

正因为国民政府在民族危亡的困难时期仍未放弃图书馆事业,国统区的图书馆事业在全面萎缩的大背景下才能保存一线生机。图书馆数量在战后迅速恢复,从1946年的不足千所,在1947年猛增至2700余所②。不过,必须遗憾地指出,在全国抗战的特殊时期,政府所设图书馆法令法规即便能够得到部分落实,也往往难以收到良好效果。抗战时期,图书馆既在数量上无法达到《普及全国图书教育办法》的要求,在作用上也会大打折扣。物价成百倍的飞涨,使得《普及全国图书教育办法》所规定的2000元年度经费购买力严重弱化,图书更新停滞。严酷的战争环境,不但干扰了图书生产、流通的正常渠道,也令图书馆事业丧失原有基础,尤其使基层图书馆的处境异常艰苦,难以为继。《普及全国图书教育办法》规定,乡镇设立书报阅览室,其经费以自筹为原则,然而当时的实际状况决定了地方并无财力、物力来举办阅览室,纵使有此经费,在侵略者炮火的威胁与缺乏政府有力的支持监督等恶劣条件下,地方自治机关也有心无力。加之民众不得不为生计奔波劳苦,在动荡的社会中,极少能够安心、主动利用图书馆资源。东三省、浙江、江苏、江西、安徽、湖南、广西、广东图书馆事业在战火中遭到毁灭或严重破坏,基层图书馆基本丧失生存空间,只能在战争间隙辗转流徙。前述无锡当地各处乡村图书馆纷纷停办闭馆,而云南境内的和顺图书馆等虽偏处后方,也遭受干扰,仅能勉强维持。

1947年4月1日重新颁布的《图书馆规程》图书馆设立机构的规定仍然沿袭了前述《修正图书馆规程》,并未对基层乡镇图书馆做特别说明,仅仅要求省市立图书馆及民众教育馆应分别辅导县市及地方自治机关图书馆,谋求事业上的联系③。抗战期间图书馆事业全面萎缩,重新颁布的《规程》是依据实际情况制订的,旨在将基层图书馆恢复至战前水平,尚未形成进一步发展的愿景。

三、陕甘宁边区的基层图书馆建设

1935年10月,中央红军长征到达陕北,1936年,在中国共产党领导下,陕甘宁边区建立根据地。在特殊的历史条件下,中共中央与边区政府仍然将培育并发展图书馆事业作为一项重要工作④。在短短十几年间,边区先后建立了100个左右包括公共图书馆、机关图书馆、学校图书馆、民众教育馆图书室与基层阅报室在内的各级图书馆。边区的图书馆事业,特别是基层图书馆的办馆方向、形式、作风都体现出中国共产党领导下革命文化事业的鲜明特征,反映出革命圣地的特有风貌。

陕甘宁边区原为全国经济文化落后地区之一,民众识字率很低,边区政府立稳脚跟之后,结合实际,依托民众,逐渐开拓出文化振兴的局面,具体到基层图书馆来说,1937年4月,陕北省委宣传部召开各县宣传部长联席会议,正式提出要在各市镇设置图书馆、阅报室。4

---

① 严文郁.中国图书馆发展史:自清末至抗战胜利[M].新竹:枫城出版社,1983:125,134—136.

② 严文郁.中国图书馆发展史:自清末至抗战胜利[M].新竹:枫城出版社,1983:167.

③ 王振鸣.图书馆法规文件汇编[G].保定:河北大学图书馆学系,1985:35,40.

④ 以下关于陕甘宁边区基层图书馆政策的史实论述,主要参考:赖伯年.陕甘宁边区的图书馆事业[M].西安:西安出版社,1998:1—48,263—321.

月 22 日,直属延安的蟠龙滇建立了群众阅报室,随后《新中华报》对此进行专门报道,认为此举对"发展国难教育以迎接抗日民族统一战线的胜利"具有重大意义。

抗日战争全面爆发后,随着国共二次合作的实现,陕甘宁边区迎来了一个相对稳定的时期,这使得包括图书馆在内的边区文化事业获得了发展机遇。1938 年,边区教育厅印发《社会教育纲要》(下称《纲要》),将图书馆列入文化工作范围。《纲要》被认为是边区政府关于图书馆事业最早、最系统的指导性文献,其中专门将"怎样办民众图书馆"设为一目,指出"每县、区、乡、村都要有图书馆或红角的设立"。《纲要》针对基层不同情况,还做出一些细化规定,如每个图书馆应有报纸一份;馆舍要悬挂地图、国难统计、战事常识挂图等;应设民众代笔问字处,使之成为当地社会教育中心;根据经济能力购买图书,图书要意识正确,能引起民众阅读兴趣;如遇经费困难,可与当地小学合办图书馆;等等。40 年代,边区政府相继下达、颁布的《中央关于开展抗日民主地区的国民教育的指示》《各抗日根据地文化教育政策讨论提纲(草案)》《陕甘宁边区县政府暂行组织条例》等文件,对基层图书馆的机构设置、人员配备、经费来源等项均提出明确规定,使基层图书馆的发展做到有章可循。仅 1940 年一年,陕甘宁边区就增设 9 个民教馆、4 个阅报室、1 个图书馆和 2 个流动图书馆。1943 年,边区陇东分区计划建立图书室 2 个,各配干部一人管理①。在边区政府的重视下,基层图书馆、阅报室纷纷开办,工厂、部队、中小学校也都因地制宜,融入到基层图书馆的建设中来。边区的基层图书馆依靠群众,面向群众,全力搜集并购置各种有关救亡、抗战的书报,宣传中国共产党的抗日政策,各图书馆也都编制了相应的规章制度,还成立了延安图书馆协会。边区图书馆事业已经成为革命文化的重要组成部分,反映出中国共产党把图书馆事业作为唤醒民众、教育民众、巩固陕北革命根据地的重要手段,边区图书馆自成立以来一直就是发起民众、宣传中国共产党抗日救国主张的有力武器。

不容否认,陕甘宁边区经济、文化条件不佳,限制了基层图书馆的发展规模与办馆模式。大部分图书馆身处窑洞,馆舍简陋,经费紧张,藏书匮乏,特别是抗战胜利后国民党的围剿、扫荡,使得办馆环境相当恶劣。但边区政府与众多图书馆工作者因陋就简,创造出切合实际、形式多样的图书馆服务方式。边区基层图书馆与教育馆、俱乐部、阅览室、书店、出版社甚至文艺团数位一体,兼具普及教育、文艺娱乐、编辑出版等多种功能,部分地区还开展县级区级流动图书馆、马背图书馆,最大限度地发挥了图书馆的服务功能,为边区文化事业,乃至革命胜利做出了应有的贡献。

专门研究边区图书馆事业的学者赖伯年等人认为,在艰苦的环境下,边区书报阅览、流通工作与宣传活动一直接连不断,紧密围绕着革命工作的中心任务,在革命队伍中宣传中国共产党的路线、方针、政策,传播革命文化、教育干部群众,陕甘宁边区图书馆称得上是中国图书事业史上的独特篇章,也为其后图书馆特别是基层图书馆的发展积累了宝贵经验。

四、伪满洲国与日伪占领区的基层图书馆发展

应当指出,日本侵略者一方面对中国原有图书馆事业加紧摧毁,另一方面,因其本国对文化相当重视,注重培植自身文化事业,沦陷区的图书馆性质被迫改变,但在数量与规模上

① 陈源蒸,张树华,毕世栋.中国图书馆百年纪事:1840—2000[M].北京:北京图书馆出版社(今国家图书馆出版社),2004:87.

却有相当程度的发展。以日本占领较早的关东州(旅顺、大连地区)为例,早在 1909 年大连港口就建成"埠头图书馆",到 1933 年大连市内已有 8 座公共图书馆,除满铁图书馆外,其他 7 座应属该馆下辖基层图书馆。日本全面侵华后,关东州公共图书馆更加成熟,私立图书馆也大量涌现。有学者指出,直至 1945 年日本战败,"关东州"的图书馆事业已达到当时世界的较大规模,其特点是一大馆统领各小馆,小馆星罗棋布,形成网络。侵略者还将辖区划分为 12 个流动区、150 个阅览点,实行流动阅览①。但是,图书馆变成殖民工具,飞速发展与灵活运作不过是侵略者奴化政策下的文化殖民手段。至于其他敌占区,由于占领时间较短,对文化事业的渗透尚不牢固,但日伪对基层文化事业的掌控毫不放松。1940 年,武汉的日伪政权开设民众教育馆,特设阅览组提供反映殖民主义的读物吸引市民阅览②。沦陷区的办馆环境与侵略者、伪政权的文化政策利用这些图书馆达到他们腐蚀中国人民的目的,对此后当地基层文化建设产生了不良影响。

第二节　曲折探索
——1949—1977 年的基层图书馆政策

1949 年中华人民共和国建立,标志着中国图书馆事业进入了一个新的发展时期。新中国建立初期各类型图书馆 392 所,其中公共图书馆 55 所,"文革"结束后有 851 所,至 1979 年猛增到 1651 所③。30 年时间,基层图书馆在探索中曲折前进,有过短时间的数量飞跃,也有过陷入低谷的沉痛教训。

1949 年成立的新中国建立起一套政治制度,其基本特征是党对政府的绝对领导和国家权力的高度集中统一。各级地方党委普遍采用对政府工作的分口领导方式,即把政府工作按性质划分为若干口,如工交口、财贸口、文教口、政法口等,由同级党委的常委(后来是分管书记)分别负责领导。中央国家机关及其各部门与地方各级党委对于中央国家机关及其各部门在地方设置的下属机关和企事业单位实行双重领导。根据这些机关单位的性质、分布情况,双重领导的方式又分为两种:一种是以中央管理为主,由地方负责监督(如铁路、邮电系统);一种是以地方管理为主,由中央负责监督(如法院、文教系统)④。图书馆属文教口,因此地方上的基层图书馆是以地方管理为主,而由中央负责监督,在大的方向上也为中央政策所决定。新中国成立初期这套政治制度既具有广泛的民主性和高效性,也存在着党政不分、权力过分集中的弊端。经济方面,单一计划经济体系确立,使得国家在经济总量并不充裕的情况下仍有能力调动资源进行统一分配。城市开展大规模工业建设,在农村,农业集体化和粮食统购统销与广泛开展的农业互助合作运动,打破了旧有生产关系,解放生产力的同

①　陈洋,冶玉,冯春莉.日本的文化侵略——以"关东州"的图书馆事业为中心[J].东北史地,2009(4).

②　涂文学,李卫东.统治与附庸:沦陷时期武汉殖民文化教育的形成及其形态[M]//涂文学,邓正兵主编.抗战时期的中国文化.北京:人民出版社,2006:427.

③　国家统计局国民经济综合统计司.新中国五十年统计资料汇编[M].北京:中国统计出版社,1999:104.

④　王瑞芳.新中国成立初期的政治制度及其初步调整[J].党史博览,2012(3).

时,不可避免地出现了不顾实际的冒进倾向。

新中国图书馆事业开创伊始,通过接管改造民国时期的公私立图书馆、调整原属各解放区的图书馆、新建各级公共图书馆、在企业内部兴建工会图书馆等方式,增加图书馆设置的种类和数量,调整藏书成分,改革和废除不合理的规章制度,整顿干部队伍,使旧图书馆很快地走上了为社会主义社会服务的道路。中国共产党和政府制定的一系列政策是具有决定性的因素,其中有不少是针对基层图书馆发展而做出的。农村、街道等基层图书馆(室),就是在这样的大环境下从无到有地发展起来的,图书馆事业在人民群众中逐渐得到普及。

1950 年 9 月 25 日召开的第一届全国出版会议通过了《关于改进和发展全国出版事业的五项决议》,10 月 28 日出版总署将之公布,其中决定:"协助工厂、矿山、农村、部队、机关、学校建立图书室、阅览室、读书会、书报供应站等,以开展读书运动。公私营发行机构应共同担负此项任务。"同时人民政府政务院发布《关于改进和发展全国出版事业的指示》,指出应当改变现时出版力量过分集中的局面,应协助各大行政区分别筹建、改进或扶植地方出版、发行工作,应特别照顾农民、工人、县以下的工作干部以及少数民族的需要,逐渐在厂矿农村建立代订处、图书室和流动的书刊供应组织。出版总署将此项任务交由新合营的新华书店执行[1]。12 月,文化部在《关于 1950 年全国文化艺术工作报告与 1951 年计划要点》中指出要有重点地整理与改革旧有图书馆,使其成为进行群众教育的重要工具,有条件的村镇应该设立图书室,并正式提出"发展农村图书馆网"的任务[2]。将建立基层图书室写入决议,提出农村图书馆网建设,显示出建国初期中共中央与政府大力发展图书事业、繁荣群众文化的决心。在《决议》鼓舞下,各地纷纷掀起建设农村图书室热潮。此前,新华书店东北总分店农村发行部门在"面向工农兵总方针"的指引下,已率先在东北地区成立了 4937 个小型图书室,至 1950 年,东北地区图书馆总数已增至 5176 个[3]。1956 年,《图书馆工作》刊登甘肃、福建、山西、黑龙江等省的一些县、乡级图书馆(室)开展图书馆工作的规划,并对山东、北京、江苏、东北等地举办农村图书馆员训练班的经验予以报道。伴随着农业合作化运动的兴起和农村民校发展的需要,各地农村图书馆均有不同程度的发展。有些地区最初试办农村图书流通站,而后逐步发展成农村图书馆。

1955 年,中国青年出版社出版了《怎样办好农村图书室》一书,对开办农村图书室加以具体指导[4]。1956 年 1 月 23 日,中共中央提出《1956—1967 年全国农业发展纲要(草案)》,其中第 29 条规定,从 1956 年开始,按照各地情况,"在 7 年或 12 年内基本上普及农村文化网,建立电影放映队、俱乐部、文化站、图书室和业余剧团等文化组织"。这些政策措施更加刺激了农村基层图书室的急速发展。1956 年,中国新民主主义青年团中央做出"全国绝大部分农村都应带领青年群众用自己的力量建立和办好一个图书室"的决定,发动城市青年为农村青年捐书 100 万册以上[5]。据统计,到 1956 年年底,全国农村图书馆已发展到 18.2 万

① 宋原放. 中国出版史料[M]. 济南:山东教育出版社,2000:100,105—106,113.

② 关于 1950 年全国文化艺术工作报告与 1951 年计划要点[J]. 文物,1951(6).

③ 当代中国的图书馆事业编辑部. 中国图书馆事业纪事:1949—1986[M]. 北京:书目文献出版社(今国家图书馆出版社),1988:2,16.

④ 卢子博. 乡镇图书馆工作[M]. 北京:北京图书馆出版社(今国家图书馆出版社),2000:14—15.

⑤ 倪晓建. 北京地区图书馆大事记:1949—2006[M]. 北京:北京图书馆出版社(今国家图书馆出版社),2007:31.

多个。进入"大跃进"时期后，农村更掀起了大办图书室的狂潮，当时曾有人提出"苦战奋斗30 天，社社队队都有书报看"的口号，1958 年农村人民公社图书馆（室）猛增到 47 万多个，长三角地区许多县都达到了乡乡有中心图书室，社社有图书室的发展顶峰，声势相当浩大。令人痛惜的是，在"左"的思潮泛滥下争先开办的这些图书馆（室），真正巩固和发展下来的为数甚少。在 1966 年至 1976 年的十年中，部分地区农村图书馆畸形膨胀，但总体而言，此一时期图书馆事业受到严重干扰和破坏，"文革"结束后几近荡然无存①。

此外，值得注意的是这一时期工会图书馆的发展。新中国成立后的政治经济体制使得工厂、企业与城市社区、街道融为一体，生活与工作密切相关。在这种独特的建制下，工会图书馆也应纳入研究基层图书馆发展的视野之中。1950 年 1 月 12 日全国总工会常委扩大会议第二次例会通过《1950 年加强工人政治文化技术教育工作的指示》，提出年内 2000 人以上的工厂、企业应创设图书馆，50 000 人以上的城市应创设全市性的工人图书馆。6 月 20日，全国总工会 43 次常委会议通过的《基层文教委员会任务和组织条例》中，第 7 条工作任务提出：要建立与管理图书馆，开辟阅览室、阅报室，组织流动图书馆和送书工作，及时增购新书，组织文学、政治、哲学等读者小组及读者座谈会，聘请专人指导阅读，并解答工人、职员群众在阅读中所发生的问题。1953 年 7 月，全国总工会宣传部总结"三年来工会图书馆工作"，指出图书馆工作三阶段：第一阶段购置大量图书，把图书送到职工群众中去，开展阅读活动，培养职工及其家属读书的兴趣和习惯；第二阶段配合思想教育，鼓舞生产、学习热情，提高职工政治觉悟，取得领导的支持；第三阶段，有的省市工会组织了流动分散的图书宣传网活动。1955 年 8 月 30 日，全国总工会批发全总宣传部《第一次全国工会图书馆工作会议的报告》，并发布《关于工会图书馆工作的规定》，凡有职工 500 人以上的基层，均可设置图书馆，根据本身条件，工会图书馆与俱乐部在一起，由俱乐部领导。工会图书馆（室）新中国成立后从无到有，发展到 1958 年 6 月底的 25 419 个（不完全统计）②。1958 年 8 月 9 日，周恩来指出，"发展图书馆事业，是党的文化教育事业的重要组成部分，不要光着眼于城市，还要深入农村和工厂，使之遍地开花""工人、社员都很忙，你们要送书到田间、车间……坐等读者，不能说是为人民服务""我们图书馆事业要适应这一新的形势，每一个县区，要做到村村有书，社社有馆；在每一个工厂里，都要有他们自己的文化园地"③。虽有领导人与国家政策的重视，但受限于体制与整体环境，这些工会系统图书馆（室）在短暂繁荣之后也不得不归于沉寂。

1966 年 5 月"文化大革命"运动开始。在极"左"路线的破坏下，全国各类图书馆工作不同程度地陷于混乱或停顿的状态。图书馆职能遭到严重曲解，对外交流中断，正常的业务中断，制度被破坏，图书馆学术研究处于停滞状态，整个图书馆事业遭到破坏，出现了倒退。而基层图书馆更受到了严重的破坏，不少图书馆被合并、关闭、甚至撤销，大批图书馆干部脱离岗位，下放劳动，有的在政治上受到打击迫害，基层图书馆事业几乎处于瘫痪状态。期间虽

① 卢子博. 乡镇图书馆工作[M]. 北京：北京图书馆出版社（今国家图书馆出版社），2000：14—15.

② 陈源蒸，张树华，毕世栋. 中国图书馆百年纪事：1840—2000[M]. 北京：北京图书馆出版社（今国家图书馆出版社），2004：162.

③ 武汉大学图书馆学系. 图书馆学基础理论研究资料选编[G]. 武汉：武汉大学图书馆学系，1980：73—75.

有个别地区因政治宣传的需要出现一阵兴办农村图书馆的潮流,可惜不久也销声匿迹。

现在看来,"文革"前这一时期基层图书馆建设确实取得一定成就,尤其是在农村传播新思想,帮助农民识字扫盲,提高文化水准,丰富精神生活等方面颇有积极作用,对促进农村进步相当有利。但是总体而言,大部分基层图书馆骤起骤落,未能成功。之所以如此,原因有很多,比如经费匮乏,书源不足,管理制度不完善等,也不乏受当时政治、经济形势影响自行解体的,但根本原因,正如单敬兰等学者指出,"是人们的主观愿望脱离了当时的经济条件以及群众基础"[①]。于良芝也认为当时的乡村图书馆建设是被当作一项政治任务来完成的,较少考虑农村基层组织的市级财政能力以及对图书馆(室)的专业管理能力,"乡村图书馆在起步阶段需要的馆藏资源虽然通过一些临时性的途径,如社会支援、上级图书馆的'送书下乡'暂时得到了解决,但由于缺乏后续经费的保障,很快就出现了资源不能及时更新、无专业人员配备、开馆时间不能保证等问题,更奢谈按专业模式开展图书馆服务。三年自然灾害和'文革'只是终结这次乡村图书馆'运动式'建设的外因,即使撇开这些外因,以乡政府和村/社级政府的财力,也已显现了基层公共图书馆难以持续下去的困境"[②]。全国统一为发展成系统的基层图书馆事业提供了有利基础,牢固的党政系统强化了执行力,但是政策层面的脱离实际、冒进、反复等不良特征,也对基层图书馆的发展环境产生相当程度的破坏。

事实上,针对上述问题,当时党和政府已经有所认识,试图有所纠正,但效果不甚理想。1950年出版总署决定图书出版发行部门协助工厂、农村等建立图书室,以后历年的工作计划均有向农村图书室主动供应图书一项。实际情况显示,在政治、经济、文化比较发达的老区,农村图书室确实起过良好的作用,但有许多农村图书室因缺乏经费和管理人员而流于形式,成为以行政方式摊派书刊的一种名目。当时中央领导人接到出版总署派出的检查组报告说,河北任邱县共有农村图书室55个,其经费系向农民群众募集,有半数左右已经垮台,余者如不再派款购书,也势难维持。又山东昌南县新华书店,通过县文教科召集区文教助理员,于1952年10月中旬至11月底发展了图书室170个,经费以变卖公共财物和向人民摊派取得。但是书店供给他们的书籍,竟包括《原子能与宇宙及人生》《国际公法研究提纲》等,根本不适合农民群众需要。一般来说,当时农村还缺乏建立图书室的条件,新华书店也缺乏担负这项工作的准备,要求在全国农村中普遍地建立图书室,显然是过早的和冒进的行动。1953年7月22日,中宣部下达《关于停止普遍建立农村图书室给各级党委宣传部的通知》,决定在全国停止普遍建立农村图书室的活动,并望各地切实纠正政府机关强迫派款买书的现象。刘少奇在审阅批改时,特别加上了普遍建立农村图书室"成为农民的一种负担,影响很坏"的字样[③]。虽然停止普遍建立农村图书室不是把所有已经建成的农村图书室一概取消,县区文教科与新华书店仍会对维持下来的图书室加以领导和帮助,但基于政策原因,众多仓促上马的图书室又都不得不自行解散。

政策的反复变动,与政策脱离实际一样,对基层图书馆正常、稳步发展实非有利因素。

---

①　单敬兰,赵建华,赵保华.我国农村图书馆事业的兴起和前景[J].中国图书馆学报,1991(2).

②　于良芝等.公共图书馆建设主体研究——全覆盖目标下的选择[M].北京:国家图书馆出版社,2011:60—61.

③　中共中央文献研究室.建国以来刘少奇文稿(第五册)[M].北京:中央文献出版社,2008:232—234.

另一个明显的例证是《1956—1967 年全国农业发展纲要(草案)》提出的以 7—12 年的时间普及包括农村图书馆在内的农村文化网的计划,很多图书馆史研究著作均认为该项措施提供了政策保障,对基层图书馆工作的顺利推进起到了良好的作用。但历史事实并非如此。《纲要(草案)》确实将农村图书室作为农村文化网的一部分进行整体考虑,时任文化部副部长的郑振铎解释"图书报刊发行和流通网"时也说:"通过广大的发行站、义务邮递员、新华书店、供销合作社以及县图书馆、文化馆、中心俱乐部、农村图书室(包括俱乐部的图书室)等,把大量适合于农村读者需要的书刊报纸等,源源不断地输送到农村里去。"[①]当时的宣传也认为,农业合作化的实现,极大地解放了生产力,调整了人民内部关系,社会主义积极性获得提高,提前实现农业发展纲要的条件已经完全具备[②]。农村图书室从属于当时构建农村文化网的宏伟蓝图,短时期内促进了农村基层图书机构数量的大幅度井喷。但《纲要(草案)》的中心是解放生产力,是粮、棉、油等物质资料的生产,建立图书室的紧迫性相对较低,因此,《纲要(草案)》在执行过程中不断修改,1957 年 10 月 25 日的《纲要(修正草案)》虽然仍有扫除文盲、开展文化工作的条目,但已不再明确提出发展农村文化网的设想,而是具体分为广播网、电话网和邮政网等,农村图书室已从《纲要(修正草案)》中删除。1960 年 4 月 10 日,经第二届全国人民代表大会第二次会议讨论通过,《纲要》正式公布实施,其中已经完全没有了建设农村图书室的内容。该《纲要》是中国第一个到第三个五年计划期间,为发展农业生产力,加强社会主义工业化、提高农民以及全体人民生活水平的一个纲领性文件,对发展农村文化教育事业有重要的指导性意义,其中去掉建设农村图书室的内容,一方面打断了在建或即将兴建的图书室的进程,一方面使已建成的图书室失去政策保障,对基层图书馆事业的实际影响可想而知。由此可见,新中国成立初期我国基层图书馆发展政策仍处于反复曲折的探索阶段。

第三节   渐入佳境
——1978 年后基层图书馆发展的政策导向

"文革"结束后,特别是 1978 年中共十一届三中全会以来,中国国内政治、经济、文化教育各项事业逐渐步入正轨,并取得较大成绩,图书馆工作有了新的转机,基层图书馆的建设尤其获得了前所未有的发展环境。柯平等认为,1978—1984 年,图书馆事业处于恢复发展阶段,1985—1991 年是全面改革探索阶段,1992 年以后,图书馆事业经历了深化改革并步入现代化转型[③]。基层图书馆大体也经历了这些过程,但受本身特性所限,基层图书馆对政策大环境与当地发展水平小环境都更为依赖。

十一届三中全会以后,改革热潮首先在农村形成,农田包产到户和乡镇企业就业极大地

---

①   中央人民广播电台编辑部.1956—1967 年全国农业发展纲要(草案)讲话[M].北京:中国青年出版社,1956:95.

②   戴放.怎样提前实现农业发展纲要[M].北京:通俗读物出版社,1958:14.

③   柯平,李卓卓.中国图书馆精神——纪念中国图书馆百年[M]//中国图书馆学会.中国图书馆事业百年.北京图书馆出版社(今国家图书馆出版社),2004:1—10.

刺激了农民文化技术学习的积极性,形成了对乡镇图书馆的巨大需求,同时,乡镇工业的崛起又提供了强大的经济支持,使乡镇图书馆的发展成为可能。城市中,对经济体制的改革逐渐展开,原有的以工厂企业为骨干的城市框架被打破,附属图书馆纷纷停办,而各地党委、政府逐步把推进社区建设作为城市工作的重要内容,以社区为单位的区域化建筑格局开始形成,社区服务和社区文化理念逐步完善,作为社区文化服务重要组成部分的社区图书馆成为有力抓手。

1980年5月26日,中央书记处第23次会议听取了时任北京图书馆馆长刘季平所作关于图书馆问题的汇报,通过了《图书馆工作汇报提纲》(以下简称《提纲》),做出若干促进图书馆事业发展的决定,8月5日,文化部、国家文物事业管理局以(80)文图字第1017号、(80)文物字第213号文件印发该《提纲》与《中央会议决定事项通知》及刘季平的发言。作为迄今为止唯一一项由中央书记处正式通过的国家级公共图书馆政策,《提纲》对此后的图书馆事业起到了有力的推动作用。《提纲》着眼于全国图书馆事业总的发展趋势,对基层图书馆也提出了具有指导意义的建议。《提纲》提出:"争取在1985年前将全国的省、市、县(区)图书馆基本建齐。1985年以后根据国家经济的可能和小型分散、方便群众的原则,县、区行政主管部门还应有计划地与有关部门配合,逐步在公社、街道设立分馆。"

另外,20世纪80年代开始,中国社会发展逐步转向以经济建设为中心,国家陆续出台的一些对图书馆发展具有指导意义的文件,开始强调以市场为导向,以经营为手段,以产业化发展为目标,开展有偿服务的举措,如1983年《关于加强城市、厂矿群众文化工作的几点意见的通知》指出"有些群众文化活动可以适当收费",1987年《关于改进和加强图书馆工作的报告》指出图书馆"可以进行合理的有偿专业服务"[1]。这样的社会现实与政策背景将图书馆从公益性机构变为有偿服务机构,"以文养文""以馆养馆"的风气日盛一日,政策上的"一刀切"使得对地方财政具有极强依赖性的基层图书馆处于自生自灭的状态,面临着解体的危机,发展一度遇到瓶颈。无视基层图书馆的特有规律和自身特点,机关精简、政区改变、办公费用削减,对刚刚步入正轨的基层图书馆都是不利因素。但是总体而言,这一时期国家在政策层面为基层图书馆发展提供了许多有利条件,有不少可圈可点之处。

一、宏观政策氛围

《提纲》提出了全国图书馆系统的管理体制问题,新中国成立初期,国家将图书馆和博物馆、文物保护单位统归文化部文物局管理,后来几经变迁,把图书馆同文化馆一样作为群众文化工作看待,无形中忽略了图书馆为生产建设和科学研究服务的重要属性。在《提纲》通过半年后,文化部图书馆事业管理局正式成立,下设公共图书馆处、协作协调处、科学研究与教育处、办公室等部门,是管理图书馆事业的专设机构。这是政府强化宏观管理公共图书馆事业的重大举措,标志着我国公共图书馆事业管理体制的初步确立,反映了国家对图书馆工

---

① 汪东波.公共图书馆概论[M].北京:国家图书馆出版社,2012:344—345.

作的高度重视①。

国家不但在管理体制上进行改革，而且在宏观政策上对图书馆工作做出了新的规划。1982年12月10日，五届人大五次会议通过《中华人民共和国国民经济和社会发展的第六个五年计划（1981—1985）》，要求加强公共图书馆的建设，国务院《关于第六个五年计划的报告》提出要"基本上做到市市有博物馆，县县有图书馆和文化馆，乡乡有文化站"。1986年4月12日，六届人大四次会议通过《中华人民共和国国民经济和社会发展第七个五年计划（1986—1990）》，其中提出"到1990年，除某些地区外，争取做到市市，县县都有一个规模不等的图书馆"。至1991年4月9日，七届人大四次会议通过决议，批准《中华人民共和国国民经济和社会发展第八个五年计划》，要求在"八五"期间，努力做到县县有图书馆、文化馆，乡乡有文化站。这一时期，国家对图书馆事业的重视有一个渐进的过程，由宽泛到具体，基层图书馆工作引起更多关注。

1995年9月28日，中共十四届五中全会通过了对"九五"计划和2010年远景目标的建议，翌年3月17日，《国民经济和社会发展"九五"计划和2010年远景目标纲要》获八届人大四次会议通过。这是中国社会主义市场经济条件下的第一个中长期计划，是一个跨世纪的发展规划。其中虽未对基层图书馆发展做出具体规定，但主张开发和利用图书馆信息资源，"加强图书馆、文化馆、博物馆、剧场、音乐厅、美术馆、青少年活动基地、图书发行网点等公共文化设施建设，搞好农村文化网和边疆文化长廊建设，深化文化管理体制改革，完善文化经济政策"等，将图书馆纳入公共文化设施建设、农村文化网和边疆文化长廊等事业中，为基层图书馆工作指明了方向。

基层图书馆具有教育功能、普及科学技术知识功能与社区文化中心功能，在实现社会主义新农村建设目标的过程中应发挥其不可替代的作用②。1980年的《提纲》即提出农村图书馆事业规模亟须发展，是图书馆需要面对的主要问题，"至于八亿农村人口的看书学习，至今还是个未能很好解决的大问题。现在农村的知识青年日渐增多，看书学习要求迫切，农村图书室没有县图书馆的图书下去流通，单靠他们自己购买图书是不能持久和巩固的，需要国家支持"。1981年8月15日，中共中央文件《关于关心人民群众文化生活的指示》明确要求，随着农村经济的发展，应该在集镇和村庄逐步建立起图书馆、文化馆等文化设施。1982年，中共中央发出第一个关于"三农"问题的"一号文件"《全国农村工作会议纪要》，提出要为建设具有高度精神文明和高度物质文明的新农村而努力③。1998年10月14日，中共中央十五届三中全会通过了《关于农业和农村工作若干重大问题的决定》，11月26日，《文化部关于进一步加强农村文化建设的意见》颁布，形成对农业和农村文化发展的跨世纪部署。从经济、政治、文化三个方面，提出了从现在起到2010年建设有中国特色社会主义新农村的奋斗

① 鲍振西. 深化改革，继续前进：纪念《图书馆工作汇报提纲》通过十五周年[J]. 图书与情报，1995（1）.

潘燕桃.《图书馆工作汇报提纲》及其历史作用与重要影响——纪念《图书馆工作汇报提纲》通过30周年[J]. 图书馆论坛，2010（6）.

② 李晓新，刘煜蕾. 关于农村图书馆功能的思考——以建设社会主义新农村为背景[M]//中国图书馆学会. 中国图书馆学会年会论文集（2006年卷）. 北京：北京图书馆出版社（今国家图书馆出版社），2006：314—318.

③ 农村文化建设30年大事记[N]. 人民政协报，2008－12－01（9）.

目标,其中特别提到要建设农村文化设施,丰富农民的精神文化生活。《文化部关于进一步加强农村文化建设的意见》指出农村文化工作仍是整个文化工作中的薄弱环节,基层文化场所较少,全国还有226个县无图书馆,78个县无文化馆,6974个乡镇无文化站。对此,各级文化主管部门要引起高度重视,把文化工作的重点放在农村。到2010年,全国农村要实现县县有图书馆、文化馆或综合性文化设施,乡乡有文化站,有条件的村建立文化室或图书室,图书馆、文化馆的建设面积和综合服务能力基本达到各省、自治区、直辖市文化主管部门制定的标准,农民的文化生活质量有显著提高。所定政策更加务实。

2000年,文化部在《关于实施西部大开发战略 加强西部文化建设的意见》中强调,在安排资助地方文化设施建设时,将向西部地区倾斜,着手制定西部地区"两馆一站"专项建设计划,争取"十五"期间在西部地区实现县县有图书馆、文化馆,或建成具有图书馆、文化馆功能的综合文化中心。2001年,文化部发布《关于贯彻落实"三个代表"重要思想 进一步加强农村文化建设的指导意见》,要求力争在2至3年内,通过中央和地方的共同努力,实现县县有图书馆、文化馆或综合性文化中心的目标,进一步提高文化的服务能力,扩大服务范围;在地广人稀的地方,可以建集文化馆、图书馆功能于一体的综合性文化中心。《指导意见》指出,中央精神文明办已从文化事业建设费中拨出专款,资助西部100个贫困县建设文化活动中心,文化部也将从国家计委、财政部拨给的专项经费中重点对无图书馆、文化馆的县给予资助;同时鼓励、支持社会力量投资兴建农村文化设施。

2002年1月,国务院转发中央三部委《关于进一步加强基层文化建设的指导意见》,要求加快推进基层文化建设,从设施建设、队伍建设到整体规划提出全方位要求,将基层图书馆列入重要议题,督促各地建立健全符合本地经济发展水平的公益文化设施。2003年12月31日,中央一号文件《中共中央、国务院关于促进农民增加收入若干政策的意见》下发,三农问题成为国家工作的重中之重。2005年10月,中共十六届五中全会通过《中共中央关于制定国民经济和社会发展第十一个五年规划的建议》,指出"建设社会主义新农村是我国现代化进程中的重大历史任务";11月7日《中共中央办公厅、国务院办公厅关于进一步加强农村文化建设的意见》下发,旨在进一步加强农村文化建设。《意见》提出加强乡村文化设施建设,开展农村数字化文化信息服务等,到2010年,实现县有文化馆、图书馆,乡镇有综合文化站,行政村有文化活动室,构建成农村公共文化服务网络。这些意见、措施的出台,为乡镇图书馆工作指明了方向。

国家宏观政策层面对农村文化建设的重视,使得农村图书馆得到了较快发展。

二、事业管理政策

文化部图书馆事业管理局成立后,于1982年12月修订并颁布了《省(自治区、市)图书馆工作条例》,并向政府提出了图书馆事业发展的设想与建议。

1994年3月,文化部下达《关于在县以上公共图书馆进行评估定级工作的通知》,对全国县级及以上图书馆开展考评定级。截至2013年共进行了5次评估,对全国公共图书馆事业发展起到了良好的推动作用。与此同时,乡镇、社区等基层图书馆的发展状况也在省级范围内展开评估,国家层面的基层图书馆事业管理政策仍有待落实。不过,文化部在1992年制定了《群众艺术馆、文化馆管理办法》《文化站管理办法》等文件,虽非专门为图书馆建设而发,但由于基层文化事业的集成性质,其中也包含了与基层图书馆工作相关的内容,如要求组织开展文化科技知识讲座和展览、图书报刊等群众性文化艺术（娱乐）活动,引导群众文化活动逐步走向高层次。以此为指导,各省市重整原有群众艺术馆、文化馆力量,积极推进包括基层图书馆事业在内的基层文化事业的制度化。如北京市人民政府多次落实有关政策,下达指导意见,促进本地区基层文化站点的建立。1994 年,北京建成群众艺术馆、文化馆、文化站共 35 个,拥有藏书 7.3 万册,举办展览、活动数以千计。这还不包括 300 余个民办文化站的统计数据。到了 2008 年,北京地区的群众艺术馆、文化馆（站）总数已上升至330 个,几乎翻了十番①。

针对基层图书馆发展的具体措施主要是在各省市内部出台。"文革"结束后,湖南省相当重视依靠法规、措施对基层图书馆进行管理,除贯彻国家有关部门制定的《省、市、自治区图书馆工作条例》外,1979 年 10 月颁发了《湖南省县级图书馆工作条例》。1988 年 11 月,湖南省文化厅制定颁发了《湖南省市、县图书馆业务工作规范（试行）》,1990 年 12 月制定颁发《湖南省乡镇图书馆（室）管理暂行办法》,全省乡镇图书馆管理步入法制化轨道。1993 年 9月,在修订 1983 年颁发的《湖南省市、县图书馆藏书补充工作办法》的基础上颁发了《湖南省公共图书馆藏书建设规则》。这些法令措施对包括基层图书馆在内的全省公共图书馆的发展起到了保障作用,尤其对乡镇图书馆的性质与任务、藏书与服务、工作人员、馆舍与设备等做出硬性规定,对于解决基层办馆事业经费不足、馆舍简陋、设备陈旧、藏书条件较差、队伍素质不高等具体问题有很大帮助。截至 1998 年年底,湖南全省共有乡镇图书馆 2347 所,街道图书馆 548 所,合计 2895 所,其中万册图书馆 313 所②。

1996 年 11 月 28 日上海市人民政府发布了《上海市公共图书馆管理办法》,2002 年 11月 18 日,上海市人民政府第 128 号令修正并重新发布了该《办法》,规定"各级人民政府和街道办事处应当根据本地区的人口分布情况和图书馆事业的发展需要,对辖区内各级公共图书馆的设置实行统筹规划""街道办事处和乡、镇人民政府应当对辖区内里弄图书室和村图书室的设置进行统筹规划。里弄和村设置图书室的具体办法由市文化局另行制定"。该《办法》对基层图书馆的馆舍面积、阅览座位、文献收藏、开放时间、人员配备、经费来源以及设计方案等一系列问题做了细致规定。此外,上海市图书馆行业还制定了《上海市公共图书馆行业服务标准（试行）》《上海市公共文化设施（公共图书馆类）资格认定标准》《上海市街道（乡镇）图书馆等级必备条件（征求意见稿）》《上海市街道（乡镇）图书馆等级评定必藏书目》《上海市街道（乡镇）图书馆等级评定标准》《上海市街道（乡镇）图书馆等级评定标准评估细则》等相关规定,上海市文广影视局连续多年开展了街道（乡镇）图书馆评估定级工作。

其他如江苏、浙江、辽宁、青海等地也都先后出台了本省的《乡镇图书馆（室）管理办法》或是《乡镇综合文化站管理办法》,其公共图书馆法规中也设有相应内容。如 2003 年 10 月 1日起施行的《浙江省公共图书馆管理办法》中规定:乡镇、街道应当在文化站内设立图书室,有条件的也可单设公共图书馆,鼓励在社区、村设立向社会开放的图书馆（室）;乡镇、街道公共图书馆每周开放 48 小时以上;乡镇、街道图书馆（室）工作人员应当具有高中以上文化程

---

① 北京市统计局.北京统计年鉴(1995)［M］.北京:中国统计出版社,1995:451.

北京市统计局,国家统计局北京调查总队.北京统计年鉴(2009)［M］.北京:中国统计出版社,2009:373.

② 邹健,等.湖南省公共图书馆事业 50 年(1949—1999)续三［J］.图书馆,2000(3).

度;等等。2009年10月1日起施行的《青海省乡镇综合文化站管理办法》则要求县级或乡镇人民政府设立公益性的乡镇综合文化站,文化站在县级图书馆的指导下,开办图书室,开展群众读书读报活动,为当地群众提供图书报刊借阅服务。不同省区图书馆系统之间依据当地情况,采取了互有差别但与自身情况相适应的措施,推动基层图书馆事业稳步前进。

三、相关工程建设

改革开放以来的现代化进程形成的一条重要经验就是以工程建设为契机,引领各项事业迅猛发展。各项相关文化工程建设的展开,对基层图书馆事业起到了强有力的推动作用。

从20世纪80年代开始,全国各地启动了"乡镇万册图书馆"项目,拉开了大力发展农村乡镇图书馆的序幕。以江苏省为例,截至1993年年底,该省已建成乡镇图书馆2301个,其中万册图书馆达400个,吴江、无锡、张家港在全国率先普及了乡镇万册图书馆。吴江市23个乡镇,乡镇图书馆藏书总量为28万册,平均每个乡镇图书馆藏书1.2万册;无锡县35个乡镇,乡镇图书馆藏书总量为36.3万册,平均每个乡镇图书馆藏书1.1万册[1]。江苏省还举办了首届乡镇万册图书馆经验交流会,成为全国乡镇图书馆建设的典范。

1995年,由中国文化扶贫委员会、新闻出版署、共青团中央、四川省委宣传部、《农民日报》联合实施了"万村书库"工程,定位于基层,旨在帮助农民掌握科学文化知识,陶冶情操,活跃农村文化生活,改善农村社会风气。工程开列赠书目录,向全国农村赠送图书、建立图书室,截至2005年,工程的起源地四川省已发展农村图书室2万余个,规模渐大,管理规范[2]。2006年,中宣部、中央文明办为纪念红军长征胜利70周年,资助长征沿线和中西部部分农村贫困地区,建设了1550个"万村书库"工程图书室[3]。

1997年中宣部、文化部牵头组成了九部委参加的"知识工程"领导小组,对建设农村公共图书馆(室)提出了明确的发展规划,提出"每年在全国发展1000个标准乡镇、街道图书馆""到2010年,实现经济较发达地区的农村每个乡镇都有一个规模不等的图书馆(室),平均藏书2000册以上,其中,藏书万册以上的达到30%;有条件的村设立图书室"。"知识工程"是以发展图书馆事业为手段,以倡导读书、传播知识、推动社会文明与进步为目的的一项社会文化系统工程。"知识工程"总体目标涉及四大方面:一是形成全社会读书的良好风尚,二是完善图书馆布局与条件建设,三是科教兴农,四是提高各级各类图书馆的服务质量、服务水平与服务能力[4]。在全国范围内推广和组织实施"知识工程",可以增强全社会重视图书馆的意识,允分发挥各级各类型图书馆为经济建设和社会主义精神文明建设服务的社会作用。

为尽快改变贫困地区农村基层宣传文化设施严重不足的状况,加强党在农村的宣传思想工作,促进人民群众文化生活条件的改善和自身素质的提高,中央宣传部、中央文明办和文化部从1998年开始组织实施"百县千乡宣传文化工程"。该工程由"县级宣传文化中心建设"和"乡镇宣传文化站建设"两部分组成,决定在中西部地区和少数民族地区等经济欠发

① 薛秦昕,陈晓丽.苏南乡镇万册图书馆的建立[J].唯实,1994(12).

② 张成行."万村书库":具有强大生命力的惠农工程[J].求是,2005(10).

③ 教育部高等学校社会科学发展研究中心.科学技术普及与社会主义精神文明建设研究报告[R],2007:20.

④ 陈跃.实施"知识工程"方案推动乡镇图书馆建设[J].图书馆学刊,1998(4).

达地区选择 500 个国定贫困县建设 1000 多个乡镇宣传文化站和 100 个以上的县级宣传文化中心,图书借阅、宣传工作是其重要内容。

四、地方配套措施

基层图书馆的发展既需要中央政策的指导,也离不开地方政府的重视和扶持。此一时期,全国各省市有关部门、区县政府和主管部门在中央有关政策的指引下,高度重视基层图书馆建设,除了制定辖区内图书馆系统的工作条例和管理办法外,还制定和实施了一系列政策措施,有力地推动了图书馆在社区、街道、乡镇的发展。

以广东省为例,其"南粤锦绣""山区文化建设"等工程,极大地推进了基层图书馆的工作[①]。由广东省文化厅设计的"南粤锦绣工程",是 2010 年前在广东全省建立的一个与经济发展相适应、既繁荣又健康的社会主义文化体系,使广东改革开放的优势得到充分发挥,丰富的文化资源得到充分利用,基层图书馆建设是其重要内容。公共图书馆是"南粤锦绣工程"设计的六大网络之一,即以珠江三角洲公共图书馆为核心,在全省实施图书馆网建设计划,预计建成一批设施一流、功能齐全、服务优质的图书馆,并初步形成省、市、县、乡镇、管理区五级公共图书馆网络,其中社区、街道、乡镇图书馆是市图书馆的重要辅助。针对偏远地区文化落后的状况,1997 年 2 月,广东省八届人大五次会议、八届人大常委会第三十二次会议相继通过决议,大力扶持山区文化建设,抓紧改变山区群众文化生活贫乏落后状况。根据该决议,"广东省山区文化建设工程"启动,目标是从 1998 年起,用 5 年时间基本实现山区各市、县群众图书馆、乡镇文化站等公共文化设施馆舍达到确定标准。围绕着这些工程,广东省各级政府部门加大经费投入,落实建设基金,开展配套服务,使广东省基层图书馆获得较快发展。

再如北京地区。北京市财政局、文化局制定社区乡镇图书馆图书配送中心建设资金补贴政策、社区乡镇图书馆网络和共享工程建设资金补助政策;市委宣传部实施星火书屋工程;市司法局开展法律图书下基层活动;市科委组织科技图书下基层,建设科技书屋;市妇联组织大众读书会;等等。这些举措极大地改善了基层图书馆的工作氛围,促进了地方图书馆事业的提升。一些区县依据《北京市图书馆条例》制定了社区、乡镇图书馆的建设标准和有关政策,有的区县还制定了对社区、乡镇图书馆建设的资金补助政策。北京市的一些图书馆室同时挂有"星火书屋""科技书屋""大众读书会"的牌子,在相关政策的交叉扶持下呈现出良好的发展态势[②]。

图书馆建设是区域文化设施建设的重要环节,图书馆服务是体现地区文化氛围的一大标杆。各省市积极为图书馆建设铺路搭桥,既是本地区塑造文化形象、提高文化品位的重要举措,也是基层图书馆能够平稳、快速发展的有力保障。

① 李宗桂,等.文化精神烛照下的广东:广东文化发展 30 年[M].广州:广东人民出版社,2008:38—43.

② 冯守仁.根植沃土——北京市社区乡镇图书馆研究[M].北京:现代出版社,2007:6.

第四节　继往开来
——新世纪基层图书馆政策环境的新动向

经过30多年的改革开放和发展建设,中国的经济实力、社会状况与文化水平都发生了翻天覆地的变化。进入新世纪,特别是新农村建设的提出,为中国农村公共图书馆事业的发展带来前所未有的发展机遇;构建学习型社会的号召,也对城市构建可持续发展的智慧平台提出了要求。社会各界对包括图书馆事业在内的文化服务的需求愈加迫切,重视程度普遍提高。社会文化环境要求基层图书馆的发展跨入一个新的阶段,相应的,图书馆事业发展政策在继承前一阶段经验的同时也做出了新的调整。

21世纪的基层图书馆不同于20世纪80年代以前的农村、社区图书馆。新世纪的基层图书馆,要求集知识、信息、科技、文化于一体,为基层群众提供长时间、全方位的服务;要求在信息爆炸的时代为普通人提供方便快捷的资料来源,消除数字鸿沟带来的机会不平等;要求在国民经济飞速发展的同时,提升落后地区的文化水平,为构建和谐社会、构建基本公共文化服务体系而做出应有的贡献。这一时期全国范围内图书馆事业发展政策环境可以从如下两个层面来理解。

一、实施国家重大文化工程,提升基层图书馆服务品质

中国在21世纪的前十年,一方面继续开展相关文化建设,加速基层图书馆事业的发展,比如"农家书屋"工程、"职工书屋"工程等一大批国家重点文化工程纷纷启动,延续了此前的良好势头;另一方面,世纪之交的图书馆,经历了网络化与数字化的革命,要求形成不同以往的发展形态,基层文化事业也需要更细致更精准的设计。这都要求陆续实施的国家文化工程具备新的品质。

(一)送书下乡、农家(职工)书屋与乡镇综合文化站建设

党和政府高度重视农村文化建设,采取一系列政策措施,着力推进重点文化工程建设,组织开展形式多样的农村文化活动,广泛开展文化科技卫生"三下乡"等工作,农村文化建设呈现较好的发展局面。

2003年4月,《文化部、财政部关于印发〈送书下乡工程实施方案〉的通知》正式印发,计划从2003年到2005年,每年要为300个国家扶贫开发重点县的县级图书馆及3000座乡镇图书馆拨专款2000万元,赠送390万册农村适用图书。当年12月8日,河北省平山县西柏坡15位图书馆和文化站的代表从时任文化部副部长周和平等人手中接过了近1500册带有"全国送书下乡工程"专用标识的图书,标志着这一工程的启动①。图书馆系统在这次"送书下乡"活动中起到重要作用,基层图书馆事业也得到了一定程度的发展。

十届全国人大五次会议审议通过的《政府工作报告》指出,要突出抓好"农家书屋"工程。根据《国家"十一五"时期文化发展规划纲要》的部署,2007年3月,新闻出版总署会同中央文明办等八部委联合发出了《关于印发〈农家书屋工程实施意见〉的通知》,开始在全国

---

① 文化部财政部启动全国送书下乡工程[N].中国文化报,2003 - 12 - 09(1).

范围内实施"农家书屋"工程。工程按照"政府组织建设,鼓励社会捐助,农民自主管理,创新机制发展"的思路组织实施,把各部门、各地区在农村文化建设中的类似项目结合起来,相互补充,同步推进,实现资源整合,同时广泛动员社会力量参与,鼓励国内外各界采用多种形式、多种渠道进行捐助,"十一五"期间工程在全国建立 20 万家农家书屋,到 2015 年基本覆盖全国 64 万个行政村。内蒙古自治区还因地制宜地开展了"草原书屋"工程,以农村牧区普及类出版物为主,兼顾政治、经济、科技、法律、卫生、文艺、文化教育、少儿等类出版物,分为蒙语、汉语两类,每一农家书屋可供借阅的实用图书不少于 1000 册,报刊不少于 30 种,电子音像制品不少于 100 种(张)。

2008 年,根据《国家"十一五"时期文化发展规划纲要》和中共中央办公厅、国务院办公厅《关于加强公共文化服务体系建设的若干意见》精神,中华全国总工会和各级工会组织在全国工会开展"职工书屋"工程,要求用 5 年左右的时间,在全国目前尚缺乏读书条件的基层企事业单位、社区等建设 5 万个"职工书屋",逐步形成阅读条件比较完备、广泛覆盖职工群众的工会读书设施网络。截至 2010 年,在各地建设 3000 个"职工书屋"示范点,通过以点带面,推动"职工书屋"建设的全面展开。

2005 年 11 月 7 日,中共中央办公厅、国务院办公厅下发《关于进一步加强农村文化建设的意见》(中办发〔2005〕27 号),要求充分认识加强农村文化建设的重要性和紧迫性,要求经过 5 年的努力,基本形成适应社会主义市场经济体制、符合社会主义精神文明建设规律的农村文化建设新格局,使县、乡、村文化基础设施建设相对完备,公共文化服务切实加强,农村文化工作体制机制逐步理顺,现有文化资源得到有效利用。2007 年 8 月 21 日,中办、国办下发的《关于加强公共文化服务体系建设的若干意见》对农村文化发展也相当重视,认为"当前,要大力发展公益性文化事业,实施文化惠民工程,优先安排关系人民群众切身利益的重大公共文化服务项目,逐步解决农民群众收听收看广播难、看书难、看电影难的问题,基本满足城镇居民就近便捷享受公共文化服务的基本需求"。

为丰富农村文化生活,落实中办、国办的相关意见,各级政府积极举办集书报刊阅读、宣传教育、文艺娱乐、科普培训、信息服务、体育健身和青少年校外活动等各类文化活动于一体的乡镇综合文化站。

也是在 2007 年,发改委与文化部联合制定了《"十一五"全国乡镇综合文化站建设规划》,对乡镇综合文化站的建设思想、标准和任务等做了认真部署。依据这一规划,乡镇综合文化站坚持公益性事业单位的性质,认真履行社会服务、指导基层、协助管理农村文化市场的职能,其业务由县(市)区文化部门指导,日常工作由乡镇管理。乡镇综合文化站的具体职能有:对广大群众进行时政宣传和政策法制教育;组织开展丰富多彩的文体娱乐活动,组织和指导电影、电视、录像放映活动;利用全国文化信息资源共享工程举办各类文化艺术培训班、科普讲座、农技知识讲座等,辅导和培养文艺骨干;开办图书报刊室,组织群众开展读书读报活动;搜集、整理民族民间文化艺术遗产,促进乡村特色文化的发展;指导和辅导村文化室、俱乐部和农民文化户开展各种业务活动;做好当地的文物宣传保护工作;受上级文化主管部门委托协助管理当地文化市场。

2009 年 8 月 5 日,文化部部务会议审议通过《乡镇综合文化站管理办法》(以下简称《办法》),作为中华人民共和国文化部令第 48 号自当年 10 月 1 日起施行。该《办法》在 1992 年颁发的《文化站管理办法》基础上,根据当前公共文化服务体系建设的新形势,对乡镇综合文化站的性质、职能、规划、建设和服务做了详细的规定,并对建立乡镇综合文化站评估制度、人员和经费保障机制提出了明确要求。《办法》要求文化站应配置开展公共文化服务必需的设备、器材和图书等文化资源,并有计划地予以更新、充实;协助县级文化馆、图书馆等文化单位配送公共文化资源,在县级图书馆的指导下,开办图书室,开展群众读书读报活动,为当地群众提供图书报刊借阅服务。

乡镇综合文化站是我国公共文化服务体系的重要组成部分,是党和国家开展农村文化工作的基本阵地,具有承上启下、覆盖基层、保障农民基本文化权益、促进农村经济社会协调发展的重要作用。《办法》的出台是贯彻落实党中央、国务院一系列重要文件的具体举措,强化了文化站在公共文化服务体系建设中的重要作用①。乡镇综合文化站,融图书馆、文化馆、群艺馆于一体,能够在基层集成多方面资源,形成规模效益,对基层图书馆的发展是一种有力促进。

(二)三大数字文化惠民工程

虽然早在20世纪70、80年代图书馆就已应用先进的计算机、自动化技术提供服务,但广大基层图书馆直到21世纪才逐渐感受到信息时代的冲击。计算机、网络、多媒体等技术的综合利用,Web2.0、云计算、3G等新科技的导入,为图书馆提供了全新的信息服务环境。利用信息技术拓展服务领域,拓宽服务群体,延长服务时间,优化服务手段,成为新时期图书馆服务的议题,对基层图书馆尤显重要②。将信息技术与图书馆公共服务相结合,是图书馆发展的总体趋势。新世纪以来,我国在政策层面做了许多引导工作,其中全国文化信息资源共享工程、数字图书馆推广工程和公共电子阅览室建设工程形成了文化部围绕公共数字文化建设的基础骨干,对基层图书馆的现代化起到强大的推动作用。这三大数字文化惠民工程的整体推进使基层图书馆逐步纳入到我国公益性数字文化服务体系之中。

2002年起,全国文化信息资源共享工程启动。这是由文化部、财政部在新形势下开展的一项重要惠民工程。共享工程利用现代信息技术,将中华优秀文化几千年来积淀下来的各种资源进行数字化加工整合,通过互联网、卫星、电视、手机等新型传播载体,依托各级图书馆、文化站等公共文化设施,最终在全国范围内实现共建共享。

自启动以来,共享工程受到了党和国家的高度重视,连续六年被写入中央一号文件,先后被列入《国家"十一五"时期文化发展规划纲要》《2006—2020年国家信息化发展战略》《国家"十二五"时期文化改革发展规划纲要》《关于贯彻实施〈中国农村扶贫开发纲要(2011—2010年)〉重要措施分工方案的通知》等中央文件。截至2012年5月,全国文化信息资源共享工程已建成1个国家中心、33个省级分中心、2840个县级支中心、28 595个乡镇基层服务点、60.2万个行政村基层服务点。累计服务人次超过12亿。通过广泛整合图书馆、博物馆、美术馆、艺术院团及广电、教育、科技、农业等部门的优秀数字资源,共享工程数字资源建设总量已达到136.4TB,整合制作优秀特色专题资源库207个,各类视频资源

---

① 加强管理改善服务充分发挥乡镇综合文化站在公共文化服务体系建设中的重要作用[N].中国文化报,2009 - 09 - 20(4).

② 郭斌,柳超英. 信息时代的图书馆服务工作[M]//全国中小型公共图书馆联合会,北京市西城区图书馆管理协会. 创新合作发展——创新、合作与发展中的中小型公共图书馆.北京:解放军出版社,2006:63—72.

55 670部①。全国文化信息资源共享工程走进农村、走进社区、走进军营、走进学校、走进企业,初步满足了基层群众"求知识、求富裕、求健康、求快乐"的需求,受到广泛欢迎。

共享工程的实施,对基层图书馆的发展来说,即是挑战,也是机遇。基层图书馆原有软硬件设施相对滞后,难以紧跟尖端信息技术是不争的事实。由于地方经济发展整体水平相对低下,西部地区基层群众的文化生活相对贫乏,信息获取渠道单一,文化信息资源量稀少。2004年,武汉大学的学者对内地五省十县图书馆自动化建设进行调查,调查结果显示,县级图书馆自动化建设几乎为空白,绝大多数馆的工作还处于原始手工操作阶段。10个馆中有5个馆没有一台电脑②。乡镇图书馆、农村图书室的情况更不理想。实施共享工程要依托现有的文化设施网点,以各级公共图书馆为实施主体,它与基层文化设施网点建设、图书馆网络化、数字化建设紧密相关,互为促进。各地都把共享工程的实施纳入文化事业建设整体规划中,在人员、资金、设备等方面统筹考虑,给予保障。而通过实施共享工程,政府加大对信息资源与基础设施的投入,各基层图书馆可以把群众喜闻乐见的优秀文化作品和致富信息通过网络方便、快捷地传送到百姓身边,填补基层群众文化需求的空白,丰富、活跃基层群众的文化生活。青海、西藏、内蒙古、陕西自2002年以来,相继开展共享工程工作,取得了良好的社会效益③。以共享工程为契机,基层图书馆注重新技术的应用,提升了软硬件水平,增强了业务能力。

2011年6月,文化部、财政部联合下发了《关于实施"数字图书馆推广工程"的通知》;2012年2月,文化部、财政部印发《"公共电子阅览室建设计划"实施方案》。数字图书馆推广工程、公共电子阅览室建设计划与全国文化信息资源共享工程,以互联网、移动通信网、广电网为通道,借助各级公共图书馆和手机、数字电视、移动电视等新兴媒体,共同向公众提供多层次、多样化、专业化的数字图书馆服务,从整体上提升全国公共图书馆服务能力,打造基于新媒体的图书馆服务新业态。在"十二五"时期,三大工程将充分利用已建成果,最大化发挥各级网点设备设施的服务能力,争取到2015年,在全国所有的乡镇、街道、社区实现免费、绿色的公共上网空间的全覆盖。在这样的政策支持下,基层图书馆未来一个时期将依据自身特性,在信息化环境建设方面应以基础设施的构建为主导,利用共享工程提供的信息资源,依托数字图书馆、电子阅览室,有效地消除不同地区在获取文化信息资源上的不平等,使文化信息能够更好地为当地基层群众服务,在一定程度上改变我国文化发展不平衡的现状。

二、完善基本公共文化服务体系,引领基层图书馆发展方向

公共文化服务体系是以政府为主导,以公益性文化单位为骨干,鼓励全社会参与,建设公共文化产品供给、设施网络、资金人才技术保障、组织支撑和运行评估为一体的覆盖全社会的文化服务网络架构。在中国,公共文化服务是进入本世纪后正式提出的④。虽然早在公共图书馆萌芽出现的同时就已有乡镇、社区图书馆的建立和服务活动,但是长期以来,中国乡镇、社区图书馆实际上仍然没有被纳入全国公共文化服务体系甚至公共图书馆事业发展

① 全国文化信息资源共享工程迎来工程建设十周年[EB/OL]. http://news.163.com/12/1218/00/8IVH3P4D00014JB5.html.
② 郜向荣,等. 基层图书馆生存状态忧思录——5省10县图书馆调查纪实谈[J]. 图书馆,2005(1).
③ 于凤杰. 西部基层图书馆共享工程建设研究[J]. 图书与情报,2010(5).
④ 苏峰. 略论公共文化服务体系的构建[EB/OL]. http://www.ccmedu.com/bbs4_4573.html.

的宏观体系。随着图书馆事业在国家文化战略中的地位日益受到重视,基层图书馆的发展又逐渐被置于公共服务体系建设的总体规划中来。

国家发改委《关于推进 2004 年经济体制改革意见》中提出建立健全公共文化服务体系的目标。2005 年 10 月,中共十六届五中全会《关于制定“十一五”规划的建议》要求“逐步形成覆盖全社会的比较完备的公共文化服务体系”。2006 年 3 月 14 日,十届全国人大四次会议表决通过《中华人民共和国国民经济和社会发展第十一个五年规划纲要》,明确提出到 2020 年,建立比较完善的结构合理、发展平衡、网络健全、运营有效、惠及全民的公共文化服务体系;2007 年,党的十七大把建设覆盖全社会的公共文化服务体系作为实现全面建设小康社会的重要目标之一,对图书馆事业特别是基层图书馆的发展尤有指导意义。

2012 年 7 月 20 日国务院正式公布的《国家基本公共服务体系“十二五”规划》(以下简称《规划》)提出加快构建基本公共服务体系,认为在“十二五”时期,政府应向全民免费开放基层公共文化体育设施,逐步扩大公共图书馆、文化馆(站)、博物馆、美术馆、纪念馆、科技馆、工人文化宫、青少年宫等免费开放范围;为农村居民免费提供文化信息资源共享、电影放映、送书送报送戏等公益性文化服务等。这一时期的重点任务是围绕建设社会主义核心价值体系和满足城乡居民精神文化需求的要求,坚持公益性、基本性、均等性、便利性,建立健全公共文化服务体系,扩大公共文化产品和服务的供给,推进公共服务体系建设。要建设包括图书馆服务体系在内的覆盖全社会的公共文化服务体系,需要按照合理的“就近服务标准”普及基层图书馆。基层图书馆的发展状况将直接决定公共文化服务体系能否成功实现①。《规划》列出了“十二五”时期公共文化体系服务国家基本标准,均涉及对基层图书馆的要求,如:面向全部城乡居民开放的公共文化场馆,其公共空间设施和基本服务项目免费,全年开放时间不少于 10 个月;各级公共图书馆设立盲人阅览室,配置盲文图书及有关阅读设备;农村行政村建立农家书屋,图书不少于 1500 册,报刊 20—30 种,电子音像制品不少于100 种(张),并及时更新。其有关公共文化服务体系建设“四性原则”的论述,直接引导着基层图书馆的发展路向。

公共文化服务体系的基本要求与显著特征是免费向公众提供服务,从国家层面到业界同人对此一直在不断摸索。2011 年 1 月 26 日,文化部、财政部《关于推进全国美术馆公共图书馆文化馆(站)免费开放工作的意见》要求到 2011 年年底,全国所有公共图书馆、文化馆(站)实现无障碍、零门槛进入,公共空间设施场地全部免费开放,所提供的基本服务项目全部免费;到 2012 年年底,全国所有一级馆、省级馆、省会城市馆、东部地区馆站免费提供的基本公共文化服务质量和水平不断提升,形成 2 个以上服务品牌。其他图书馆、文化馆站实现基本公共文化服务项目健全,并免费提供。免费向社会开放是公共图书馆历史发展的必然,是现代公共图书馆精神的体现。免费开放政策为公共图书馆的公益性服务提供了基本保障,免费开放经费制度化地纳入公共财政预算,是建立我国持续稳定的公共文化服务经费保障机制的突破口。国家对公共文化服务体系提供免费服务的组织、经费、监管保障机制做出了规定,要求各地尽快制订本地区推进免费开放工作的实施方案,对于基层图书馆是一大福音。尤其面对现阶段中国农村、贫困地区的基本公共服务尚未得到充分保障,规模和质量均

---

①　邱冠华,等.覆盖全社会的公共图书馆服务体系:模式、技术支撑与方案[M].北京:北京图书馆出版社(今国家图书馆出版社),2008:6.

难以满足基层人民群众日益增长的需求的现状,乘着基本公共文化服务体系免费开放的东风,确立农村图书馆、农家书屋在基本公共服务体系中的主导地位,整合农村文化资源①,不但能够促进公共文化服务体系的蓬勃发展,完善文化共享工程基层网点,也能够保障发展成果惠及全民,为农村图书馆赢取大发展的空间。包括公共图书馆在内的"三馆一站"免费开放,是我国公共文化服务体系建设进程中具有划时代意义的事件。

公共文化服务体系的实现方式也是探索的焦点之一。就图书馆工作来说,在实践经验基础上总结出的总分馆制模式、高校帮扶模式、复合图书馆模式等,为公共文化服务体系的建立健全起到了切实的作用。新世纪以来,总分馆制在全国各地开花,方兴未艾,《中国图书馆年鉴(2007)》统计显示,截至 2007 年年底,全国近 80% 的省级图书馆与省会城市图书馆以及超过 40% 的东部地级及县(市)级图书馆不同程度地开展了总分馆建设②。地方政府为本地图书馆体系建设积极提供政策支持,浙江嘉兴市人民政府办公室出台《关于构建城乡一体化公共图书馆服务体系的实施意见》,广东东莞市委、市政府发布《关于印发东莞地区图书馆总分馆制实施方案的通知》《关于印发〈东莞市建设图书馆之城实施方案〉的通知》《关于〈印发东莞图书馆新馆开馆暨 2005 东莞首届读书节总体工作方案〉的通知》等文件,奠定了当地总分馆建设的政策基础,将总分馆制提升到了政府工作层面。深圳市将发展总分馆制纳入"图书馆之城"规划中,建成了 517 个规范的社区图书馆;天津图书馆在全市范围内采取市、区县和街道社区三级合作的方式,形成了多方共赢、社区居民受益的建设模式,同时开设大量行业分馆,满足了各行各业不同人群的专业阅读需求。

2006 年和 2007 年两年的中国图书馆学会"新年峰会"对总分馆制进行专门研讨,从实际工作与理论研究两方面对"总分馆制"的经验进行总结。在 2007 年 5 月召开的全国公共图书馆延伸服务经验交流会上,天津图书馆做了《深化文化体制改革,延伸公共文化服务,努力建设读者满意的图书馆》的经验介绍,时任文化部副部长的周和平同志在会上讲话,强调"大力推广总分馆制,探索建立行业分馆、专业分馆"的意义,从政府层面对总分馆制给予了充分肯定③。总分馆制特色是经费来源固定、管理模式正规、规划与服务水准统一。推广总分馆制既能解决基层图书馆因财力不足或制度缺位而难以担当本层级图书馆建设责任、缺乏专业化管理能力而造成的低水平服务等难题,同时也将高一级图书馆的服务触角深入基层,扩大了公共图书馆的服务受众。可以说,对于基层图书馆来说,总分馆制带来的网络布局、集群管理与"普遍均等、惠及全民"的精神,是提升服务品质,保障持续发展的有益助力。在现有政策环境下,总分馆制对基层图书馆的管理模式与资源配置进行了最大限度的优化。国家对总分馆制的肯定,影响着基层图书馆工作的未来走向,对公共文化服务体系的最终建成也将起到重要作用。

现时代的公共服务不能离开数字化与网络化设施,因此,公共文化服务体系建设是与数字文化工程结合在一起的。近年,国家在大力完善公共文化服务体系建设的同时,努力适应

① 柯平,等.公共图书馆的文化功能:在社会公共文化服务体系中的作用[M].上海:上海交通大学出版社,2010:302.

② 章明丽.图书馆总分馆建设的嘉兴模式[J].图书馆杂志,2009(10).

③ 周和平.在全国公共图书馆延伸服务经验交流会上的讲话[EB/OL].http://www.libnet.sh.cn/ts-gxh/xsjl/list.asp? id=2134.

数字化时代的发展,进一步加大了数字化公共文化服务的工作力度。在"十二五"期间,通过数字文化三大工程,将逐步实现公益性数字文化服务体系的构建①。

党的十七届六中全会通过的《关于深化文化体制改革　推动社会主义文化大发展大繁荣若干重大问题的决定》和《国家"十一五"时期文化发展规划纲要》提出要推进国家公共文化服务体系示范区的创建。2011年年初,由文化部、财政部联合启动的创建国家公共文化服务体系示范区(项目)工作成为我国公共文化服务体系建设的重要任务。示范区与示范项目的创建,能够结合数字文化工程与综合文化站建设的既有成果,是国家构建公共文化服务体系整体战略部署的重要一环。文化部制定的示范区创建标准,有20个指标涉及公共图书馆的建设、管理与服务;而与公共图书馆直接相关的示范项目中,也有多个涉及在公共文化服务体系建设背景下的基层公共图书馆建设,而且主要是以设施建设、资源建设和人才队伍建设为导向的。具体情况根据东、中、西部不同地区而侧重不同,如东部偏重资源建设,西部则以设施、队伍建设为首要工作。国家公共文化服务体系示范区的创建主体是当地人民政府,示范项目的创建主体是当地文化行政主管部门。可以确信,示范区和示范项目的创建将会调动地方政府主导公共文化服务体系建设的自觉性和积极性,会明显促进地方政府加大对当地公共图书馆事业基础建设的投入,为基层图书馆提供进一步发展和提升的契机②。

第五节　回顾与展望

"十一五"以来,中国基本实现县县有文化馆图书馆、乡乡有综合文化站,公共图书馆等文化设施逐步向社会免费开放,服务能力有较大提升,公共文化服务体系的制度框架已初步形成,基层图书馆赶上了前所未有的发展良机。这一切,都是与基层图书馆所处的政策环境分不开的。

从初期的缓慢与坎坷,到1949年后的突进,再逐步走上正轨,中国基层图书馆走过了百余年的发展历程,新世纪的曙光也为之带来了充满挑战与机遇的发展环境。基层图书馆,尤其是农村图书馆的发展,与国家经济条件的改善、新的惠农政策和文化政策的出台有着密切关系。数十年来,中央与各级政府主管部门为基层图书馆的发展制定了有利的政策措施,但政策的制定并不等同于现实状况,政策会依据现实情况做出一些调整,甚至会被现实情况所改变。而且,持续适宜的发展措施才是基层图书馆事业的重要保障,盲目的大干快上、指令性的支持与单纯要求数量上的增长,都无法使基层图书馆长期健康发展。应当看到,现阶段我国基层图书馆工作状况仍不容过分乐观,设施落后、业务单一、管理运营复杂等问题仍然存在,地区差异大、城乡发展不平衡、基本公共服务供给不足的状况也很突出,基层图书馆的发展仍然面临许多困难和挑战。虽然整体上看,1949年后中国图书馆事业的政策制定中行业独立性逐步增强,越来越强调自身的职业性和行业发展需要,在符合国家发展的政治要求

---

① 文化部三大惠民工程构建公益性数字文化服务体系[EB/OL]. http://www.scopsr.gov.cn/rdzt/pdwdlywnggcg/whly/whlyxw/201207/t20120703_171861.html.

② 李国新. 示范区(项目)创建与公共图书馆发展[J]. 中国图书馆学报,2012(3).

的前提下,越来越具有成熟的行业意识①,但是政府相关职能不明确、资金投入不稳定等现象尚未消失。早在 1992 年南京图书馆组织对本省乡镇万册图书馆进行验收时,就发现不少馆"书架上图书寥寥,陈旧不堪,读者止步"②。新世纪的调研成果也表明,乡镇万册图书馆的建设虽然在当时很有影响,但是由于缺乏可持续发展的机制,现仍继续开办的图书馆也存在诸多问题③。单纯的大规模工程建设,并不能解决基层文化工作的长期问题,"三分建,七分管"是地方干部群众在实践中取得的共识④。

针对图书馆制定的政策、方针、计划必须符合地方实际情况,并且有一定的延续性,才能为各地图书馆发展提供相应的政策保障。基层图书馆地点分散,各自情况差异明显,尤其需要持续适宜的发展措施。持续适宜的发展措施,不仅是指为基层图书馆的发展提供必要的人、财、物以及政策的支持与准备,更重要的是要建立一整套包括从全局建设规划到具体细部的管理、评估、服务规范的为基层图书馆量身制作的系统性政策、法令、标准、守则,既能长期稳定地坚持,使基层图书馆事业得到保障,又能适时做出调整,照顾到各地不断变化的客观情况。新世纪基层图书馆的发展环境较之过往已有极大改善,不过从全国范围内来看,目前的现实状况与国际图联(IFLA)20 世纪 70 年代设定的每 5 万人拥有 1 座公共图书馆的国际通行标准差距仍然巨大⑤,基层图书馆仍有不小提升空间。制定与各地相适应的政策,确立合适的发展模式与行业标准,对工作进行规范与监督,是基层图书馆走上正轨的必经之路。

随着基层图书馆事业的前进,图书馆学界有识之士探讨和研究基层图书馆发展状况的热情日渐高涨。20 世纪 80 年代初,国内就有一些区域性的研讨会讨论农村图书馆问题。1997 年,"全国首届农村图书馆建设理论研讨会"于江苏省江阴市召开。进入 21 世纪,全国范围内的基层图书馆研究走上规范化道路。2001 年,中国图书馆学会设立了社区与乡镇图书馆专业委员会,当年 10 月,由江苏省图书馆学会发起,中国图书馆学会、沿海 10 省(市、自治区)学会和无锡市惠山区人民政府联合主办了"21 世纪中国沿海地区乡镇图书馆发展战略研讨会"。2006 年中国图书馆学会社区与乡镇图书馆专业委员会召开了第五届研讨会,学术界围绕社区乡镇图书馆在和谐社会中的作用、社区乡镇图书馆服务与创新、发展模式、资源共享、可持续发展以及馆员的职业道德修养、业务能力培养与提高等问题进行了深入的研究与探讨。2007 年,第六届中国社区乡镇图书馆发展战略研讨会着重探讨了新环境下基层图书馆建设与发展。随后的几年时间里,社区与乡镇图书馆专业委员会分别在广西、黑龙江、青海、陕西、福建召开了五届社区乡镇图书馆发展战略研讨会。与之相配套的一些论文集,如《21 世纪中国沿海地区乡镇图书馆发展战略研究》《理性的探索——中国社区乡镇图书馆发展战略研究》《润物细无声——社区乡镇图书馆与和谐社会》等纷纷出版。大量相关期刊论文、学位论文涌现⑥。在实践的基础上,继续深入开展相关研究是基层图书馆事业发展的需要,也是基层图书馆工作法制化、标准化的前导工作。

---

① 范兴坤.中国大陆地区图书馆事业政策研究:1978—2008[D].南京:南京大学,2010.

② 王学熙.关于江苏乡镇图书馆巩固与发展的若干问题探讨[J].江苏图书馆学报,1996(4).

③ 蒋颖,顾红,彭绪庶.苏南基层图书馆的创新与发展——对昆山、张家港的调研报告[M].北京:中国大地出版社,2008:2.

④ 一项造福中西部地区的伟大工程:实施"百县千乡宣传文化工程"综述[N].人民日报,2001 - 12 - 04(1).

⑤ 程福臣,白国庆.公共图书馆标准一[J].图书馆,1986(1).

⑥ 黄体杨,甘友庆,杨勇.1978—2007 年我国农村图书馆研究状况述评[J].中国图书馆学报,2009(3).

第三章　我国基层图书馆事业发展现状

在我国的公共图书馆事业体系中,城市社区图书馆和农村乡镇图书馆分别处于城市和农村图书馆系统的最末梢,长期以来以其贴近群众生活的特殊便利,在基层人民的文化生活中发挥了重要作用。特别是"十一五"以来,我国"县县有图书馆"目标已经基本实现,县以上公共图书馆的网络布局渐趋完善,基层图书馆的发展随之受到人们更加广泛的关注。但是截至目前,我国乡镇、社区图书馆在很大程度上还没有被纳入全国公共图书馆事业发展的宏观体系。在国家文化主管部门开展的图书馆事业统计、评估以及宏观规划工作中,均未对乡镇、社区图书馆进行充分考量,相关的研究工作也大多仅限于对某地、某馆或某项具体工作的宣传介绍与分析评判。因此,事实上国内目前对乡镇、社区图书馆基本情况的了解还十分欠缺。为此,"乡镇社区图书馆管理标准研究"课题组在对全国10个省市进行广泛调研的基础上,就目前我国基层图书馆的功能定位、政策保障、建设、管理与服务等现状进行了较为系统的研究,并对其中存在的具体问题及其原因进行了深入分析。

第一节　我国基层图书馆的功能定位

我国基层图书馆是由乡镇(街道)、村(社区)政府投资兴办或由社会力量捐资兴办的向社会公众开放的图书馆,是保障和维系公共文化服务职能的基本抓手,是图书馆事业的重要组成部分。基层图书馆服务作为最基本的公共文化服务载体之一,是公共图书馆服务的重要延展,旨在向乡镇及社区居民提供保障性、普及性、基础性的阅读、文化、教育及信息服务,满足基层群众对知识、信息及相关文化活动日益增长的现实需求。

一、传播知识与信息

实现知识与信息的无障碍传播,促进全民阅读,保障公民平等获取信息,消除信息鸿沟是基层图书馆最基本的功能。从全国范围来看,基层图书馆都以提供最基本的书刊借阅、信息查询等基本服务作为其主要功能。基层图书馆处于整个公共图书馆服务体系的最末端,相比大中型公共图书馆,其从资源配置、经费支持、硬件设施、人员配置等方面都非常薄弱,但却具有扎根基层,网点众多,贴近居民等显著优势,因此,它能够从机构和制度设计上保证全体公众,特别是辖区内居民公开、平等、免费获取知识和信息。目前,我国多数地区的基层图书馆大部分依托乡镇文化站设立图书馆(室)或图书专架,或以"农家书屋"为基础开展书刊借阅服务。条件好的地区,则配备"全国文化信息资源共享工程"基层服务网点,依托网络化和数字化手段为辖区居民提供数字化信息资源服务。

二、社会教育

基层图书馆是乡镇社区文化建设中的重要组成部分,除了承担提供书刊借阅,传播知识与信息资源的功能外,它还承担基层党政机构开展社会教育的功能。目前,我国多数基层图书馆是作为乡镇文化站或街道文化中心的一部分,除了提供书刊借阅与信息查询服务外,还依托其场所及文献信息资源,定期举办各类讲座和展览,开展农业技能、计生、公共安全等讲座和培训,为辖区居民终身学习以及生活生产提供指导和支持。

三、文化休闲

基层图书馆作为乡镇文化站或街道文化中心的重要组成部分,承担文化休闲的功能。相较市区大中型公共图书馆而言,基层图书馆定位于基本服务功能,在馆藏资源和网络建设上缺乏优势,吸引力不足,但可通过开展丰富多彩、喜闻乐见的文化休闲活动增强对辖区民众的吸引力。据调查,我国基层图书馆从馆藏资源来看多以休闲类书报刊为主,这为实现文化休闲功能提供了资源基础。与此同时,与其他基层文化活动的联动亦使得图书馆成为辖区居民的文化休闲中心。

四、社区历史记忆保存者

如果我们将公共图书馆看作城市文化记忆的保存者,那么基层图书馆便是社区历史记忆的保存者。基层图书馆一般位于基层社区,既承担着社区公共空间的职能,也担负着社区历史保存的责任,是社区的综合文化平台。有些基层图书馆在保存社区历史记忆方面开发得比较成功,比如上海市南汇区惠兰镇图书馆,它所筹建的本镇名人特藏就具有社区历史记忆保存的功能,上海市卢湾区瑞金街道图书馆开发的《历史名人在瑞金》就是社区历史保存的例子。笔者在北京市昌平区崔村镇徐继新爱心图书馆调研时,就发现他的图书馆保存了很多本村历史记忆,比如门匾、石雕、古砖等,这些都说明基层图书馆具有社区历史记忆保存的功能。

第二节　我国基层图书馆的政策保障

建立并不断完善基层图书馆政策保障制度是不少发达国家为促进基层图书馆的发展所采取的措施。一个完善的基层图书馆政策保障体系包含了法律法规、规章制度、标准规范、方针规划等,内容涵盖了文献资源、服务网络、经费投入、设施网络、人才队伍等多个方面。目前,我国尚未出台一部全国性的图书馆法,但2009年文化部下发的《乡镇综合文化站管理办法》已对设置在文化站的"书刊阅览室"的设置、馆藏和服务等做出了明确规定,一些省市如上海、深圳、北京等制定了逾十部地方性图书馆法规、规章(例如《北京市图书馆条例》《湖北省公共图书馆条例》《上海市公共图书馆管理办法》等);以及一些与公共图书馆相关的规范性文件(例如《深圳市公共图书馆总分馆体系建设指导意见(征求意见稿)》等),这些法规、规章和规范性文件的出台为基层图书馆发展提供强有力的政策保障。

在标准规范方面,2008年颁布的《公共图书馆建设用地指标》和《公共图书馆建设标准》首次确立了以"服务人口"为基本依据的公共图书馆建设指标体系,并提出要重点建设中小型图书馆。2011年底发布的《公共图书馆服务规范》是我国第一个图书馆行业的国家标准,对公共图书馆的人员队伍、资源建设以及馆舍建筑等方面做了具体规定。虽然这几个标准都仅适用于县级以上公共图书馆,但街道、乡镇级公共图书馆也可参照执行。在此基础上,一些省、市、自治区也相继推出了适用本地区范围内的公共图书馆标准规范,如江西省下发的《关于颁发公共图书馆服务标准试行的通知》(2008年)、新疆维吾尔自治区出台的《公共图书馆服务标准》(2010年)、安徽省出台的《公共图书馆服务标准》(2011年)等,深圳市自1998年开始,由深圳市文化局组织专家制定了相应的基层图书馆评估标准,按一年一评的原则,对区级以下面向公众开放的新建的镇(街道)和村(社区)图书馆进行评估。这些标准规范的出台,一方面极大地促进了图书馆意识在基层组织中的普及,为基层图书馆事业的发展打下了良好的基础,另一方面也为基层图书馆建在哪、如何建、建多大规模、怎么管理、怎么服务和怎么开放等问题提供了可参照的规范。

全国图书馆标准化技术委员会(下称"图标委")是我国图书馆行业的标准化技术组织,对促进图书馆国家标准、行业标准的制定、实施工作起着重要作用。2011年12月,它发布《全国图书馆标准化工作"十二五"规划纲要》,明确将基层图书馆标准,尤其是管理与服务类标准纳入"十二五"时期我国图书馆标准化工作重点领域;2012年,图标委秘书处组织申报了《乡镇图书馆管理规范》《乡镇图书馆服务规范》两项基层图书馆相关国家标准制修订项目,以及《乡镇图书馆建设指南》《乡镇图书馆统计指南》和《社区图书馆建设指南》三项基层图书馆相关文化行业标准制修订项目。这些标准制修订工作的开展为我国基层图书馆工作进一步走向科学、高效提供了更加坚实的保障。

本书收集了目前已经制定或仍在制定中的图书馆法规、规章及标准,如《乡镇综合文化站管理办法》《浙江省公共图书馆管理办法》(2003)、《上海市公共图书馆管理办法》(1997年颁布,2010年第三次修订)、《北京市图书馆条例》(2002)、《〈北京市图书馆条例〉实施办法》(2003)、《湖北省公共图书馆条例》(2001)、《内蒙古自治区公共图书馆管理条例》(2000)、《深圳经济特区公共图书馆条例(试行)》(1997)、《山东省公共图书馆管理办法》(2009)、《广州市图书馆条例(草案)》(2012)、《四川省公共图书馆条例(征求意见稿)》(2012)、《深圳市公共图书馆总分馆体系建设指导意见》(2012)、《江西省公共图书馆服务标准(试行)》(2008)、《安徽省乡镇综合文化站服务标准(征求意见稿)》《广西壮族自治区乡镇综合文化站管理办法》等,对这些法规、规章中的条文进行逐条阅读,将基层图书馆适用的条文列出(首要选取适用于街道(乡镇)、社区(村)图书馆/室的专门条款,在没有专门条款的情况下,选取那些适用于基层图书馆/室的笼统性条文)并进行分析。

一、建设主体的规定

新中国成立以来,我国公共图书馆事业的基本格局是按"各级政府分级设置图书馆"的模式形成的,而覆盖面最广的基层图书馆的建设主体则落在了经济能力最为薄弱的基层政府身上,使得"覆盖全面、普遍均等的图书馆服务网络"建设异常艰难,也难以保证公共文化服务体系的持久性。因此,明确基层图书馆的建设主体,是保障基层图书馆可持续发展的重要举措。

在我国现有地方性法规、规章中,基层图书馆的建设主体主要是乡镇人民政府和街道办事处。例如,《上海市公共图书馆管理办法》(及其修正办法)中第五条规定:各级人民政府和街道办事处应当根据本地区的人口分布情况和图书馆事业的发展需要,对辖区内各级公共图书馆的设置实行统筹规划。同时第三十七条规定:街道办事处和乡、镇人民政府应当对辖区内里弄图书室和村图书室的设置进行统筹规划。《北京市图书馆条例》第九条规定:区、县和乡、民族乡、镇人民政府以及街道办事处应当以区、县公共图书馆和街道、乡镇公共图书馆(室)为基础,采取多种扶持措施,加强社区、村内图书馆(室)的建设。《深圳经济特区公共图书馆条例(试行)》(1997)第十条规定:市、区、镇人民政府应当根据本行政辖区的人口分布情况、经济和文化事业的发展需要,设立公共图书馆。《深圳市公共图书馆总分馆体系建设指导意见》第四条规定:在优化现有基层图书馆的基础上,仍不能满足市民阅读需求的,参照国家、省、市标准,科学规划、建设区图书馆分馆和社区延伸服务点。分馆、社区延伸服务点馆舍主要由街道、社区、厂区负责配置。《四川省公共图书馆条例》(征求意见稿)第九条规定:乡镇人民政府以及街道办事处应当采取多种措施,加强街道、乡镇、社区和村公共图书馆(室)的建设。

对此,于良芝等人提出,应将基层图书馆的建设主体适当上移①,也就是说,把建设基层(街道、乡镇、社区、村庄)图书馆的任务交给上一级政府(如市、区县政府),由其同时设置和维持一个本级图书馆以及若干基层图书馆,由此形成一个"1 + N"的图书馆管理单元,这样可以极大地节省全覆盖的公共图书馆服务体系的建设成本,提高其普遍均等和可持续发展的能力,也有利于区域内图书馆服务体系的宏观建设与管理,保证服务网络的全覆盖。

目前,国家层面上,《关于进一步加强基层文化建设的指导意见》(2002)、《关于进一步加强农村文化建设的意见》(2005)、《国家"十一五"时期文化发展规划纲要》(2006)、《中央机构编制委员会办公室关于深化乡镇机构改革的指导意见》(2009)等文件已经就县政府承担基层图书馆的建设责任或县乡共建基层图书馆的责任达成了共识。地方层面上,近几年各省市出台的地方性图书馆法规中,浙江、山东、广州等地也均已不再将公共图书馆建设任务的实施主体列为"各级人民政府",而是明确界定为"县级以上人民政府"。在我国一些经济发达地区的基层图书馆建设实践中也呈现出这样一种变化趋势,即县(区)或市人民政府主动担负起乡镇图书馆建设的重任,采取各种方式分担、补贴或全部承担基层图书馆建设与运营所需的经费。当然,基层图书馆的建设主体并不能完全脱离乡镇等基层政府,至少在办馆场地、服务人群等方面还需要基层政府的配合与帮助。因此,基层图书馆的建设主体适当上移,最好县(区)政府主导、乡镇等基层政府配合共同开展基层图书馆建设,可能更加符合我国现实情况。

二、设施设备的规定

基层图书馆的设施设备指的是能支撑图书馆服务、非馆藏资源的各种固定资产,包括馆舍、书架、桌椅、饮水机、电脑及其信息化程度等。设施设备是基层图书馆提供公共文化服务的基础,只有在图书馆法规中对基层的设施设备进行具体性规定,才能保障基层图书馆持续顺利地提供公共文化服务。

例如在馆舍面积与阅览座席方面,一些地方性法规就做了明确的量化要求。《上海市公共图书馆管理办法》(及其修正办法)第八条和第九条规定:街道(乡、镇)图书馆的建筑面积应当达到100平方米以上,阅览座位应当达到50席以上。《北京市图书馆条例》第十七条规定:(三)街道、乡镇公共图书馆(室)的建筑面积应当达到100平方米以上,阅览座位应当达

---

① 于良芝,等.公共图书馆建设主体研究[M].北京:国家图书馆出版社,2011.

到30席以上。《广州市图书馆条例（草案）》第十二条规定：街道、乡镇公共图书馆（室）的总建筑面积应当达到100平方米以上，阅览座位应当不少于30席；社区、村兴办图书馆（室）的总建筑面积参照街道、乡镇公共图书馆（室）的标准执行。也有一些地方例如山东、深圳、湖北等地只是笼统地规定公共图书馆的布局、建筑面积和阅览座位的配置按照国家有关规定执行。

在馆舍使用方面，大部分地方法规、规章都明确规定公共图书馆馆舍、设施、设备等属于国家所有，任何单位和个人不得侵犯。但只有广州、北京、四川等地就馆舍的拆除、改变用途做出了具体明确的程序要求和费用负担规定。

三、经费投入的规定

基层图书馆是公益性的文化机构，其资金来源主要依靠政府拨款及社会捐赠，因此政府的行政拨款是基层图书馆经费的主要来源。地方政府应将基层图书馆事业的发展纳入经济与社会发展规划，纳入地方政府财政预算，并将这种财政支持作为一项长期的法律制度执行下去。目前，已发布的地方性法规规章基本上都有相应规定。例如，《浙江省公共图书馆管理办法》中第十一条规定：各级人民政府应当将公共图书馆（包括基层图书馆）所需经费，包括人员经费、业务经费、文献资料购置费和设施、设备添置修缮费列入财政预算，并随着财政收入的增长和公共图书馆事业发展的需要予以增加。《上海市公共图书馆管理办法》（及其修正办法）第二十四条规定：街道（乡、镇）图书馆的经费，由街道办事处（乡、镇人民政府）予以保证，区（县）人民政府给予适当的支持；公共图书馆的经费应当根据国民经济和公共图书馆事业的发展，逐年有所增加。《深圳经济特区公共图书馆条例（试行）》（1997）第十一条规定：公共图书馆业务经费由各级人民政府从行政事业经费中列支，公共图书馆经费的增长幅度应与正常性财政收入的增长幅度相适应；《深圳市公共图书馆总分馆体系建设指导意见》第六条规定：由政府出资建设并保障运行的市、区公共图书馆总分馆体系建设所需设施设备、文献采编、业务活动、人员及免费开放等经费，根据第四轮财政体制要求，分别由市级和区级财政给予相应保障。在此基础上，这些地方法规还就鼓励单位和个人向公共图书馆捐资、捐书以及公共图书馆经费专款专用做出了明确规定。

充足的文献资源是公共图书馆提供服务的必要前提，一些地方法规对基层图书馆的购书经费做出了专门规定，例如《湖北省公共图书馆条例》第十一条规定：各级人民政府应当落实公共图书馆的文献资料购置费，保障公共图书馆年入藏文献资料逐年增长。公共图书馆文献资料购置费实行专款专用。《上海市公共图书馆管理办法》第二十五条规定：公共图书馆的书刊资料购置费必须专款专用。公共图书馆书刊资料购置费的使用，受财政、审计主管部门的监督。《山东省公共图书馆管理办法》第十条规定：年度文献信息资源购置费由同级财政、文化行政管理部门协商确定，并应当做到专款专用。《深圳市公共图书馆总分馆体系建设指导意见》第六条规定：公共图书馆文献购置经费应根据本地区经济社会发展情况及图书馆图书配置实际情况给予保障；政府投资兴办的区公共图书馆总馆及分馆文献资料配置由区政府统一拨款。《广西壮族自治区乡镇综合文化站管理办法》第三十条规定：每站每年分别安排书报刊经费0.5万元。

值得一提的是，2012年发布的《深圳市公共图书馆总分馆体系建设指导意见》第六条还对人员经费做出了专门规定：政府建设的分馆和延伸服务点人员由街道、社区做出预算，区财政予以保障;与社会(包括厂区)共建的分馆及社区延伸服务点人员由建设需求方提供保障。这样的明确规定对于保障基层图书馆的人员配置,确保基层图书馆提供更高质量的服务、实现良性运行具有积极意义。

四、馆藏资源的规定

馆藏资源是基层图书馆提供服务的必备要素,有些条文对基层图书馆馆藏具体数量做出了硬性的指标规定,比如,《上海市公共图书馆管理办法》(及其修正办法)中第三章第十四条规定:区(县)图书馆书刊资料的收藏量应当达到 50 万册以上;街道(乡、镇)图书馆书刊资料的收藏量应当达到 1 万册以上。《安徽省乡镇综合文化站服务标准(征求意见稿)》第 2.4 条规定:文化站图书室藏书不少于 3000 册,图书采选注重贴近农业生产、农民生活;报纸杂志不少于 10 种;适当采购电子文献。《广州市图书馆条例(草案)》第二十四条规定:街道、乡镇公共图书馆(室)的基本馆藏信息资源拥有量应当不低于人口人均 0.5 册(件);社区、村图书馆(室)的基本馆藏信息资源拥有量应当不低于人口人均 0.5 册(件)。《四川省公共图书馆条例(征求意见稿)》第二十一条规定:各级公共图书馆基本收藏文献信息资源,不得低于以所属行政区域常住人口计人均 0.5 册(件)。

除了总馆藏量外,一些法规还对基层图书馆馆藏更新做出规定。例如《北京市图书馆条例》第五章第三十五条规定:公共图书馆入藏文献信息资料应当逐年增长,街道、乡镇公共图书馆(室)年入藏文献信息资料不得少于 1000 册(件)。《广州市图书馆条例(草案)》第二十五条规定:公共图书馆入藏信息资源应当逐年增长,街道、乡镇公共图书馆(室)馆藏信息资源的年增长不得少于人口人均 0.05 册(件),社区、村公共图书馆(室)馆藏信息资源的年增长不得少于人口人均 0.01 册(件)。《四川省公共图书馆条例(征求意见稿)》第二十一条规定:公共图书馆入藏文献信息资源应当逐年增加,其中街道、乡镇、社区、村图书馆(室)不得低于 400 册(件)。图书馆是一个生长的有机体,图书馆的馆藏资源应当持续更新,只有持续更新的馆藏资源才能让基层图书馆满足社会公众的文化需求,才能保持基层图书馆对社会服务区域内居民有吸引力。

五、服务的规定

服务是图书馆的灵魂,是立馆之本,在我国已颁布的各项图书馆法规制度中,多处涉及基层图书馆服务方面的规定。

在开馆时间方面,各地的规定都非常具体,一般都在每周 40 小时以上,这种规定从制度上保证了基层图书馆的正常开放时间。比如,《浙江省公共图书馆管理办法》第十六条规定:乡镇、街道公共图书馆每周开放时间应在 48 小时以上。《上海市公共图书馆管理办法》(及其修正办法)第二十六条规定:街道(乡、镇)图书馆每周开放时间为 49 小时以上。《江西省公共图书馆服务标准(试行)》(2008)第 3.4 条规定:街道、乡镇综合文化站的书刊阅览室每周开放时间应在 42 小时以上。《四川省公共图书馆条例(征求意见稿)》(2012)第三十八条规定:乡镇、街道、社区公共图书馆(室)每周开放时间在 48 小时以上。《深圳经济特区公共图书馆条例(试行)》(1997)第四章第十八条规定:镇图书馆每周的开放时间不得少于 48 小时。《广州市图书馆条例(草案)》第三十五条规定:街道、乡镇公共图书馆(室)每周的开放时间不少于 48 小时。《安徽省乡镇综合文化站服务标准(征求意见稿)》第 3.1 条规定:文化站除农忙时节外应当每天开放,每年开放时间不少于 300 天,每周开放时间累计不少于 40 小时,节假日期间基本文化服务项目应正常开放。《广西壮族自治区乡镇综合文化站管理办法》第十三条规定:文化站各种活动向群众开放,每周不得少于 30 小时。

在服务内容与方法上,基层图书馆的文化服务受到充分认可。比如,《浙江省公共图书馆管理办法》第三章第二十条规定:公共图书馆(包含乡镇图书馆)应当开展送图书下乡活动,为农村、农民提供科技文化服务。《湖北省公共图书馆条例》(2001)第六条规定:乡(镇)公共图书馆(室)应当面向基层,为农民提供科技、文化服务。《北京市图书馆条例》第二十八条规定:提供各类图书馆开设基层借阅点和开展送图书下乡活动。这些都表明基层图书馆是我国公共文化服务体系的最基本单元,是公共文化服务的最基本保障。

六、工作人员的规定

工作人员是基层图书馆提供社会服务的主体之一,是基层图书馆与读者之间联系的桥梁。在各项规章制度中,有对专职工作人员配备的要求:《广州市图书馆条例(草案)》第十八条规定,街道、乡镇公共图书馆(室)应当配备专职图书馆工作人员;《深圳市公共图书馆总分馆体系建设指导意见》第六条规定,各区街道分馆、直属分馆或社区延伸点应遵照国家《公共图书馆服务规范》配置工作人员。应探索通过职员、雇员、文化协管员、劳务派遣等多种形式,满足分馆、社区延伸服务点人员配置要求,并积极倡导文化志愿者参加图书馆(室)服务。也有对工作人员学历、专业职称等方面的规定:《浙江省公共图书馆管理办法》第二十八条规定,乡镇、街道图书馆(室)工作人员应当具有高中以上文化程度;《江西省公共图书馆服务标准(试行)》(2008)第6.1条规定,新进入的乡镇(街道)综合文化站工作人员应具有中专以上学历;《上海市公共图书馆管理办法》(及其修正办法)第二十一条规定,街道(乡、镇)图书馆应当配备具有初级以上专业技术职称的专业技术人员;《深圳经济特区公共图书馆条例(试行)》(1997)第二十九条规定,镇图书馆馆长应具备馆员或馆员以上职称,或具有五年以上的图书馆工作经验的相关专业中级或中级以上专业技术职称;第三十一条规定:图书馆的工作人员应具备高中以上文化程度,能为读者解答有关利用文献资源方面的询问,辅导读者查找文献资源。

人才是推动图书馆事业发展的重要因素,人员数量不足、水平不高严重阻碍和制约着基层图书馆职能的发挥,基层图书馆复合型人才队伍的建设是基层图书馆健康发展、优质服务的保障。为此,一方面,要结合当地信息需求,配备一支数量合理的专职图书馆员队伍;另一方面采取积极有效的措施,如岗位培训、继续教育等,普遍提高专业人员的素质。同时还可以采取业务交流、进修等多种途径,提高基层图书馆员的专业水平,为培养骨干尖子创造条件。随着信息化水平的提高,基层工作人员应掌握计算机、网络、通讯、多媒体和现代信息检索等技术,为读者提供快速便捷的信息服务。

七、社会力量办馆助馆的规定

除政府出资建设的公共图书馆外,依靠社会力量办馆也是近些年来推动基层图书馆事业发展的重要手段。据不完全统计,截至 2010 年年初我国大约有二三百家基层图书馆是通过社会力量而建设的,如北京西部阳光教育基金会、美国科技教育协会、美国滋根基金会和中国滋根乡村教育促进会等都通过各种项目对基层图书馆建设做出了积极贡献。

在我国公共文化服务体系建设尚不完善、公共图书馆服务全覆盖尚未实现的情况下,这些社会力量的参与在解决信息需求和信息供应的突出矛盾上具有积极意义。此外,社会力量在办馆中所体现出的激情、创造性、活跃度以及专业素质等也是政府办馆可积极吸收借鉴的。

在各项规章制度中,对社会力量办馆的规定表现形式多样,既有鼓励社会力量投资兴办,也有鼓励捐赠的,鼓励方式包括表彰、奖励或享受相应的税收优惠。比如,《北京市图书馆条例》第二章第十一条规定:本市鼓励自然人、法人和其他组织兴办图书馆或者以捐赠资金、文献信息资料、设备等形式资助图书馆事业发展;捐赠人依照《中华人民共和国公益事业捐赠法》享受税收等优惠。《〈北京市图书馆管理条例〉实施办法》第十六条规定:自然人、法人和其他组织在征得社区居委会或村委会的同意后,可以兴办社区、村图书馆(室),并接受社区居委会或村委会的领导。第二十条规定:文化行政主管部门应当采取以下措施鼓励学校、科学研究机构以及社会团体、企业、事业单位的图书馆(室)向社会开放;鼓励自然人、法人和其他组织兴办图书馆。《湖北省公共图书馆条例》(2001)第五条规定:鼓励和支持农村村组、城市社区、社会团体、企业事业单位和个人兴办向社会开放的图书馆(室);《浙江省公共图书馆管理办法》第四条规定:鼓励单位、个人投资设立向社会开放的图书馆并参加各级公共图书馆网络。《山东省公共图书馆管理办法》第六条规定:鼓励社会力量兴办公共图书馆;第二十二条规定:对社会力量兴办公共图书馆的由人民政府给予表彰、奖励。《四川省公共图书馆条例(征求意见稿)》第十条规定:鼓励企业、事业单位、社会团体以及其他组织和个人等社会力量兴办向社会公众开放的图书馆或以捐赠等方式支持公共图书馆事业。《广州市图书馆条例(草案)》第八条规定:鼓励国内外自然人、法人和其他组织兴办图书馆;捐赠人捐赠图书馆的(包括捐赠文献信息资料、设备等),依照《中华人民共和国公益事业捐赠法》享受税收等优惠。

第三节　我国基层图书馆的建设与管理

2011年上半年,"乡镇社区图书馆管理标准研究"课题组对黑龙江省、长春市、北京市、陕西省、甘肃省、贵州省、广东省、湖北省、浙江省、上海市十省市的基层图书馆进行了调研,调查样本主要是乡镇、街道级图书馆和社区、村级图书馆,调研方法为问卷调研法、田野考察法、文献分析法等。课题组抽样调研的10个省、市的地理区域跨度大,经济发展状况不一,这种抽样分层方式具有一定的合理性,能在一定程度上反映出我国基层图书馆设置布局、建馆模式、设施设备、馆藏资源、经费人员、组织管理等各方面的发展现状。

一、设置与分布

英、美等发达国家很早就制定了图书馆法或社区图书馆法,对基层图书馆的设置、馆舍面积等做出明确的要求。我国并未颁布全国性的图书馆法,也未单独颁布专门的基层图书馆法律法规,因此,基层图书馆的设置与布局并没有统一的标准。目前,我国大部分基层公共图书馆按行政体系建设,一般都是在县(市)设立县(市)级公共图书馆,再由各乡镇、社区根据经济发展状况,由乡镇、街道、社区设立基层图书馆。

　　我国基层图书馆建设是在改革开放以后才真正蓬勃发展起来,由于各地经济发展不均衡,建设状况也存在很大的差异。目前,我国基层图书馆的整体行业发展成熟度是自东部、东南沿海地区到西部、西北部偏远地区依次呈降势排列。

　　在经济相对发达的长江三角洲、珠江三角洲、京津唐地区,基层图书馆建设水平较高。如北京、上海、深圳等基层图书馆发展较好的城市,已率先在全国建立起相对完善的四级图书馆服务网络,基层图书馆的服务也搞得红红火火。到2008年,北京市134个街道建立基层图书馆124所,覆盖率93%,183个乡镇建立图书馆166所,覆盖率91%,全市2554个社区建立社区图书室977所,覆盖率38%,3955个行政村建立村图书室2286所,覆盖率58%[①]。目前上海市209个[②]街道、乡镇建立了316所图书馆,大约有5000个里弄(村)图书室遍布各个住宅区和乡村,平均每3万人拥有一所图书馆[③]。在2011年课题组调研时,浙江省共有1420个乡镇街道,其乡镇街道文化站的总量为1509所,建有图书馆的乡镇街道文化站为1168所,占文化站总量的77%,占乡镇街道总量的82.3%。江苏省乡镇图书馆的建设起步较早,80年代初至1990年已进入普遍建立乡镇图书馆的普及阶段,南京市的街道图书馆普及率在2000年年底就已达到80%,吴江市于2007年年底实现了每一个乡镇都有分馆的目标。2009年年底,在广东省1581个乡镇、街道中,有乡镇、社区文化站1594所,覆盖率为100%,广东省的基层图书馆基本上都设置在文化站内。截至2011年年底,深圳市拥有街道或社区级基层图书馆634所[④],其中社区级基层图书馆558所,街道级基层图书馆76所,公共图书馆服务覆盖率达到100%。

　　除了经济发达的沿海地区以外,我国其他内陆省份基层图书馆的发展也很迅速。2009年年底,黑龙江省完成新建乡镇综合文化站487所,2011年年底,共建成农家书屋7525所,乡镇综合文化站的普及比例为94.6%,2012年将实现所有乡镇100%普及。2011年年底,长春市的118个乡镇中,只有3所乡镇图书馆,但市区42条街道的287个社区基本配置了图书馆或图书专架。在湖北省1230个乡镇、街道中,有912所乡镇、街道级基层图书馆,5091所社区文化中心,13 013所村级文化活动室,从而使有村级文化活动室的乡村占到49.7%的比例。2010年年底,在贵州省1549个乡镇、街道中,建有农家书屋15 615所,综合文化站1429所。基层图书馆一般位于乡镇、街道或社区,是社区居民身边的图书馆,能够为社区居民提供更加便捷的图书馆服务。从图书馆网点的覆盖面上看,基层图书馆立足基层社区,能够有效避免因距离而减少读者到馆频次[⑤]等问题。

　　在课题组实地调研的九省市乡镇、社区基层图书馆的资料中,每一省市乡镇、社区基层图书馆的建设状况均表现出不相同的特性。这些数据表明国内各省、市基层图书馆建馆数量上存在着较大的差异,难以找出共同的规律,更难以完全按照某种自上而下的行政指令进行建设。从数量上看,基层图书馆的建设状况可能与全国各省、市地域广阔程度和经济发展

　　① 冯守仁,等.《北京市图书馆条例》实施情况调研报告[J].公共图书馆,2010(2).
　　② 2011年下半年上海市行政区划情况统计表[EB/OL].[2012 – 06 – 21].http://www.shmzj.gov.cn/gb/shmzj/node8/node15/node58/node77/node116/userobject1ai4871.html.
　　③ 秦淑贞.英国社区图书馆见闻与中国的社区图书馆建设[J].中国图书馆学报,2003(3).
　　④ 深圳将建立公共图书馆总分馆制,服务有望覆盖全市[EB/OL].[2012 – 06 – 21].http://www.szlib.gov.cn/newsshow.jsp?itemid=3717.
　　⑤ 吴汉华.公共图书馆焦虑的调查研究[J].图书情报知识,2007(5).

程度等因素存在关联性。

近几年,随着"两馆一站"建设进程的加快和社区图书馆援建活动的开展,新疆、内蒙古、广西等中西部各地的基层图书馆也得到一定的普及和发展。这虽在一定程度扭转了这种不平衡现象,但并没有从根本上解决广大贫穷落后地区群众看书难的问题,广大中西部地区的社区图书馆建设依然任重道远。目前在全国有独立建制的基层图书馆,只能在上海及南方个别省、市找到成功的例子。北京市的基层图书馆一般设置在街道文化站和社区文化室内。没能单独建制使乡镇图书馆处于缺乏政府稳定支持的状态,发展是极其不稳定的。

二、建馆模式

我国基层图书馆已有的建设模式可以归纳为三类:独立办馆模式、联合办馆模式及分馆模式。

(一)独立办馆模式

独立办馆模式指的是由基层图书馆建馆发起人(包括自然人和法人)作为办馆主体独立建馆,这类发起人可以是政府部门,比如基层政府,他们在乡镇、社区规划或扩建时,将基层图书馆的经费纳入乡镇、社区财政预算,由他们自主建立基层图书馆。基层政府对所建图书馆进行财政投资,统筹规划,办馆经费由基层政府支付。各种公益组织及个人也可以作为基层图书馆的发起人,由他们独立建设的基层图书馆也属于独立办馆模式。

(二)联合办馆模式

联合办馆模式指的是由多家机构作为办馆主体,协作创办基层图书馆。比如,由基层政府与其他文化、教育或社会服务机构联合办馆,各单位图书馆突破单位权属体制,参与社会文化建设,与乡镇或社区联合协作建立向公众开放的基层图书馆。联合型基层图书馆主要有以下几种类型:

1. 镇校联合办馆模式

镇校联合办馆即基层图书馆与乡镇学校图书馆共建共享模式。在乡镇社区一级,学校图书馆与公共图书馆有许多共同之处:首先是服务半径基本一致。乡镇社区地域不大,二者的服务半径基本是重叠的。其次是服务对象基本一致[①]。实行镇校联合办馆后,将书籍合为一体,既会产生规模效益,又避免了资源的重复浪费,最大限度地提高利用率。镇校联合办馆带来的是基层图书馆与学校图书馆共同发展的新局面。在镇校联合办馆模式中,政府起着重要的协调作用。政府多予以政策和制度的优惠,并积极促成乡镇图书馆与中心学校图书馆的合并和安置,为镇校联合办馆"挂牌"、宣传等。

2. 高校图书馆与公共图书馆合作共建模式

高校是文化教育的中心,具有相对完备的图书馆,馆内藏书丰富,管理规范。一些乡镇、社区有针对性地与就近的公办(民办)大学图书馆联合,实行一馆两用,定时对居民开放,使院校图书馆发挥更大的社会效益。高校图书馆与社区联合可以使馆内资源得到充分利用,使图书馆功能有效发挥,提高高校图书馆在社会上的知名度,方便附近居民,使他们就近读书、学习。广州大学图书馆与广东省立中山图书馆就合作共建了桂花分馆。

---

① 李国新. 我国乡镇社区图书馆的现状与发展[J]. 图书馆论坛,2007(6).

3. 民营企业与公共图书馆合作办馆模式

一些中小民营企业苦于无法得到其需要的信息而阻碍了发展,一些地方政府积极鼓励和吸收一些优秀民营企业,赞助和参与组织乡镇图书馆的建设,由民营企业出资与县、市图书馆合作开办基层图书馆,图书馆可通过数字化网络将这些企业组织起来,为其定期提供所需的各方面数字化信息。北京西城区民营企业府右街宾馆与首都图书馆合作,采取民办公助方式合建了西长安街社区图书馆。共建的另一种方式是对乡镇、社区范围内已有一定基础的某些单位或机构图书馆进行改造,扩大服务对象,向全社区成员开放。

4. 政府与房地产开发商、物业管理商的合作办馆模式

房地产商在投资建设新社区时,划出若干平方米的场地给图书馆,一次性出资购买相关硬件设备及书刊;街道办事处每年给社区图书馆补贴一定数额的购书经费,县、市公共图书馆负责书刊馆藏资源建设和采分编业务;物业管理商派专人从事社区图书馆的日常管理工作,同时在居民交纳的物业管理费中支付一部分作为图书馆的运作资金。政府和开发商、物业管理商联手办馆,既提高了小区的文化品位,推动了楼盘的销售,也为物业管理商提升品牌形象,实现多方共赢。如天津阳光100国际新城房地产开发商、万怡物业公司与天津图书馆合作建立了天津阳光100社区图书馆。

5. 东西部对口支援办馆模式

东部发达地区图书馆对口支援西部地区图书馆是加强西部图书馆建设,加快西部图书馆发展的有效措施。东西部图书馆开展对口支援工作多采取一对一的形式,由东部一个县、市对应支援西部一个县、市的基层图书馆建设。民政部、中央文明办、新闻出版总署、国家广播电影电视总局联合主办的"万家社区图书室援建和万家社区读书活动"自2003年5月启动以来已连续举办了四期,共援建城乡社区图书室66 000家,援建图书2200余万册,使近2亿城乡居民从中受益[①]。

(三)分馆模式

分馆模式其实是公共图书馆服务的一种延伸,即在县、市设立中心馆,把不同规模的基层图书馆作为县、市公共图书馆的分馆,归属公共图书馆统一管理,使其成为公共图书馆系统的有机组成部分。基层图书馆的业务由中心馆负责培训和指导,所有文献均由中心馆统一调配,在馆舍、设备、经费、人员及其待遇等方面,由政府统一规划和安排,依托现代物流和互联网链接成图书馆服务网络。以此模式建设的基层图书馆,其业务规范,便于管理,能起到典型、示范作用,而且从经费、各类文献、视听资料、设备到人力等各方面都有了保证。基层图书馆能及时从上级图书馆更直接、更有效地更换、调拨文献以及各类型资料、信息等。典型的有深圳"图书馆之城"、嘉兴城乡一体化图书馆服务体系。

浙江省嘉兴市的"城乡一体化图书馆服务体系"是以市县级图书馆为中心,以乡镇分馆为纽带,以村(社区)图书室和图书流动车为基础,覆盖全市的城乡一体、功能完善、资源共享、管理规范的新型公共图书馆服务体系。城区乡镇分馆年运行经费由市区镇三级政府共同投入,郊县(市)乡镇分馆由县(市)镇两级投入,年运行经费由作为总馆的市(县)图书馆

---

① 民政部,中央文明办,新闻出版总署,等. 关于印发第五期万家社区图书室援建和万家社区读书活动方案的通知[EB/OL].[2012 - 06 - 11]. http://www.mca.gov.cn/article/zwgk/tzl/200712/20071200009115.shtml.

集中支配使用;市县两级总馆负责本区域内乡镇分馆、村(社区)图书馆等分馆的文献资源统一采购、加工、配送,同时开展业务辅导工作,分馆负责读者服务工作;乡镇分馆与市县总馆系统整合,资源共享,统一检索。

三、设施设备

(一)馆舍状况

1. 馆舍面积

从馆舍面积上看,我国基层图书馆表现出了较大的差异。在课题组调研数据中,北京市独立建制的乡镇街道图书馆馆舍面积基本达到 100 平方米,最大的街道图书馆甚至达到了1100 平方米。黑龙江省的基层图书馆馆舍面积平均为 107.5 平方米,最大的为 500 平方米,最小的仅为 15 平方米。长春市社区图书馆的平均馆舍面积为 34 平方米,有 7 所馆舍面积超过 90 平方米,还有 13 所无馆舍。在陕西和甘肃两省的基层图书馆中,其馆舍的平均面积为 136.4 平方米,最大值为 500 平方米,最小值为 18 平方米。浙江省基层图书馆的馆舍平均面积为 143 平方米。上海市基层图书馆的平均面积为 546 平方米。课题组在贵州省基层图书馆的调研中,样本的平均面积为 50.6 平方米,其最大值为 350 平方米,最小值为 10 平方米。广东省基层图书馆的平均面积为 1486.6 平方米。湖北省基层图书馆的平均面积为367 平方米。基层图书馆馆舍面积的差异性表明:我国基层图书馆的建设正处于成长阶段,还未成熟,评价机构不能使用"一刀切"式的标准规范来衡量各基层图书馆的社会贡献及所取得的成绩。

但是,就全国范围内的基层图书馆整体状况而言,其馆舍面积偏小,平均面积在 30 平方米左右。我国的基层图书馆相当一部分没有独立馆舍,而图书馆选址也较随意,大部分依附于文化站或设在居委会内,或在居委会附近,有的馆坐落于公园之内,或与老年人活动中心同处一室等。基层图书馆活动空间相当有限,图书馆规模普遍较小。如此小的阅读空间,在很大程度上限制了图书馆文献资源的有效利用。具体而言,全国基层图书馆馆舍面积呈现以下两个特点。

首先,由于各地经济发展不平衡,各地的基层图书馆馆舍面积差别较大。在东部经济较为发达的地区,如江苏无锡市的洛社镇图书馆、江阴市申港镇图书馆、苏州市虞山镇图书馆,馆舍面积都在 250 平方米以上[①];深圳特区内、外社区图书馆平均面积分别达到 95 平方米和220 平方米[②];上海市社区图书馆的平均面积在 40—60 平方米,平均每个街道(乡镇)图书馆馆舍面积 403 平方米[③];像哈尔滨、江苏昆山、四川泸州等地的社区图书馆面积多在 20—40平方米之间,最小的仅有 10 余平方米。当然,后者基本上反映了全国范围内基层图书馆的总体馆舍状况。另外,全国还有相当比例基层图书馆没有单独的馆舍空间,比如湖北省的基层图书馆,条件好的是一栋单独的楼房,条件差的仅是两三间屋子,还有很多借用其他机构

---

① 方玮. 我国公共文化服务体系中的乡镇图书馆建设:关于乡镇图书馆可持续发展的几点思考[J]. 图书馆杂志,2011(5).

② 苏海明. 广州与深圳社区图书馆发展比较研究[J]. 图书馆,2008(2).

③ 上海市第四轮街道(乡镇)图书馆等级评定工作全面完成[EB/OL]. [2012 – 06 – 11]. http://www. nlc. gov. cn/newstsgj/2008n/3y-2148/200803/t20080306-32901. htm.

的场地作为馆舍来开展图书借阅服务。

其次,同一地区的农村社区与城市社区图书馆的馆舍面积也存在较大差距。据调查,北京农村社区图书馆馆舍面积都不大,大多仅 10—20 平方米[①],而北京城区图书馆的平均馆舍面积为 100 平方米,有的街道图书馆可达到 1100 平方米[②]。

2. 馆舍功能

在我国基层图书馆中,大部分图书馆仅设有书刊阅览室,没有电子阅览室。在北京、深圳、上海的一些上规模的基层图书馆中,除书刊阅览室外,根据不同读者群状况设置了图书借阅区、报刊借阅区、电子阅览区、少儿借阅区等专区,以满足不同群体的需求。有的社区馆还根据社区居民的不同层次特点,在馆内开辟展览厅、电影放映厅、视听室、健美厅;还结合少儿读者特点,开辟智力游戏室、体育竞技室等。这样,既拉近了社区图书馆与公众的距离,丰富了社区居民精神文化,又扩大了社区图书馆的宣传力度,让图书馆真正走进了人们的生活。

目前从基层图书馆馆舍来看,存在"一馆多用"的现象,有的社区图书馆甚至与社区内的书画室、棋牌室合用。比如福州市台江区上海街道凤凰社区凤凰书社既是文化室,又是老人活动室,还是科普活动中心,基本上是一室多用[③]。这就改变了图书馆馆舍的用途,造成图书馆被占用现象,既影响了正常的借阅,也不能保证图书馆的开馆时间,影响了图书馆作用的发挥。

(二)设施设备

1. 阅览座位和书刊报架数量

由于阅览座位和书架数量的多少与图书馆面积相关,基层图书馆馆舍面积不大,书架和阅览座位也就较少。大部分基层图书馆馆舍简陋,书架、桌椅等阅览设备少而陈旧。有些面积只有十多平方米的基层图书馆,摆下一两个书橱和桌椅就没有多少空间了。

东部地区的基层图书馆中阅览座位大部分达到了 30 席以上。而中西部和农村社区图书馆的基础设施数量很少,书架大多只有 2—3 个,阅览座位在 10 个以下,有的甚至只有几排书架,连个阅览桌椅都没有。在有些省份,有相当比例的基层图书馆没有阅览桌椅,比如在陕甘二省有 24.1% 的基层图书馆没有阅览桌椅,有阅览桌椅的平均值为 5.5 套。

2. 信息化设备配置及网络连接状况

计算机和互联网技术的飞速发展为图书馆的资源共知、共建、共享创造了有利条件。但受经费问题的制约,基层图书馆信息化设备配置的整体状况为硬件设施配套严重缺乏,有的馆的设备基本不能用,可供读者和工作人员正常使用的计算机数量很少,绝大多数基层图书馆尚未实行计算机管理,其信息化建设处在低水平阶段。

我国经济较发达地区,乡镇社区基层图书馆基本配备电子阅览室,其电子资源建设比较完善,已开始实行计算机自动化、网络化管理与服务。相比之下,我国中西部和农村基层图书馆多不具备电子阅览功能,信息化设备配置水平较低。只有少数社区图书馆有电脑和网络等设施,很多地方连工作人员使用的电脑都不具备,未能实现联网,还在使用手工借阅。

① 贺玢,等.北京农村社区图书馆发展现状分析[J].农业图书情报学刊,2009(9).

② 周园.北京地区社区乡镇图书馆调研[J].公共图书馆,2012(1).

③ 黄秋梨.福州市社区图书馆建设研究[D].福州:福建师范大学,2008.

浙江省有 20% 的基层图书馆还未配备电脑。在陕甘二省的调研中,除个别乡镇基层图书馆外,其他基层图书馆的电子阅览室仅有电脑 3—5 台,陕甘二省基层图书馆电脑拥有平均值为 1.1 台。基层图书馆信息化建设滞后严重影响着基层图书馆的正常服务能力,也难以保持住基层图书馆对读者的吸引力。

3. 业务自动化状况

经济较发达地区的乡镇、街道图书馆使用图书馆管理软件系统基本实现了采、编、流和办公 4 个方面的自动化。尤其是总分馆模式下的乡镇、街道图书馆,统一的业务管理技术平台在技术上保障了图书与期刊采编、书目数据资源、借还流通等业务管理的统一。借助统一平台,实现了统一图书编目,统一业务规范,"一卡通"通借通还。而在电脑等设备都不具备的欠发达地区基层图书馆,有的馆图书都没有正规的编目,有的甚至还在手工借阅,根本谈不上业务自动化和标准化。

四、馆藏资源

基层图书馆的馆藏资源指的是能供读者检索与阅读的各种知识资源,比如图书、期刊、报纸、录音录像资料、数据库等。馆藏资源建设包括馆藏资源的更新状况、馆藏资源的编目状况等方面。图书馆的文献资源是其开展服务的物质基础,藏书数量的多少、质量的好坏在很大程度上直接决定着读者对图书馆的满意度。但许多基层图书馆没有按照图书馆采分编标准进行藏书建设,所购置的图书不适应读者的需求,一次性购入藏书后再没有固定的经费补充新书。有些社区图书馆有藏书数量但没有质量,无法满足社区居民的需求,影响了社区图书馆工作的开展。

(一)藏书状况

由于经费的短缺,基层图书馆的藏书量少,许多基层图书馆长期无力购置新书,出现了"有馆、有人、没有书"的现象。基层图书馆的藏书一般都在 1000 册到 5000 册之间,多在 3000 册以下,有的还不到 1000 册。

基层图书馆的藏书以文化类、休闲类、农业技术类书籍为主,并且自身购书经费及馆舍空间有限,不可能为追求较高的读者满足率而盲目扩大藏书量,因此只能采取数米下锅的办法,按照读者的总体需求来建设馆藏资源。比如上海市一些馆龄较长的基层图书馆就在摸清日常读者总体需求的情况下,按照馆体容量和流通需要,计算出自己每年应新增文献的常量,按照此常量进行购书。

各地基层图书馆的藏书规模差异大。东部的上海市每个街道(乡镇)图书馆中藏书平均为 3 万册,条件好的馆藏多达 44 000 多册,条件差的馆藏不到 2000 册[1];在深圳特区,2005 年社区图书馆平均藏书也仅有 5800 册[2]。北京市海淀区新建的 15 家图书馆的藏书量不少于 1 万册[3]。根据对北京农村社区图书馆发展现状的调查,图书馆藏书量主要集中在 2000 册以下,占 73%;500—1000 册占 48.6%;拥有 2000 册以上藏书的图书馆数量不超过 20 个,

① 暴巍.乡镇图书馆可持续发展的思考[J].图书馆学刊,2008(1).
② 姜淑华.关于我国社区图书馆建设与发展问题的几点认识和思考[J].图书馆学刊,2007(5).
③ 53 座街道乡镇图书馆,600 多个社区图书室、益民书屋覆盖全区,海淀居民走 15 分钟可借书[EB/OL].[2012-06-21].http://www.bjqx.org.cn/qxweb/n39146c384.aspx.

占 27%①。

（二）藏书更新状况

要让藏书持续更新，就需要有稳定的年度经费，只有经费充足，基层图书馆才有足够的财力来持续地补充馆藏，使本馆馆藏能够保持持续的增长。然而，课题组在实际调研中却发现，除了上海市外，其他省、市基层图书馆均呈现出年度经费紧缺的状态。有相当数量的基层图书馆没有年度购书经费，陕甘二省有 82.8% 的基层图书馆没有年度购书经费，贵州省的大部分基层图书馆都是一次性配置的。即使有年度购书经费的基层图书馆，其年度购书经费一般也在 6 万元以内，甚或数千元。浙江省有 27.6% 的基层图书馆年度经费在 5000 元以内，约有 87.9% 的基层图书馆年度经费在 5 万元以内。在黑龙江省鹤岗市的基层图书馆建设中，市政府为每所基层图书馆投入 5 万元经费，订购图书 2000 册、报纸 10 种、期刊 30 种；区政府每年为每所基层图书馆投入 5000 元用于订购图书和报刊。这些例子向我们表明，基层图书馆的年度经费紧缺，要进行持续的馆藏资源建设将更加困难，也缺乏保障。

各级政府对基层图书馆的图书资源补充是一次性的配置，比如课题组在贵州省农家书屋的调研中就发现，新闻出版部门对农家书屋图书的配置是一次性的，不是一个动态的更新体系，难以满足读者的多种需求。对湖北省基层图书馆的调研发现，其藏书结构不合理，种类少，藏书基本没有更新和剔旧，有些图书是机关事业单位捐赠的，基本上失去了基层读者利用的价值。湖北省还有少数基层图书馆的图书堆放在阴暗潮湿的角落，或摆在危房里，这些状况严重损害了基层图书馆馆藏资源建设。

（三）藏书结构

绝大多数基层图书馆存在着资源载体单一、文献老化、文献结构不合理等问题。

1. 载体单一。由于条件所限，有些基层图书馆现有文献类型除了传统的纸质文献如图书、期刊、报纸外，其他的如音像制品、磁盘、光碟、网络信息等几乎处于空白状态。但是，也存在这样的现象，即虽然有些图书馆各种载体文献资料齐全，但图书、报刊利用率更高，数字资源功能与作用的发挥不理想。基层图书馆的总藏书量偏少，一般在几千册，比如陕甘二省基层图书馆馆藏资源的平均值为 4893 册。

2. 文献老化。基层图书馆馆藏新书极少，多数图书来自于有关单位与社区居民捐赠，内容陈旧，可读性差，总体质量不高。大多一次性购入图书后就再没有固定经费添置新书了，图书已明显老化。

3. 文献结构不合理。大多数的基层图书馆文献实用性差，难以满足人们日益增长的精神文化需求。以重庆市核心区江北区的复盛镇为例，复盛镇现有 9 个村社区图书馆，藏书总量近 2 万册。通过实地调查，农科类图书占 9%，法律类图书占 6.9%，小说类图书占 34.7%，少儿读物占 11%，保健类图书占 7%，其他类图书占 31.4%，而且大多数是 2000 年左右的书②。在西部的大多数基层图书馆里多是 20 世纪 70—80 年代的书籍，占了 30%—60%。

① 贺玢，等.北京农村社区图书馆发展现状分析[J].农业图书情报学刊,2009(9).

② 杨宇平.新农村文化建设背景下乡镇图书馆建设问题研究——以重庆江北区复盛镇为例[J].农业图书情报学刊,2011(4).

（四）馆藏资源的利用状况

在馆藏资源利用方面，一些基层图书馆的图书数量有限，更新慢，缺乏有效的管理和服务，无法正常发挥其功能和作用，导致图书利用率低，书架上的很多图书还是崭新的，使得为丰富居民业余文化生活而建起的基层图书馆渐渐地变成了一种摆设。当然，也有部分基层图书馆馆藏能贴近社区居民需求。课题组在陕甘二省的调研中发现，基层图书馆中农业科技类图书占 23%，文学类图书占 15.7%，政史文化类图书占 14.6%，少儿读物类图书占10%，休闲生活类图书占 9.7%。由此可以看出，其所藏图书均以贴近社区居民的日常生活为主，基层图书馆的这种图书收藏方式也是其馆藏特色的一种形式。在对浙江省基层图书馆的调研中，文学类图书占 32%，政史文化类图书占 20.2%，少儿读物类图书占 12.1%。上海市的调研结果表明：纯文学类图书占 29.5%，政史文化类图书占 14%，武打言情类图书占13.3%，少儿读物类图书占 13.2%。这些平均比例相对较高的图书类型表明，基层图书馆的藏书能够贴近社区居民。

但基层图书馆的藏书管理缺乏条理，要让读者能充分利用馆藏，就需要对藏书进行科学、规范的编目与分类。尽管调研中部分省、市过半数的基层图书馆采用了《中国图书分类法》类分图书，但从基层图书馆馆员的来源结构上看，他们整体上缺乏系统的专业知识培训，要让他们严格按照规范对图书进行分类与编目会有一定难度。如果图书分类排架与系统编目不合理，可能会降低馆藏资源利用率。

（五）特色馆藏的建设状况

基层图书馆立足社区基层，与社区居民的日常生活密切相关，具有开发地方文化资源并形成本馆特色馆藏的独特优势。基层图书馆所开发的地方文化资源类型丰富，涵盖的范围非常广泛。比如上海市浦东新区惠南镇图书馆对传统观赏植物种植文化的开发。该馆在当地原有的兰花养传统上，充分利用本馆的各种资源，举办系列的兰花研究活动，成立了兰汇兰文化学会，形成了横跨数省的兰花研究中心，在社会上产生了一定的影响力。

一些基层图书馆也非常重视对本社区历史文化资源的保存，比如社区居民对名人在社区活动的历史记忆等。比如惠兰镇图书馆正在筹备本镇名人特色馆藏，并开始为著名翻译家傅雷筹建"傅雷研究中心"，将邀集海内外友人举行一系列有关傅雷的展览及讲座活动。上海市卢湾区瑞金街道图书馆组织志愿者队伍，耗费两年多的时间，收集了多位曾经在瑞金街道居住过的历史名人的相关资料，他们将这些资料编印成《历史名人在瑞金》的小册子，分送给各社区居委会及有关读者，从而让"知我瑞金，爱我瑞金，建我瑞金"的理念深入人心。

基层图书馆的读者群体以普通居民为主，它们主要服务于所在乡镇、街道的本地居民，因此其馆藏建设具有鲜明特点，能够贴近居民需求。比如，北京市西城区牛街街道图书馆，该地区信奉伊斯兰教的回族居民占 80%，故宣武牛街街道图书馆的馆藏特色体现在民族类图书上。山西省左权县麻田镇下麻田村张小宝创办的"心连心图书馆"不仅在藏书上体现了自己的特色，还在收藏品上体现出了特色，比如具有村镇历史文化的风斗、马灯、石磨等。本课题调查中发现上海市有 73 所街镇馆（占比为 36.7%）拓展自己地理、人文、产业、环境、教育和文艺等方面的优势，通过大量实践，逐步形成了自己的特色服务，形成了在读者和百姓中有口碑的品牌，从而深化了自己的服务内涵。这些"一馆一品"具有深厚的群众基础，是"文化民生"的集中体现。

五、经费投入

稳定的购书经费是保持基层图书馆正常服务的必备条件,但在实际情况中,相当数量的基层图书馆购书经费非常少,甚或没有。陕甘二省的调研发现,只有17.2%的基层图书馆有购书经费,仅有6.8%的基层图书馆有稳定的购书经费,每年6000—10000元不等。上述基层图书馆的购书经费以财政拨款为主,经营创收为辅。浙江省有53.4%的基层图书馆购书经费在10000元以下,购书经费超过50000元的仅占12.1%,还有13.8%的基层图书馆需要依靠经营创收来弥补购书经费的不足。上海市基层图书馆的年度经费相对充裕,仅14.3%的基层图书馆年度拨款经费在4万元以下,有25.7%的基层图书馆年度拨款在10万元以上,馆均年度拨款达到9.37万元。

即使是基层图书馆发展居全国领先地位的深圳,经费问题也相当突出。2005年4月,深圳有关部门组织的"深圳市达标社区图书馆调查"情况表明,2002—2004年,全市276家达标社区图书馆中,每年只有35%(特区内)和49%(特区外)有购书经费,连续三年有购书经费的仅占21%(特区内)和31%(特区外);大多数图书馆运行经费时有时无,不能保证,其中21家因缺少运行经费等原因而关闭,183家表示因经费原因难以正常运行。经费问题严重制约了基层图书馆的长期运行和发展①。厦门市371个社区图书馆,有购书经费的仅占8.35%。而据实地调研,这些有购书经费的社区图书馆几乎均为当年新建的图书馆,其购书经费也均属于一次性投入②。

在中西部欠发达地区,县级财政大都是"吃饭财政",一些基层图书馆除了员工的基本工资外,购书费、运行费、业务费、维护费等必需的经费一概全无。即使是在经济、文化相对较好的陕西省宝鸡市,2001—2005年,全市十二个县区图书馆总购书经费为7.4万元,有些馆甚至多年来未购一本新书③。

由于常年没有购书经费投入,图书馆图书更新滞后,馆藏质量低劣,不能满足读者需求。经费的缺乏还导致社区图书馆管理人员奇缺。面对图书馆建设难以为继的状况,光靠政府的微薄投入是远远不够的,一些乡镇、社区图书馆,尤其是中西部欠发达地区的图书馆开始寻求社会力量的帮助进行自救。

六、人员队伍建设

(一)馆员编制与专兼职的状况

我国基层图书馆位于乡镇、街道和社区,其馆员事业编制状况一般由区、县文化局或者乡镇、街道政府、社区居委会确定。在国家压缩事业编制的宏观背景下,要让基层政府新增基层图书馆馆员的事业编制非常困难。总体上看,各省、市基层图书馆馆员的编制数量相对较少。比如北京市基层图书馆没有专门的馆员编制,其馆员面向社会招聘退休返聘人员、文化协管员、志愿者、有编制人员兼任、临时聘用人员等。在陕甘二省基层图书馆中,专职馆员有的是有事业编制的公职人员担任,有的是面向社会招聘。

---

① 张洪彬. 我国基层图书馆网点建设模式分析与思考[J]. 图书馆学研究,2011(8).
② 林丽萍. 厦门市社区图书馆建设现状及思考[J]. 图书与情报,2011(6).
③ 索新全,贾敏. 西部地区公共图书馆建设与发展的思考[J]. 当代图书馆,2007(4).

笔者对课题组所采集数据中馆员专兼职情况进行汇总分析,具体如下表。

表1 部分省、市基层图书馆专、兼职比例表

省/市	调研的基层图书馆数量(所)	专职百分比(%)	兼职百分比(%)
长春市	173	2.9	97.1
贵州省	20	14.3	85.7
陕甘二省	29	40.3	59.7
黑龙江省	55	41.9	58.1
湖北省	912	54.2	45.8
北京市	19	67.4	32.6
上海市	40	76.1	23.9
合计	1248	52.2	47.8

基层图书馆的管理与维护职责一般由乡镇街道或社区居委会来履行,乡镇街道及社区居委会是政府行政权力的末端,其财政收入有限,它们对基层图书馆的资金投入力度远不及省、市、县级政府。在这种财力及能力有限的状况下,基层图书馆的人员配置被尽可能地精简,有相当高比例的基层图书馆配以兼职馆员。从表1中可以看出,我国基层图书馆专兼职馆员配备的状况存在着地区差异,这种差异与各省、市的经济发展程度、基层政府的重视程度有较大关系。经济越发达的省、市,政府对基层图书馆的重视程度越高,其基层图书馆的专职馆员越多。比如上海市40所基层图书馆中,其专职馆员已达到150人,兼职馆员仅为47人。在上海市的基层图书馆专职馆员配置中,超过2人的占90%。在上海,基层图书馆只需向上级拨款部门提出申请,一般情况下便能增加年度购书经费。浙江省的58所基层图书馆中,有23所配备了2人以上的专职馆员,另有23所配备有1名专职馆员。在北京市,74%的基层图书馆配有1名及以上的专职馆员,26%的基层图书馆只配置兼职馆员。黑龙江省有42%的基层图书馆配有1—2名专职馆员,58%的基层图书馆无专职馆员,仅配有1—4名兼职馆员。在中部地区湖北省的912所基层图书馆中,专职馆员占54%。在陕甘两省中,有55%的基层图书馆配有专职馆员,最多的为6人,最少的为1人;有些基层图书馆既配有专职馆员,也配有兼职馆员,配有兼职馆员的基层图书馆占66%,兼职馆员最多为4人,最少1人。而经济落后的贵州省90%的基层图书馆馆员为兼职。

不论是兼职馆员还是专职馆员,其来源构成非常广泛,既有村委会主任,也有社区的事业编制办事员,还有面向社会招聘的专职馆员、返聘退休人员、文化协管员、文化志愿者等。这些人员担任基层图书馆馆员之前及之后,不能确保得到系统的专业知识培训,通常以老馆员带新馆员,边干边学的方式开展服务。

(二)馆员的学历结构

基层图书馆中馆员的整体素质尽管在不断提升,但仍然不容乐观。从基层图书馆员的学历构成上看,存在地域差异,但不具备普遍规律性。上海市基层图书馆馆员学历的总体状况最好,在骨干馆员中,本科学历的占60%,大专学历的占30%。浙江省基层图书馆主管馆员学历本科占32.6%,大专占32.6%,高中占34.8%。西北地区陕甘二省的基层图书馆馆

员的学历也不逊于浙江省,高中及以下的占25.4%,大专占58.7%,本科占15.9%。在黑龙江省,大部分基层图书馆馆员学历为高中以下,在长春市达家沟镇图书馆和五棵树镇图书馆,其馆员的学历均为高中。在专业技术职称上,湖北省基层图书馆中具有高级职称的馆员占2.4%,中级职称的馆员占19.6%。

(三)馆员的专业培训状况

在基层图书馆馆员的在职专业培训中,东南沿海地区馆员接受在职培训的机会比较多,上海市有90%的基层图书馆馆员接受过专业培训,浙江省以基层图书馆作为受训单位组织馆员接受专业培训的馆占79.3%。在湖北省的550所基层图书馆中,有81%的图书馆组织馆员进行了专业培训。但是在陕甘二省的基层图书馆中,其受训馆员所占比重相对较低,仅为44.8%。

(四)馆员的工资待遇

基层图书馆馆员的工资待遇存在着很大的地域差异,有事业编制专职馆员的工资待遇高于聘用制的专职馆员。比如在陕甘二省,如果由事业编制的公职人员担任专职馆员,其工资由900元至3500元不等,平均工资为2150元,其工资列入财政预算;而聘用制馆员的工资待遇要低于这一标准,一般为400—600元。即便是实行聘用制的专职馆员,其工资待遇也存在地区差异,在上海市,基层图书馆的专职馆员月工资在2000元以下的占26%,月工资在2001—3000元的占到66%;在北京市的基层图书馆中,聘用馆员的月工资从800至2000元不等,这一数字要明显高于西北部的陕甘二省。吉林省长春市五棵树镇的专职馆员月工资为1200元。浙江省有11所基层图书馆馆员报酬在1000元以下,27所在1000—2000元之间。浙江省杭州市桐庐县的130所基层图书馆中,90%以上的基层图书馆馆员没有收入,其馆员由村干部兼任,或者由退休教师、志愿者等担任。上海市的35所基层图书馆专职馆员月平均工资为2282元,月工资最高的馆员达到5000元,兼职馆员的月平均工资为2640元。这些数字再次表明了基层图书馆馆员工资待遇不仅存在着较大的地域差异,而且还存在着馆员体制身份上的差异,事业编制馆员的工资待遇要明显高于聘用制馆员。基层图书馆专职馆员的待遇总体上偏低,对业务能力强的馆员难以具有吸引力,影响到了基层图书馆馆员队伍的壮大和稳定。

七、组织管理

基层图书馆的组织管理是多方面的,不仅包括藏书管理、服务规范管理等,也包括安全管理、人员任免等。

(一)领导机制的状况

基层图书馆的领导机制可以分为以下几类:①归属于乡镇政府、街道办事处、社区居委会管辖的基层图书馆,这类基层图书馆由乡镇政府、街道办事处和社区居委会兴办,其领导与管理的权力理所当然地归属于基层政府部门。比如,北京市由街道办事处兴办的基层图书馆便与街道文体中心合在一起,由文体中心管理;由社区居委会兴办的便由社区居委会管理。陕甘二省的基层图书馆均归属于乡镇、社区文化馆,属乡镇、社区政府管理。②归属于市、区公共图书馆的基层图书馆由市、区公共图书馆直接创设与管理,其领导权力归属于市、区公共图书馆。比如黑龙江省哈尔滨市图书馆在辖区设立的社区分馆便属于总馆的一个派出机构,其人、财、物均由总馆管理。浙江省嘉兴市总分馆制度健全,该市的大部分基层图书馆领导与管理权限归属于嘉兴市图书馆。③由个人创办的基层图书馆,其领导与管理权限归属创办人。

(二)管理规范化状况

1. 藏书分类规范化状况

基层图书馆的藏书并未完全采用规范的分类方法进行分类。上海市有98%的基层图书馆采用《中国图书馆分类法》对图书进行分类管理;浙江省有72.4%的基层图书馆采用《中国图书馆分类法》对图书进行分类管理,有17.2%的基层图书馆采用自编分类法管理图书,还有10.4%的基层图书馆不对图书进行分类;陕甘二省有48.3%的基层图书馆采用《中国图书馆分类法》或其他规范的分类法对图书进行分类,有41.4%的基层图书馆采用自编分类法对图书进行分类,还有10.3%的基层图书馆完全不对图书进行分类。这一数据说明,在东部沿海地区,基层图书馆的藏书分类更加规范。

据调研,有85.2%的私人图书馆采用自编分类法,仅有14.8%的私人图书馆使用《中图法》分类。在民国时期仅有17.3%的私立图书馆采用自编分类法,余下的采用《杜威十进分类法》《王云五中外文图书统一分类法》等①。结合这一数据,我们发现:国内的基层图书馆在藏书分类规范化方面整体上要好于私人图书馆,这种规范化的状况与民国时期的私立图书馆相接近,表明基层图书馆正在逐步走向规范。

2. 服务规范化状况

成文的服务管理规范是基层图书馆规范服务的重要参照,并非所有基层图书馆都有成文的服务管理规范。基层图书馆建设比较规范的省、市,有成文服务规范的也相对较多。如上海市所有的基层图书馆均有成文的服务规范,在陕甘二省有89.7%的基层图书馆有成文的服务规范。

第四节　我国基层图书馆的服务

一、服务内容与方式

(一)图书外借服务

外借服务是公共图书馆所提供的基本服务,亦是所有乡镇、社区图书馆能提供的基本服务内容之一,是否正常开展外借服务是评估乡镇、社区图书馆服务效能的基本指标。目前,我国乡镇、社区图书馆均已基本开展书刊借阅服务。调查显示,陕甘、湖北、上海开展外借服务的图书馆分别占全部调查样本量的86%、93%和100%。但各地尚缺乏完善统一的服务规范,服务实现方式亦因各地办馆条件、人员配备、资源建设等不同而差异较大。

外借服务分为手工借阅与电脑借阅。北京市19家社区、乡镇图书馆中14家已实现一卡通电脑借阅,5家尚为手工借阅方式。实现"一卡通"电脑借阅的基层图书馆则大多已实现与市、区公共图书馆系统联网,实现业务上的一体化管理、统一网络平台、通借通还、联合采编、资源共享、服务互动。在借阅方式上,地区差距、城乡差距、不同图书馆之间差距极大,

① 吴汉华. 中国大陆民间图书馆事业研究[D]. 北京:北京大学,2012.

以长春市为例,全市118个乡镇中,仅有3所乡镇级基层图书馆正常开展借阅服务,而全市42个街道、166个社区基本都有图书室或图书专架。而从借阅方式看,乡镇图书馆基本上仍采用传统手工借阅方式,而发达地区的城市社区图书馆则大多已采用图书馆管理软件,实现计算机管理与服务,如北京、哈尔滨、浙江、上海、深圳、东莞等地的社区图书馆,长春116个社区图书馆中仅有8家实现了计算机管理与服务。

在外借服务中,基层图书馆馆藏资源有限,与市、县上级馆建立相应的图书流通关系是其丰富馆藏、提升和改善外借服务质量的主要途径之一。本次调查中,浙江79%的调查对象与上级馆建立了图书流通关系,而陕甘仅为31%,上海则有92.5%的调查对象实现了图书流通。

(二)电子阅览服务

电子阅览服务在我国基层图书馆建设中尚处于起步阶段,呈现出配置不高、基础薄弱、资源不足、经费紧张等问题,开展电子阅览服务或设立电子阅览室的广大农村地区乡镇图书馆可谓凤毛麟角。

从开展电子阅览服务的基础配置来看,经济基础较好的北京地区19家基层图书馆有10家开设了电子阅览室,配备服务电脑最多30台,最少3台,平均每馆约有13台电脑开展服务。黑龙江省55个基层图书馆中有20个拥有电脑,占36.36%,普及率还很低。拥有电脑最多的是海林市海林镇图书馆,共32台,是共享工程基层服务点建设投入的设备。而从长春市的数据来看,全市乡镇及社区图书馆平均拥有电脑台数不足1台,电子阅览服务更是少有开展。

从总体上看,省市基层图书馆(室)拥有电子阅览室的图书馆占其全部调查对象的比例上海表现最好,90%以上的调查对象均配有电子阅览室,其后依次为浙江、北京、湖北和陕甘。

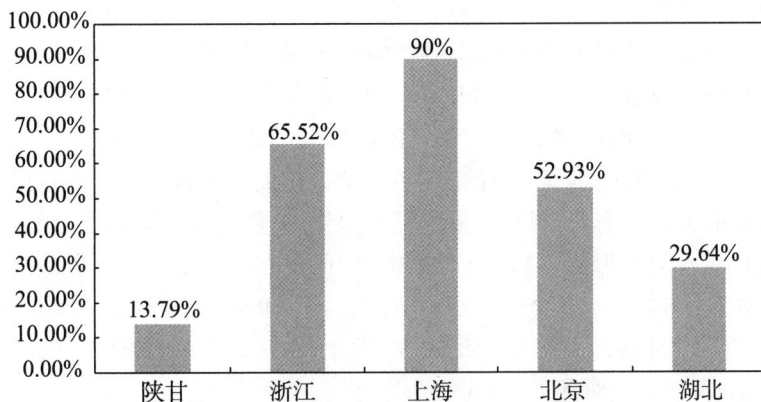

图1　部分省、市基层图书馆拥有电子阅览室比例图

从拥有的电子资源来看,国内基层图书馆以共享工程基层网点配套资源为主体。调查数据显示,拥有电子资源的图书馆数量与经济发展程度呈正相关。如陕甘两省的抽样调查显示,有电子资源的为8个,占所有被调查对象的27.59%;没有电子资源的为21个,占所有被调查对象的72.41%。上海地区的调查显示,除未提供数据的4所馆外,所有被调查对象均有电子资源。湖北省在550家乡镇、村图书馆(室)中,建有电子阅览室163家,占总数的30%,有电子资源的117家,占总数的21%。

从电子阅览服务开展途径上来看,随着全国文化信息资源共享工程的业务延伸,基层服务网点建设逐步启动,覆盖农村基层图书馆的共享工程电子资源服务正在建设中,很多地区已基本达到共享工程基层服务点的设备及配套资源建设要求。湖北省改善了乡镇基层服务点服务条件,在省财政安排的 1 个亿用于"乡镇综合文化站"项目建设中,每个基层服务点有 3 万元用于共享工程设备购置。全省市、县、乡财政也投入了 6051.5 万元用于共享工程建设,加上中央财政投入的 12705.5 万元,各级财政投入省文化共享工程的建设经费达 2.3 亿元。黑龙江省率先在全国实现了文化信息资源共享工程县、村级全覆盖,建成共享工程省级分中心 1 个,地市级支中心 13 个,县级支中心 81 个,区支中心 47 个,农场中心 82 个,乡镇文化站基层服务点 479 个,村级基层服务点 9054 个。2006 至 2010 年,哈尔滨市通过加大资金投入,为每个社区图书馆配备 2 台电脑,为读者提供"文化信息共享工程"资源及相关电子阅览服务。根据陕甘两省抽样调查显示,共享工程基层服务网点已落实 18 个,占被调查对象的 62.07%;现有电脑最多的 12 台,最少的 1 台,已落实的馆平均每馆拥有 3.5 台;现有投影仪最多的 2 台,最少的 1 台,平均每馆拥有 1.17 台;现有易播宝最多的 4 台,最少的 1 台,平均每馆拥有 1.06 台。

(三)文化活动及展览

作为公共图书馆服务在乡镇、社区的延伸,基层图书馆开展各项文化活动及展览服务,是其承担社会教育与文化休闲功能以及作为公共文化服务体系重要组成部分的主要体现。从基层图书馆的建制上来看,多隶属于乡镇、社区文化站(馆)之一部分。另外,从资源配置上来看,基层图书馆与大中型图书馆相比不具备优势,但其扎根基层,贴近群众,在开展文化活动及展览服务方面具有天然优势,因此,条件较好的图书馆结合辖区居民结构、文化特点,开展相应文化活动及展览,最能使图书馆聚集人气,获得认可,并逐步发展为乡镇、社区文化中心、教育中心、休闲娱乐中心。

从开展文化活动的基层馆比例来看,多数运作正常的基层图书馆都定期不定期举办文化活动。浙江省的调查显示,71%的馆开展了图书馆业务链上的一些活动,69%的馆拓展图书馆职能,在社会教育方面承担了许多实际工作,60%的馆开展了针对未成年人与老年人群体的专门活动。上海的调查则显示,全部调查对象都积极开展各类社会教育活动。

从文化活动的类型上来看,目前开展的活动以讲座、展览、培训、征文及各类兴趣活动类型为主。以陕甘两省调查为例,被调查对象中已开展讲座活动的为 9 个,占被调查对象的 31.03%;开展展览活动的为 12 个,占被调查对象的 41.38%;开展培训活动的为 15 个,占被调查对象的 51.72%;开展各类兴趣活动的为 11 个,占被调查对象的 37.93%;开展其他各类活动的为 3 个,占被调查对象的 10.35%。

在湖北省 550 所基层图书馆的调查分析中,有 347 所基层图书馆开展农民读书征文活动,占总数的 63%;有 75 所基层图书馆开展知识竞赛活动,占总数的 14%;有 378 所基层图书馆开展文献检索、递送活动,占总数的 68%;有 373 家举办讲座活动,占总数的 68%;有 84 家举办展览活动,占总数的 15%;有 418 家举办培训,占总数的 76%;有 72 家举办其他兴趣活动,占总数的 13%。

从文化活动的社会效应来看,发展较好的基层图书馆正逐步向地方文化中心迈进,成为建设地方特色文化的核心力量。以前文提到的浦东新区蕙兰镇图书馆为例,结合地方兰花基地的优势,积极开展以兰花为主题的研究、展览及其他各类文化推广活动,依托图书馆主题资源逐步形成横跨数省的兰花研究中心。

（四）其他服务

基层图书馆除了开展传统借阅服务、电子阅览服务、文化活动及展览服务外,部分图书馆通过开设网站、主页的形式开展网络服务,或结合地区特色文化开展其他特色服务。调查显示,网络服务的开展呈现出悬殊的地区和城乡差距,陕甘所有 29 个调查对象仅有 1 所建立了主页,浙江 86.2% 的调查对象均有自己的网站或主页。

亦有根据地方特色,发挥场所优势开展的其他有益辖区居民生活、文化、学习的特色服务。如北京市东城区东华门街道图书馆围绕当地学生较多的特点,实行全日开放,举办各项有意义的活动。图书馆成为学生们课后学习、娱乐的有利场所。北京市朝阳区王四营地区（王四营乡）乡镇图书馆,属乡镇一级的图书馆,位于王四营地区文化服务中心二层。该馆主要的服务对象是王四营下设的 6 个村和驻地部队,他们定期送书到村,组织各种活动,形成了向基层的 6 个村和驻区部队送书的图书中转站,面向集体户,类似配送中心。另外,针对特殊群体的个性化服务,亦受到基层图书馆的重视,如针对基层社区老人及未成年人较多的特点开展专项服务。

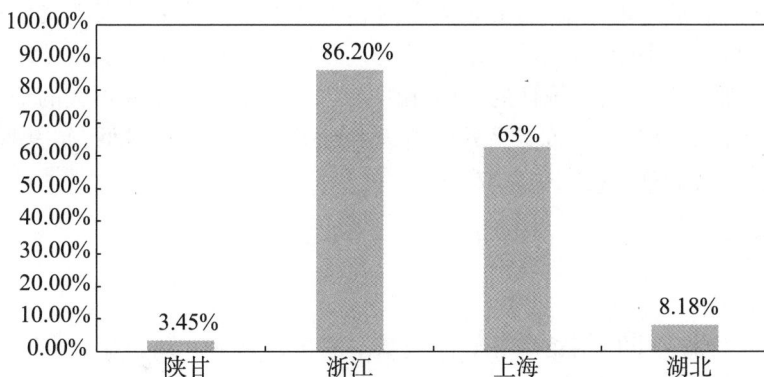

图2　部分省、市基层图书馆建立网站主页比例图

二、服务对象构成及需求

从服务对象的户籍构成来看,基层图书馆分别服务于农村居民与城市社区居民,二者既有共性,又有区别。农村居民与城市居民因其受教育程度、职业特点、生活方式、信息环境等方面差异,他们对知识、信息、文化、教育、活动等需求方面亦呈现出不同特点。

不同省市基层图书馆的持证读者年龄构成比例有所差异。陕西、上海、湖北三地均以成年人群为主,而浙江省则显示未成年人持证读者占有极高比例。

表2　部分省、市基层图书馆持证读者年龄构成（%）

	未成年	成年	老年
陕西	29.98	48.06	21.96
浙江	43	29	28
上海	15.71	53.20	31.09
湖北	29	48	23

从服务需求的内容上来看,作为乡镇图书馆主要服务对象的农村居民,以实用知识技术类文献为第一需求。文化娱乐类次之,学术研究类图书需求最小。据陕甘二省乡镇图书馆调查显示,被调查对象中以实用知识技术类图书为第一需求的为 21 个馆,占被调查对象的 72.4%;被调查对象中以学术研究类图书为第三需求的为 21 个馆,占被调查对象的 72.4%;被调查对象中以文化娱乐类图书为第一需求的为 10 个馆,占被调查对象的 34.5%;第二需求的为 13 个馆,占被调查对象的 52%。黑龙江地区乡镇图书馆亦呈现类似特点。而城市社区居民则对文化娱乐型文献(包括政史类、文学类)偏好大于实用技术类。据上海市街道、社区图书馆调查显示,政史文化类、纯文学类、武打言情类、休闲生活类、养生保健类合计共占调查对象文献总量的 68.6%,而农业科学类、其他科学类合计仅占 9.9%。另外,城市居民对于少儿类阅读需求总量明显高于农村居民,上海的少儿读物占全部文献总量的 13.3%。

不同地区服务对象的调查对比显示,东部沿海发达地区基层图书馆服务对象文献需求呈现出一致性,文献需求的内容表现为文化娱乐性需求高于实用技术类。而西北、东北等相对落后地区,文献需求呈现一致性,文献需求内容表现为实用技术类高于文化娱乐性需求。另外,发达地区城乡差别较小,文献需求呈现出一致性。调查结果显示,上海文献种类和文献内容在读者中的排序与浙江统计的一样,说明在经济发展程度相差不大的地区,读者对于信息种类和内容的需求基本一致。另外两地读者对于网络的需求最低,亦表明该地区电脑普及程度较高,网络信息可在家中获取。

三、服务效能

(一)服务时间

服务时间是检验公共图书馆服务效能最基本的指标之一。调查显示,不同地区的基层图书馆服务时间差距较大,很多图书馆服务时间不固定。黑龙江 10 个地区中的 134 个乡镇图书馆目前建成图书馆的有 77 个,占应建总数的 57.5%。其中能够正常开馆的有 35 个,占 45.5%;不定期开馆的有 42 个,占 54.5%。陕甘二省调查结果显示,不定时开馆的占被调查对象的 62.07%。北京、上海则全部实现定时开放。

定时开放的基层图书馆服务时间亦参差不齐,具体表现为经济落后地区服务时间明显不足,而发达地区服务时间基本保证,呈现出自西部地区向东部地区服务时间递增的态势。陕甘调查结果显示,调查对象中每日开放的仅为 2 个,占被调查对象的 6.90%;周一至周五开放的为 7 个,占被调查对象的 24.14%;5 天开放一次和每周开放一次的均为 1个,分别占被调查对象的 3.50%。湖北省 550 家乡镇、村图书馆(室),全日开放的有 50家,占总数的 9.09%;周一至周五开放的有 394 家,占总数的 71.64%;不定时开放的有 79家,占总数的 14.36%。北京市的抽样调查显示,所有调查对象均实现定期开放,其中每周开放时间超过 5 天的图书馆约占全部调查对象的 90%,超过 30% 的图书馆能够实现每日开放。上海市全部 40 所调研对象中,37 所实现每日开放,2 所每周开放 6 天,1 所每周开放 5 天。

表3　部分省、市基层图书馆开馆时间状况（%）

省市＼开放时间	每天开放	一至五开放	不定时开放	其他时间开放
陕甘	6.90	24.14	62.07	0
浙江	48.28	8.62	3.45	22.41
上海	92.5	7.5	0	0
湖北	9.09	71.64	14.36	4.91
贵州	20	45	25	0
黑龙江	9.1	52.7	38.2	0
北京	36.84	52.63	0	9.53

　　基层图书馆的开馆时间一般表现出较强的灵活性。普通的市县级公共图书馆实施的是朝九晚五的开馆时间,这种时间方便图书馆管理。但对于朝九晚五工作的普通居民来说,这一时间正是他们的工作时间,基层图书馆为满足普通居民的需求,开放时间往往更加灵活。比如,陕西省石泉县政府部门发出公告:各单位图书室、藏书角每周开放时间不低于15小时,可根据需求灵活安排开放时间①。浙江省杭州市杭钢北苑社区图书室开放时间除了下午之外,晚上的6点到9点也开放,这就方便了不少读者②。重庆市渝中区大溪沟胜利路社区图书室平时每天约有四、五名读者来看书,但在暑期则人满为患。为满足儿童读者看书愿望,社区调整了图书室的开放时间,将以往中午闭馆休息的两个半小时也开放,让很多儿童读者从早上到下午可以一直"泡"在社区图书室里③。

　　调研中也发现,有相当高比例的基层图书馆开放时间不符合社区居民的需求,比如有些社区基层图书馆按照上班时间开放,而这段时间也是社区居民工作时间。除了上海市,能在晚上或周末开放的基层图书馆数量相对较少。采用灵活、方便社区居民利用的开馆时间是基层图书馆吸引人气必须考虑的重要因素之一。

　　（二）服务效率

　　1. 馆藏外借量与服务人次

　　馆藏外借量以外借文献册数计,反映图书馆的文献流通及利用率状况。服务人次则反映图书馆服务人口的规模。基层图书馆馆藏外借量与服务人次的统计依赖于完善的外借服务和管理制度的执行。总体上,馆藏外借量呈现出如下特点:①农村乡镇图书馆低于城市社区图书馆。以黑龙江省调查为例,农村乡镇图书馆基本上不能保证开馆和服务时间,贵州省部分农村乡镇图书馆全年馆藏外借量亦有不足百册现象。②区域内发展差距巨大。黑龙江省鹤岗市社区图书馆统计显示,最好的图书馆全年馆藏外借量仅百册左右,

　　① 石泉县学办.关于在全县各级机关中开展"图书室""藏书角"和"电子书屋"建设活动的通知[EB/OL].(2010 – 11 – 18)[2012 – 12 – 05]. http://www.shiquan.gov.cn/ztshow.aspx? id =304.

　　② 陈立华,王天娇.社区图书室门庭冷落,书籍买来后无人借阅[EB/OL].(2008 – 03 – 28)[2012 – 12 – 07]. http://news.eastday.com/s/20080328/u1a3495310.html.

　　③ 佚名.学生迷恋社区图书室,社区延长开放时间[EB/OL].(2009 – 02 – 13)[2012 – 12 – 07]. http://www.pxto.com.cn/news/cq/2C5D2F00H00H988.html.

利用率和服务效率较低。哈尔滨市社区图书馆则因建立了完善的总分馆服务体系,全市47所分馆,2010年流通合计达到491 982册次,每馆平均流通10 467.7册次,显示出良好的文献利用率。③东部发达地区显著高于中西部落后地区。以2010年度浙江、湖北、贵州、上海四省市比较,浙江省48个有数据的馆总流通量为414 527册次,平均每馆8636册次。湖北省174个有数据的基层图书馆2010年度流通量为406 648册次,平均每馆仅为2337册次。贵州省20个基层图书馆中,超过半数的图书馆馆藏外借量在百册次左右,平均每馆馆藏外借量仅千册次左右,而上海市平均馆藏外借量则达到112 450册次,远远超出其他三省区。④从2009、2010年度有数据的四省市对比来看,除浙江省外,每馆平均馆藏外借量与平均每馆服务人次均呈现出逐年递增的态势,显示出整个基层图书馆事业服务效率得到逐步提升。

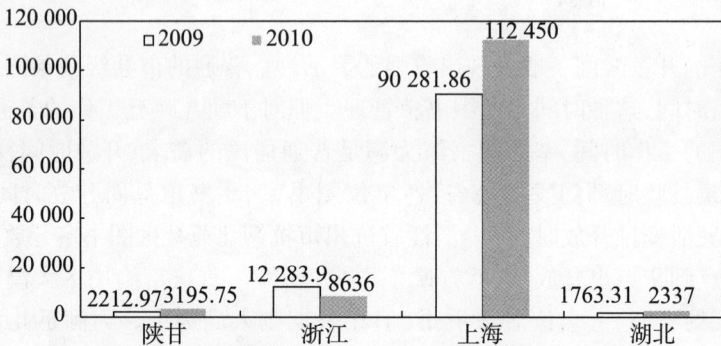

图3 部分省、市基层图书馆平均馆藏外借量(单位:册)

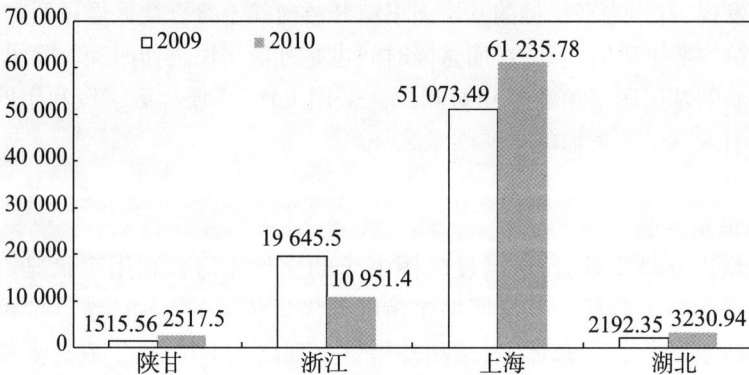

图4 部分省、市基层图书馆平均服务人次(单位:人次)

2. 人均借阅量

人均借阅量反映流通馆藏对有效持证读者的服务使用情况。与馆藏外借量及每馆服务人次相比,人均借阅量的指标可以帮助图书馆适时调整外借册数、借期等流通规则,并制定有针对性的服务策略。根据2009、2010年度有数据省区基层图书馆的调查,上海地区在高馆藏外借量、高服务人次的情况下,年度平均每馆人均借阅量分别达到1.77和1.84册次,居于最高,其次为陕甘、浙江、湖北,反映出持证读者对其外借服务的使用情况。

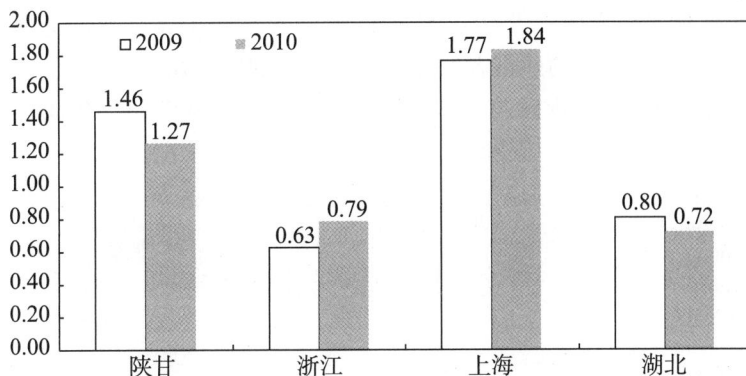

图5　部分省、市基层图书馆年度人均借阅量(单位:册)

3. 电子阅读与文献查询服务人次

电子阅览服务目前在我国基层图书馆尚处于起步阶段,特别在广大农村地区乡镇图书馆基本未实质开展,因此,在黑龙江、贵州等落后的农村乡镇图书馆该项指标无从统计。湖北省调查显示,开展电子阅览与文献查询服务的基层图书馆有118家,占总数的21%,但无相关服务效率的统计和评估。而上海、浙江等发达地区电子阅览与文献查询均已实现有效统计。浙江、上海在电子阅览服务方面的调查显示,2009、2010年度,上海平均每馆年度服务人次分别达到19 065.17人次和19 657.68人次,服务人次高于其他有数据省区数倍,显示出较高的基础配置与服务效率。浙江省电子阅览服务则显示出较快的增长态势,2010年与2009年相比,服务人次增长超2.7倍,这与其馆藏文献借阅量及服务人次呈现下降的态势形成鲜明对比。另外,在文献查询服务方面,仅浙江、上海两省市有确切数据,两省市均呈现增长态势,上海在该项服务上依旧超越浙江数倍。

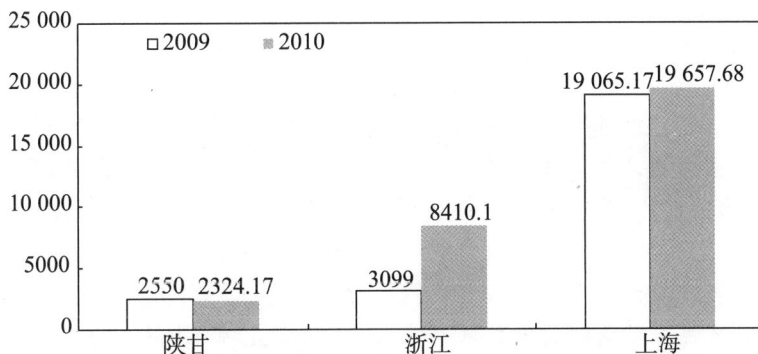

图6　部分省、市基层图书馆平均每馆年度电子阅览服务状况(单位:人次)

基层图书馆是我国图书馆事业发展的中坚力量,它们的服务空间能够延伸到社区居民身边,服务时间非常灵活,符合社区居民的需求;在馆藏资源建设上,具有社区特色;在全国基层图书馆的整体建设中,具有很强的适应性。当然,基层图书馆也存在着缺少可持续的政策保障、服务能力弱、馆藏资源建设无保障、硬件资源建设滞后及缺少业务能力强的专职馆员等问题。产生这些问题的主要原因之一就是缺乏标准规范,尽管国家相关部门在2008年颁布了《公共图书馆建设标准》《公共图书馆建筑用地指标》,2011年颁布了《公共图书馆服务规范》,但比较而言,我国乡镇、社区等基层图书馆的标准化工作还非常落后,无论是建设、管理、服务,还是评估等各方面都没有一套能切实指导基层图书馆工作的标准规范。由于缺乏可参照的标准,基层图书馆的建设者们往往按照自己的思路建馆,导致基层图书馆在馆舍规模、馆藏结构、服务能力、经费投入等方面均存在较大的随意性和主观性,影响了其科学、规范化发展。

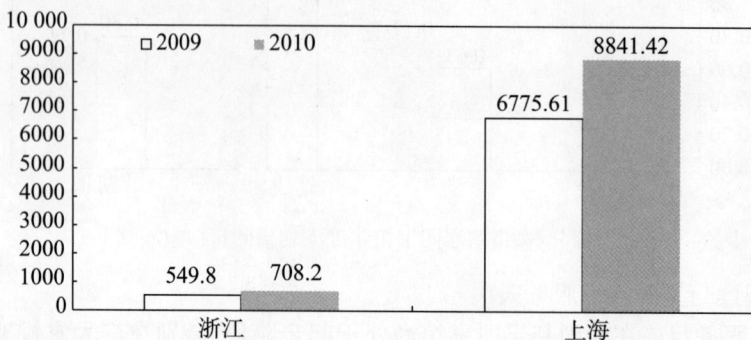

图7　部分省、市基层图书馆平均每馆年度文献查询状况(单位:人次)

附　录

上海市街镇图书馆发展调研报告[*]

一、上海基层公共图书馆发展背景

上海城市的开埠,晚于全国的绝大多数城市。城市的年轻,使得它受中国农耕文化的影响相对较弱。而"在古今中外城市史上,没有一个城市像近代上海那么内蕴丰富,情况复杂"。近代上海的人口、货币、教育、宗教、民族、语言、报刊、饮食、服饰,甚至建筑样式、娱乐方式全部是多元并存的,"那么多的多元的存在,是以中国政府丧失对租界的行政管辖权、司法权、教育权等为前提的,是以不平等条约为后盾的",这是根本原因。而造成此种局面的具体原因,是"近代上海处于中外两种权力控制边缘地带",多种治权的杂处便衍生出许多"行政控制的空隙",因此交通便利和往来自由就自然造成了上海的开放状态,与中国传统教育的目标、宗旨、方式完全不同的西方教育也借此最早登陆上海。1881年由传教士创办的中西书院为世纪之交的中国培养了海关、邮政、铁路以及实业界的大批专业人才。这些人才逐渐成为社会精英,形成了上海滩最活跃的职员阶层。由此,上海的发展基本脱离了中国农耕文化及其政治模式的控制,成为中西文化兼收并蓄的"自由港",它具备的现代产业基础和发展态势、它吸收海外文化的能力、它趋同于现代文明的动力,也一直远远高于国内其他所有城市。这样的"海派"环境使得上海人对理解文明的程度和对教育发展的热情始终保持在一个

---

　　[*] 本文大量引用了上海图书馆协会2011年11月撰写的《上海市街道(镇)图书馆事业发展与展望——上海街道(镇)图书馆建设调研报告》(未公开发表)的内容。

很高的"文化自觉"的位置上,图书馆事业的兴起也就势所必然。商务印书馆20世纪30年代开办的"东方图书馆"就是明证,其规模、设施、藏书及其珍本均为当时亚洲之最。上海南汇县1932年就建立起民众教育馆,下辖黄路、周浦、大团、新场、鲁汇和城厢六镇的分馆,分馆中设有图书室,开展书报借阅业务。

新中国建立之初,上海市文化局于1954年和1956年先后召开两次图书馆工作会议,明确公共图书馆的方针任务。1957年12月,市文化局抽调40名干部组成了文化下乡的农村图书流通工作队,携带2万册图书,深入郊区农村,在32个乡镇建立了200多个图书流通站,形成了农村乡镇图书馆雏形。

1958年,上海图书馆与3个市专业图书馆实行"四馆合一",强化了市馆的基础。各区县公共图书馆也相继在两年内全部建成,其中包含了刚刚并入的原江苏七县。我们在上海抽样的调查对象卢湾区的瑞金、淮海两街道是上海的黄金地段,也在1958年建立了街道图书馆,至今存在已逾50年。到了60年代前期已经初步形成市—区县—街道(镇、社)三级公共图书馆网络,其中包括专门以少年儿童为服务对象的各级少儿图书馆(室)。"文化大革命"期间上海各级公共图书馆停止活动达5年之久。1978年年初,区、县图书馆全部恢复独立建制,街道和农村乡镇图书馆(室)重新活动。1980年后,街道(镇)图书馆率先普遍实行开架借阅制度,积极参与振兴中华读书活动、"红领巾"读书活动和"家庭读书活动",街道、乡镇图书馆成了每年5月底图书馆服务宣传周活动的主力军。当然,在这一轮发展进程的后期,街道(镇)图书馆也一度受商品经济大潮的冲击,公共文化服务受到严重影响。

进入90年代,公共文化事业逐步走上良性发展轨道。1996年上海市政府颁布《上海公共图书馆管理办法》,市文化局(现为上海市文化广播影视管理局)制定了街道(镇)图书馆规范服务达标标准,开展创建标定图书馆活动。1998年上海市文化局在钦阳镇、五角场镇、北新泾镇等图书馆率先开始试行"一卡通"制度,在全国开了基层图书馆应用计算机管理的先河。2000年12月,上海市中心图书馆"一卡通借阅"服务体系在市、区二级公共图书馆全面实行。经过近五年努力,至2010年年底,作为市政府重点项目的上海市中心图书馆街镇服务点建设在全市城乡实现了全覆盖,街镇图书馆建设跨入了历史性的发展阶段。

二、上海街镇基层公共图书馆调研基本情况

(一)调研设计

我们在上海的调研方法是选择既有代表性,又能体现不同发展速度的基层馆,由上海各区公共图书馆发放书面调查表,并现场察看一些有代表性的馆。共收集调研表40份,其中实地调研9个不同规模的馆,除松江、青浦、普陀、虹口四区县之外,其余各区均有街镇馆入列。实地调研方法以入户观察、查看文档和馆藏并座谈询问为主,兼及了解区县全局的数据。

(二)上海基层公共图书馆总体概览

上海18个区县共建立了211个街道(乡镇)图书馆,占街镇级行政建制总数的99%。其中199个有明确的统计数据。其场馆总面积达到108 657平方米,馆均546.02平方米。阅览座席共有21 820个,馆均109.65个。藏书总量为5 867 619册,馆均29 485.52册。2010年购书费1255.9万元,馆均6.31万元;2010年新增图书562 283册,馆均2825.54册。

2010年上海街道(乡镇)图书馆服务状况如下:读者借阅流通总计11 097 003人次,馆

均 55 763.83 人次,每馆日均读者 152.78 人次。总计文献流通 12 486 815 册次,馆均 62 747.81 册次,每馆日均流通 171.91 册次。街镇图书馆的下属服务点计 1648 个,馆均 8.28 个。这些服务点中还包含了 173 个流动服务点。读者活动总共开展了 13 733 次,馆均 69.01 次;参加活动的有 894 879 人次,次均 65.16 人。街镇馆开展二、三次文献服务总计 481 次,馆均 2.42 次。

与 2006 年相比,2010 年上海街道(乡镇)图书馆的变化很大。其投入基础设施的费用增长近 30%,藏书总量增长 2.3%,购书经费增长 79.7%,流通人数增长 58.6%,流通册次增长 77%。

(三)调研数据分析

此次实地调查的对象,有 5 个为社区(村)图书馆,其中 2 个为实行完全总分馆制的嘉定区"百姓书屋",35 个为街道(镇)图书馆。

1. 历史悠久,基础扎实

40 个馆中,有 25 个在 2000 年前成立。"文革"前的馆有 3 个,最早的是嘉定区南翔镇图书馆,成立于 1952 年。

2. 体制安排上基本归属文化中心

40 个馆中,有 35 个归属街道文化中心,5 个直接隶属街道或社区。后 5 个馆历史长,服务好,影响大,如卢湾区的淮海、瑞金街道等。它们间接地证明了基层图书馆在当地的地位。

3. 馆舍面积大,功能设施齐备

39 个馆合计 22 680.4 平方米,馆均 581.55 平方米。500 平方米以上的馆数超过半数,有 21 个。最大的嘉定区安亭街道图书馆达到 2200 平方米。5 个超千平方米的馆舍都是近年新建的,建大馆的趋势在上海越来越明显。有 4 个馆只有图书室和阅览室,占比为 10%,它们是"百姓书屋"、刚建的街道馆和上海唯一的农业县——崇明县的偏僻地区街道馆。

设备方面,32 个馆馆均数为:书架 44.99 架,刊架 9.89 架,报架 5.97 架,桌椅 85.46 套(单人),电脑 30.38 台。

4. 管理人员配置合理,文化较高,收入基本合理

在全部 40 个图书馆里,专职人员两人以上的有 36 个,所有调研馆的负责人均由专职人员担任。据统计,40 个馆管理员总数为 197 人,馆均 4.93 人,其中 47 人是兼职人员。各馆管理人员中,24 个有本科生,12 个有大专生,分别占比为 60% 和 30%。36 个图书馆的人员经过专业培训。

40 个馆中,有 9 个馆的专职人员平均工资在 2000 元以下(有 4 个不到 1500 元),18 个馆超过 2500 元,最高为 5000 元。

5. 管理制度健全

40 个馆管理制度健全,内部考核、外部管理规范。藏书分类除一个延续自编分类法,其余均采用中图法。所有馆均具备外借和阅览两方面的制度,有赔偿制度的馆占比为 82.5%。

6. 经费充裕

除去没有数据的 5 个馆,年拨款 4 万元以下的馆只有 5 个,占比为 14.3%。而年拨款 10 万元以上的馆有 9 个,占比为 25.7%。据统计,35 个有数据的馆,合计年拨款为 328.1 万元,馆均 9.37 万元。经费来源方面,需要自筹的只有 1 个,即经济较差的金山卫镇。

7. 资源富足,多方来源

除去无数据的 5 个,35 个馆合计藏书量为 130.2869 万册,馆均 3.72 万册。其中藏书量 3 万册以上的馆 21 个,占比为 60%,最高藏书量 15.8 万册。

关于期刊的订阅,21 所填有订阅种类数据,合计 2523 种,馆均订阅 120.14 种。

由于上海各馆自购图书比较普遍,图书资料各类别的比例客观反映了读者的阅读取向。突出的是纯文学类,占比近 30%。第二方阵是政史文化、少儿读物和武打言情类,占比都在 13% 左右。第三方阵为休闲生活、养生保健和其他科学,在 5% 至 6% 之间。余下的依次为辅导教材、农业科学和工具书类,在 4% 至 2% 之间,排行最末的是地方文献。近年来,政史文化和武打言情类比例在缩小,休闲生活和养生保健比例在加大。

关于新增藏书,2009 年 39 馆增加藏量 16.3957 万册,馆均新增 4204 册。2010 年 39 馆增加藏量 15.7864 万册,馆均新增 4047.8 册。资源状况说明两点:一是 2010 年许多馆的新增量比 2009 年增加,就 0.3 万册到 1 万册的这个新增馆藏数量级来说,2009 年是 7 个馆,而 2010 年有 15 个馆;二是两年的总净增数值相差不大,说明上海市基层图书馆网的资源建设已经从补不足逐渐进入日常更新的良性循环。

电子资源方面,除了 4 个馆没有提供数据外,其余各馆均有电子资源。这是上海宣传文化部门在基层文化场所普遍设立"东方信息苑"(即电子阅览室)带来的结果。

关于藏书来源,有 8 个馆只填报"自行购置"一项,但上海专设的"东方宣教中心"担负为基层图书馆每年无偿提供一批图书的任务,上海图书馆也在全市推行了"一卡通",为基层馆配置资源。

文化信息资源共享工程在上海也已基本普及。

8. 信息需求反映正常

信息种类经全面统计后,从高到低排序为:图书、报纸、期刊、网络信息、视听文献。

信息内容经全面统计后,从高到低排序为:文化娱乐类、实用知识技术类、学术研究类。

9. 总分馆制的上海模式

40 个馆中 37 个与上级馆有图书流通的关系,说明了上海全市总分馆制正在以自己的方式发展着。

10. 全方位服务的效益巨大

电子阅览室即"东方信息苑"已经遍布街镇馆。有自己网页的馆有 25 个,占比 62.5%。每周 7 天全开放的馆有 37 个,占比 92.5%。另外 3 个馆,其中 2 个是 6 天开放,1 个是 5 天开放。

在服务项目方面,40 个馆全部具有完整的传统借阅功能。

在图书馆职能延伸方面,40 个馆均有举办活动,而活动开展比较全面的(即 5 项中开展 3 项以上的)有 29 所,占比为 72.5%。社会教育活动更是普遍,已经成为各馆必备的内容,35 个馆开展得比较全面(标准同前)。面向未成年人和老年人的各种"适销对路"的活动除 2 个(在金山区和崇明县)之外,都开展得密集频繁,效益良好。

流通人次与流通册次是图书馆效益的集中体现。从 40 个馆填报统计的数字能够说明:2009 年流通总数为 1 787 572 人次,3 340 429 册次;馆均 51 073.49 人次,90 281.86 册次;电子阅览为 438 449 人次,馆均 19 065.17 人次;文献查阅为 121 961 人次,馆均 6775.61 人次;2010 年流通总数为 2 265 724 人次,4 385 550 册次;馆均 61 235.78 人次,112 450.00 册次;

电子阅览为 491 442 人次,馆均 19 657.68 人次;文献查阅为 167 987 人次,馆均 8841.42 人次。综合计算,2010 年流通总人次比 2009 年增加 26.8%,流通总册次增加 31.3%,电子阅览人次增加 12.1%,文献查阅人次增加 37.7%,呈现了一个飞速增长的态势。

平均下来,每馆读者办证人数为 2100 人左右,基本符合实际。

三、上海基层公共图书馆发展的优势和特点

(一)上海基层图书馆建设的扎实基础

图书馆建设的基础主要是设施、资源、队伍和经费。

据统计,全市 211 家街道(镇)图书馆总面积达到了 10.8 万余平方米,平均每馆面积达到约 500 平方米,与市区(县)两级公共图书馆构成了巩固的网络体系。社区文化活动中心是一个多功能设施,它配置展览厅、多功能活动室、多媒体教室、社区信息苑等,拥有数字放映设备、宽带上网条件,有的还有流动服务车、录音制作室等,这些现代化的设施设备为图书馆拓展服务功能创造了良好条件。

据统计,目前街道(镇)馆总藏书量达到 586 万余册。市区两级已经建立文化资源的配送支持系统,东方宣教中心、东方讲坛、东方社区学校指导中心、东方信息苑、上海群艺馆、上海图书馆等单位都已成为全市各类文化资源的统筹配送中心,为社区文化活动中心无偿提供文化产品,如图书资源、讲座资源等。譬如"东方宣教中心",每年街镇可以在他们提供的网上目录中选书,绝大多数街镇都已收到他们免费配置的千余册书。这是一种集约化运作社会资源的先进方式。问卷统计中,各街镇馆的平均藏书量为 36 679 册,年订阅报刊都在 100—150 种左右,文献量应该能够满足周边居民的需要。数字资源也比较完整,东方信息苑提供 1 万种电子图书,各馆又全部开通了共享工程。就资源的保障来看,上海图书馆人做得充分、完备、细致,极具说服力。

表1　上海街道(镇)图书馆发展情况对比表

项目	2006 年	2010 年	增长百分比(%)
基础设施	83 606	108 675	30
藏书总量	5 734 497	5 867 619	2.30
购书经费	6 986 333	12 559 000	79.70
购入新书	585 536	633 183	8.10
流通人次	6 997 448	11 097 003	58.60
外借册次	7 056 369	12 486 815	77
读者活动	11 251	13 810	23
计算机数	3127	3670	17.40

从从业队伍来看,问卷中的每馆平均数为 6 人(专、兼职合数),最多的馆有 29 个工作人员,超过了县级馆的人数。全国基层图书馆最困惑的问题在上海不但不是问题,而且成为真正的优势。静安区江宁路街道图书馆管理员中多数是大学生,他们平均工资是 2458 元/月,总体看他们满足于这份工作。而且几个大学生开辟可以利用的社会资源,扩展服务的广度、深度,津津有味地工作着,客观地说他们的"快乐指数"是高的。各区县中,除农业经济为主

的奉贤、崇明、金山馆员工资在 2000 元或以下,收入略低一些,其余的都在 2500 元或以上,而宝山、闵行等后发展地区的工资水平有 4000 至 5000 元。

根据问卷统计,平均每馆年拨款 9 万余元(不含用人经费),其中 15 个馆年拨款在 10 万以上,最多的嘉定区江桥镇达 30 万元。相当多的馆只要需要,向上级提出后费用还会增加。因此,一些老馆在了解读者总体需求的基础上,根据自己的馆舍容量和流通常数,计算出每年新增文献的常量,然后向财政提出款项数字,合理合规合需求,体现了强烈的责任心。静安区静安寺街道社区文化中心主任表示,"给我多没有用,浪费财力,浪费资源,没有意义"。表明这些图书馆的运行已经处在良性循环中。

综上所述,上海基层公共图书馆事业的基础从各方面看都十分扎实,为后续发展蕴蓄了极大的潜力。

(二)上海基层公共图书馆的规范运行

从 1994 年起,上海市文化局就实施对街道(镇)图书馆评估考核,制定了等级标准。1996 年年底,市政府颁布了《上海市公共图书馆管理办法》,明确街道(镇)图书馆是公益性文化机构,经费应由财政予以保障。2007 年又颁布了地方性的《上海市公共图书馆行业服务标准》,对上海市范围内的公共图书馆进行服务方面的资格认证。2010 年颁布《上海市公共图书馆行业创建文明行业考评标准(草案)》,对行业发展、行业服务、社会效益、创建管理提出具体指标体系。这些指标体系和要求成为上海基层公共图书馆必须遵循的业务"宪法"。上海市基层公共图书馆开展的四次等级评定(每隔四年一次),就是这些政策规范的具体化落实。经过四次评定,基层馆中的特级馆从 20 家增加到了 50 家,三级馆从 65 家减到了 10 家。上等级的馆已经超过了 90%。2011 年 3 月,上海市图书馆行业被上海市人民政府评为文明行业。

在第四次评估定级中,他们的项目要求全面,标准规格很高,细节考虑周到。评估项目除了常规的藏量、面积、座位、流通人次、册次、开放时间、持证人数之外,还有公共信息发布、优秀读物推荐、编制二、三次文献、馆外服务点、开展各类读书活动、为弱势群体提供特殊服务等各方面的要求。更值得嘉许的是,他们设置知晓率和满意率来让第三方参与,使评估具备部分公众的客观评价,使图书馆这个公器进入被监督的常态。标准规格起点设置很高,常住人口 10 万人的街镇,流通人次要达到 3 万才能得分,也意味着常住人口的 1/3 数量的人次要来过图书馆阅读,如要得高分,则须 2/3 的人口数量要跨进图书馆。细节方面他们规定,要有无障碍通道,要着装整齐、挂牌上岗、语言规范,标志要醒目,环境要有文化氛围,甚至厕所都不能有异味。

在这种相对强制的规范要求中,上海街道(镇)图书馆的从业队伍专业化水平迅速提高,整体服务水准已经接近区、县公共图书馆从业队伍的水平。例如,嘉定区嘉定镇图书馆的读书活动就品类繁多,老年人有"绿色课堂""秋霞诗社",未成年人有"红领巾读书活动""民俗文化进学校""阳光睦邻点"等。馆长说:"图书馆开展的社会活动就是要和知识挂钩,和人文搭界,是一种阅读的补充,而不是替代群众文化。"

上海通过基层图书馆评估定级,已经逐步形成了一种"图书馆行业文化"。基层公共图书馆在这种文化的熏陶下,规范健全行业秩序,使文献信息资源的最大化利用成为常态,并不断登上新的台阶。

（三）上海基层公共图书馆的创新理念

由于经济文化环境优良，而基层馆又长期处于提升工作层次的激励中，因此上海图书馆界创新思维十分活跃，其工作有一种逼人的热力活力。

（1）政府转型到位，举措有力。上面所谈到的上海宣传部门几项资源统筹向基层配置的措施已经施行数年，它在很大程度上解决了基层文化建设的历史难题。而上海规范引领行业有序发展的政策实施力度也让人印象深刻。中央对社会管理的部署是去年提出的，上海成熟的社会管理传统和领导层的勇气胆略已经走在前面。

（2）资源共享覆盖全市。上海市中心图书馆"一卡通"服务是一项理念、机制、管理、技术和服务融于一体、全面创新的工程，在2010年被列入市政府重点工作之一。在行政力量的协调推动之下，"一卡通"工作取得重大突破，全市2010年实现了街镇签约全覆盖。上海市图书馆行业协会正在努力将图书"一卡通"服务继续向村（居委）服务点延伸辐射，把文献资源直接送到市民身边，以凸显其公益性文化事业的特征。"一卡通"改变了部分区（县）和社区图书馆门庭冷清、资源闲置的面貌，各级图书馆接待读者数量飙升。截至2010年10月，各区（县）分馆和街道（镇）基层服务点读者办证109 637张，比2006年增长73.03%；续证130 457张，比2006年增长50.62%；文献流通量达到18 611 904册次，比2006年增长51.56%。一些退休在家的老人说："而今上麻将桌的时间少了，拜访街道图书馆的次数多了。"

（3）为百姓着想想到了深处。上海嘉定区图书馆五年前开办了"百姓书屋"，在志愿者的农家堂屋或居家客厅放置书柜、书桌，一次摆放300册新书（半年轮换一次），供周围居民随便阅读，这就像周围几十家居民的自家书房，亲切，随意，自然，每年的流通都有近千册次。除了简单家具和轮换的书籍，国家没有人员和场地支出。这个举措看似不起眼，其实它对于吸引文化层次低、阅读困难的中老年人群具有决定性意义，是完成阅读普及"最后一公里"的"收官之子"，平实而重要。这个举措一出台，报名的志愿者非常踊跃。江宁路社区图书馆里一间十几平方米的小房间，却是图书馆每天早中晚排满活动的场地，他们与社区紧密结合，让各年龄层次的居民参与各类读书活动。上海街道（镇）图书馆将公益性服务努力做深、做细、做实，通过举办讲座、展览、读者活动、公共信息服务等途径直接传播知识信息；建立便民措施，普遍设立寄包、失物招领点；提供放大镜、普通防护药品和轮椅；有的还提供饮用水、读者电话（或网上）续借图书；为有特殊困难的读者提供送书上门服务，做到有制度，有措施，有记录。

（4）让阅读与实践相结合，让科普变得更亲切。宝山区庙行镇拥有面积达1500平方米的新图书馆，它与科技部门合作，在镇图书馆开辟了数个科普基地。一曰"环保实践室"，仪器装置可以现场检测水样，分析里面的成分；检测空气，也同时析出有害因子；还可以检测土壤等日常生活里亲密接触的种种自然物质。二曰"天气实时测报系统"，在房顶上装了精密的天气探头，辅之以一套计算机软件，在室内安装的电视屏幕上即播报经过计算机系统处理的各种实时的天气数据，同时还可以查阅前些天的数据，进行综合分析。三曰"综合科普知识查阅平台"，系宝山区科技局制作的集海量科普知识于一体的全文检索平台，读者可以打开自行查阅。这3个科普项目使得庙行镇图书馆极具特色。从各地问卷调查中可以了解到，基层图书馆的藏书中，科学书籍占比很小，而庙行镇图书馆既培育了读者的科学意识，把准图书馆的阅读导向，又力图深化阅读，让阅读与相应的实践紧密结合，使阅读生动起来，使实践理性起来。

(5)努力寻找自己特色,形成地方文化中心。上海市街道(镇)图书馆在多年成熟运行的基础上一直在进行创建特色馆的实践,经过十余年的努力,基本形成了一馆一特色的局面。他们当中有以学习型社区建设为目标、创建读书活动特色的曹家渡街道馆、仙霞街道馆;有以地区读者需求为出发点、形成个性化服务特色的岳阳街道馆、田林路社区馆等;有以社区人文资源为内容、创建文化特色服务的瑞金街道馆、宝山路街道馆等;还有以历史文脉为主线、共建民族民间文化特色的北蔡镇馆、石门二路街道馆等。宝山区顾村镇图书馆一直重视群众的诗歌创作,每年举办"顾村杯"少儿诗歌比赛和诗乡顾村年会老年组的诗歌创作活动。群众性的诗歌创作活动已在这里蔚然成风,顾村已被命名为"中国民间文化之乡"。一些街镇馆还从当地的经济特点出发,逐步形成行业文献的集成收藏。有汽车城之称的嘉定区安亭镇,镇图书馆专门设置"汽车书架",汽车维修、汽车设计、趣味汽车等各类别的汽车图书应有尽有,全面满足读者的需求。

(四)上海图书馆人的海派风范

在上海市基层公共图书馆事业的发展历程中,人的烙印很深,主观因素很强烈。上海人行事风格被人称为"海派"。海派的意思,一是放达而不拘成法;二是时尚,是开放,是爱学习善吸收兼包容,是现代意识强,不守旧。上海的实践让人进一步意识到,上海基层图书馆人还有三方面与其他地域不同的特点,一是对于人(读者)的关注,二是发展的冲动没有停歇,贯穿始终,三是责任心就是平常心。这三方面见不到政绩冲动,见不到矫揉造作,他们不觉得要宣传自己,而事业已经在不知不觉中达到了国内的高水平。没有这样的队伍就没有这份成功的事业,这是此行调研最深切的感受。

四、上海基层公共图书馆健全发展的对策

(一)要提升宣传自身和整合各类公共信息的能力,扩大社会影响面

图书馆人应培养宣传图书馆、宣传自身工作的意识和能力。在一定程度上,宣传手段的应用与服务效益成正比例,而其更大的意义在于让中国公众极其微弱的"图书馆意识"扩大和传播开来,从而推动社会大众走上文化自觉的康庄大道。

社会的发展使得各类公共信息成为民生关注的热点。公共信息的传播之要在于便捷、迅速、广泛、深入,而遍布大小区域的基层图书馆恰恰是具备最佳条件的传播场所。这项工作的潜在意义在于图书馆与民生最直接最紧密的结合,是深度扩展图书馆社会影响的重点。因此,改善社会公共信息服务,是图书馆融于社会的重要选项。

(二)探索创新资源共享、规范管理的机制,形成因地制宜效率、效益、效能三者统一的总分馆制

资源共享、规范管理是中小图书馆近年自身改革探索的重点,上海发展迅速,但也遇到了一些瓶颈,一些基层馆因为上级馆的原因而无法直接纳入上海中心图书馆的辐射范围,另一些馆则因自身条件不够而不敢进入资源共建共享的行列,因此要进一步探索创新资源共享的机制。建议遵循几个原则:①因地制宜,看菜吃饭:浙江嘉兴经济发达,一个乡镇年产值在几十亿到百多亿,因此它采取三级出资,统一配送,整齐划一,规范管理;浙江桐庐农业经济为主,文献资源由县统筹,人员工资由乡镇转移至县馆发放,同样也是一个运行正常的总分馆制模样。②效率、效益、效能的统一是推行总分馆制的前提:总分馆制的出现是发达国

家在图书馆业的长期发展实践中,对于效率、效益、效能提升和统一的认识升华,而中国图书馆界历来很少强调效率、效益、效能,因此,在设计总分馆制模式时,应该从提升"三效"的要求出发,而不是从应对领导要求,或是别的什么目的出发。

（三）建立购书经费长效制度

新书补充是基层图书馆生存发展的源泉,《"十二五"公共图书馆发展规划》规定年人均新增量应达到0.04册左右。建议制定《"十二五"上海街道（镇）图书馆购书经费标准》,按常住人口计,年人均1.0—1.6元,即十万人口约10万元,五万人口不少于8万元,使基层图书馆书刊始终保持适当更新率。购书经费长效制度实质上在国内也是空白,在目前形势下,我们要利用各种有利条件,协助权威机构进行科学筹划,力促购书经费长效制度的建立。必须强调,要把眼光放在有法规意义的"制度"上,这才是保证可持续发展之道。

（四）联手服务,扬长避短,促进共同繁荣

现代服务非常强调服务机构的联手合作,但长期的"独善其身"使很多人还不善于拆除篱笆,放开视野去融入社会大服务当中去。在上海,类似东方信息苑这样的基层文化服务机构还有很多,如社区学校担负社区教育功能,休闲茶室则具有人际交流功能的优势。我们应该扬长避短,互相补台。东方信息苑所长的是数字技术、硬件设施,而基层图书馆占优的是整合资源、检索路径,两者结合恰恰是最佳拍档。这种合作,基层图书馆应该主动,因为图书馆精神的主旨是一切为读者着想。况且在互相补台中,基层图书馆可以腾出精力将自己的主项做大做强,做深做细,既显示了自己的优势,又扩大了整体的强势。

（五）建立人才上升通道和培训长效机制

队伍的管理和专业水平是基层图书馆可持续发展的关键所在。根据上海的实际发展,街道（镇）图书馆的职工工资待遇应参照事业单位同类人员的待遇并可申报相应的专业技术职称;其他工作人员的薪酬待遇应该参照本区域相关行业的社工待遇,以确保队伍稳定,人才扎根。同时要形成职工继续教育制度。基层图书馆的专职人员必须有经过培训考核上岗准入制度,每年不少于40小时的业务培训;新进人员先须岗前培训学习,培训结果作为任职和业绩考核的依据。把人才队伍与培训长效机制紧密挂钩,将是公共图书馆有序发展的根本保证。

（六）发挥读者的主动性积极性,建立民主管理机制

让读者参与图书馆管理,促进图书馆服务的自身改革,是图书馆现代服务的改革和突破。可以建立读者委员会,让读者参与图书馆年度工作的决策评议;可以设立读者点书台,让读者指点藏书建设;可以举办重大活动项目听证会,一同献计献策;可以请读者审核经费收支情况、评估服务工作成效、考评图书馆工作绩效,全面体现民主管理精神。

志愿者是图书馆工作的一支骨干力量,如果我们使它的职能既是为读者服务同时也参与图书馆管理,就体现了一种民主管理的精神,更具意义。当然,志愿者队伍组建也要公开招募、培训,要程序完备,公正严格,走上规范化的道路。

湖北省乡镇、社区图书馆发展调研报告

湖北省位于我国的中部,现有12个省辖市、1个自治州、38个市辖区、24个县级市（其中3个直管市）、38个县、2个自治县、1个林区。湖北省是我国人口数量较多的省区,截至

2011 年年底,湖北省户籍人口为 6217.8 万人,常住人口为 5758 万人(居住本省半年以上人口)。全省平均每户人数为 3.36 人,人口密度为 334 人/平方公里。全省 5758 万常住人口中,农村常住人口 2773.68 万人,城镇常住人口 2984.32 万人,城镇化率为 51.8%。全省共有 1230 个乡镇、街道,其中街道办事处 290 个,镇 741 个,乡 199 个,村 26 203 个。

一、湖北省乡镇、社区图书馆调研基本情况

2011 年 10 月,根据"乡镇社区图书馆管理标准研究"课题组的部署,湖北省正式启动了湖北省乡镇、社区图书馆调研工作,主要做法如下:

(1)拟订"调研方案",印刷调查表。根据"乡镇社区图书馆管理标准研究"课题组的要求,2011 年 10 月拟订了"湖北乡镇、社区图书馆调研方案",对全省调研时间、调研对象、调研方法做了安排,就乡镇、社区图书馆(室)建制、人员构成、日常工作管理等方面情况印刷了调查表,启动了湖北乡镇、社区图书馆调研工作。

(2)召开市、州图书馆馆长会议,布置调研工作。11 月 3 日,在恩施土家族苗族自治州召开的湖北省图书馆学会 2011 年学术年会上,召开了全省市、州和部分县图书馆馆长会议,部署了乡镇、社区图书馆调研工作,明确由市、州图书馆牵头开展本地区的调研工作,发放了调查表,提出了工作要求。

(3)开展全省调查,进行数据统计分析。恩施会议后,各市、县认真开展了乡镇、社区图书馆(室)的调查工作,截至 2012 年 1 月,共回收问卷调查表 546 份。结合厦门大学图书馆崔晓西教授 2011 年初对湖北恩施、襄阳、黄石等地乡镇、社区的调查,剔除重复的调查表,合计收到问卷调查表 559 份,其中乡镇、街道图书馆 252 份,社区、村图书馆(室)307 份,基本达到预期目的。随后对调查数据进行统计分析。

二、湖北省乡镇、社区图书馆发展现状

(一)乡镇、社区图书馆总体情况

湖北省乡镇、社区图书馆(室)大都设在乡镇(街道)、社区(村)文化站(室),根据《湖北省文化文物产业统计资料》的统计数据,目前,全省拥有 912 个乡镇、街道图书馆(室),5091 个社区文化中心,13 013 个村文化活动室。74% 的乡镇、街道建有图书馆(室),49.7% 的村有村文化活动室。"十一五"期间,省政府投资一个亿,与文化部、国家发改委一同完成了 980 个乡镇综合文化站的新建和维修改造,全省的乡镇综合文化站建设达到了一个新水平。

表 1　湖北省乡镇、街道图书室及社区、村文化室情况表(单位:个)

	街道、乡镇	乡镇、街道图书室	社区文化中心	村文化室
总　计	1230	912	5091	13013
武汉市	156	131	1249	1186
黄石市	47	15	86	293
十堰市	118	75	135	308
宜昌市	107	103	411	1254
襄阳市	103	90	439	1657

续表

	街道、乡镇	乡镇、街道图书室	社区文化中心	村文化室
鄂州市	25	24	69	312
荆门市	57	52	280	852
孝感市	107	81	896	943
荆州市	115	78	362	1518
黄冈市	126	79	422	1505
咸宁市	70	35	188	504
随州市	44	32	134	589
恩施州	88	62	242	1013
省直辖县	67	55	178	879

（二）乡镇、社区图书馆（室）基本建设情况

通过对 559 个乡镇、社区图书馆（室）的调查、统计与分析,在馆舍面积方面,调研的 559 个乡镇、社区图书馆（室）总建筑面积为 45 901 平方米,其中乡镇、街道图书馆（室）34 531 平方米,平均面积为 120 平方米;社区、村图书馆（室）总建筑面积为 13 424 平方米,平均面积为 43.7 平方米。

经费来源方面,调研的 559 个乡镇、社区图书馆（室）有财政拨款的只有 95 家,占总数的 16.99%;购书经费能够定期拨款的有 20 家,只占总数的 3.57%,不定期下拨的 58 家,占总数的 10.37%,基本没有拨款的 137 家,占总数的 24.50%,其他 344 家,占 61.56%。

分编管理方面,调研的 559 个乡镇、社区图书馆（室）中,74% 的图书馆（室）采用《中图法》进行分类管理,10% 采用其他分类法,13% 采用自编分类法,3% 的图书馆（室）不分类。

表2　湖北省 559 家乡镇、社区图书馆（室）藏书科学管理情况表

	采用中图分类法	采用其他分类法	采用自编分类法	不分类
数值（个）	416	56	74	13
占百分比	74%	10%	13%	3%

在资源建设方面,全省乡镇、街道图书馆（室）藏书总量 502.56 万册,拥有计算机 2712 台,平均每馆藏书达 3510 册、拥有计算机 3 台。

表3　湖北省乡镇、街道图书馆藏书、计算机数量统计表

	乡镇、街道图书馆（个）	藏书量（万册）	计算机（台）
总　计	912	502.56	2712
武汉市	131	190.87	375
黄石市	15	7.05	118
十堰市	75	29.80	111
宜昌市	103	50.39	200
襄阳市	90	36.02	259

	乡镇、街道图书馆(个)	藏书量(万册)	计算机(台)
鄂州市	24	11.56	80
荆门市	52	31.54	172
孝感市	81	47.35	271
荆州市	78	27.60	257
黄冈市	79	12.62	330
咸宁市	35	9.84	102
随州市	32	9.78	92
恩施州	62	21.13	193
省直辖县	55	17.01	152

调研的 559 个乡镇、社区图书馆(室)中,藏书来源于上级馆捐赠的占 24%,来源于农家书屋赠书的占 75%,自行购置的占 16%(包括有多项来源的)。建有电子阅览室 162 家,占总数的 29%,有电子资源的 117 家,占总数的 21%。

表4　湖北省 559 家乡镇、社区图书馆(室)藏书来源统计表

	上级馆捐赠	农家书屋赠书	星光计划	社会捐助	自行购置	其他
数值(个)	133	420	10	80	87	23
占百分比	24%	75%	2%	14%	16%	4%

(三)乡镇、社区图书馆(室)读者服务情况

据统计,2010 年全省乡镇、街道图书馆(室)全年举办各类展览 3616 次,举办培训 6650 次,培训人数达 421.79 万人。

表5　湖北省乡镇、街道图书室馆举办展览培训活动统计表

	乡镇、街道图书室	展览次数	培训次数	培训人数
总　　计	912	3616	6650	421.79
武汉市	131	541	1347	68.35
黄石市	15	48	97	7.76
十堰市	75	176	493	24.59
宜昌市	103	419	783	66.31
襄阳市	90	406	491	39.98
鄂州市	24	71	166	14.85
荆门市	52	164	367	17.58
孝感市	81	252	1005	29.57
荆州市	78	257	373	32.99
黄冈市	79	369	498	38.39

续表

乡镇、街道图书室		展览次数	培训次数	培训人数
咸宁市	35	280	169	11.49
随州市	32	181	172	15.33
恩施州	62	271	322	32.87
省直辖县	55	181	367	21.74

调研的 559 个乡镇、社区图书馆(室)中,有 45 家建有网页或主页,占总数的 8%。全日开放的图书馆(室)有 52 家,占总数的 9%;周一至周五开放的有 398 家,占总数的 71%;不定开放的有 84 家,占总数的 15%。对外服务项目中,开展图书外借服务的 519 家,占总数的 93%;开展报刊阅览的有 462 家,占总数的 83%;开展电子阅览与文献查询服务的有 117 家,占总数的 21%。

表6　湖北省 559 家乡镇、社区图书馆(室)对外开放时间汇总统计

	每日开放	周一到周五	不定时	其他
数值(个)	52	398	84	25
占百分比	9%	71%	15%	5%

调研的 559 个乡镇、社区图书馆(室)中,有 350 家乡镇、社区图书馆(室)开展农民读书征文活动,占总数的 63%;有 74 家开展知识竞赛活动,占总数的 14%;有 379 家开展文献检索、递送活动,占总数的 68%;有 374 家举办讲座活动,占总数的 68%;有 85 家举办展览活动,占总数的 15%;有 419 家举办培训,占总数的 76%;有 72 家举办其他兴趣活动,占总数的 13%。

表7　湖北省 559 家乡镇、社区图书馆(室)开展活动统计表

	开展活动					社会活动				
	农民读书征文	灯谜竞猜	知识竞赛	文献检索、递送	其他	讲座	展览	培训	兴趣活动	其他
数值(个)	350	39	74	379	93	374	85	419	72	22
占百分比	63%	7%	14%	68%	17%	68%	15%	76%	13%	4%

通过对调研的 559 个乡镇、社区图书馆(室)中鄂州市、红安县、大冶市、京山县、钟祥市、潜江市、宜都市、应城市、孝南县、宜昌西陵区、兴山县、仙桃市等 174 个填报较全面的乡镇、社区图书馆(室)样本进行统计和分析,其藏书数量达 932 275 册,2009 年读者服务人数 381 469 人,流通图书 306 816 册,2010 年读者服务人数增长为 562 184 人,流通图书 406 648 册,分别增长 70% 和 33%。在对持证登记读者分析中,未成年人读者占 29%,适龄劳动力读者占 48%,老年人读者占 23%,这说明基层群众求知和文化休闲的需求在不断增长,同时未成年人和老年人的阅读需求也是不可忽视的。

表8 湖北省部分县(市)乡镇、社区图书馆(室)藏书与服务情况统计表

县市名称	乡镇社区图书室数量	藏书数量	2009年读者服务		2010年读者服务		办证登记数量与比例					
			服务人数	流通图书	服务人数	流通图书	未成年人人数	未成年人比例	适龄劳动力人数	适龄劳动力比例	老年人人数	老年人比例
鄂州市	16	7155	1675	2398	2241	2905	582	31%	995	52%	327	17%
红安县	9	28 615	16 515	17 200	5920	7700	3400	51%	2150	32%	1110	17%
大冶市	14	41 998	52 823	9200	54 916	9970	2052	27%	3490	46%	2008	27%
京山县	14	46 600	21 197	13 214	47 961	25 435	1590	11%	8950	62%	3900	27%
钟祥市	13	147 161	25 500	19 520	39 980	38 901	10 912	29%	16 460	44%	10 400	27%
潜江市	12	89 354	78 789	129 862	100 360	179 180	6115	31%	10 030	51%	3555	18%
宜都市	4	5840	2410	3070	3360	4110	0	0	0	0	0	0
应城市	11	118 424	91 805	28 650	166 255	34 370	11 350	36%	13 810	44%	6220	20%
孝南县	16	89 472	45 620	39 500	81 020	54 290	1612	14%	8535	74%	1356	12%
宜昌西陵区	40	70 919	28 606	11 895	35 606	11 264	1972	30%	1533	24%	2955	46%
兴山县	8	253 677	2651	16 631	9916	22 295	1852	52%	877	25%	811	23%
仙桃市	17	33 060	13 878	15 676	14 649	16 228	1490	21%	4530	62%	1220	17%
合　计	174	932 275	381 469	306 816	562 184	406 648	42 927	29%	71 360	48%	33 862	23%

(四)乡镇、社区图书馆(室)工作人员基本情况

目前,全省乡镇、街道图书馆(包括综合文化站)从业人员共计2662人,其中专职人员1443人,有高级职称者64人,中级职称者522人。

表9 湖北省乡镇、街道图书馆(室)工作人员基本情况统计表

	工作人员	专职人员	高级职称	中级职称
总　计	2662	1443	64	522
武汉市	312	139	3	30
黄石市	99	51	0	15
十堰市	155	121	0	61
宜昌市	408	198	18	110
襄阳市	412	241	3	65
鄂州市	44	31	5	5
荆门市	68	62	1	35
孝感市	246	56	7	40
荆州市	146	70	5	18

续表

	工作人员	专职人员	高级职称	中级职称
黄冈市	184	107	2	36
咸宁市	101	48	1	14
随州市	101	47	6	13
恩施州	213	186	4	39
省直辖县	173	86	9	41

调研的 559 个乡镇、社区图书馆(室),共有 844 名工作人员,其中专职人员 464 人,占总数的 55%,兼职人员 380 人,占总数的 45%。有 450 家乡镇、社区图书馆(室)进行了专业培训,占总数的 80%。

（五）文化共享工程农村基层服务点建设情况

湖北省委、省政府将湖北省文化共享工程建设纳入新农村建设规划,并在一系列有关新农村建设的文件中将文化共享工程建设作为农村社会发展的重要任务加以部署。"十一五"期间,经省政府批准,省文化厅、省财政厅、省委组织部先后出台了《关于进一步推进全省文化信息资源共享工程建设的实施办法》(鄂文化文〔2008〕48 号)、《关于加强全省农村党员干部现代远程教育与文化信息资源共享工程资源整合工作的通知》。省财政自 2007 年至 2010 年共安排专项资金 4622 万元,用于支持全省支中心建设和省分中心设备购置、资源建设和网络系统运行维护。在省财政安排的 1 个亿用于"乡镇综合文化站"项目建设中,每个基层服务点有 3 万元用于共享工程设备购置。全省市、县、乡财政也投入了 6051.5 万元用于共享工程建设,加上中央财政投入我省的 12 705.5 万元,各级财政投入全省文化共享工程的建设经费达 2.3 亿元。

在乡镇(社区文化中心、文化活动室)基层服务点建设方面,湖北省采取与省里实施的乡镇综合文化站建设项目统筹安排建设,圆满完成了乡镇综合文化站建设项目。同时,争取国家财政支持,2009 至 2010 年争取到 5313 万元用于社区文化中心和文化活动室建设,共建成社区文化中心基层服务点 99 个、社区文化室基层服务点 825 个。

在普及村级基层服务点建设方面,湖北省始终坚持与农村党员干部现代远程教育和农村中小学远程教育密切合作,积极探索、实践共建共享模式。"十一五"期间,国家财政和省财政分别投入 6814 万元和 1.2 亿元,共完成 27 413 个村级基层服务点从基本型到扩展型的升级改造工作。并与农村中小学远程教育工程合作共建 12 000 个农村中小学远程教育服务点,使文化共享工程的触角逐步延伸至基层群众身边,实现了省、市、县、乡、村文化共享工程五级网络体系的全覆盖。

（六）农家书屋工程建设情况

湖北省农家书屋工程于 2007 年开始试点建设,省政府连续 3 年将其列入为民所办的"十件实事",并将其纳入新农村建设体系,纳入党政领导考核目标。2008 年以来,湖北省新闻出版局将其列为全省新闻出版系统的"一号工程",采取了一系列有效措施,扎扎实实推进工程建设工作。截至 2010 年年底,全省农家书屋工程共落实各级专项资金 5.6 亿多元,其中,中央财政 26 732 万元,省财政配套 10 543.5 万元,市州县筹措落实 1.8 亿多元。全省建成农家书屋数量达到 28 140 个,每个书屋配送图书 1512 种/册、音像制品 170 种/张、20 种报刊和 1 块标牌,完成工程建设总任务的 99%,基本实现全省所有行政村农家书屋覆盖。

三、湖北省乡镇、社区图书馆存在的问题

(一)乡镇、社区图书馆(室)发展不平衡

由于各地经济与社会发展不平衡,文化事业基础条件也不相同,各地乡镇、社区图书馆(室)的建设规模、水平、服务形式存在着很大的差距。一些经济基础好、文化基础较深厚、领导重视的地区乡镇、社区图书馆(室)办得丰富多彩,如大冶市金牛镇、潜江市周矶镇、孝昌县王店镇、孝南县三汊镇、五峰土家族自治县渔洋关镇等图书室藏书都超过万册,并都建立了电子阅览室,为基层群众提供网络信息和电子资源服务。一些经济基础较差,领导也不够重视的地区,有的整个地区没有乡镇、社区图书馆(室),有的即使建立了乡镇、社区图书馆(室),也步履艰难。我们对公共图书馆及乡镇、街道图书室藏书情况进行分析,发现各地区人均拥有图书量很不平衡,武汉市人均拥有图书量达到 1.46 册,随州市人均拥有图书量才0.12 册。这些说明全省图书馆事业发展很不平衡,基层群众享受公共文化服务基本权益的状况很不均等。

表 10 湖北省、市、县、乡镇图书馆藏书情况表

	户籍人口(万人)	省、市、县图书馆藏书量(万册)	乡镇图书馆藏书量(万册)	人均拥有图书量(册)
总 计	6141.88	2361.07	502.56	0.466
武汉市	835.55	1031.69	190.87	1.46
黄石市	258.56	107.45	7.05	0.44
十堰市	353.22	105.13	29.80	0.38
宜昌市	401.37	166.82	50.39	0.54
襄阳市	588.80	255.82	36.02	0.49
鄂州市	107.55	36.80	11.56	0.45
荆门市	301.05	61.01	31.54	0.31
孝感市	528.73	76.89	47.35	0.23
荆州市	657.12	106.38	27.60	0.20
黄冈市	739.61	158.80	12.62	0.23
咸宁市	290.63	65.54	9.84	0.29
随州市	257.77	20.56	9.78	0.12
恩施州	394.92	127.07	21.13	0.38
省直辖县	426.93	41.12	17.01	0.14

(二)经费投入不足,购书经费短缺

湖北省乡镇、社区图书馆(室)大都财政经费投入不足,通过对 559 个乡镇、社区图书馆(室)中的 252 家乡镇、街道图书馆(室)经费来源进行调查统计,发现有财政拨款的只有 75家,占总数的 30%。除财政经费投入不足外,购书经费短缺也较为普遍,252 家乡镇、街道图书馆(室)购书经费定期下拨的只有 17 家,仅占总数的 7%,不定期下拨有 40 家,占总数的

16%,基本没有的 117 家,占总数的 46%,其他的有 78 家,占总数的 31%。

表11　湖北省252家乡镇、街道图书馆(室)经费来源汇总表

	购书经费拨款				经费来源	
	定期下拨	不定期下拨	基本没有	其他	财政拨付	经营创收
图书馆(室)	17	40	117	78	75	15
占百分比	7%	16%	46%	31%	30%	6%

　　乡镇、街道图书馆(室)财政经费投入不容乐观,社区、村图书馆(室)财政经费投入更加缺乏,307 家社区、村图书馆(室)财政拨款的只有 20 家,占总数的 7%,靠经营创收获取经费来源的 5 家,占总数的 2%。购书经费短缺的现象更为严重,307 家社区、村图书馆(室)购书经费定期下拨的只有 3 家,仅占总数的 1%,不定期下拨有 18 家,占总数的 6%,基本没有的 20 家,占总数的 7%,其他 266 家,占总数的 86%。

表12　湖北省307家社区、村图书馆(室)经费来源汇总表

	购书经费拨款				经费来源	
	定期下拨	不定期下拨	基本没有	其他	财政拨付	经营创收
图书馆(室)	3	18	20	266	20	5
占百分比	1%	6%	7%	86%	7%	2%

　　(三)藏书数量不足,藏书结构不合理

　　在调查的 559 家乡镇、社区图书馆(室)中,万册以上的图书馆(室)只有 24 家,仅占总数的 9%。目前,湖北省乡镇、街道图书馆(室)藏书总量为 502.56 万册,湖北省农村人口为2773.68 万人,农村人均藏书 0.18 册,与国内平均水平和国际图联规定的人均册数差距甚大。由于乡镇、社区图书馆(室)购书经费财政拨款不足,乡镇、社区图书馆(室)的藏书主要来源于捐赠,而各图书馆(室)根据各地的需求自行选购的图书甚少,在调查的 559 家图书馆(室)中,只有 87 家自行采购图书,因而无法保证乡镇、社区图书馆(室)藏书结构的实用性和合理配置。

　　(四)服务职能尚未得到充分发挥

　　目前,乡镇、社区图书馆(室)的服务意识、服务方式、服务模式、服务时间等方面都亟待改进和提高。调研的 559 家乡镇、社区图书馆(室)全日开放的图书馆(室)有 52 家,仅占总数的 9%,这说明乡镇、社区图书馆(室)的开放意识和服务意识还不够强。根据对藏书与服务情况的分析统计,174 家统计数据较完整的乡镇、社区图书室,2010 年共接待读者 562 184人次,流通图书 406 648 册次,按照 365 天对外服务计算,平均每个乡镇、社区图书馆(室)每天接待读者不足 9 人,流通图书不到 7 册,而且开设电子阅览与文献查询服务的只有 117家,占总数的 21%。这说明乡镇、社区图书馆(室)服务形式单一,为基层群众服务的职能和作用还没有得到充分发挥。

　　(五)乡镇、社区图书馆(室)设施设备简陋

　　湖北省大部分乡镇、社区图书馆(室)是在 20 世纪 90 年代初建立起来的,起步较晚,并都依托于文化站建立。调查的 559 家乡镇、社区图书馆(室)共有电脑 1656 台,投影仪 213

台,易播宝59台。这表明湖北省乡镇、社区图书馆(室)平均每个图书馆(室)只有电脑3台,只有38%的图书馆(室)有投影仪,10%的图书馆(室)有易播宝。整体上看乡镇、社区图书馆(室)的设施设备简陋,信息化建设还处在初级阶段,这些都严重影响了图书馆(室)的服务能力和水平。

(六)工作人员素质有待提高

湖北省乡镇、社区图书馆(室)工作人员中兼职的较多,并且多数没有接受过图书情报专业教育,大学本科学历人员很少,同时由于乡镇、社区图书馆(室)工作人员的专业技术职务和待遇问题不能得到切实解决,严重影响了这支队伍的素质。根据对559家乡镇、社区图书馆(室)人员的调查统计,专职人员占总数的55%,兼职人员占总数的45%;从学历状况看,高中以下学历人员占总数的13%,高中学历人员占总数的60%,大专学历人员占总数的21%,本科学历人员占总数的4%,其他学历人员占总数的2%。

表13 湖北省559家乡镇、社区图书馆(室)人员构成表(单位:人)

人员构成		学历状况				
专职	兼职	高中以下	高中	大专	本科	其他
464	380	108	503	181	35	17
55%	45%	13%	60%	21%	4%	2%

四、乡镇、社区图书馆(室)发展的对策

(一)加大投入,努力构建乡镇公共文化服务体系

党的十七届六中全会通过的《中共中央关于深化文化体制改革 推动社会主义文化大发展大繁荣若干重大问题的决定》指出,加强公共文化服务是实现人民基本文化权益的主要途径。要以公共财政为支撑,以公益性文化单位为骨干,以全体人民为服务对象,以保障人民群众看电视、听广播、读书看报、进行公共文化鉴赏、参与公共文化活动等基本文化权益为主要内容,完善覆盖城乡、结构合理、功能健全、实用高效的公共文化服务体系。

保障人民基本文化权益,重点是要保障农村基层群众的基本文化权益,加大基层文化的经费投入,努力构建乡镇公共文化服务体系,积极推进乡镇、社区图书馆事业稳定和持续发展,构建以县(市)级图书馆为中心,以乡镇(街道)图书馆为骨干,以村(社区)图书室和图书流动车为支点,以企业、学校、部队等行业系统图书馆联合加盟为补充,覆盖县(市)乡一体、功能完整、资源共享、管理规范的乡镇文化服务体系。

各级领导要高度重视乡镇、社区图书馆建设,要把主要公共文化产品和服务项目、公益性文化活动纳入公共财政经常性支出预算。采取政府采购、项目补贴、定向资助、贷款贴息、税收减免等政策措施鼓励各类文化企业参与公共文化服务,加强社区公共文化设施建设,把社区文化中心和图书室建设纳入城乡规划和设计。

(二)修订《湖北省公共图书馆条例》,把乡镇图书馆纳入法制化管理轨道

《湖北省公共图书馆条例》(以下简称《条例》)于2001年7月27日经湖北省第九届人民代表大会常务委员会第二十六次会议通过,2001年10月1日起正式施行。十年来,《条例》对促进全省公共图书馆事业发展发挥了重要作用。随着经济社会的不断发展和图书馆

事业的不断进步,《条例》的有些内容已显得不明确、不准确、不恰当,与全省图书馆事业的发展不相适应。因此,有必要与时俱进对《条例》进行修改,以适应全省图书馆事业的发展需要。

在对《条例》进行修改过程中,应把基层图书馆(室),包括乡镇、街道、社区和村图书室的建设,保障农村基层群众的基本文化权益,构建乡镇公共文化服务体系等纳入修订的内容之中,把乡镇图书馆、村图书室纳入法制化管理轨道,为基层群众提供均等化公共文化服务。同时,在《公共图书馆法》起草中,也应该把乡镇图书馆、村图书室的建设,纳入基层公共文化服务网络构建框架之中,把建立完善的、覆盖城乡的基层公共文化服务网络体系纳入《公共图书馆法》。

(三)创新机制,在县级公共图书馆推行总分馆管理体制

为了使乡镇、社区图书馆更加便捷地为基层群众服务,满足基层群众的文化需求,必须创新机制,借鉴兄弟省总分馆管理体制的经验,建立以县级公共图书馆为总馆,以乡镇、社区图书馆为分馆的总分馆管理体制,构建完善的覆盖县、乡、村图书馆(室)的公共文化服务体系,有效地发挥区域图书馆资源与服务优势,实现资源与服务的共建共享。

总分馆管理体制以县级图书馆为中心,乡镇(街道)分馆为纽带,社区(村)图书室和图书流动站为基础,分馆不仅与总馆联网,实现图书"通借通还"、一证多用,同时还与各图书馆的数字资源互联共享,使乡镇、社区居民能充分利用图书馆的各种资源,享受到更好的图书馆服务。

总分馆体系中的图书馆不仅提供文献资源,而且提供丰富的活动。县(市)乡总分馆可在其体系内实现统一采购、统一检索、统一配送,实现文献的统一流通。全县(市)每三个月或半年流动更新一次,建立物流传递系统,构建统一的计算机网络平台,实现书目检索、数字资源的共建共享。

(四)共建共享,推动乡镇图书馆与农家书屋等一体化建设

为建设社会主义新农村,湖北省各级组织在农村建立了许多文化信息服务机构,如农家书屋、共享工程基层服务点、农村信息服务站等。目前,全省已建成农家书屋 28 140 个,共享工程村级基层服务点 27 413 个,社区文化中心 5091 个,形成了一个结构紧密的农村文化服务网络。但是,这些服务机构缺乏统一协调,未能发挥整体最佳服务效益,因此,很有必要对这些服务机构进行统一的有效整合,实施一体化建设,相互补充,扬长避短,联手服务。如共享工程与农家书屋整合,既可以为农民群众提供丰富的电子资源,又可以提供纸质文献,同时还可以优化人员管理。这种文化、科技、信息联手整合的现代农业文献信息服务体系,将实现各种资源的共建共享,为农村经济和社会发展提供最新、最实用的文化、科技和信息服务。

(五)延伸服务,创建全省"汽车图书馆"服务新模式

2011 年,为实现图书资源共享,缓解基层群众看书难、送书下基层交通难,丰富基层文化生活,湖北省首批 10 辆流动图书车发车仪式在武汉举行,它标志着湖北省流动图书车工程正式启动。"十二五"期间,省政府将安排专项资金,创建全省"汽车图书馆"服务新模式,实施"流动图书车"配送工程,使得公共图书馆服务手段、方式更加多样化,服务的"触角"向基层延伸。

由省文化厅、省财政厅成立湖北省流动图书车工程领导小组及相关机构,制订长远规

划,以及相关标准和实施进度,对"流动图书车"资金来源、车辆采购、配发原则、配发范围、实施管理责任及奖惩等做出明确规定。"十二五"期间,流动图书车将覆盖全省各县市,各县市图书馆将定期"流动"到各乡镇,开展宣传、影视、音乐欣赏、图书配送、借阅以及开展文化娱乐、小型演唱会等活动。"十二五"末,以行政区域为片,分期分批建立"汽车图书馆",形成县(市)、乡镇图书馆流动服务网络,实现文献资源为全省基层群众服务的县、乡图书馆一体化服务目标。

参考文献

1. 2010 年湖北省行政区划一览表[OL]. http://www.docin.com/p-264827670.html.

2. 湖北省行政区划一览表[OL]. http://www.docin.com/p-93660952.html.

3. 湖北省文化厅计划财务处. 湖北省文化文物产业统计资料(2010 年度)[Z],2011.

4. 湖北省文化厅. 加大工程建设力度　提高数字服务能力,更好地满足群众不断增长的文化需求[Z]. 2011 年文化共享工程督导汇报材料,2011.

陕甘两省基层图书馆(室)发展调研报告

一、陕甘两省基层图书馆(室)发展背景

(一)陕甘两省基本情况

陕西省位于中国内陆腹地,是古丝绸之路的起点和中华文明的重要发祥地之一,同时也属于中国中、东部地区与西部地区的重要承接地带及西北、西南地区的重要连接窗口。据《2011 中国统计年鉴》数据,截至 2010 年,陕西省共有 3733 万人,当年实现国民生产总值10 123.48 亿元,全国 GDP 排名第 18 位,人均国民生产总值 27 267 元。全省共设 10 个地级市和杨陵农业高新产业示范区、107 个县级行政区域(含 3 个县级市、80 个县、24 个市辖区)、1745 个乡级行政区域(含 922 个镇、648 个乡、175 个街道办事处),另有 27 461 个村委会、1608 个社区居委会。

甘肃省位于黄河中、上游,是古丝绸之路的咽喉之地和第二欧亚大陆桥的重要通道,同时也是中国内陆通往西部边疆的重要通道。截至 2010 年,甘肃省共有 2558 万人,当年实现国民生产总值 4120.75 亿元,全国 GDP 排名第 29 位,人均国民生产总值 14 459 元。全省共设 14 个地级行政区域(含 12 个地级市、2 个自治州)、86 个县级行政区域(含 17 个市辖区、4个县级市、58 个县、7 个自治县)、1351 个乡级行政区域(含 466 个镇、761 个乡、124 个街道办事处)。

(二)陕甘两省教育、文化发展状况

1. 教育事业发展状况

近年来,随着政府对教育事业的日渐重视及教育经费的逐年增加,我国城乡教育发展状况与改革开放前已不可同日而语,但因经济发展水平的制约,西部地区和东部地区之间、农村教育和城市教育之间却还存在着不小的差距。以不同省份文盲及低学历人员所占比例分析,截至 2010 年年底,同处西部的陕甘两省文盲人口分别为 140 万人和 222 万人,占全国文盲人口的比例分别为 3.74% 和 8.69%(全国同期各地区文盲人口的平均比率为 4.08%)。

从低学历人员所占比例来看,2010 年,全国每十万人中大专学历者为 8930 人,高中及其以下学历者为 79 599 人,陕西省两项数据分别为 10 556 人和 79 325 人,甘肃省两项数据分别为 7520 人和 76 404 人。

从上述两组数据分析,陕西省两项指标均接近或超过全国平均水平,而甘肃省两项指标则均低于全国平均水平。

2. 文化事业发展状况

就文化事业发展及文化机构设立而论,目前除东部省份有限的几个城市依托总分馆制构建公共图书馆服务体系并获成功之外,我国公共图书馆的设立主要还是按照行政架构设置的。截至 2010 年年底,全国共有县级及其以上公共图书馆 2884 个,其中东部地区(以上海、浙江为代表)与西部地区(以陕西、甘肃为代表)的发展情况对比如下表所示。

表 1　东、西部四省(市)公共图书馆基本业务数据比较表

		公共馆总数 (个)	总藏量 (千册件)	当年新购文献 (千册件)	总流通人次 (千人)	外借册次 (千册)	阅览座席 (个)
全国		2884	617 261	29 559	828 233	139 342	630 683
东部地区	上海	28	68 087	1764	18 528	14 612	19 427
	浙江	97	37 612	3368	34 541	29 239	35 068
西部地区	陕西	112	11 271	425	5193	3055	14 355
	甘肃	94	10 418	260	4683	3450	13 352

从以上业务统计数据不难看出,陕甘两省在多个业务统计指标上与东部地区的上海、浙江两省(市)比较,差距达几倍乃至几十倍之巨。

在乡(镇、街道办事处)一级,图书馆主要归属于同级文化站管理。截至 2010 年年底,全国共有乡镇、街道文化站 40 118 个,计有藏书 15 686.6 万册(件),计算机总台数 96 009 台;其中乡镇文化站 34 121 个,计有藏书 11 503.1 万册(件),计算机总台数 71 137 台。此外尚有数十万个村级图书室(含农家书屋),但因其暂时游离于公共文化服务体系之外,致使其功能发挥十分有限。

二、基层图书馆调研基本情况

(一)调研时间

2011 年 3 月中旬和 5 月下旬。

(二)调研对象及其目标

按照"好、中、差"兼顾的要求,在陕西省的关中、陕北、陕南以及甘肃省天水市麦积区选择了 8 个县(区)所辖 29 个乡(镇、办事处)、村(社区)展开调研,这其中既有属于全国百强县(如神木县)所辖乡镇,也有属于国定贫困县(如陕西省的安康市汉滨区、渭南市合阳县、白水县与甘肃省天水市麦积区)及省定贫困县(如安康市石泉县)的所辖乡镇;从国民生产总值来看,所选乡镇从 2 千万元至 25.77 亿元不等,基本反映了两省不同经济发展状态下乡镇、社区图书馆(室)发展的基本现状。

表 2　调研对象基本情况表

县(区)	乡镇、社区 (村)	社区(村) 数(个)	总人口 (人)	集镇人口 (人)	少数民族人口 (人)	国民生产总值 (万元)
临渭区	阳郭镇	55	54 000	8000		39 700
	官路镇	16	23 000	3000		55 000
	孝义乡	13	24 000	5000		24 000
白水县	尧禾镇	27	35 300			22 000
	雷牙乡	23	34 000			
	史官镇	23	30 000	6300		16 000
合阳县	甘井镇	24	30 000	5600		35 000
	王村镇	18	33 000	11 000		58 100
定边县	贺圈镇	28	22 528	7635		35 000
	纪畔乡	11	6649	475		2000
	油房庄乡	8	10 774	1520		12 000
	砖井镇	14	18 800	5000		20 600
	西关社区		7311	7311	1200	
	东关社区		7860	2260		
神木县	城关镇	47	213 292	213 292		300 000
	麻家塔乡	34	14 720	3121		257 700
	西沟街道办	23	10 258	414		240 000
	永兴街道办	27	9825	800		140 000
汉滨区	恒口镇	62	100 002	34 000	1800	84 000
	县河乡	20	13 980	2157	6	7980
	江北街道办	21	67 120	54 218		32 000
	双堤社区		11 000		562	3696
石泉县	城关新堰村		1056			
	向阳社区		12 435	10 391		2750
	北街社区		20 261			
麦积区	麦积镇	15	21 000	1987		23 000
	新阳镇	24	34 000	4400		8600
	社棠镇	17	32 000	17 000		79 000
	石佛乡	34	42 672	5963		27 000

从两省调查对象（辖区人口）年龄层次基本构成来看，未成年人（0—15岁）平均为20.90%，适龄劳动力人口（男:16—59岁，女16—54岁）平均为49.08%，老年人口（男60岁以上，女55岁以上）平均为22.25%。

（三）调研方式及其内容

本次乡镇基层图书馆调研工作，采用不打招呼实地探访、问卷调查、座谈讨论及拍照留影等方法组织进行，力图立体掌握乡镇基层图书馆的真实状况；对于如榆林市神木县等地处边远、因工作关系无法亲自前往的部分地区，委托当地县级图书馆同志深入调查对象所在乡镇、社区代为调查。

在调研内容上，主要涉及调研对象单位建制、人员配置、经费投入、基础设施、文献建设、服务工作等若干方面。截至2011年5月下旬，共计回收问卷调查表29份，拍摄乡镇、社区图书馆资料照片326幅，基本达到预期目的。

三、乡镇社区基层图书馆发展现状

（一）图书馆建制及馆舍布局

表3　调研对象建制及馆舍布局

建馆时间（数量、所占比例）	2000年之前	3	10.34%	最早的为1983年12月建成的陕西省合阳县甘井镇文化站图书室
	2000—2005年	3	10.34%	
	2006—2010年	22	79.32%	
	无数据	0		
建制归属情况	独立建制	0		
	归属于乡（镇、办）文化站	29	100%	
	其他	0		
馆舍处所	设于乡（镇、办）大院	23	79.31%	
	设于集镇、街道	5	17.24%	
	设于学校	0		
	其他	1	3.45%	
馆舍设置	独立馆舍	25	86.21%	平均面积136.39m²，其中面积最大者500m²，最小者18m²
	与文化站其他项目共处一室	4	13.79%	
	无馆舍	0		
馆舍布局	设有图书室	23	79.31%	注:此处图书室，一般指借、阅两项功能同处一室；除个别乡镇外，所谓电子阅览室仅是3—5台电脑而已
	设有阅览室	17	58.62%	
	设有电子阅览室	5	17.24%	
	借、阅、电子查询合为一室	10	34.48%	

（二）基本设施

表4　调研对象基本设施

项目		数量	所占比例	
书架	有	24	82.76%	最多者15个,最少2个,平均每馆
	无	5	17.24%	4.7个
期刊架	有	15	51.72%	最多者9个,最少1个,平均每馆
	无	14	48.28%	0.84个
报架	有	20	68.97%	最多者5个,最少1个,平均每馆
	无	9	31.09%	1.26个
阅览桌椅	有	22	75.86%	最多者40套,最少1套,平均每馆
	无	7	24.14%	5.5套
电脑	有	12	41.38%	最多者15台,最少1台,平均每馆
	无	16	58.62%	1.1台

（三）人员构成及其工资报酬

表5　调研对象人员构成及其工资报酬

项目		人数	占比	
专职管理员	有	16	55.17%	最多者6人,最少1人,每馆平均
	无	13	44.83%	0.87人
兼职管理员	有	19	65.52%	最多者4人,最少1人,平均每馆
	无	10	34.48%	1.27人
学历状况	高中以下学历	3	0.48%	29家被调查对象共有图书管理员
	高中学历	13	20.97%	62名
	大专学历	37	59.68%	
	本科学历	10	16.13%	
接受专业培训情况	接受过不同层级专业培训的	13	44.82%	
	从未接受过专业培训的	16	55.18%	
专兼职人员工资报酬	专职人员工资报酬	由公职人员担任的工资由900—3500元不等,有此项反映的被调查对象平均工资2150元;由聘用人员担任的2人,工资分别为400元、600元		
	兼职人员工资报酬	分为两种情况:由公职人员兼职的,工资报酬列入财政预算;另有一文化站兼职人员,其工资报酬仅为300元/月		

（四）购书经费及其日常管理

表6 调研对象购书经费及其日常管理

项目		馆数量	所占比例	
购书经费	有	5	17.24%	分别为：①定期下拨：陕西省神木县城关镇（1万元/年）、定边县贺圈镇(6千元/年)；②不定期下拨：白水县史官镇（5000元）、神木县西沟社区（不等）及甘肃省天水市麦积区石佛乡（15 000元）
	无	24	82.76%	
购书经费来源	财政拨付	4	13.79%	靠经营创收者为神木县西沟社区
	靠经营创收	1	3.45%	
管理规范	有成文的管理规范	26	89.66%	
	无成文的管理规范	3	10.34%	
藏书科学管理情况	采用《中图法》类分文献	8	27.59%	用其他分类法分类的，多采用《农家书屋分类法》
	采用其他分类法类分文献	6	20.69%	
	采用自编法类分文献	12	41.38%	
	完全不分类的	3	10.34%	
业务制度制定情况	《图书分类细则》	4	13.79%	
	《目录组织规则》	2	0.89%	
	《图书室图书借阅规则》	21	72.41%	
	《图书室图书外借规则》	19	65.52%	
	《阅览室阅览规则》	13	44.83%	
	《书刊丢失、污损赔偿办法》	14	48.28%	

（五）文献建设与信息需求

表7 调研对象文献建设与信息需求

馆藏总量	2000册以下	10	34.48%	馆藏量最大者为甘肃省天水市麦积区石佛乡（6.5万册）
	2000—5000册	8	27.59%	
	5000—10 000册	3	10.35%	
	10 000册以上	6	20.69%	
	无数据	2	6.90%	
文献类型分布	图书	藏书最多者65 000册（甘肃省天水市麦积区石佛乡），最少者1000册，平均每馆藏书4893册		
	期刊	馆藏期刊最多者12 000册（陕西省渭南市临渭区阳郭镇），最少者25册，平均每馆收藏期刊976册		

续表

文献类别构成	政史文化类图书资料	14.56%	
	农业科技类图书资料	22.96%	
	纯文学类图书资料	15.73%	
	武打言情类图书资料	7.8%	
	少儿读物类图书资料	10.01%	
	休闲生活类图书资料	9.65%	
	养生保健类图书资料	7.9%	
	其他科学类图书资料	7.56%	
	课外辅导类图书资料	5.31%	
	工具书类图书资料	4.96%	
	地方文献类图书资料	3.21%	
基层图书馆成立时藏书量	被调查对象成立时,藏书量最多的为 12 000 册,最少的为 680 册,平均为 2369.82 册		
年新增藏量与所用经费	2009 年	有新增藏量反映的仅 3 家,新增藏书最多的为 1.8 万册(甘肃省天水市麦积区石佛乡),最少的仅为 120 册,仅有 1 家反映码洋开支,数额为 1.2 万元,有 4 家反映实际经费,数额总计为 44 662.35 元	
	2010 年	有新增藏量反映的为 9 家,新增藏书最多的为 16 720 册(甘肃省天水市麦积区石佛乡),最少的仅为 130 册,仅有 1 家反映码洋开支,数额为 1.5 万元有 5 家反映实际经费,数额总计为 162 420 元	
电子资源拥有情况	有	8 个	27.59%
	无	21 个	72.41%
馆藏文献主要来源	上级图书馆调拨捐赠	17 个	58.62%
	农家书屋赠书	16 个	55.17%
	"星光计划"资助	2 个	0.69%
	社会捐助	4 个	13.79%
	自行购置	5 个	17.24%
	其他	1 个	0.35%

社会捐助的主要有:国家计生委捐赠 1 个,民间捐赠 2 个,个人捐赠 1 个

"共享工程基层服务点"项目落实情况	已落实	18 个	62.07%
	待落实	11 个	37.93%

现有电脑最多的 12 台,最少的 1 台,已落实的馆每馆平均拥有 3.5 台;现有投影仪最多的 2 台,最少的 1 台,每馆平均拥有 1.17 台;现有易播宝最多的 4 台,最少的 1 台,每馆平均拥有 1.06 台

87

续表

信息种类需求排序	图书	为第一需求	22 个	75.86%	
		为第二需求	5 个	17.24%	
		为第三需求	1 个	0.35%	
		为第四需求	1 个	0.35%	
		为第五需求	0		
	期刊	为第一需求	4 个	13.79%	另有 7 馆未表态
		为第二需求	11 个	37.93%	
		为第三需求	3 个	10.35%	
		为第四需求	9 个	31.03%	
		为第五需求	1 个	0.35%	
	报纸	为第一需求	3 个	10.35%	另有 5 馆未表态
		为第二需求	1 个	0.35%	
		为第三需求	14 个	48.27%	
		为第四需求	2 个	0.7%	
		为第五需求	5 个	17.24%	
	视听文献	为第一需求	0 个		另有 7 馆未表态
		为第二需求	4 个	13.79%	
		为第三需求	1 个	0.35%	
		为第四需求	9 个	31.03%	
		为第五需求	8 个	27.59%	
	网络信息	为第一需求	6 个	20.69%	另有 6 馆未表态
		为第二需求	5 个	17.24%	
		为第三需求	3 个	10.35%	
		为第四需求	1 个	0.35%	
		为第五需求	8 个	27.59%	
信息内容需求排序	实用知识技术类	为第一需求	21 个	72.41%	另有 4 馆未表态
		为第二需求	4 个	13.79%	
		为第三需求	0		
	学术研究类	为第一需求	0		另有 8 馆未表态
		为第二需求	0		
		为第三需求	21 个	72.41%	
	文化娱乐类	为第一需求	10 个	34.48%	另有 6 馆未表态
		为第二需求	13 个	52%	
		为第三需求	0		

（六）服务与用户

表8　调研对象用户服务情况

与县市馆建立图书流通关系	已建立,并有图书定期流通	9个	31.03%	
	有合作意向,待建立	7个	24.14%	
	无图书流通关系	13个	44.83%	
网站或网页设置	有网站或主页	1个	0.35%	
	无网站或主页	28个	96.55%	
电子阅览室设置	有电子阅览室	4个	13.79%	
	无电子阅览室	25个	86.21%	
每周对外开放时间	每日开放	2个	6.90%	各馆每周对外开放时间6至24小时不等
	周一至周五开放	7个	24.14%	
	5天或每周开放一次	各1个	分别为3.50%	
	不定时开放	18个	62.07%	
对外服务项目	图书外借服务	25个	86.21%	
	报刊阅览服务	18个	62.07%	
	电子阅览及文献查询服务	5个	17.24%	
	其他服务	1个	0.35%	
馆办活动	农民读书征文活动	3个	10.35%	文献检索、递送服务,专指以服务种植户、养殖户、专业户为目的的文献检索、递送服务
	灯谜竞猜活动	6个	20.69%	
	知识竞赛活动	7个	24.14%	
	文献检索、递送服务	12个	41.38%	
	讲座活动	9个	31.03%	
	展览活动	12个	41.38%	
	培训活动	15个	51.72%	
	各类兴趣活动	11个	37.93%	
	其他形式活动	16个	55.17%	
针对社会特殊人群开展的活动	已经开展	4个	13.79%	内容如针对未成年人的法制教育活动、灯谜竞猜,针对老年人的书画展览、送书上门服务、电脑知识培训等
	正在筹备开展	9个	31.03%	内容如针对未成年人的安全教育、健康教育、心理健康教育、生活常识讲座等,针对老年人的娱乐生活、健康教育、保健知识教育等
	尚未开展	13个	44.82%	所反映的主要难点是经费问题,其他如人力不足、缺乏工作经验等

续表

2009 年和 2010 年服务读者情况比较	2009 年	已开展服务工作的馆	19 个 65.52%	服务读者最高者为 7200 人次,流通图书 10 560 册次;最低者为 100 人次,流通图书 179 册次;平均每馆服务读者 1515.56 人次,流通图书 2212.97 册次
		有电子阅览记录者	3 个 10.35%	服务读者总计为 7650 人次,平均每馆 2550 人次
	2010 年	已开展服务工作的馆	16 个 55.17%	服务读者最高者为 13 000 人次,流通图书 20 000 册次;最低者为 117 人次,流通图书 71 册次;平均每馆服务读者 2517.5 人次,流通图书 3195.75 册次
		有电子阅览记录者	6 个 20.69%	服务读者总计为 13 945 人次,平均每馆 2324 人次
办证读者数量及各自比例	读者办证登记的为 19 个馆,办证登记总量为 48 652 个	未成年人(0—15 岁)	办证登记 14 586 个	占持证读者的比例 29.98%
		适龄劳动力	办证登记 23 380 个	占执证读者的比例 48.06%
		老年人	办证登记 10 685 个	占执证读者的比例 21.96%

四、陕甘两省乡镇社区图书馆的主要成绩及存在问题

(一)主要成绩

从调查的有关数据不难看出,在国家相关政策的指导和文化部、财政部、国家新闻出版总署等社会相关方面的持续扶持下,陕甘两省近年来乡镇基层图书馆的发展较此前有了一定进步,主要表现为以下几点:

一是所有乡(镇、办)均设有建制齐全、规模不等的图书馆,同时还有相当数量的村(社区)一级建起了图书室,从而为我国构建"普遍、均等、全民覆盖"的公共文化服务体系奠定了一定的组织架构和工作基础。

二是尽管经济基础各异,条件不一,但所有已建成的乡镇基层图书馆在图书、报刊等文献资源与书架、期刊架等服务设施建设上已基本完成了量的积累,有的还实现了质的转变(如共享工程基层服务点的布设,使数字阅读在乡镇延伸成为可能)。

三是在办馆形式上,突破了政府投入办文化的单一模式,东西部对口支援、社会团体与个人的捐赠行为介入乡镇基层图书馆建设的现象已经出现,如甘肃省天水市麦积区麦积镇图书馆,其图书、期刊、书报刊架、阅览桌椅和电脑等全套设备,全部由与该市有对口援建关系的上海市浦东新区第二图书馆援助,且所有图书均经过规范化分编、加工。

四是此次调查所反映出的乡镇基层民众对图书馆及其文献信息资源的需求,间接体现

出乡镇基层图书馆存在的社会价值,同时也成为我们进一步加强事业管理、做好此方面工作的良好社会基础。

(二)存在问题

在取得上述成绩的同时,也应看到陕甘两省乡镇基层图书馆事业发展还存在着如下问题:

(1)管理体制不顺,导致乡镇基层图书馆建设短期行为现象严重,事业推进缺乏可持续发展的工作基础。就建馆模式而论,目前陕甘两省乡镇基层图书馆很少独立单设,大多只是所在乡(镇、办)村(社区)文化站(室)的服务窗口或内设机构,其人、财、物等事业发展诸要素均不由文化行政主管部门所掌控,由此导致乡镇基层图书馆基础不稳、地位不高,事业发展完全取决于乡镇基层领导对图书馆工作的认知程度与个人好恶。从20世纪50年代末、80年代初期相继开展的"农村俱乐部建设""乡乡普及文化站"活动,到21世纪的"乡镇文化站建设"等工作的实际效果来看,均未摆脱"年年检查年年建,年年建馆不见馆"的结局,每遇机构改革风吹草动,乡镇基层图书馆即率先垮掉。

(2)经费投入严重匮乏,文献建设方式单一,导致读者服务缺乏后劲。就此次调查对象而言,在文献建设方面,除5个乡镇基层图书馆有定期或不定期购书经费外,其余24家图书馆购书经费分文皆无,其文献建设完全靠上级一次性图书配发或社会捐赠,缺乏及时、必要的文献补充;即便有购书经费的乡镇,也因其贪图低折扣、多购藏而致使其所购图书质量低下,很难满足阅读对象的读书需求(如天水市麦积区石佛乡文化站2009、2010年两年间购书总量虽高达34 720册,但开支却仅为81 770元,每册图书平均购价仅为2.36元)。这种困窘的经费投入现状和单一的文献建设方式,必然导致图书馆对读者的吸引力持续下降,服务工作缺乏后劲。

(3)专干不专、聘用人员待遇偏低,导致乡镇、社区图书馆服务工作不能正常进行。尽管我国农业税制的改革,将乡镇干部从"催粮要款,刮官引产"之类的行政事务中解脱出来,但多年来靠行政命令推动工作的思维定式仍是目前乡镇工作的主流。在此模式下,陕甘两省乡镇基层图书馆工作者从事业务管理与服务的时间十分有限,更多的是作为所在乡镇基层的行政力量,从事着与其职能不相匹配的工作,其中兼职人员多于专职人员,外聘人员的工资待遇又长期徘徊于较低水平。专干不专、术业不精,待遇偏低、无心干事,已成为制约乡镇基层图书馆发展的主要因素。

(4)建设诸方各行其是,事业发展缺乏顶层设计和统一标准。目前介入乡镇基层图书馆建设的除文化部、财政部外,还有国家新闻出版总署(农家书屋)、中宣部、民政部、全国总工会等有关部门乃至社会团体及个人。由于截至目前我国公共图书馆服务体系尚未规划到乡镇基层一级,全国尚无与此相关的顶层设计和统一标准,因而尽管其建设目的趋同,但不同部门在乡镇基层图书馆建设途径与方法选择上却各行其是,缺乏有效的沟通。如在分类标准的选择上,文化部门采用经国家质检部门认可的《中国图书馆分类法》标引文献,而新闻出版部门却用其自编的《农家书屋分类法》标引文献,由此给乡镇基层图书馆带来的管理乱象也对此项事业的发展造成一定困扰。

(5)重建轻管,重藏轻用,使乡镇基层图书馆的存在价值与服务功能逐渐弱化。近年来,随着中央和省、市各级政府对文化建设的重视,一些文化惠民工程相继组织实施,乡镇基层图书馆的基础设施和办馆条件逐年改善,但重建设轻管理,重收藏轻利用的现象在基层仍十分普遍。如调查中发现,在管理体制的制衡下,上级文化主管部门对乡镇基层图书馆的管理有如隔靴搔痒、很难奏效,乡镇基层图书馆的规章制度也大多是农家书屋随书配发的制度,近八成的图书馆设在乡镇(或村委会、社区)大院,近七成的图书馆开放时间不定时或每周仅开放一次等,如此乱象必然导致乡镇基层图书馆几成摆设,服务功能的发挥自然也就无从谈起。

(6)工作缺乏协作意识,阅读推广较少开展,数字阅读尚未引起足够重视,导致其服务影响微不足道。从调查情况来看,调查对象中与市县图书馆建立图书流通关系的占被调查对象的31.03%,但其形式主要是市县图书馆偶尔为之的送书下乡服务,象征意义大于实际意义;其馆办活动也大多属于文化娱乐性质,与推广阅读没有多大关系;尽管共享工程相关设施配备齐全,却因管理人员素质所限,致使此项工程的若干功能在乡镇基层形同虚设,数字阅读更是无从谈起。凡此种种,均使乡镇基层图书馆自身兼备的若干功能无法显现,社会地位无足轻重。

综上所述,与全国及东、中部地区比较,陕甘两省乡镇基层图书馆事业从总体上讲,基础设施、发展现状和服务水平均处于事业发展的初期阶段,与我国构建"普遍,均等,全民覆盖"公共文化服务体系的建设目标尚有相当大的距离,亟待引起构建各方和全社会的足够重视。

四、关于乡镇、社区图书馆事业发展的建议

(一)切实理顺管理体制,发挥文化行政主管部门应有作用,促进乡镇基层图书馆快速发展

乡镇基层图书馆发展的主要屏障是管理体制不顺,因而解决乡镇基层图书馆发展的治本之策是理顺乡镇基层图书馆的管理体制。建议国家相关部门将现属乡(镇、办)管辖的文化站收归县(市、区)级文化广电新闻出版部门领导,使乡镇基层图书馆人、财、物等事业发展诸要素牢牢掌控于文化行政主管部门手中,并在此基础上合理核定乡镇基层图书馆工作岗位,探索乡镇基层图书馆经费保障机制,从根本上改变乡镇基层图书馆目前存在的经费紧缺、专干不专、服务工作不到位的问题。

(二)抓紧做好顶层设计和管理标准制订工作,促进乡镇基层图书馆业务工作规范化建设

在宏观管理层面上,国家有关部门首先应按照"普遍,均等,全民覆盖"的战略发展目标,将公共文化服务体系切实规划到乡镇一级;其次要进一步做好国家质检课题"乡镇社区图书馆管理标准"研究项目和文化行业标准研究项目"乡镇、社区图书馆业务统计与评估指南"的编制工作,并在此基础上定期组织开展乡镇基层图书馆评估达标活动,以从制度层面和实践上彻底解决我国乡镇基层图书馆业务管理的乱象。

(三)认真搞好人员培训,为乡镇基层图书馆锤炼一支懂业务、守得住、能打仗的专业队伍

鉴于乡镇基层图书馆专、兼职图书管理人员较少、素质偏低的现状,建议省、市一级公共图书馆充分利用自身的专业辅导力量,开办"乡镇基层图书馆专业教育师资培训班",县(市、区)级公共图书馆也应在此基础上积极开办"乡镇基层图书馆管理员培训班",为其系统传授包括图书馆管理、文献建设、数字阅读、农村实用技术文献提供等乡镇基层图书馆相关知识,为乡镇基层图书馆培养一支懂业务、守得住、素质高、能打仗的本土工作力量。

（四）大力推行总分馆制,切实改善县(市、区)级公共图书馆办馆条件,为乡镇基层民众提供均等化的公共图书馆服务

县(市、区)级公共图书馆是直接面向基层的图书馆,在乡镇基层图书馆建设中理应肩负义不容辞的责任,但就目前现状而言,这一层级图书馆仍然是我国公共图书馆服务体系的一块短板,其基础设施和馆藏数量还远远不能适应工作职能的需要。建议国家和地方相关部门尽快出台县级图书馆发展相关促进措施(如为县级图书馆配赠并定期补充基本藏书,配发图书流通车等),并在评估标准中适度提高对于县级图书馆服务乡镇基层图书馆的量化分值。在此基础上充分吸取东部地区图书馆总分馆制办馆经验,以县(市、区)级图书馆为核心,在我国大力推行各种形式的总分馆制,为乡镇基层民众提供均等化的公共图书馆服务。

（五）认真做好阅读推广工作,广泛开展读书活动,加快知识信息传播速度,促进乡镇基层图书馆事业健康发展

在切实稳固乡镇基层图书馆业务工作基础,做好常规阵地服务工作的同时,建议省、市、县各级公共图书馆大力策划并组织开展图书馆服务进乡镇、进社区、农民读书有奖征文等形式多样的阅读推广活动,开展以城镇社区居民为服务对象的养身保健等知识讲座和以广大农民为对象的农村实用技术推送活动,并在工作实践中认真总结服务工作经验,丰富馆办活动工作形式,加快知识信息传播速度,彰显乡镇基层图书馆的存在价值,从整体上促进乡镇基层图书馆事业健康、有序向前发展。

参考文献

1. 中华人民共和国统计局编.2011 中国统计年鉴[M].北京:中国统计出版社,2011.

2. 李国新.社会主义新农村建设与乡镇社区图书馆发展[EB/OL].[2007 - 10 - 01].http://www.chnlib.com/Tsgdt/5763.html.

第四章　国外与我国港台地区基层图书馆相关标准研究

在世界各国的图书馆事业发展全局中,由乡镇图书馆、乡村图书馆、社区图书馆、各类型流动图书馆等组成的基层图书馆承担着最为基础、最贴近民众的日常服务工作,是构建公共图书馆服务体系、推进整个国家图书馆事业协调发展的关键环节。在欧美等发达国家,基层图书馆的建设和发展较早得到国家和政府的重视,并在图书馆相关立法和标准规范建设工作中得到较为充分的保障,因此发展比较迅速,公共图书馆服务体系也较为完善。

由于各国国情差异较大,很难找到与我国基层图书馆标准完全对应的概念,对于许多国家而言,其公共图书馆立法较为普遍,图书馆法为基层图书馆发展和满足基层文化需求提供了法律保障,而公共图书馆标准与指南则是对立法的细化和解释,能够使法律条款更切合实际、更易于执行,两者共同保障了基层图书馆的设立和发展,这与我们国家制定基层图书馆标准的宗旨是一致的。因此本章并未局限于各国的基层图书馆标准研究,而是将范围扩展到这些国家的公共图书馆立法和标准,重点考察其中针对基层图书馆的相关指标,以及其制修订经验对我国内地开展基层图书馆标准化工作的可参考借鉴之处。

第一节　各国基层图书馆相关标准概况

为了对不同地区的基层图书馆标准规范进行比较研究,选取了图书馆发展较完善的美国、英国、澳大利亚、日本和韩国等作为调研对象,在国内增加了对台湾和香港地区的考察,一方面总结分析其图书馆立法和标准体系中的先进理念,另一方面考察其在基层图书馆标准方面的已有成果,从而为我们的标准建设提供坚实的实践基础和经验借鉴。

一、美国:标准体系完善,各州灵活度较大

美国公共图书馆的服务体系是当今世界上最健全和最普遍深入的,公共图书馆服务无处不在,已经覆盖了社会的各个角落,在保障民众信息获取,发挥图书馆的教育、休闲、娱乐功能等方面起到了重要作用。据美国图书馆协会网站显示,美国公共图书馆按行政单位计算共有9221所,按中心馆(central library,同 main library)和分馆(branches)的分布模式计算则有中心馆9042所,分馆7629所,流动图书馆(bookmobiles)797所,共计16 671所图书馆①。社区图书馆、乡村图书馆及流动图书馆等服务半径较小的图书馆是美国的

---

① Number of Libraries in the United States[EB/OL].[2011 – 05 – 08]. http://www. ala. org/ala/professionalresources/libfactsheets/alalibraryfactsheet01. cfm.

基层图书馆群体,也是美国公共图书馆服务体系的主体①,它们与城市中心馆一起,构成了运作良好、机制健全的"中心馆—分馆"的服务体系,是为广大民众提供均等化服务的重要保障②。

美国的公共图书馆服务体系能够如此发达,很大程度上得益于相关的法制、法规和标准的有力保障。图书馆法是在宏观层面上对图书馆的设立、管理和服务进行强制规定,图书馆行业与专业标准则用于细化或解释图书馆法中的相关规定,提供更具操作性的建议或方案,成为立法的有力补充,也更加灵活。

美国公共图书馆标准体系较为完善,包括全国性行业组织层面和州政府层面。其中全国性的行业组织所制定的标准可分为四类:ANSI(美国国家标准学会,American National Standards Institute)标准、NISO(美国国家信息标准组织,National Information Standards Organization)标准、LC(美国国会图书馆,Library of Congress)标准和ALA(美国图书馆协会,American Library Association)标准。ANSI标准主要覆盖开放互联、检索系统、元数据、编目、馆藏说明、服务等多个方面;NISO制定的标准以技术标准为主,标准覆盖开放互联、检索系统、元数据、编目、馆藏说明、服务、出版物定价参与等多个方面;LC制定的最具影响力的标准就是其制定的MARC标准,同时他们还负责Z39.50、SRU/SRW等标准的维护工作;而ALA在1933年所制定的《公共图书馆服务标准》(1943年将其修改成《公共图书馆标准》,1956年和1966年又先后对该标准进行了修订)是目前制定最早的图书馆标准,也是图书馆界最为重视的一项标准,对美国基层图书馆乃至世界公共图书馆事业的发展都具有重要借鉴意义,同时ALA还制定了30余项与基层图书馆业务相关的标准和指南,涉及图书馆建设、资源描述、馆藏建设与管理、信息服务以及综合管理5个方面。

美国各州的自治程度非常高,所以除了全国性行业组织所制定的图书馆标准,各州还会出台各自的图书馆法规和标准来约束州内各级公共图书馆的建设与服务。各州常见的标准制定机构有三类:①由州图书馆协会制定标准,这也是最常见的,如佛罗里达州、德克萨斯州等;②由州图书馆委员会制定的标准,如爱荷华州、俄亥俄州等;③由州教育局制定标准,如密歇根州、明尼苏达州等。大多数州在制定本州的标准时通常组成一个委员会去研究其他州的标准,然后结合本州的特征和特殊需求制定草稿,再经过广泛的评议修改草稿,最终形成正式的标准出版。因此,美国各州标准的指导思想和目的、强调的主题等方面基本是统一的,只是涉及的具体指标和度量有所不同。

美国各州的《公共图书馆标准》一般都有最低标准和等级标准两种类型。最低标准是每个公共图书馆向用户提供服务时必须遵守或达到的服务建议和各项指标;等级标准是指建立在不同服务层次上的分级标准,一般包括一个最基本级的标准和一个或多个高于基本级的更高级别的标准。将公共图书馆分为"基本""适度""增强""优秀"4个服务等级,体现了其科学、合理的一面,即一个标准不可能适用于一个州内所有的公共图书馆,但鼓励所有的公共图书馆向最高水平的服务方向努力。在内容框架上,各州《公共图书馆标准》中包括的

---

① Public Libraries in the United States:Fiscal Year 2008[EB/OL].[2011-05-08].https://harvester.census.gov/imls/pubs/pls/pub_detail.asp?id=130.

② 邱冠华,于良芝,许晓霞.覆盖全社会的公共图书馆服务体系:模式、技术支撑与方案[M].北京:北京图书馆出版社(今国家图书馆出版社),2008:32—33.

主题多种多样,如员工培训、需求评估、长期计划、筹集资金的水平、设施、馆藏、员工水平、服务时间、资源共享、参考咨询服务、技术、青少年服务、对上级部门的服务、残疾人服务、对少数人(如儿童、老年人)的服务、政策发展、知识自由、公共关系与宣传推广、委员会培训等主题。

同时,许多州通过奖励机制(如赋予特殊的资格或给予资金的资助)来激励各公共图书馆执行标准。如美国《威斯康星公共图书馆标准》是各州中非常有代表性的标准[①],该标准1987年第一次颁布,1994年第2版颁布,2000年第3版推出,2005年第4版推出,2010年第5版颁布,每隔几年就要修订一次。该标准从制订、实施到维护更新,都非常科学和及时,这也推动着该州公共图书馆事业的稳步发展。2001—2010年10年间[②],威斯康星州内图书馆总体馆藏流通量从5亿次上升到6.5亿次,馆内计算机终端从4221台增加到6319台,图书馆面积由422万平方英尺增加到508万平方英尺,运营经费从1.92亿美元上升到2.52亿美元,包括基层图书馆在内的各级公共图书馆服务能力不断提升,整体实力不断增强。

二、英国:全国统筹管理,指标细致入微

英国公共图书馆已经有160年的历史,在英国人的社会生活中,图书馆是不可缺少的重要部分,承担多种社会角色。公共图书馆是提供终生学习、文化、娱乐、消遣和研究的场所,是文化、新闻、体育和政府政策部门的信息服务中心,为大、中小学生和终生学习者提供必要的支持,为加强技术创新、经济再生产、城乡建设提供信息服务。公共图书馆是人们生活中不可或缺的主要活动场所之一。

英国的公共图书馆实行政府宏观管理、行业协会自治管理和以理事会为核心的法人治理相结合的管理体制。博物馆、图书馆和档案委员会(MLA)承担推进图书馆立法、制定行业标准、建立行业准入等职能。英国图书情报专业人员注册协会(CILIP)制定各类标准,并采取措施鼓励成员实施标准,促进图书馆服务的提升。在公共图书馆层面,各地的公共图书馆以理事会为核心,在一定区域内自主管理相关业务[③]。

英国的图书馆标准化体系主要由国家标准管理和制定体系、行业标准化体系两部分组成。在国家标准管理和制定体系中,BSI是由英国政府标准化主管机构(DTI)和"皇家宪章"认可的政府授权机构,负责BSI标准的制修订工作,承担英国国家标准化活动。英国的行业标准不受政府管理。行业标准化组织可根据需要制定本行业标准,且不需要在政府部门进行备案和审批,因此行业标准的制定具有很大的灵活性。英国标准化管理主要由DTI、BSI和英国认可服务组织(UKAS)负责。其中DTI是制定标准、测试和认证政策的政府主管部门,BSI负责实施标准管理,UKAS负责测试和认证资格管理。英国现行图书馆国家标准共约20项,涉及的主题有图书馆信息、记录品和文献管理、信息检索、资源价格指数、缩微技术、统计评价等,其中有14项标准采用ISO标准,且全部为等同采用。

---

① 刘璇.美国公共图书馆标准概况及启示——以《威斯康星公共图书馆标准》为例[J].图书馆建设,2009(7).

② Wisconsin Public Library Service Data:1996—2010[EB/OL].[2011 – 05 – 10].http://dpi.wi.gov/pld/dm-lib-stat.html.

③ 曹磊.英国公共图书馆法律规范体系[J].中国图书馆学报,2011(3).

对于英国基层图书馆来说,影响最大的就是由英国文化、传媒与体育部在 2001 年制定的《全面高效的现代化公共图书馆——标准与评估》,这是第一次在全国范围内建立的图书馆绩效监测框架。2006 年 3 月,英国文化部在 2001 年标准的基础上进行修订,公布了《公共图书馆服务标准》,之后于 2007 年 4 月、2008 年 4 月又进行了两次修订,实施至今。《公共图书馆服务标准》明确指出,图书馆应满足当地社区的需求,反映当地群众期望的合理的最低服务标准。考虑到图书馆服务方式的不断变化,各图书馆应根据自身服务的社区需求提供服务。因此,《标准》中引入更大程度的弹性指标来指导图书馆服务,针对不同类型或不同区域的图书馆提出不同的指标,同时按照服务群体的差异对指标进行细致入微的调整。

标准的颁布实施效果显著,拉夫堡大学信息管理系(LISU)发布的统计数据印证[①],2000—2005 年间,英国平均每周开放时间在 60 小时以上的公共图书馆服务点数量由 18 个增加到 78 个,能够联通互联网的固定图书馆比例由 54.7% 上升到 99.5%,公众能够利用的计算机终端数由 2167 个上升到 36 509 个,图书馆服务能力大幅提升。同时,随着馆藏和信息通信技术的不断改进,读者满意度和访问量也有所提高,图书馆标准还广泛应用于图书馆评估活动中,从而有力推动着该国图书馆事业的发展。

三、澳大利亚:以服务为本,州际存在差异

澳大利亚图书馆分为三级,即国立图书馆、州立图书馆及市立图书馆,公共图书馆一般均隶属地方政府服务项目的一部分。澳大利亚公共图书馆是以政府资助为主、服务全体国民的非营利型社会文化服务机构。市政府是澳大利亚三级政制中最基层的一级民选政府,各市政府拨款资助的公共图书馆即为市立图书馆,澳大利亚的市立图书馆均为开架式外借型的分馆制公共图书馆。截至 2009 年年底,全澳大利亚共有流动图书馆 78 个,市级及以下的图书馆 1471 个。据学者调查,在澳大利亚,基本上每个自然居住区或邮政编码区都有一个公共图书馆或分馆或流动图书服务点,包括专门针对土著居民的公共图书馆,构成了澳大利亚先进的基层公共图书馆服务网络。

澳大利亚公共图书馆的管理,特别是州立图书馆和各级公共图书馆的管理,均属各州政府及其地方政府的职权范围。国家图书馆没有任何指导其他图书馆和全国图书馆事业的职能,它无权对联邦政府其他部门和机构图书馆实施管理。澳大利亚图书馆管理体制是一个以州为基础,各系统图书馆分而治之,全国图书馆自愿协调的管理体制。各州在发展图书馆事业上,都是根据本州、本地区的实际情况和需要,确定图书馆法律、发展政策和管理方式[②]。

国情特点决定澳大利亚国家层面的图书馆标准只有一部,也尚未形成完善的标准规范体系,而在各州的公共图书馆标准规范中,都会涉及乡镇、社区或流动图书馆的相关规定,主要根据服务人口数量、馆藏数量、是否是分馆等构建分级各类的图书馆标准。

国家层面的公共图书馆标准《趋向优质服务:澳大利亚公共图书馆的目标、目的和标准》

---

① LISU Library Statistic Report 2006[EB/OL].[2012 – 10 – 26]. http://www. lboro. ac. uk/microsites/infosci/lisu/downloads/als06. pdf.

② 何洋. 澳大利亚的图书馆管理体制[J]. 图书馆建设,1994(1).

（Towards a Quality Service：Goals，Objectives and Standards for Public Libraries in Australia）是由澳大利亚图书馆与信息协会（ALIA）于 1990 年颁布，这是当时唯一一个在国家层面上指导图书馆发展的文件，1994 年又对其进行了修订；2011 年 4 月 1 日，ALIA 又公布了《超越优质服务：澳大利亚公共图书馆标准与指南》（Beyond a Quality Service：Standards and Guidelines for Australian Public Libraries），这是澳大利亚现行唯一的全国性公共图书馆标准指南。该标准中没有具体针对各类型图书馆给出具体标准，但其制定的"基准标准"要求澳大利亚的任何图书馆都要达到，所以无论是州立图书馆还是基层的市级图书馆或社区图书馆，其管理、人员、馆藏建设、服务等各方面都应满足以上标准，对于目前还没有颁布图书馆标准的州具有很好的指导意义。但同时该标准也指出，这只是一个国家级的参考值，各州需根据实际情况或已经发布的具体标准来进行操作和管理。如昆士兰州对图书馆建设的服务、馆藏建设、技术应用、员工等图书馆事业发展必需的各方面都给出了详细的标准规范，公共图书馆应首先满足其州发布的标准规范。

在各州层面，适用于基层图书馆的标准存在较大差异。如昆士兰州近年来连续颁布了十余项标准，对图书馆的服务、馆藏建设、技术应用、员工等各方面都做出了详细规定，而西澳大利亚州和塔斯马尼亚州则只有三四项出台非常早的运行标准或规章，与当前图书馆发展现状存在一定的脱节，新南威尔士州则在图书馆规章之外，又出台了公共图书馆标准与指南、图书馆建设指南和儿童服务政策指南等相关标准来规范图书馆的发展，其中公共图书馆标准与指南更是保持着两年左右的更新频率。

四、日本：政府重视，标准连续性好

根据日本图书馆协会的统计数据①，2010 年日本共有公共图书馆 3196 个，其中都道府县公共图书馆数为 62 个，市区立图书馆 2526 个，町村立图书馆数 587 个。市区立图书馆的设置率为 98.4%，町村立图书馆的设置率较低，为 53.2%。专职馆员 12 114 人，藏书 393 292 册，服务到馆读者 290 078 人。日本基层图书馆可以界定为城市的区立图书馆和乡村的町、村图书馆。在这些市、町、村图书馆中，也包含了"过疏地区"的图书馆（近年来，随着日本人口高龄化和少子化进程的加剧，很多地方出现了人口长期呈减少的趋势，这些地方被政府指定为"过疏地区"）。

为推动基层图书馆的发展，日本图书馆协会早在 1987 年就设置了町、村图书馆活动推进委员会，专门负责为町、村图书馆振兴政策提供建议，并进行町、村图书馆发展的相关调查、研究等工作。町、村图书馆活动推进委员会认为，人口过疏地区、离岛由于地处偏僻，图书馆作为地区的"信息据点"，尤其具有重要的意义。

目前日本基层图书馆相关标准包括：①作为国家标准的图书馆标准；②政府以文件形式发布的标准；③行业协会发布的标准；④各图书馆发布的标准。以国家标准形式存在的图书馆标准如 2007 年制定的图书馆统计标准"JIS X 0814"。自 1950 年至今，日本陆续颁布了一

些公共图书馆的相关标准①。颁布标准的机构主要为政府机构、行业协会,如文部科学省、日本图书馆学会。有关乡镇图书馆比较重要的标准有:1950年日本文部省颁布的《公立图书馆最低标准》,该标准针对的对象为都道府县及指定都市、町、村图书馆,其中对这些图书馆每年增加的图书册数、馆员人数、建筑面积做了规定;1989年日本图书馆协会公布的《公立图书馆的任务和目标》,第2章专门为“市(村)立图书馆”的相关内容,由“图书馆体系”“图书馆服务”“图书馆资料”“相互合作”四部分组成;2001年日本文部省颁布的《有关公立图书馆设置及运营所期望的标准》,旨在为公共图书馆进行建设时提供标准和数据目标,并作为图书馆服务和自我评价时的参考。在第二章的“市、町、村立图书馆”中,规定了市、町、村立图书馆的管理运营(包括了运营方针以及计划、对运营状况的评价、宣传及信息公开、开馆日、设施、设备等),基本任务,图书馆资料的收集、组织,图书馆服务(外借、信息服务、特殊人群服务)、职员(配置、进修)。

除了政府机构、行业协会颁布的全国、全行业标准外,还有大量各个区立、町、村图书馆自身颁布的标准。如:①区立图书馆颁布的标准。东京中野区的区立图书馆的《中野区立图书馆资料采选标准》规定了中野区立图书馆图书、期刊、报纸的采集总则以及详细的采集原则,东京都板桥区立图书馆板桥图书馆的《板桥区立图书馆图书剔除标准》规定了板桥区立图书馆剔除图书的标准以及剔除图书的程序。②町立图书馆的标准。福岛县双叶郡富冈町图书馆颁布的《富冈图书资料废弃标准》规定了富冈町图书馆剔除图书、期刊、报纸、音像资料的标准以及判断可以作为长期保存的特殊资料的标准。津幡町立图书馆颁布的《津幡町立图书馆管理运营规则》规定了津幡町立图书馆的职能、开馆时间、休馆日、外借资料的册数和时间、不外借的资料等。

日本的基层图书馆相关标准通常都是先发布草案、再发布正式文件推行,并随着实际情况的变化而不断修订,如《有关公立图书馆设置及运营所期望的标准》《公立图书馆的任务和目标》在发布后几十年间不断进行修订,保证了标准的系统性和连贯性。

而这些标准的颁布和实施也从整体上促进了日本图书馆事业的飞速发展。近年来,日本市立、町、村图书馆的发展呈现出以下一些特点:①设置率有所提高。随着市、村、町合并的加速,市、村、町数量减少,图书馆的设置率从数字上来看会有所提高。1990至2005年间,日本公共图书馆的数量由1950个增加到2979个,市、町、村立图书馆的设置率分别由91%、25.2%、8.2%增长到97.9%、53.9%和22%,图书馆工作人员的人数由16 331人增加到30 660人②。②外借册数有所增加。与购书经费减少的情况相反,图书的外借册数和参考咨询的数量有所增加。根据2008年社会教育的调查,图书外借册数和参考咨询件数均创下历史新高。外借册数由2005年的58 073万册增加到2008年的63 187万册,参考咨询的册数由2005年的650万件增加到2008年的710万件。各都道府县居民一年间每人平均借书册数多的地方为9.2册,少的地方为2.2册。

①　文部科学省. 公立図書館の最低基準 1998［OL］.［2011 - 09 - 27］. http://www.ic.daito.ac.jp/~ikeuchi/publib/minimum_1.html.

②　文部科学省.（社会教育調査）調査結果の概要［OL］.［2011 - 10 - 27］. http://www.mext.go.jp/b_menu/toukei/chousa02/shakai/kekka/k_detail/__icsFiles/afieldfile/2010/04/01/1268528_2_1.pdf.

五、韩国：起步稍晚，标准内容相对简单

韩国公共图书馆发展起步较晚，一直未受到普遍的重视与支持，1956年，全国仅有16个公共图书馆。根据韩国文化政策开发院的调查结果，2002年，在韩国3512个邑、面、洞中，仅有420个地方设置有图书馆，比例仅为12%。2011年，韩国计划投入5000亿韩元的预算，新建66个公共图书馆，以及112个小规模的公共图书馆①。韩国基层图书馆范围可限定为邑、面、洞以及里、统图书馆。

1963年，韩国制定和公布了第一部图书馆专门法律《图书馆法》，图书馆政策才有了最初的法律依据，但政府政策、行政、财政等配套的支撑体系还没有建立起来。80年代，韩国加快信息基础设施建设，公共图书馆事业也开始逐渐兴起。1991年，韩国制定和颁布了《图书馆振兴法》，在文化部内设置图书馆政策科，专门管理图书馆事务。1994年又颁布了《图书馆及读书振兴法》，允许未达到图书馆建馆要求但又能满足国民要求的地方建立"文库"。之后，韩国政府确立了"21世纪知识国家"的新文化政策，为图书馆事业进一步发展提供了政策保证。2006年修订了《图书馆法》，规定图书馆是"国民的核心信息文化中心""图书馆是国家知识基础设施的核心，是国民自发学习、进行文化体验的空间，应该具有让国民再次掌握利用信息知识的能力的功能，从而达到消除信息鸿沟的目的"。将图书馆明确定位为国民提供信息的机构之一是图书馆，尤其是基层图书馆发展具有重要意义的转折点。

韩国的图书馆标准主要包括：行业标准、政府机构颁布的法律法规、行业协会颁布的标准以及各图书馆自行颁布的标准。从2005年至2009年之间，韩国标准协会（KSA）制定了一系列图书馆相关的行业标准，KSA是韩国国内唯一的标准化及质量管理机构，制定的标准KS为韩国的产业标准。目前，有46个与图书馆相关的KS标准，涵盖了自动化目录格式、编码字符、数据交换、馆际互借、书目数据、图书馆统计与评价等多个方面②。1994年3月24日颁布、7月开始实施的《图书馆及读书振兴法》规定了图书馆及文库设立、管理和读书振兴所必备的环境。2006年颁布的《图书馆法》对公共图书馆服务人口与面积、阅览座位、藏书面积标准做出了规定③。2007年12月31日颁布的"图书馆法实施令"第十七条对公共图书馆的设立做了相关规定。此外，行业协会颁布的图书馆标准有韩国图书馆协会在2003年发布的"图书馆标准"，其中对公共图书馆服务人口和图书馆面积、公共图书馆对象人口的规模和馆长提出了要求④。韩国基层图书馆相关标准较少，仅有的法规和标准中所涉及内容也比较简单，与图书馆发展需求的结合也有待加强。

---

① 文部科学省．各外国の公共図書館に関する調査報告書［OL］．［2011 – 09 – 27］．http://www. mext. go. jp/a_menu/shougai/tosho/houkoku/06082211/002. pdf.

② 张广钦. 图书馆标准化战略及标准规范体系报告研究［D］. 北京：北京大学信息管理系，2011.

③ 韓国の図書館法［OL］．［2011 – 09 – 28］．http://www. dinf. ne. jp/doc/japanese/access/library/library. html.

④ 한국도서관협회.한국도서관기준(안)［OL］．［2011 – 09 – 27］．http://blog. naver. com/Post View. nhn？blogId = cksdlsp&logNo = 10995261&categoryNo = 12&viewDate = &currentPage = 7&listtype = 0.

六、中国香港和台湾地区

（一）香港：与国际接轨，标准实施效果好

香港第一所公共图书馆是1962年启用的大会堂公共图书馆。目前，香港公共图书馆系统主要由67间固定图书馆和10间流动图书馆（车）组成，这些不同规模及类型的服务点平均分布于香港境内每个区域，并且经由图书馆自动化系统连接起来，为不同年龄及不同界别的读者提供简便快捷的多元化公共图书馆服务[①]。香港地区的公共图书馆主要分为五种类型：中央图书馆、主要图书馆、分区图书馆、小型图书馆和流动图书馆。香港地区的公共图书馆实行总分馆制，图书馆之间没有相互隶属关系，由总馆（香港中央图书馆）统一管理。在香港各类型图书馆中，服务于小范围人群、提供基本图书馆服务、满足本地区居民一般需求的分区图书馆、小型图书馆、流动图书馆以及康文署与非营利机构合作设立的社区图书馆划入所要研究的基层图书馆的范畴，它们与中央图书馆和主要图书馆一起，构成了运作良好、机制健全的"总馆—分馆"的服务体系。

香港早期有两个公共图书馆系统，一个是由市政局管理的香港岛和九龙区图书馆系统，包含香港和九龙市区29所公共图书馆；另一个是由区域市政局管理的新界区图书馆系统，包含郊区新界等22所公共图书馆。两个图书馆系统在很长的时间内都互不兼容，分别签发借书证并各自有独立的检索系统[②]。自2000年开始，香港特别行政区政府的康乐及文化事务署取代市政局和区域市政局，对全港公共图书馆实行统一管理和服务。香港康乐及文化事务署由康乐事务部和文化事务部组成。文化事务部下设演艺科、文物及博物馆科、图书馆及发展科。图书馆及发展科负责制定和推广公共图书馆有关的建设计划，推广图书馆服务和文学艺术，筹划新图书馆的启用，以及管理现有的公共图书馆。

香港基层图书馆的相关标准充分体现了国际化的特点，与国际标准或相关宣言保持一致，内容涵盖了设施、资源、服务以及评估等多个方面。香港公共图书馆参照现行《香港规划标准与准则》规定了馆舍面积和设施设备标准；香港康文署根据联合国教科文组织《公共图书馆宣言》精神开展馆藏建设，根据香港法例第132AL章《图书馆规例》来规范公共图书馆的服务；对公共图书馆绩效进行统计评估时，主要依据国际图书馆协会联合会（IFLA）于2001年8月发布的《公共图书馆服务：IFLA/UNESCO发展指南》（以下简称《指南》）所建议的标准。

香港的公共图书馆标准中，有些是强制性的，例如《图书馆规例》；也有非强制性的，例如《香港规划标准与准则》。无论强制与否，标准的实施效果都比较好，例如《香港规划标准与准则》虽然并非强制性规范，但实施效果非常好，一个主要原因是香港具有完备成熟的审计机制。香港审计工作的首要目标是协助提升香港政府及其他公营机构的服务表现及问责

---

① 香港公共图书馆简介［EB/OL］.［2012-08-11］. http://www.hkpl.gov.hk/tc_chi/aboutus/aboutus_intro/aboutus_intro.htmlhttp://sc.lcsd.gov.hk/gb/www.hkpl.gov.hk/tc_chi/aboutus/aboutus_intro/aboutus_intro.html.

② 邓绍康. 再访香港公共图书馆［J］. 福建图书馆理论与实践,2007(4).

性①,在此目标指引下,香港特别行政区审计署分别于2002年和2007年对香港公共图书馆进行了全方位的审计。其审计方式主要是将康文署提供的公共图书馆标准与实际数据进行对比,分析其差距是否合理并提出改善意见,对于缺失的标准还会提出制订建议②。这样的审计对于香港公共图书馆标准的贯彻实施起到了有效的推进和监督作用。

(二)台湾:起步较早,但缺乏维护更新

根据2010年统计数据③,全台湾共有公共图书馆364个,包括省级图书馆2个,直辖市图书馆3个,县市级图书馆23个,乡镇市区级图书馆335个,其他图书馆1个,此外还有分馆185个,馆外服务站121个。县市级和乡镇图书馆数量占全台湾公共图书馆总数的98.4%,是台湾公共图书馆的基础,同时综合考虑台湾省面积和人口因素,将台湾的基层图书馆定义为县市、乡镇级图书馆。

1951年12月,台湾教育主管部门公布《各省市公立图书馆规程》,首先对公共图书馆的设立、办馆宗旨、布局、机构设置、人员组成及其任职资格、经费预算及分配比例等事项予以规定。1960年以后,台湾地区图书馆法制化与标准化建设进入了快速发展时期,先后制订了一系列相关的法规、条例、标准等。1960年2月,台湾省政府教育厅颁布了《台湾省县市立图书馆加强业务实施要点》。1965年,台湾图书馆学会及其下属图书馆事业改进委员会先后制订公布了《公共图书馆标准》《大学图书馆标准》《中学图书馆标准》《图书馆建筑设备标准》。1975年前后,台湾图书馆学会还先后完成了《大学及独立学院图书馆标准(草案)》《专科学校图书馆标准(草案)》和《各省(市)县乡镇(市)立公共图书馆标准(草案)》等。这些法规、标准为台湾地区图书馆事业的快速起步与顺利发展发挥了很大的作用。20世纪90年代,台湾图书馆界在图书馆法的研拟、制定与相关管理标准的制订等方面取得了较大的成果。一是新的公共图书馆标准得以制订出台,1991年7月,由台湾图书馆学会拟定的《公共图书馆设备标准草案》获得教育主管部门通过并以《公共图书馆营运管理要点》之名颁布实施。二是图书馆法立法进入实质性阶段,受教育主管部门委托,台湾图书馆学会于1990年7月成立了图书馆法草案审议小组,1999年5月《图书馆法(草案)》经行政主管部门审查通过后报转立法主管部门审议。

2000年以后,台湾地区图书馆法制化、标准化建设进入一个新时期。2001年1月,台湾"立法"主管部门正式通过台湾"《图书馆法》",对立法的目的、图书馆的概念与分类、图书馆的属辖关系与多元化构成原则、图书馆及读者的法定权益与义务、人员配置及其身份、馆际合作与资源共享、馆藏剔旧处理、出版物呈缴本制度及惩控、各级主管机关的责任等诸多问题做出明确的规定。

根据这一法律,台湾教育主管部门于2002年分别制定颁布了《大学图书馆设立及营运

---

① 香港特别行政区政府审计署. 理想、使命、信念[EB/OL]. [2012–08–11]. http://www. aud. gov. hk/sc/aboutus/about_vision. htm.

② 2002年审计报告就曾提出"有需要参照国际指引和标准,制定更有效用的服务表现指标,以衡量香港公共图书馆的服务表现;制定服务表现目标,以衡量香港公共图书馆职员在处理和整理图书馆资料各个阶段的工作效率"。康乐及文化事务署署长同意审计署的建议,表示"会参照新的《指引》和顾问的建议,制订一套有效用的服务表现指标;以及参照图书馆职员的输出量统计数字,订定一套切合实际的服务表现目标,以衡量职员的工作效率"。

③ [OL]. http://publibstat. ntl. gov. tw/index. php? do = statistic_2010.

基准草案》《公共图书馆设立及营运基准》等7种类型图书馆的设立及运营基准,对不同类型图书馆的设立、职能、服务、组织设置与人员配置、经费、馆藏建设、馆舍与设备、运行管理等做出更加详细、具体的规定,以方便各类图书馆遵照执行。

目前台湾地区尚无专门针对基层公共图书馆的标准规范,县市、乡镇等基层图书馆管理与服务的依据主要有三类:一是教育主管部门作为图书馆主管机构颁布的行政规章,例如《公共图书馆设立与营运基准》,对公共图书馆的设立、职能、服务、组织设置与人员配置、经费、馆藏建设、馆舍与设备、运行管理等做出更详细、具体的规定,并以人口总数为订定员额编制、馆藏量及建筑面积等之主要基准,为公共图书馆设立与运行提供宏观指导;二是台湾省标准和行业标准,包括经济主管部门作为台湾地区标准编修机构,制定发布的可适用于公共图书馆的技术标准规范,例如《公共图书馆建筑设备》(CNS 13612)、《图书馆统计》(CNS 13151)等,从编目规则、建筑设备、文献保存、统计等各个方面规范图书馆工作;教育主管部门制定发布的行业技术标准规范,例如《"中国机读编目格式"》《文献分析机读格式》《数位图书馆分布式检索协定》等,为图书馆业务开展提供技术性标准规范。三是台湾县市、乡镇级图书馆主管机关制定的图书馆组织规程,例如《嘉义县图书馆使用管理自治条例》《南投县信义乡图书馆组织规程》等,针对基层图书馆的组织设置和人员配备做出具体规定。

上述标准规范普遍制定于2000—2005年之间,部分标准后期进行了修订,如《台南市立图书馆组织规程》2000年制定,2004年修订。但整体来看,这些标准普遍缺乏更新机制,基层图书馆相关标准规范的体系化和科学化管理有待提升。

第二节 各国基层图书馆相关标准的特点分析

一、立法对标准化工作意义重大

调研显示,英、美、日、韩等国家的公共图书馆立法及相关法律是其公共图书馆管理和服务的坚实基础,图书馆活动完全置于法律的保护之下,因此其公共图书馆事业一直在稳步发展。在美国、英国等国家,公共图书馆法的出台远远先于图书馆标准,因此在相对长一段时期内发挥着规范和推动基层图书馆建设的作用,对于推动基层图书馆标准化工作意义重大。在日本、韩国等国家,基层图书馆的设置、管理等相关标准内容是作为公共图书馆法的组成部分存在的,而其他业务标准则是单独设立的。由此看来,公共图书馆法的设立对于各国基层图书馆标准化工作意义重大。

美国立法最早可以追溯到1696年的殖民地时期,北美马里兰州议会首次采取立法措施兴建图书馆。1956年美国颁布的《图书馆服务法》(Library Services Act,简称LSA)是第一个国家级图书馆法,涵盖了公共图书馆、中小学图书馆、大学图书馆、研究图书馆、专业图书馆,并规定由联邦政府补贴服务人口1万以下的农村图书馆。1964年,《图书馆服务和建设法》(The Library Services and Construction Act,简称LSCA)颁布,其适用范围由农村扩大到城市,解决了对地方的资助方式问题,促进了美国图书馆整体发展水平的提高。此后又陆续通过了《新图书馆服务改善法》《图书馆服务和技术法》(The Library Services and Technology Act)、《博物馆和图书馆服务技术一致修正案》等法案,对包括公共图书馆在内的所有图书馆的建设、服务与管理等做了具体的规定。此外,美国每个州的法典上都载有《公共图书馆法》,这为各州及州内各基层图书馆的建立、管理及获取经费提供了合法根据。美国各州的《公共图书馆法》较为相似。其主要条款有:①关于公共图书馆的建馆:承认由州议会授权地方政府或其他法人建立公共图书馆及其分馆。②关于公共图书馆经费来源:一部分来源于专门图书馆征税。法律授予公共图书馆社团组织征税权,所得税款单独指定为"图书馆基金",不与社团组织的其他基金相混。另一部分是市政当局从总税收中划出的拨款。③关于公共图书馆管理体制:规定一个特定人数的理事会,人员经过委任或选举,有规定的任期,并列出理事会的权利和义务。④公共图书馆永远免费供当地居民使用。⑤授权公共图书馆社团对损坏图书馆财产及不归还图书馆书籍的人实行罚款制度。⑥公共图书馆委员会向公共图书馆社团及州立图书馆机构提呈年度报告。⑦在两个或两个以上公共图书馆间实行联合图书馆服务。

英国的第一部《公共图书馆法》(Public Library Act)于1850年通过,该法也是世界上第一部公共图书馆法,在立法的保障下,英国的公共图书馆事业获得迅速发展,到1990年已有公共图书馆360所①。1942年《麦考文报告》和1959年《罗伯兹委员会报告》先后发表,提出了成立公共图书馆管理机构,制定服务标准并由中央政府监督实施。1964年英国正式颁布《公共图书馆与博物馆法》,该法解决了英国公共图书馆发展中的三大核心问题。一是确认了政府的管理职能,二是确立了馆际合作的地位,三是确立了平等、免费的基本原则②。至此,英国基层图书馆的建设逐步走上规范化和标准化道路。

在日本,1949年颁布的《社会教育法》第九条规定,"图书馆和博物馆为社会教育机构"③。1950年颁布的《图书馆法》第二条对公共图书馆做了如下定义:是"收集、整理、保存图书、记录以及其他必要的资料,供一般公众进行使用,并以为公众教养、调查研究、文娱提供帮助为目的的设施"④。第七条二款规定:"为了图书馆的健全发展,文部科学大臣必须制定并发布图书馆设置及运营所期望的标准",而这一标准旨在为公共图书馆进行建设时提供标准和数据目标,并作为图书馆服务和自我评价时的参考。《日本公共图书馆的设置和运作规范》则是根据《图书馆法》第2条所制定的标准规范,其核心作用是实现国家对公共图书馆的具体管理与指导。内容主要包括图书馆的组织结构和服务方式,确定了公共图书馆的购书经费、图书馆位置分布等具体问题;同时,还规定应设置教育委员会管理图书馆专业人员,图书馆间应广泛地开展联系与合作。这样规范与图书馆法相辅相成,图书馆法是标准制定的依据,而标准则是对立法各项宗旨的具体实现,从而保障了各级公共图书馆的建设与服务。

二、标准的制定主体差异较大

由于各个国家(地区)文化事业发展阶段和政府重视程度有所不同,所以各国的标准制

---

① 王子舟.图书馆学基础教程[M].武汉:武汉大学出版社,2003:18.

② 曹磊.英国公共图书馆法律规范体系[J].中国图书馆学报,2011(3).

③ 文部科学省.社会教育法[OL].[2011-10-12].http://law.e-gov.go.jp/cgi-bin/idxrefer.cgi? H_FILE=%8f%ba%93%f1%8e%6c%96%40%93%f1%81%5a%8e%b5&REF_NAME=%8e%d0%89%ef%8b%b3%88%e7%96%40&ANCHOR_F=&ANCHOR_T.

④ 文部科学省.图书馆法[OL].[2011-09-28].http://law.e-gov.go.jp/htmldata/S25/S25HO118.html.

定时间和制定主体也存在较大差异。

从标准制定时间来看,美国、日本、中国台湾和英国等图书馆发展起步较早,体系也比较健全,标准的制定也相对较早,其中美国最为完善。美国1933年公布了国家范围的《公共图书馆服务标准》,1966年之后,美国图书馆学界认识到在国家多样化的形势下施行统一的标准显然是不切合实际的,因此美国图书馆协会转变策略,令其分支机构美国公共图书馆协会制定基于各州本地的标准方案。尽管美国公共图书馆协会没有发表国家范围的《公共图书馆标准》,但其在大量调查研究后发表了一系列相关文件以帮助图书馆员计划和评估图书馆对社区的服务,在这些相关文件的基础上,很多州的图书馆协会和图书馆局相继制定并公布了各自的《公共图书馆标准》,以作为图书馆计划和评估的依据。日本在1950年提出了《公立图书馆设置及运营所希望的标准》,针对的对象为都道府县及指定都市、町、村图书馆,其中对这些图书馆每年增加的图书册数、馆员人数、建筑面积做了规定。英国公共图书馆标准的拟定具有较长的历史,早在1957年,罗伯茨委员会便提交一份报告书,对于英国公共图书馆的经营制度进行了一定介绍,在某种程度上可看作是一项图书馆标准。但是,由于各方面的原因,该报告尚不能作为实施的具体步骤。因此,英国政府于1961年组织工作小组针对罗伯茨委员会的建议制定具体的实施步骤,并于1962年提交了针对图书馆的标准报告。台湾于1951年颁布《各省市公立图书馆规程》,对公共图书馆的设立、布局、机构、经费和人员等事项作了规定,可以看作为最早的图书馆标准。1974年,香港的公共图书馆由市政局管理,香港市政局颁布了《图书馆(香港市政局)附例》(以下简称《附例》),仅适用于市政局所属图书馆范围。香港政府于1982年制定并多次修订了《香港规划标准与准则》,该标准是一本技术手册,所载的标准与准则不具备法定效力,也不具约束力。澳大利亚的图书馆标准由于各州发展不均衡,制定时间也相差挺多,比如新南威尔士州立图书馆委员会早在1959年便编制了一项有关公共图书馆标准的文件,对公共图书馆的服务目的、藏书、人员和经费等做了规定。而第一个适用于澳大利亚全国公共图书馆的标准则是由澳大利亚图书馆和信息协会于1990年制定。韩国的图书馆立法和标准的制定起步较晚,是在20世纪90年代以后拟定。

从标准的制定主体来看,美国和澳大利亚由于同属联邦政体,各州都有独立的图书馆立法和标准,所以除了遵守一些全国性的行业标准以外,他们的公共图书馆标准普遍具有较强的区域特点,与当地需求和现状结合比较好。例如,美国一般是在州层面出台相关的图书馆法规和标准来约束州内各级公共图书馆的建设与管理。同时,美国图书馆协会和各州图书馆协会又会制订一系列的行业与专业标准,用于细化或解释图书馆法中的相关规定,提供更具操作性的建议或方案,成为立法的有力补充,也更加灵活。澳大利亚图书馆管理体制是一个以州为基础,各系统图书馆分而治之,全国图书馆自愿协调的管理体制。各州在发展图书馆事业上,都是根据本州、本地区的实际情况和需要,制定图书馆法律、发展政策和管理方式。英国和日、韩则一般是国家层面出台的公共图书馆法和相关标准,部分地区也在此框架内结合自身特点制订更具体的图书馆标准,他们共同遵守图书馆协会(理事会)所制定的业务标准。例如,英国的图书馆标准化体系主要由国家标准管理和制定体系、行业标准化体系两部分组成。在国家标准管理和制定体系中,BSI是由英国政府标准化主管机构(DTI)和"皇家宪章"认可政府授权的机构,负责标准的制修订工作,承担英国国家标准化活动。英国的行业标准不受政府管理。行业标准化组织可根据需要制定本行业标准,且不需要在政府部门进行备案和审批,因此行业部门标准的制定具有很大的灵活性。日本自1950年至今陆续颁布了一些公共图书馆的相关标准。颁布标准的机构主要为政府机构、行业协会,如文部科学省、日本图书馆学会,此外还有各图书馆发布的标准。韩国图书馆标准通常是由政府机构、行业协会以及各图书馆自行颁布的。

三、标准的系统性和连贯性较好

从标准的维护管理来看,多数国家(地区)都非常重视指标的发展性和一致性,强调标准制定并非一蹴而就,都保持着一定的修订频率,随着图书馆事业的发展需要不断进行更新和修订。部分重要的标准以先发布草案,再发布正式文件的形式推行,并随着实际情况的变化不断进行修订,定期对标准进行修订是标准功能持续有效发挥作用的重要保证。最新标准的指标在体现图书馆新技术和网络化等方面都做了较多的更新,体现了社会发展和文化需求的变化。

美国《公共图书馆标准》自颁布之后很多州就根据情况的变化不断进行修订,甚至有的标准一年中就修订了多次。美国的《威斯康星公共图书馆标准》从1987年第一次颁布以来,一直到2010年第5版颁布,在此期间的修订就从未间断过。而且各版之间的出版间隔越来越短,连续性很好,保证了标准内容的新颖和及时。英国《全面高效的现代化公共图书馆——标准与评估》是英国文化部在2001年制定的,2006年修订后发布了《公共图书馆服务标准》,之后于2007年4月、2008年4月又进行了两次修订,实施至今。此外,威尔士州图书馆标准在制定后进行了三次修订,一方面考虑之前标准的实施情况,另一方面也考虑了图书馆事业发展的当前环境,最新一版在考虑经济不景气、公共事业经费紧缺的情况下制定了具有可操作性的标准。澳大利亚1990年颁布的《趋向优质服务:澳大利亚公共图书馆的目标、目的和标准》在1994年进行了修订,随后在2011年,澳大利亚图书馆与信息协会在此标准基础上,结合目前现状和未来发展趋势,将标准修改为《超越优质服务:澳大利亚公共图书馆标准与指南》。2008年,新南威尔士图书馆委员会以新南威尔士州公共图书馆发展统计为基础,制定了最新的公共图书馆标准与指南——《终身教育和学习中的图书馆:新南威尔士公共图书馆标准与指南》指导新南威尔士州公共图书馆事业发展,并根据每年新公布的新南威尔士州公共图书馆发展情况对该标准指南进行更新,使标准更好地满足图书馆事业的发展,目前已更新为第三版。香港公共图书馆标准在实施过程中并非一成不变。以馆藏采购为例,虽然规定了各类型馆藏的采购比例,但具体采购中每年仍要综合考虑现有馆藏资料比例和使用率、一般市民的需要和兴趣、不同图书馆的使用率以及年内合乎本地需要的新出版资料数量等因素对采购策略进行调整。日本标准的制定与发布具有连贯性。部分重要标准以先发布草案、再发布正式文件的形式推行,并随着实际情况的变化不断进行修订,如《公立图书馆设置及运营所期望的标准》《公立图书馆的任务和目标》在发布后几十年间不断进行修订,保证了标准的系统性和连贯性。

四、标准体系完整且指标合理

仔细比较发现,调研的各国标准存在很大的一致性,虽然都没有专门针对基层图书馆的标准,但其地方标准也都将基层图书馆作为重点的指导对象。各国标准框架一般都包括概述(制定背景和意义)、指标应用范围和使用指南、具体指标内容和附录(定量指标表和调查问卷示例等）。内容一般都涉及经费、馆藏、馆舍、各类型服务、管理、人员、图书馆规划等各方面内容，从而成为图书馆立法的有力补充和具体诠释。同时在具体指标设定方面并非一刀切，而是根据区域和服务需求的差异设定了不同等级的标准，给基层图书馆的实施应用提供了一定的弹性，非常科学合理。

美国具体情况见本章第一节的相关内容。

澳大利亚的公共图书馆标准规范也比较完善，横向来看包括图书馆事业发展的各个方面，如馆藏、馆舍、服务、管理、人员等，纵向看又包括国家级的、地区级的以及单个图书馆的，各个地区标准的实行主要以地区标准为主，国家级标准作为参考与借鉴，其效力有法律层面的，也有行业层面的。同时，标准规范指标设定并不是以图书馆的类型为依据，而是以实际服务效果或行业划分，如以图书馆服务人口数量或图书馆馆藏为依据制定不同的标准，从技术、服务、馆藏等切入制定适用的标准规范，各不同类型、不同规模的图书馆可结合自身发展情况，选择合适的标准予以参考；各项标准以人均、流通量等为切入点，以服务效率、利用率等来衡量图书馆的发展情况，而不仅仅从资源总量、总馆舍面积等来说明图书馆的发展及服务效果。

英国则强调指标的分类和适用性，认为在全国推行整齐划一的指标是不科学的，因此其标准要求对读者群进行分类（成年人和低于16岁的读者），对地区进行分类指导（内伦敦区、外伦敦区、大都会区、自治区、郡治区等），此外，还有对馆藏质量的分类（差的、中等的、好的）等。以固定图书馆一定距离内能覆盖的家庭比率为例，英国《公共图书馆服务标准》规定，内伦敦区100%的家庭能在1英里范围内到达图书馆；外伦敦区99%的家庭能在1英里范围内到达图书馆；大城市区95%的家庭能在1英里范围内到达图书馆，100%的家庭能在2英里范围内到达图书馆；自治市镇地区88%的家庭能在1英里范围内到达图书馆，100%的家庭能在2英里以内到达图书馆；郡县地区85%的家庭能在2英里以内到达图书馆；在人口稀疏区①，72%的家庭能在2英里以内到达图书馆。

日本的基层图书馆标准大多是由政府、行业协会、图书馆发布的，标准内容全面，包含了图书馆设置、管理、服务等多方面的内容，而各市、町、村图书馆的标准内容根据自身情况而定，大都包含了图书馆的业务范围、服务及利用时的一些具体指标。

我国香港地区公共图书馆标准的制订采用了定量与定性相结合的方式，在图书馆设置、馆舍面积、藏书标准、各类型馆藏采购比例、开放时间、各项服务时间等能够量化的地方均采取量化的方式，表述简明而易操作。定性的标准主要出现在公共图书馆绩效评估等不宜量化的领域，同时也会作为定量标准的适当补充，例如馆藏采选方面。同时，标准中虽然规定了各类型馆藏的采购比例，但具体采购中还要综合考虑现有馆藏资料比例和使用率、一般市民的需要和兴趣、不同图书馆的使用率以及年内合乎本地需要的新出版资料数量等因素对采购策略进行调整。台湾2002年颁布了《大学图书馆设立及营运基准草案》《公共图书馆设立及营运基准》等7种类型图书馆的设立及运营基准，对不同类型图书馆的设立、职能、服务、组织设置与人员配置、经费、馆藏建设、馆舍与设备、运行管理等做出更加详细、具体的规

---

①　英国采用的是两层式城乡分类架构，对于人口规模大于10万人的地区，不再进行二元划分城乡，所以内伦敦、外伦敦、都市区没有再划分人口稀疏区，而自治市镇和郡县为了防止忽略城市与乡村地区均可能有人口稀疏或较为集中的现象，又设置了人口稀疏区。

定,并以人口总数为订定员额编制、馆藏量及建筑面积等的主要基准,以方便各类图书馆遵照执行。

五、服务指标细致入微且比重较大

纵观各国的标准内容,除了常见的与图书馆设置、馆舍、馆藏等相关的建设指标,比重最大的还是服务相关的指标,充分体现了以人为本、以服务为宗旨的理念,同时也与图书馆发展所处的阶段紧密相关。在图书馆事业起步阶段,保障基础设施条件是首要任务,随后,服务就成为图书馆发展的第一要务,尤其对于基层图书馆而言,最核心的职能还是满足基层民众的文化信息需求,因此,在基层图书馆的标准指标中充分体现对服务内容和服务规范的要求也是促进基层图书馆事业发展的必然要求。

美国基层图书馆标准最显著的一点就是服务理念在标准中的贯彻,如威斯康星州公共图书馆标准规定图书馆要提供便利的技术支持来方便有能力障碍的读者平等获取图书馆的资源,还要提供除英语之外的其他语种供读者选择,成年新读者和英语读写能力不高的读者都是图书馆员需要协助的对象。标准还规定图书馆应提供本地区的各种信息,比如当地服务机构和机关单位的联系方式和地址、就业信息、培训通告等,普通民众日常生活中会用到的重要的信息都有所揭示,电话咨询不仅免费而且服务内容五花八门,包括查电话号码、看病找医生和如何做菜等,图书馆真正成为人们学习、生活的好帮手。标准还规定了图书馆的标识要清晰明确,让读者在大街上就能清楚地看到,这也是读者利用图书馆的前提。这些规定都让我们看到了美国图书馆在为用户服务时体贴入微的服务理念,这也是我们在制定基层图书馆标准时需要学习和借鉴的。

此外,佛蒙特州标准建议公共图书馆的发展馆藏预算应满足社区公众的需求和兴趣,这些公众要包括:婴儿、学龄前儿童、成人初学者、青少年、英语作为第二外语的学生、残疾人、老年人等。威斯康星州公共图书馆标准则指出图书馆要为残疾人提供不同格式的资源(如盲文书、音频、视频资料及其他电子资源等),并且要通过提供必要的技术和设备以确保所有年龄层残疾人公平获取这些资源和服务;在图书馆空间和设施的利用方面,要求图书馆设置为儿童和家庭使用的空间,并且配备阅读材料及为儿童和残疾人专门设计的家具、设施。另外,各州标准中也提到了要遵守美国联邦残疾人法案(Federal Americans with Disabilities Act,简称 ADA)中对残疾人服务的规定。例如,肯塔基州的图书馆标准建议图书馆要为残疾人提供多途径的服务,如合适的拓展服务和远程获取图书馆的目录和资源等①。弗吉尼亚州的标准中指出,图书馆要符合 ADA 中的规定,要有为残疾人使用的专门通道、家具和停车位等,并要有明显的标识②。

英国标准的指标设定也是以满足读者的一切需求为出发点的,包括馆藏的丰富性、可获取性、及时更新等,馆舍分布的合理性、设施的完善性和充足性、对读者满意度的调查等,都

---

① Kentucky Public Library Association. Kentucky Public Library Standards: Direction and Service for the 21st Century[EB/OL]. [2010 - 12 - 12]. http://www. kdla. ky. gov/libsupport/standards/manual. pdf.

② The Library of Virginia Library Development and Networking Division. Standards and Guidelines for Virginia Public Libraries [EB/OL]. [2010 - 12 - 20]. http://www. lva. virginia. gov/lib-edu/ldnd/standards/default. asp.

是标准的重要组成部分,此外随着各项标准的不断实施,对实践中被证实操作性较差的指标都被删除,以保证最好地满足读者的各类需求。以满意度调查指标为例,威尔士州出台的《全面、高效和现代的公共图书馆——标准与引导》中明确规定,图书馆应定期进行公共图书馆读者意见调查,三年中至少有一年的调查结果显示,参与调查的读者依据标题、科目或作者能够顺利找到某特定图书的比例在65%以上,参与调查的读者能够顺利搜索或查询到特定信息的比例在75%以上,参与调查的读者有95%对其馆员知识面评价为好或很好,参与调查的读者有95%对其馆员的有用性评价为好或很好。而且上述问题在针对成人和儿童的调查要分开进行。

澳大利亚《操作服务标准》除了对不同人口规模图书馆的开放时间进行了分级规定,还明确指出,如果没有特殊情况,各图书馆不能随意改动图书馆的开放时间,若要改动开放时间,或要连续关闭2天以上的时间,需提前4个星期告知读者。在设置开放时间安排时,应以读者最方便访问图书馆的时间为基础,季节性的人口流动也要考虑在内,以延长开放时间来满足这一时期增长的读者数量。尤其是特殊人群服务。此外,在针对残疾人的服务方面,无论是ALIA的《图书馆残疾人士标准的指导方针》《澳大利亚家庭图书馆服务标准》还是昆士兰州的《读写服务标准》《多元化服务标准》(Multicultural Services Standard,2008)、《残障人士服务标准》《青少年服务标准》《土著居民和托雷斯海峡岛民图书馆服务标准》,都详细地制定了特殊人群(包括残障人士、青少年、少数民族等)服务的相关指标,显示出服务标准在图书馆标准建设中的重要地位。

日本在《有关公立图书馆设置及运营所期望的标准》第一章“总则”中明确提出,为了对市、町、村立图书馆的设置和运营进行有计划的指导和帮助,为了对居民提供适合的服务,需在充分考虑居民生活圈、图书馆利用圈等的基础上,设立市、町、村立图书馆分馆,灵活利用移动图书馆,在市、町、村形成完整的服务网。在第二章的“市、町、村立图书馆”中,规定了市、町、村立图书馆运营的基本任务,包括资料的收集、提供,参考咨询服务,读者服务,提供各种学习机会,参加和促进志愿者活动,宣传及信息公开,职员,开馆时间,图书馆协议会,设施设备等。同时,市、町、村立图书馆作为居民提供资料、信息等直接援助的机构,需要努力把握居民的需求,根据当地的实际情况进行运营。

六、标准的实施推广各具特色

许多国家(地区)的公共图书馆标准具有较强的区域特点,与当地需求和现状结合比较好,在具体实施推广时,又采取了多种多样的奖励机制和监督措施。如美国亚拉巴马州对于达到标准的公共图书馆颁发“标准完成证书”①,爱荷华公共图书馆将满足了所有需要的层级和达到一些特殊规定的图书馆定为值得信赖、质量合格的图书馆②,密歇根州对满足任何

---

① Joint Committee on Public Library Standards. A Plan for Excellence：Alabama Public Library Standards[EB/OL].[2010 – 12 – 20].http://statelibrary. alabama. gov/Content/publications/2005Standards. doc.

② State Library of Iowa. In Service to Iowa：Public Library Measures of Quality[EB/OL].[2010 – 06 – 16].http://www. statelibraryofiowa. org/ld/accr-and-standards.

层级的公共图书馆都颁发证书①,佛蒙特州的图书馆如果达到标准就可从佛蒙特图书馆管理部门享受一些特殊的服务②,内华达州图书馆必须达到最低标准或者做出计划如何达到才能获取联邦或州的资助③。此外,英国为了促进标准的实施,2001—2004 年期间,对英国所有的公共图书馆进行了评估考核,督促所有图书馆都能够按照已出台的标准实现达标。我国香港则是借助其健全的审计制度来完成对图书馆标准指标的监督考核,香港特别行政区审计署分别于 2002 年和 2007 年对香港公共图书馆进行了全方位的审计,从而使香港的图书馆达到《香港规划标准与准则》的要求。

实践证明,这些标准的有效实施与推广对推动包括基层图书馆在内的公共图书馆事业起到了非常积极的促进作用,图书馆在人们生活中的作用也日益增强。

第三节　各国基层图书馆标准化工作的启示

通过调研,我们可以看到各国(地区)基层图书馆标准可谓各具特色,由于国情和区域的差异,有些经验并不适用于我国,有些特点在我国图书馆标准化建设中已经有所体现,还有些思路非常有借鉴价值,需要结合我国实际情况对当前建设现状进行改进。因此,如何能够吸取各国(地区)基层图书馆标准化工作之精华,并结合我国当前基层图书馆建设现状本地化是本节的研究重点。

一、全国统筹协调,建立完善的标准体系

我国的图书馆标准近年来经历了从无到有的变化,标准的类型日益丰富、质量也逐步提升,然而与美国、英国、日本等发达国家相比,我国基层图书馆标准化工作当前存在的最突出问题就是缺乏完善的标准规范体系来统筹全国的基层图书馆建设,规范基层图书馆服务与管理。一个最直接的表现就是现有标准过于分散或者局部集中,标准建设具有盲目性和随意性,存在着重复建设现象。在许多发达国家,公共图书馆立法、标准规范和指南等一系列文件相辅相成,共同保障了公共图书馆的科学和可持续发展。一般公共图书馆立法是在国家或区域层面对图书馆的设立、管理和服务进行强制规定,而图书馆管理机构或学协会可以制订一系列的行业与专业标准,用于细化或解释图书馆法中的相关规定,提供更具操作性的建议或方案,成为立法的有力补充,也更加灵活;各地图书馆在应用时选择不同等级的标准指标,使其能够适合本地特色与服务需求。

我国也亟须建立一套类似的标准规范体系,政府、行业组织和各个图书馆机构各司其职,从不同层面进行相关的标准建设,并积极推动该体系的不断完善。这样的标准体系,不

① Essential Quality Measures[EB/OL].[2010 – 10 – 16]. http://www. michigan. gov/documents/mde/lm _FY11StateAidStandardsFinal_343394_7. pdf.

② State of Vermont Department of Libraries Agency of Administration. Minimum Standards for Vermont Public Library [EB/OL]. [2010 – 12 – 18]. http://libraries. vermont. gov/sites/libraries/files/standards/ 1998standards. pdf.

③ Minimum Public Libraries Standards for Nevada [EB/OL]. [2010 – 05 – 25]. http:// nsla. nevadaculture. org/dmdocuments/minpubstan_language_phaseone_draftB. pdf.

仅有助于管理者建立对图书馆的全局概念,推动图书馆的标准化建设与管理,同时在全国范围内也能够大大减少标准规范的重复建设,使得各标准制定机构的建设成果能够及时共享,也能够及时把握标准建设中的难点和空白,尽快建立健全标准体系内容。

二、与国际接轨,建立科学合理的指标

目前,涉及基层图书馆建设的国际标准和先进国家已出台的图书馆标准越来越多,而我国的图书馆标准采标率远远低于美国、英国、日本等国家的水平。未来在开展基层图书馆标准化工作时,要尤其注重与国际标准的接轨,在指标设定方面应以实用性为前提,充分考虑指标设定的科学合理性。例如,馆藏资源的建设可以依据服务人口的多少而确立,将人口数量和资源的配置挂钩,避免藏书的求大求全和一味追求数量,既能解决经费的困扰,又能解决有限的空间与不断增长的馆藏之间的矛盾。同时图书馆标准的制定一定要符合各地实际发展水平,国家层面的标准应该更注重指导和评估,各地可以根据不同的经济发展水平和区域特色不同制定不同的具体标准。横向来看,需要包括图书馆事业发展的各个方面,如馆藏、馆舍、服务、管理、人员等,从纵向来看,应该包括国家级的、地区级的以及单个图书馆的,各个地区标准的实行主要以地区标准为主,国家级标准作为参考与借鉴。同时,加强对地方制定地区性图书馆标准的指导和鼓励。

三、不断修订完善,提高标准可操作性

国外公共图书馆标准规范工作的实践表明,由于社会、技术、经济、图书馆事业都在不断发生变化,图书馆相关标准、法规需要定期根据实际实施情况进行修订和更新,以此来保证标准功能持续有效发挥作用,有效地服务于公共图书馆事业发展现状。而我们国家也规定了国家标准超过 5 年应进行复审,但事实上,许多图书馆标准在出版后缺乏维护,未按照规定时间复审和及时修订、修改或废止,因此远不能满足图书馆工作的实际需要。从国际经验和美国等发达国家的调研情况可以看出,标准实施效果显著的地区,其标准的修订和维护往往也非常及时,如国际标准组织 ISO 的许多图书馆技术标准都保持着 1—2 年的更新频率,美国《威斯康辛公共图书馆标准》1987 年出台至今已经修订了 5 次,目前最新版是 2010 年出台。更新后的指标能够及时反映新技术对图书馆业务的影响,也能够及时调整指标使之更适应用户的需求,因此对于推动基层图书馆事业发展非常重要。

我们在制定基层图书馆标准时,要格外重视标准的连续修订和更新,应该保持一定的连续性,要及时根据现实环境的变化对相应的具体准则进行修改,只有和现实贴近的标准才更有利于基层图书馆去参照并有效地跟进图书馆事业发展的步伐,从而推动整个图书馆事业的发展。

四、以用户为中心,重视服务职能

调研显示,英国、美国、澳大利亚等国家制定公共图书馆标准规范时均以用户为中心,注重用户服务,特别是为不同群体服务的均等性。如,美国大部分州立公共图书馆的标准都提到了为特殊群体服务,各标准也提到了要遵守美国联邦残疾人法案中对残疾人服务的规定。澳大利亚图书馆非常重视服务标准的制定与实施,尤其是不同人群(包括家庭用户、青少年、土著居民、残障人士等)的服务,各类标准规范都能显示出服务标准在图书馆标准建设中的重要地位,还详细地制定了为不同人群服务的相关标准。

对于我们国家的基层图书馆而言,服务是其核心职能,尤其要注重服务的公共性、公益性、均等性和普惠性,充分保障大众的基本文化信息需求。因此,基层图书馆标准的制定应以满足用户的需求为出发点,包括馆藏的丰富性、可获取性、及时更新等,馆舍分布的合理性、设施的完善性和充足性等,这些指标都是标准制定中的重要组成部分。此外,在各项标准的实施过程中,要注重对用户反馈的及时收集,并不断体现到标准指标的修订中,以保证最好地满足公众的需求。对不同人群如何分层服务、对各群体个性需求的满足、体现对特殊群体的关注等,都是制定基层图书馆标准需要考虑的问题。

五、完善保障机制,积极推动标准实施

在美国、英国等国家,公共图书馆法的出台远远先于图书馆标准,并在相对长一段时期内发挥着规范和推动基层图书馆建设的作用,而在公共图书馆标准颁布后,又对标准的实施提供了法律保障,对推动基层图书馆标准化工作意义重大。我国的公共图书馆立法起步很晚,目前公共图书馆法还未正式颁布,并且立法中很难对基层图书馆建设与管理进行具体规范,因此在开展基层图书馆标准化建设时,必须要同步考虑完善的保障机制,能够积极推动标准的实施与推广。

首先,图书馆标准的制定要注意相关部门之间的配合,并积极关注相关法律法规的条文规定,在与相关法律法规保持一致的基础上,提出图书馆自身的指标标准。美国威斯康星州公共图书馆标准就涉及美国有能力障碍人的法规、人力市场人才雇用法规、威斯康星行政法则等许多相关的法律法规。此外,由于我国图书馆领域的标准都是属于推荐标准,不像国外一些标准指标是以行业标准或者政府法律法规等形式存在的,具有一定的强制性,所以推动标准实施还需要配合相关的激励措施。美国一些州采取颁发证书或给予特殊服务政策,英国和我国香港地区与图书馆相关评估活动或审计工作相结合,充分调动各地政府和文化主管部门对于基层图书馆建设工作的重视,从而推动基层图书馆标准的执行。同时,在标准制定过程中,要充分考虑地方图书馆的发展差异性,使其能够根据自身的特点选择使用,根据实际情况适当降低标准,首先保证基层图书馆的设立。

附　录

美国基层图书馆标准化工作调研报告

一、美国基层图书馆概况及立法沿革

美国公共图书馆的服务体系是当今世界上最健全和最普遍深入的,公共图书馆服务无处不在,已经覆盖了社会的各个角落,在保障民众信息获取,发挥图书馆教育、休闲、娱乐功能等方面起到了重要作用。

美国公共图书馆建设主体一般是州政府,在州内按照法律的规定一般有一个或几个中心馆,中心馆下设若干分馆。从美国公共图书馆统计数据可以看出,服务于小范围人群的社区图书馆或乡村图书馆以及流动图书馆等各种形式的分馆构成了美国公共图书馆服务体系的主体,与城市中大型的中心馆一起,构成了运作良好、机制健全的"中心馆—分馆"的服务体系,是美国公共图书馆为广大民众提供均等化服务的重要保障。社区图书馆作为城市中大型图书馆/中心馆的分馆,是美国公共图书馆服务体系中最为广泛的一种形式,它不仅覆盖范围广,而且服务效率高。流动图书馆是公共图书馆为了实现图书馆服务的全覆盖而向边远地区或农村地区开展延伸服务的举措,是一个可移动的图书馆分馆,为当地远离公共图书馆的居民聚居点和社区提供服务。流动图书馆的建设主体一般是州图书馆委员会或者州政府指定的特别机构(例如县图书馆)。

因此,我们可以认为,美国公共图书馆系统中的基层图书馆主要包括:美国乡镇图书馆(town Library)、乡村图书馆(rural library)、社区图书馆(community library)、流动图书馆(mobile Library)等类型。

美国的公共图书馆服务体系能够到今天如此发达的地步,很大程度上得益于相关的法律法规和标准的保障。美国专门针对基层图书馆的法规和标准并不多见,这跟美国的政治体制有很大关系:各州的自治程度非常高,因而一般是在州层面出台相关的图书馆法规和标准来约束州内各级公共图书馆的建设与管理。图书馆法是在宏观层面上对图书馆的设立、管理和服务进行强制规定。同时,美国图书馆协会和各州图书馆协会又会制订一系列的行业与专业标准,用于细化或解释图书馆法中的相关规定,提供更具操作性的建议或方案,成为立法的有力补充,也更加灵活。

1956 年美国颁布的《图书馆服务法》是第一个国家级图书馆法,涵盖了公共图书馆、中小学图书馆、大学图书馆、研究图书馆、专业图书馆,并规定由联邦政府补贴服务人口 1 万人以下的农村图书馆。1964 年,《图书馆服务和建设法》得以颁布,其适用范围由农村扩大到城市,同时解决了对地方的资助方式问题。此法的颁布,起到了缩小地区差异的作用,促进了美国图书馆整体发展水平的提高。《图书馆服务法》和《图书馆服务和建设法》一脉相承,推进了美国公共图书馆数量的发展,提高了公共图书馆服务的人口覆盖率。

1989 年,在《图书馆服务和建设法》基础上,修订而成《新图书馆服务改善法》,并得到美国国会批准实施,此法案对政府资助、特殊用户服务、网络建设、资源共享等若干与图书馆建设有关的方面进行了修订完善。1996 年《图书馆服务和技术法》获得通过,1997 年制定的《博物馆和图书馆服务技术一致修正案》对其进行了补充,该法对包括公共图书馆在内的所有图书馆的经费分配比例做了具体规定。

此外,各州、各大城市也有相应的图书馆法案,不同层次的法案保障了公共图书馆服务的发展,也确保了美国公共图书馆建设的公平性、科学性和合理性。如今,美国每个州的法典上都载有《公共图书馆法》,这为各州及州内各基层图书馆的建立、管理及获取经费提供了合法根据。美国各州的《公共图书馆法》较为相似。其主要条款有:①关于公共图书馆的建设:承认由州议会授权地方政府或其他法人建立公共图书馆及其分馆。②关于公共图书馆经费来源:一部分来源于专门图书馆征税。法律授予公共图书馆社团组织征税权,所得税款单独指定为"图书馆基金",不与社团组织的其他基金相混。另一部分是市政当局从总税收中划出的拨款。③关于公共图书馆管理体制:规定一个特定人数的理事会,人员经过委任或选举,有规定的任期,并列出理事会的权利和义务。④公共图书馆永远免费供当地居民使用。⑤授权公共图书馆社团对损坏图书馆财产及不归还图书馆书籍的人实行罚款制度。⑥公共图书馆委员会向公共图书馆社团及州立图书馆机构提呈年度报告。⑦在两个或两个以上公共图书馆间实行联合图书馆服务。

二、美国公共图书馆标准概况

美国的标准制订由美国国家标准学会 ANSI（American National Standards Institute）授权的标准制定机构（SDO）承担，SDO 主要由各种行业协会、专业学会、贸易委员会以及相关专业领域内发展标准的机构构成。就图书馆领域来说，ANSI 授权的标准制定机构有两类，一类是技术标准制定机构，如信息与图像管理协会（Association for Information and Image Management，简称 AIIM）（其所制定的标准见附录）、美国国家信息标准组织（National Information Standards Organization，简称 NISO），国际信息技术标准委员会（The InterNational Committee for Information Technology Standards，简称 INCITS）。另一类是其他非技术标准制定机构，如美国图书馆协会（ALA）及其成员单位。

到目前为止由 ANSI 认证和审批过的图书馆相关标准共 53 项，其中 26 项标准已经作废或被替代，占总数的 49.1%。现行 27 部标准中有 2 部发布或出版于 20 世纪 80 年代，13 部发布或出版于 20 世纪 90 年代，12 部发布或出版于 21 世纪。ANSI 发布或出版的标准涵盖识别符、编目技术、缩微技术应用、主题词表、保存技术、字符集等领域。一般来说，ANSI 标准倾向于通用性技术、方法的规范，很少涉及具体的图书馆业务工作。

NISO 最早是 ANSI 的 Z39 技术委员会，是唯一被 ANSI 认可的制定、维护和出版与信息服务、图书馆、出版社和其他与信息产生、存储、保存、共享、存取和分发有关业务标准的组织。NISO 的活动范围是作为标准制定者，制定与信息系统、产品（包括硬件、软件）和出版商、图书馆、书目和信息服务所使用的业务有关的自愿一致性标准。NISO 的标准可应用于与信息有关的所有范围内的传统和新技术，包括检索、存储、元数据和保存等。

NISO 制定的现行标准共 33 项，正在制定的标准有 5 项。NISO 制定的标准以技术标准为主，标准覆盖开放互联、检索系统、元数据、编目、馆藏说明、服务、出版物定价参与等多个方面。

美国国会图书馆制定的最具影响力的标准是 MARC 标准。MRAC 是图书馆书目数据自动化处理的基础，可以用来辅助采集、编目、流通工作，借助其开展信息检索和参考咨询服务，还可以为书目信息交换和信息资源共享提供支撑。MARC 标准一经推出就受到了广泛欢迎，被很多国家采用。目前，MARC 已经有很多版本，如 CNMARC，UNIMARC 等。LC 当之无愧的成为了 MARC 的推动者。除了 MARC 外，美国国会图书馆还负责 Z39.50、网络版的 Z39.50 SRU/SRW 等标准的维护工作。

ALA 制定的《公共图书馆标准》是在各类图书馆标准中制定最早同时也是图书馆界最为重视的一项标准，对美国图书馆乃至世界公共图书馆事业的发展都具有借鉴意义。美国图书馆协会于 1933 年公布了国家范围的《公共图书馆服务标准》，1943 年将其修改成《公共图书馆标准》，1956 年和 1966 年又先后对该标准进行了修订。1966 年之后，在国家多样化的形势下施行统一的标准显然是不切合实际的，因此美国图书馆协会转变策略，令其分支机构美国公共图书馆协会制定基于各州本地的标准方案。尽管美国公共图书馆协会没有发表国家范围的《公共图书馆标准》，但其在大量调查研究后发表了一系列相关文件以帮助图书馆员计划和评估图书馆对社区的服务，在这些相关文件的基础上，很多州的图书馆协会和图书馆局相继制定并公布了各自的《公共图书馆标准》作为图书馆计划和评估的依据。

此外，ALA 现有的图书馆标准业务体系中共有 64 个标准（含 4 个同行评议），这些标准和指南涵盖通用标准和指南、馆藏标准和指南、数字馆藏和服务标准指南、编目/知识获取的标准和指南、服务标准和指南、机构标准和指南、设施设备标准和指南、人事标准和指南、资金标准和指南、绩效和性能标准和指南、评估标准和指南、同行评议(不是标准,但对相关机构评议的重视非常必要)等12个方面。

三、基层图书馆相关标准

在ALA制定的标准指南当中,可用于基层图书馆的标准或指南有如下32个,可大致划分为图书馆建设参考标准、资源描述相关标准、馆藏建设与管理标准、信息服务标准以及图书馆综合管理标准5个方面。

表1　ALA 图书馆标准/指南(可用于基层图书馆)

标准/指南名称		发布机构	年代
图书馆建设参考标准	《图书馆馆舍设计参考清单》(Checklist of Library Building Design Considerations,第五版)	ALA	2009
	《以服务空间最优化为导向管理图书馆设施》(Managing Facilities for Results:Optimizing Space for Services)	ALA	2007
	《如何通过馆舍建设设计功能性图书馆空间》(Building Blocks for Planning Functional Library Space)	图书馆行政管理协会建筑与设施部	2001
资源描述	《英美编目条例2》(AACR2,2002年修订,2005年更新)	ALA,加拿大图书馆协会,大英图书情报专业信息所	2005
	《少儿资源编目工具》(Cataloging Correctly for Kids:an Introduction to the Tools)	ALA	2010
	《资源描述与检索》(Resource Description & Access:RDA)	ALA	2010
	《书目制作指南》(Guidelines for the Preparation of a Bibliography)	参考咨询与用户服务协会	2010 年 3 月
馆藏建设与管理	《馆藏共建指南》(Guide to Cooperative Collection Development)	ALA 图书馆馆藏与技术服务分会	1994
	《馆藏管理与建设馆员培训指南》(Guide for Training Collection Management and Development Librarians)		1996
	《图书馆集成化信息资源的用户需求评估指南》(Guide to Library User Needs Assessment for Integrated Information Resource:Management and Collection Development)		2001
	《信息资源预算管理指南》(Guide to Management of the Information Resources Budget)		2001
	《馆藏建设与管理指南:管理、组织与人员》(Guide to Collection Development and Management:Administration, Organization and Staffing)		2002

续表

标准/指南名称		发布机构	年代
信息服务	《信息服务指南》（Guidelines for Information Services）	ALA 参考咨询与用户服务分会（RUSA）	2000
	《信息资源用户导读制作指南》（Guidelines for the Introduction of Electronic Information Resources to Users）		2006
	《参考咨询与信息服务人员的行为指南》（Guidelines for Behavioral Performance of Reference and Information Service Providers）		2004
	《联合参考咨询服务指南》（Guidelines for Cooperative Reference Services）		2006
	《为老人提供图书馆信息服务指南》（Guidelines for Library and Information Services to Older Adults）		2008
	《虚拟参考咨询实施与管理指南》（Guidelines for Implementing and Maintaining Virtual Reference Services）		2010
	《馆藏管理与用户服务的关联性指南》（Guidelines for Liasion Work in Managing Collections and Services（PDF））		2010
	《美国馆际互借条例》（Interlibrary Loan Code for the United States）	资源共享与传输分部，RUSA	2008（最后修订）
	《为失聪人士提供图书馆服务指南》（Guidelines for Library and Information Services for the Deaf Community）	ALA 专业化与合作化图书馆机构	1996
	《为精神残疾人士提供图书馆服务指南》（Guidelines for Library Services for People with Mental Illnesses）		2007
	《为视障者和残疾人提供图书馆服务标准指南（修订）》（Revised Standards and Guidelines of Service for the Library of Congress Network of Libraries for the Blind and Physically Handicapped）		2005
	《12—18 岁用户服务指南》（Guidelines for Library Services to Teens，Ages 12 – 18）	ALA 少儿图书馆服务分会	2008
	《青少年（15—19 岁）服务馆员素质要求》（YALSA's Competencies for Librarians Serving Youth：Young Adults Deserve the Best）		2010
图书馆管理	《以结果为导向进行人员管理——高效工作指南》（Staffing for Results：A Guide to Working Smarter）	公共图书馆分会	2002 年 5 月
	《以结果为导向开展新的图书馆规划——流水线法》（The NEW Planning for Results：A Streamlined Approach. Chicago）	ALA	2001

续表

标准/指南名称		发布机构	年代
	《以结果为导向的管理——公共图书馆如何有效配置资源》(Managing for Results: Effective Resource Allocation for Public Libraries)	公共图书馆分会	2000
	《公共图书馆儿童服务措施——流程标准化手册》(Output Measures for Public Library Service to Children: a Manual of Standardized Procedures)		
	《图书馆理事完全手册》(The Complete Library Trustee Handbook)		2010
	《管理图书馆志愿者(第二版)》(Managing Library Volunteers)	ALA	2011
	《图书情报学硕士学位认证标准》(Standards for Accreditation of Master's Programs in Library and Information Studies)	ALA 认证办公室	2008 年 1 月

　　此外,美国 50 个州到目前为止共 39 个州有《公共图书馆标准》,其他一些州关于公共图书馆要遵循的相关规定一般包含在州的图书馆法或管理规则内。

表 2　美国各州公共图书馆标准一览

州(缩写)	有无标准	标准年代	标准名称	制定机构
阿拉斯加州(AK)	无	无	无	
亚拉巴马州(AL)	有	2005 年	A Plan for Excellence: Alabama Public Library Standards	亚拉巴马图书馆协会、亚拉巴马公共图书馆服务处
阿肯色州(AR)	无	无		
亚利桑那州(AZ)	无	无		
加利福尼亚州(CA)	无	无		
科罗拉多州(CO)	有	2011 年	2011 Colorado Public Library Standards	科罗拉多州图书馆
康涅狄格州(CT)	有	1993 年	Minimum Standards for Connecticut Principal Public Libraries	康涅狄格州图书馆计划与发展建设委员会
特拉华州(DE)	无	无		
佛罗里达州(FL)	有	2010 年更新	Standards for Florida Public Libraries	佛罗里达州图书馆协会

续表

州名(缩写)	有无标准	标准年代	标准名称	制定机构
佐治亚州(GA)	有	2006 年	Georgia Public Library Standards	佐治亚公共图书馆服务处
夏威夷州(HI)	无	无	无	
爱荷华州(IA)	有	2010 年	In Service to Iowa: Public Library Standards	爱荷华州图书馆委员会、爱荷华州图书馆
爱达荷州(ID)	有	2009 年(草案)	Standards for Idaho Public Libraries 2010	爱达荷州图书馆委员会
伊利诺伊州(IL)	有	1997 年	Serving our public: Standards for Illinois Public Libraries	伊利诺伊州图书馆协会
印第安纳州(IN)	有	2011 年	590 Indiana Administration Code 6	印第安纳州图书馆与历史委员会
堪萨斯州(KS)	有	2006 年	Standards for Kansas Public Library	堪萨斯州图书馆协会
肯塔基州(KY)	有	2011 年	Kentucky Public Libraries Standards: Direction and Service for the 21st Century	肯塔基州图书馆协会、肯塔基州图书馆与档案馆局
路易斯安那州(LA)	有	2010 年	Standards for Louisiana Public Libraries 2010	路易斯安那州图书馆协会公共图书馆处
马萨诸塞州(MA)	有		State Aid to Public Libraries	马萨诸塞州图书馆委员会
马里兰州(MD)	无	无	无	
缅因州(ME)	有	2006 年	2007 Maine Public Library Standards Striving for Excellence	缅因州图书馆协会
密歇根州(MI)	有	2011 年	State Aid to Public Libraries	密歇根州教育局、密歇根图书馆
明尼苏达州(MN)	有	1996 年	Standards for Minnesota Public Libraries-Essential, Enhanced, Excellent	明尼苏达州教育局
密苏里州(MO)	有	1999 年, 2005 年修订	Missouri Public Library Standards: An Implementation Plan	密苏里州图书馆协会

州名（缩写）	有无标准	标准年代	标准名称	制定机构
密西西比州（MS）	无	无	无	
蒙大拿州（MT）	有	2001 年	Montana Public Library Standards	蒙大拿州图书馆协会、蒙大拿州图书馆
北卡罗来纳州（NC）	有	1998 年	Guidelines for North Carolina Public Libraries	北卡罗来纳州图书馆指导协会
北达科他州（ND）	无	无	无	
内布拉斯加州（NE）	有	1996 年	Public Library Accreditation Guidelines	内布拉斯加州图书馆委员会
新罕布什尔州（NH）	无	无	无	
新泽西州（NJ）	有	1999 年出台，2001 年修订	Recommended Service Standards for Public Libraries in New Jersey	新泽西州图书馆协会
新墨西哥州（NM）	有	2000 年出版，2010 年修订	State Grants-in-Aid to Public Libraries	新墨西哥州图书馆
内华达州（NV）	有	2002 年出台，2007 年修订	Minimum Public Library Standards for Nevada	内华达州图书与档案馆
纽约州（NY）	有	2002 年	Minimum Public Library Standards in New York State	纽约州立图书馆
俄亥俄州（OH）	有	2002 年出台，2010 年修订	Standards for Public Library Service in Ohio	俄亥俄州图书馆委员会
俄克拉荷马州（OK）	有	2003 年	Models of Library Service and Youth Service Guidelines	俄克拉荷马州图书馆部
俄勒冈州（OR）	有	1988 年出版，2010 年更新	Standards for Oregon Public Libraries	俄勒冈州图书馆协会
宾夕法尼亚州（PA）	有	2001 年出台标准，2008 年纳入图书馆法	Pennsylvania Library Laws	宾夕法尼亚州教育部公共图书馆办公室
罗得岛州（RI）	有	2000 年	Minimum Standards for Rhode Island Public Libraries	罗得岛州图书与信息服务办公室
南卡罗来纳州（SC）	有	1998 年出台，2005 年技术部分更新	South Carolina Public Library Standards and Guidelines	南卡罗莱纳州图书馆董事会

续表

州名（缩写）	有无标准	标准年代	标准名称	制定机构
南达科他州（SD）	有	2010 年	South Dakota Public Library Standards	南达科他州图书馆董事会
田纳西州（TN）	有	2003 年	Tennessee Minimum Standards for Non-Metropolitan Public Libraries	田纳西州图书与档案部
德克萨斯州（TX）	有	2004 年	Texas Public Library Standards	德克萨斯州图书馆协会
犹他州（UT）	有	2009 年	Standards for Utah Public Libraries 2010	犹他州图书馆董事会
弗吉尼亚州（VA）	有	2009 年	Planning for Library Excellence：Standards for Virginia Public Libraries	弗吉尼亚州图书馆协会
佛蒙特州（VT）	有	1998 年	Minimum Standards for Vermont Public Libraries	佛蒙特州图书馆部
华盛顿（WA）	无	无	无	
威斯康星州（WI）	有	2010 年	Wisconsin Public Library Standards	威斯康星州公共指导部
西弗吉尼亚州（WV）	有	1992 年	《西弗吉尼亚州公共图书馆工作标准》	西弗吉尼亚州图书馆协会和图书馆委员会
怀俄明州（WY）	有	1983 年	《怀俄明州公共图书馆标准》	怀俄明州标准委员会

通过分析，我们发现各州《公共图书馆标准》制定机构常见的有三类：①由州图书馆协会制定标准，这也是最常见的，如佛罗里达州、德克萨斯州等；②由州图书馆委员会制定标准，如爱荷华州、俄亥俄州等；③由州教育局制定标准，如密歇根州、明尼苏达州等。大多数州在制定本州的标准时通常组成一个委员会去研究其他州的标准，然后结合本州的特点和特殊需求制定草稿，再经过广泛的评议修改草稿，最终形成正式的标准出版。因此，美国各州标准的指导思想和目的、强调的主题等各方面基本是统一的，只是涉及的具体数量指标不同。

在制定标准时，各州的《公共图书馆标准》一般都有最低标准和等级标准两种类型①。最低标准是在标准中提出的服务建议和各项指标是每个公共图书馆在向用户提供服务时必

---

① 刘璇. 美国公共图书馆标准概况及其实——以《威斯康星公共图书馆标准》为例[J]. 图书馆建设，2009（2）.

须遵守或达到的;等级标准是指建立在不同服务层次上的分级标准,等级标准一般包括一个最基本级的标准和一个或多个高于基本级的更高级别的标准。将公共图书馆分为"基本""适度""增强""优秀"4个服务等级,体现了其科学、合理的一面,即一个标准不可能适用于一个州内所有的公共图书馆(其中很多图书馆仅仅需要达到最基本的服务等级),但鼓励所有的公共图书馆向最高水平的服务方向努力。并且,一些州通过提供多种多样的奖励机制(如赋予特殊的资格或给予资金的资助)来激励各公共图书馆执行标准,但是公共图书馆标准实行自愿原则,不强制实行。

在内容框架上,美国《公共图书馆标准》中包括的主题多种多样,如员工培训、需求评估、长期计划、筹集资金的水平、设施、馆藏、员工水平、服务时间、资源共享、参考咨询服务、技术、青少年服务、对上级部门的服务、残疾人服务、对少数人(如儿童、老年人)的服务、政策发展、知识自由、公共关系与宣传推广、委员会培训等主题。

四、威斯康星州公共图书馆标准

《威斯康星公共图书馆标准》1987年第一次颁布,1994年第2版颁布,2000年第3版推出,2005年第4版推出,2010年第5版颁布,每隔几年就要修订一次。《威斯康星公共图书馆标准》(2010年版)共分为8章,在第1—3章对《标准》的制定者、制定目的、适用范围以及如何使用等情况进行简单解释。《标准》的主体内容主要集中在第4—8章,分别从管理、公共图书馆员工、馆藏和资源、服务、获取和设施5个方面展开,指出不同服务等级所要达到的具体标准。

这些量化标准建立在城市人口或服务人口基础之上,例如馆藏数量、员工水平、馆藏开支等。量化标准在两个维度上将指标进行细分,一个维度是服务人口(或城市人口),另一个维度是服务等级。服务人口(或城市人口)数量从小于2500人到大于100 000人共分了7个不同的等级。图书馆服务等级分为4个,"基本(Basic)""适度(Moderate)""增强(Enhanced)""优秀(Excellent)"。所有的公共图书馆都应该满足"基本"服务等级中的规定。同时,公共图书馆也可以建立服务目标,选择合适的等级制定计划,努力达到标准并进行评估。

《标准》中关于图书馆建设和服务的指标主要包括以下几部分:

1.服务人口

服务人口是指可以直接或间接享受图书馆服务的人口数量,也可以看成是图书馆所覆盖的服务半径范围。所谓服务半径,是指图书馆服务所辐射的地理范围,是读者到达公共图书馆的距离。《标准》通过计算驾车时间的方式来规定图书馆的服务半径。它指出,在城市内部驾车15分钟内可以到达,在乡村地区驾车30分钟可以到达。

公共图书馆是面向社会大众提供服务的,根据普遍均等原则,在测算其规模大小时一定要考虑该服务半径内人口数量的多少。只有确定了人口数量这一指标,才可以由此推算出图书馆资源数量以及阅览座位数量等,从而决定图书馆面积空间的大小。因此,服务人口因素是决定图书馆面积大小的重要指标之一。服务人口因素中最关键的问题是人口基数的确定,即以何标准确定图书馆服务对象的数量。

威斯康星州的标准推荐了4种服务人口的计算方法:根据图书馆的统计数据、使用系统范围内非本市居民利用图书馆的数据、通过本地流通数量来估计或者直接加上周边非服务区域的人口。

2. 馆藏标准

馆藏因素是除人口因素外的第二个重要指标。馆藏是图书馆业务活动开展的生命线，是一切读者服务活动的基础。没有馆藏资源，图书馆就没有存在的价值与基础。因此，《标准》设计图书馆面积空间时指出，图书馆不仅要容纳目前的馆藏，而且还要为 20 年增长的馆藏预留出空间。《标准》将公共图书馆分为四级，并根据城市人口和服务人口两个标准分别指出了不同人口规模的地区公共图书馆应该拥有的图书、期刊、视听资料、人均馆藏总量等情况。以人均印刷图书数量为例（详见表 3 所示），人均馆藏的数量从"基本"级到"优秀"级递增，从人口数低于 2500 人到大于 100 000 人递增变化。

表 3　人均拥有印刷图书数量（单位：册）

无论人口多寡，至少拥有图书 8000 册						
服务人口 级别	< 2500	2500—4999	5000—9999	10 000—24 999	25 000—49 999	50 000—99 999	> 100 000
基本	6.4	4.1	3.1	2.9	2.8	2.7	2.5
适度	7.8	4.8	3.8	3.5	3.5	2.9	2.8
增强	10.2	5.7	4.7	4.1	3.8	3.3	2.9
优秀	15	8.2	6.6	5.2	4.1	4	3.3

3. 工作人员的数量标准

工作人员是图书馆的灵魂，是实现图书馆各项功能的决定性因素，图书馆各项职能和业务都需要工作人员去完成和实现。《标准》指出公共图书馆要有固定的、付薪的、合格的员工，并且通过适当的培训使他们能够履行特殊的工作职责。但是不论服务人口或城市人口多少，图书馆至少要有一名正式的工作人员（Full Time Equivalent，简称 FTE）。工作人员的多少决定着图书馆的工作效率，同时也是决定图书馆建筑面积大小的指标之一。

表 4　千人全职馆员（FTE）数量（单位：人）

无论人口多寡，至少配备 1 名全职馆员						
服务人口 级别	< 2500	2500—4999	5000—9999	10 000—24 999	25 000—49 999	50 000—99 999	> 100 000
基本	0.6	0.5	0.5	0.5	0.5	0.5	0.4
适度	0.8	0.6	0.5	0.5	0.5	0.5	0.5
增强	0.9	0.7	0.6	0.6	0.6	0.6	0.6
优秀	1.4	0.9	0.9	0.7	0.7	0.6	0.6

4. 图书馆的设施标准

一所公共图书馆职能的充分发挥不仅仅依赖于适当规模的图书馆建筑实体，还依赖于其所拥有的设施条件，设施的精良、完备有助于公共图书馆业务的高效开展。

技术设施是保障公共图书馆服务有效开展的基础，是新的信息环境下图书馆职能发挥的重要条件。因此，《标准》中对技术设施也进行了规定，主要体现为计算机终端的数量标准，如表 5 所示。当服务人口低于 2500 人时，每千人至少拥有 2 台计算机，用以检索图书馆目录、电子资源及上网。另外,图书馆要有集成系统或者是共享的集成系统的一部分,也要有高速的网络连接。可能的情况下,还要提供公共无线网络。但是,网络的带宽等受制于国家基础设施情况而无法进行统一规定。

表5　千人拥有可访问互联网的计算机数量(单位:人)

服务人口 级别	<2500	2500—4999	5000—9999	10 000—24 999	25 000—49 999	50 000—99 999	>100 000
基本	2.19	1.25	0.73	0.6	0.53	0.53	0.53
适度	2.84	1.53	1	0.79	0.66	0.6	0.55
增强	4.28	1.88	1.21	0.92	0.81	0.78	0.63
优秀	6.48	2.58	1.75	1.35	1.37	0.93	0.73

同时,《威斯康星公共图书馆标准》对其他设施的规定如下:①图书馆提供充足的空间实施图书馆的全部服务,这些空间要包括今后图书馆长期发展所需空间,并且也要符合《标准》中对提供服务所需空间的规定;②图书馆有指定的为儿童和家庭使用的空间,空间要配有阅读材料、家具以及为儿童和残疾人设计的设施;③图书馆建筑和家具要满足州和国家法律中对残疾人的相关规定;④图书馆为用户使用图书馆的馆藏、目录和其他服务设置明显的提示标识;⑤图书馆的入口、休息室、水源和停车位等标识,要使用国际通用的标识;⑥图书馆要为用户和馆员提供充足、安全、照明良好和方便的停车空间;⑦图书馆外部照明良好并有明显的可以识别是图书馆的标识;⑧图书馆入口是明显的,设立在用户经常出入的图书馆建筑的一侧;⑨图书馆要提供应急设备;⑩图书馆的照明标准要符合北美照明工程学会(Illuminating Engineering Society of North America)标准。

英国基层图书馆标准化工作调研报告

一、英国公共图书馆立法及标准的历史梳理

1850年,英国议会通过了世界上第一部《公共图书馆法》(Public Library Act),英国的公共图书馆事业取得了迅速发展,到1990年已有公共图书馆360所。20世纪初期,英国的公共图书馆开始从城市向农村发展。随着图书馆数量的增多、馆藏的增长,经费等保障问题日益突出。而1850年的《公共图书馆法》在经费等方面存在诸多的限制。因此,英国国会开始进行《公共图书馆法》的修订工作。20世纪30至40年代,英国各地已经普遍建立了公共图书馆,但是各地的公共图书馆各自为政,不成体系。当时,许多图书馆服务的人口很少,服务人口在5000人以下的就有58个。为此,以麦考文为首的图书馆学界的有识之士,通过各种方式表达了改变现状的迫切要求。1942年,著名的《麦考文报告》发表。该报告分析了当时英国公共图书馆的状况,并对未来的发展提出了建议:加强公共图书馆的重组整合,构建全国性的图书馆网络,加大中央的扶持以及培训的力度。1959年,时任英国图书馆协会主席的罗伯兹发表《罗伯兹委员会报告》,该报告继承了《麦考文报告》的主要思想,提出了英国公共图书馆的改革措施:成立公共图书馆管理机构,制定服务标准并由中央政府监督实施。在

社会各界人士的努力推动下,采纳了 1942 年《麦考文报告》和 1959 年《罗伯兹委员会报告》主要思想的英国《公共图书馆与博物馆法》于 1964 年正式颁布。该法解决了英国公共图书馆发展中的三大核心问题:一是确认了政府的管理职能,二是确立了馆际合作的地位,三是确立了平等、免费的基本原则。

公共图书馆标准规范是其法律规范体系的重要组成部分。公共图书馆标准的拟定具有较长的历史,早于 1957 年,罗伯茨委员会便提交一份报告书,对于英国公共图书馆的经营制度进行了一定介绍,在某种程度上可看作是一项图书馆标准。报告中指出,若要使公众在任何地区都能找到需要的书籍,则各地政府机构每年需支付 5000 英镑的最低预算额;报告建议在城市图书馆,至少每 3000 人应配备一名图书馆员,在大型图书馆中比例可略降低,全部图书馆员中至少应有 40% 为合格馆员,其待遇应与教师相当。委员会建议有关各项标准应制定法律,以期能付诸实施。但是,由于各方面的原因,该报告尚不能作为实施的具体步骤。因此,英国政府于 1961 年组织工作小组针对罗伯茨委员会的建议制定具体的实施步骤,尤其是针对人口在 4 万人以下的镇和城区图书馆。小组于 1962 年提出报告,在报告中就各馆应遵循的一般原则说明如下:

◆ 图书馆所应具备之资料需兼收并蓄,举凡适合该地区特殊需要之新书及标准旧著均应收藏。图书馆亦应充分准备在馆内参考及馆外流通的各项资料,并能利用到本馆所缺的、更为广泛的他馆收藏之资料;

◆ 所有各馆均应充分准备儿童读物,并鼓励儿童多利用图书馆。此外更应与学校合作,适应青少年之特殊需求;

◆ 在图书馆中,应提供完备的参考与咨询服务;

◆ 公共图书馆为社会文化中心,应配备当地社区之需要,办理各项文化活动;

◆ 公共图书馆很早便成为学生所利用的场所,尤其是大专及高中学生、成人班及自修人士。因此,图书馆不仅应为其准备适当的场所,还需配有所需要的图书资料。

报告中还提出了"图书馆基本单位"的概念,指提供充分服务的最小图书馆单位,这一单位可能是一独立机构,也可能是县图书馆组织的分馆,也可能是一大城市的图书馆。工作小组结合图书馆基本单位的构想,设计了图书馆服务、人员等的最低标准,具体如下:

(1)每年应添购以下的图书资料

◆ 每馆不得少于 2000 种非小说类成人读物,其中包括英国出版的新旧著作、美国及其他国外出版的英文书籍、记忆乐谱(小册子除外),此外还应具备 300 册复本书和替换书;

◆ 不得少于 300 册用于补充和替换的参考书;

◆ 不得少于 3000 册成人阅读的小说;

◆ 不得少于 1500 册儿童读物;

◆ 在基本目录中不得少于 50 种一般性期刊,另应具备有若干种符合当地工商业需要及地方感兴趣的期刊。此外还应具备至少 3 种主要的日报;

◆ 备用 100 种常用外文的小说与非小说;

◆ 除期刊外,以上所列的各类资料每年至少增加 7200 册图书,为学校、机关团体服务所需要的书籍不计算在内,应另准备。

（2）人员

◆ 每 2500 居民至少拥有一位图书馆员；

◆ 人口在 10 万人以内的城市,图书馆员中应有 40% 为合格图书馆员,在人口密度较为集中的地区 30% 应为合格图书馆员,在较大都市中,其合格人员的比例不得低于 25%。

（3）建筑方面

◆ 在城市中,不超过 15 000 人应拥有一个图书馆,但因各种客观原因难以实现,一般来说,图书馆与民众所住的距离不应超过 1 英里的路程；

◆ 图书馆应选择市区内合适的地点,如靠近市中心、车站、商业区、停车场等公众服务场所；

◆ 关于图书馆建筑标准,报告建议参考国际图联及英国图书馆协会所制定的标准。

考虑到威尔士地区有两种语言,工作小组认为威尔士公共图书馆应鼓励民众阅读威尔士语言的著作,并提出以下具体建议：

◆ 任何一个公共图书馆若拥有 1000 名说威尔士语的读者时,即应购置所有威尔士语出版品各一部,除非该图书不适合公共图书馆所需要；

◆ 图书馆所服务的讲威尔士语的读者在 1000 人时,建议每购置 250 册图书,每 50 册为威尔士语的；

◆ 图书馆应增加能讲英语和威尔士语两种语言的工作人员。

二、BSI 的相关标准情况

英国的图书馆标准化体系主要由国家标准管理和制定体系、行业标准化体系两部分组成。在国家标准管理和制定体系中,BSI 是由英国政府标准化主管机构(DTI)和"皇家宪章"认可政府授权的机构,负责 BS 标准的制修订工作,承担英国国家标准化活动。英国的行业标准不受政府管理。行业标准化组织可根据需要制定本行业标准,且不需要在政府部门进行备案和审批,因此行业部门标准的制定具有很大的灵活性。英国标准化管理主要有 DTI、BSI 和英国认可服务组织(UKAS)负责。其中 DTI 是制定标准、测试和认证政策的政府主管部门,BSI 负责实施标准管理,UKAS 负责测试和认证资格管理。

目前,英国实施的现行图书馆国家标准 20 项,涉及的主题有图书馆信息、记录品和文献管理、信息检索、资源价格指数、缩微技术、统计评价等,其中有 14 项标准采用 ISO 标准,且全部为等同采用。现行标准中实施最早的是 1980 年 12 月 31 日开始实施的《图书馆和文件管理中心系列出版物收藏说明规范》(BS 5999—1980)。部分标准如表1 所示。

表1　英国图书馆领域部分国家标准

标准号	标准名称（英文）	标准名称（中文）	颁布时间
BS ISO 11620—2008	Information and documentation—Library performance indicators	信息和文献.图书馆绩效指标	2008 - 09 - 30
BS ISO 2789—2007	Information and documentation—International library statistics	信息和文献.国际图书馆统计学	2007 - 01 - 31

续表

标准号	标准名称(英文)	标准名称(中文)	颁布时间
BS ISO 9230—2007	Information and documentation—Determination of price indexes for print and electronic media purchased by libraries	信息和文献.图书馆购买印刷和电子媒介价格指数的测定	2007 - 05 - 31
BS ISO 15706 - 2—2007	Information and documentation—International Standard Audiovisual Number(ISAN)—Version identifier	信息和文献工作.国际标准视听数码(ISAN).译文标志符	2007 - 07 - 31
BS ISO 22310—2006	Information and documentation—Guidelines for standards drafters for stating records management requirements in standards	信息和文献工作.标准陈述记录管理要求的起草人标准指南	2006 - 05 - 31
BS ISO 23081 - 1—2006	Information and documentation—Records management processes—Metadata for records—Principles	信息和文献工作.记录管理过程.记录用元数据.原则	2006 - 02 - 21
BS ISO 2108—2005	Information and documentation—International standard book number (ISBN)	信息和文献工作.国际标准图书编号(ISBN)	2005 - 08 - 10
BS ISO 14416—2003	Information and documentation—Requirements for binding of books, periodicals, serials and other paper documents for archive and library use—Methods and mater	信息和文献工作.归档和图书馆用图书、期刊、丛书和其他纸型文献的装订要求.方法和材料	2003 - 10 - 07
PD ISO/TR 15489 - 2—2001	Information and documentation. Records management. Guidelines	信息和文献工作.记录管理.指南	2001 - 10 - 02
BS ISO 15707—2001	Information and documentation—International standard musical	信息和文件管理.国际标准音乐作品代码(ISWC)	2001 - 11 - 26

三、与基层公共图书馆相关的标准规范

表 2　英国与基层公共图书馆相关的标准规范

标准名称	颁布/发布机构	时间
全国		
《全面高效的现代化公共图书馆——标准与评估》Comprehensive, Efficient and Modern Public Libraries—Standards and Assessment	英国文化、传媒与体育部	2001 年

续表

标准名称	颁布/发布机构	时间
全国		
《公共图书馆服务标准》Public Library Service Standards	英国文化、传媒与体育部	2007 年 2008 年修订
《图书馆地区研究：公共图书馆提供地区研究指南》Local Studies Libraries：Library Association Guidelines for Local Studies Provision in Public Libraries	英国图书馆协会（CILIP 前身）	1990 年 2002 年修订
《面向"居家"人们的图书馆服务指南》Guidelines for library services to people who are housebound	英国图书馆协会（CILIP 前身）	1991 年
《珍本图书编目规则》Guidelines for the Cataloguing of Rare Books	英国图书馆协会（CILIP 前身）	1999 年 2007 年修订
《儿童和青少年服务：公共图书馆指南》Children and young people：Library Association guidelines for public library services	英国图书馆协会（CILIP 前身）	1999 年 （2 版）
《公共图书馆吸纳志愿者指南》Involving Volunteers in Public Libraries：Guidelines	英国图书馆协会（CILIP 前身）	2001 年
《面向视听障碍人士的图书馆和信息服务》Library and information services for deaf and hearing impaired people	英国图书馆和情报委员会（CILIP）	2004 年
《图书馆与信息专业人员伦理规范与实务守则》Introduction to Ethical Principles and Code of Professional Practice	英国图书馆和情报委员会（CILIP）	2004 年
《面向残疾人的图书馆和信息服务》Library and information services for disabled people	英国图书馆和情报委员会（CILIP）	2005 年
《视障人士的图书馆服务：最佳实践手册》Library Services for visually-impaired people：a manual of best practice	博物馆、图书馆和档案馆①（MLA）	2002 年
《公共图书馆争议性材料管理指南》Guideline On The Management Of Controversial Material In Public Libraries	博物馆、图书馆和档案馆（MLA）	2007 年
《图书馆定标比超》Library Benchmark	博物馆、图书馆和档案馆（MLA）	
威尔士地区		
《威尔士 全面、高效、现代化的公共图书馆——标准与指导》Comprehensive，Efficient and Modern Public Libraries for Wales—Standards and Monitoring	威尔士国民议会	2002 年

---

①　The Museums，Libraries & Archives Council

续表

标准名称	颁布/发布机构	时间
威尔士地区		
《威尔士 全面、高效、现代化的公共图书馆——提升服务标准（2005—2008）》Comprehensive, Efficient and Modern Public Libraries for Wales—Promoting Higher Services Standards 2005-08	威尔士国民议会	2005 年
《实现更高标准：威尔士公共图书馆运行及评估框架（2008—2011）》Achieving Higher Standards：A Performance and Assessment Framework for Public Libraries in Wales April 2008-March 2011	威尔士国民议会	2008 年
《维持价值服务——威尔士公共图书馆标准的第四次框架（2011—2014）》Maintaining a Valued Service：The Fourth Framework of Welsh Public Library Standards 2011-14	威尔士国民议会	2011 年
苏格兰地区		
《苏格兰公共图书馆服务标准》Standards for the public library service in Scotland	苏格兰地方官员会议组织	1986 年 1995 年修订
《Web 2.0 在图书馆的应用指南》A Guide to Using Web 2.0 in Libraries	苏格兰图书馆和信息理事会 英国图书馆和情报委员会	
英格兰地区		
《英格兰、威尔士公共图书馆服务标准》Standards of public library service in England and Wales	教育部	1961 年
北爱尔兰地区		
《明天的图书馆——公共图书馆概览》Tomorrow's Libraries—views of the Public Library Sector	北爱尔兰文化、艺术和休闲部 Department of Culture, Arts and Leisure	2002 年
《传递明天的图书馆——北爱尔兰公共图书馆的发展原则和优先事项》Delivering Tomorrow's Libraries—principles and priorities for the development of public libraries in Northern Ireland	北爱尔兰文化、艺术和休闲部 Department of Culture, Arts and Leisure	2006 年

四、英国《公共图书馆服务标准》

2000 年 5 月,英国文化部开始着手进行有关图书馆标准的制定工作,期望对之前的"年度图书馆规划"项目有所补充,在公共图书馆的规划与绩效跟踪之间建立起有效的联系。2001 年 4 月,英国文化、传媒与体育部制定了《全面高效的现代化公共图书馆——标准与评估》(Comprehensive,Efficient and Modern Public Libraries—Standards and Assessment,
下文简称《标准》),第一次为图书馆建立了一个绩效监测框架。按此标准,文化部对英国
所有的公共图书馆开始了为期 3 年(2001—2004 年)的评估达标工作。在后来的实施过
程中,由于考虑到有些指标不再具有评估意义或有些指标不如预期有效或不具有实际操
作意义,因而对指标做了部分调整。2006 年 3 月,英国文化部在 2001 年《标准》基础上进
行修订,公布了《公共图书馆服务标准》,之后于 2007 年 4 月、2008 年 4 月又进行了两次
修订,实施至今。

《标准》中指出,自 2001 年英国政府颁布公共图书馆标准以来,图书馆开放时间明显增
加,馆藏和信息通信技术不断改进,读者满意度和访问量也有所提高。《公共图书馆服务标
准》应明确图书馆如何满足当地社区的需求,反映当地群众期望的合理的最低服务标准。考
虑到图书馆服务方式的不断变化,各图书馆应根据自身服务的社区需求提供服务。因此,
《标准》中引入更大程度的弹性指标来指导图书馆服务。此外,文化、传媒与体育部希望各图
书馆机构能够将《标准》应用于各种评估活动中,即可以用于外部同行评估,也可作为图书馆
自身评估的工具。

《标准》中的具体指标如下:

(1)固定图书馆一定距离内能覆盖的家庭比率

表 3　图书馆服务覆盖家庭比率

行政区域类型	家庭覆盖率(%)		
	1 英里	2 英里	人口稀疏区 2 英里
内伦敦区	100	/	/
外伦敦区	99	/	/
大城市区	95	100	/
自治市镇	88	100	72
郡县	/	85	72

由表 3 可以看出,内伦敦区 100% 的家庭能在 1 英里范围内到达图书馆;外伦敦区 99%
的家庭能在 1 英里范围内到达图书馆;大城市区 95% 的家庭能在 1 英里范围内到达图书馆,
100% 的家庭能在 2 英里范围内到达图书馆;自治市镇地区 88% 的家庭能在 1 英里范围内到
达图书馆,100% 的家庭能在 2 英里以内到达图书馆;郡县地区 85% 的家庭能在 2 英里以内
到达图书馆;在人口稀疏区①,72% 的家庭能在 2 英里以内到达图书馆。

对固定图书馆覆盖不到的区域和人口,《标准》的解释中指出,以流动图书馆和"其他图
书馆服务形式"做补充,可以方便英国文化、传媒与体育部以及博物馆、图书馆及档案馆理事
会更全面地衡量图书馆服务。流动图书馆服务的最低标准为每个停靠点每 3 周一次,每次

---

① 英国采用的是两层式城乡分类架构,对于人口规模大于 10 万人的地区,不再进行二元划分城乡,
所以内伦敦、外伦敦、都市区没有再划分人口稀疏区,而自治市镇和郡县为了防止忽略城市与乡村地区均可
能有人口稀疏或较为集中的现象,又设置了人口稀疏区。

至少10分钟。"其他图书馆服务形式"指的是普通市民可以进入和使用,配备有借还书设备、介入互联网终端、有人员服务的信息服务点的空间区域,"其他图书馆服务形式"必须具有公共性,仅是为有限的几个人或是在一个封闭的社区内(如老人院)提供服务,则不能算在内。在每个流动图书馆预计停靠的站点周围0.25英里以内的住户数量和在"其他图书馆服务形式"的站点1英里以内的住户数量,需报告给文化、传媒与体育部。

(2)所有图书馆平均每千人拥有的累计开放时间——128小时

这个指标基于图书馆的固定开放时间,其中"人数"是指图书馆所在地区的居民总数。该指标=所有服务点一年的开放时间总和/人口总数。所有服务点,包括流动图书馆、固定图书馆以及指标(1)中提及的"其他图书馆服务形式",都计算在内。流动图书馆的服务时间不包括其路程时间,只包括在每个停靠点的累计时间;"其他图书馆服务形式"只计算提供图书馆服务的累计时间。

由于伦敦地区每日过往人流量较大,当地图书馆对人数测量将有所放大。放大人数等于以下总和:

◆ 当地居民;
◆ 平均每天的净访问量乘以0.25;
◆ 每年晚上访问者数量乘以0.5,然后除以365;每日访问者数量乘以0.5,除以3,再除以365。

(3)能够提供互联网信息资源服务的固定图书馆(根据CIPFA定义)比例——100%

每周开放时间超过10个小时,且拥有公共互联网接口的固定服务点比例。

(4)每万人拥有的能够提供互联网接入、图书馆联机书目查询服务的电子工作站总数[包括固定图书馆、流动图书馆及指标(1)中提及的其他图书馆服务形式]——6个

"电子工作站"是指能够接入互联网并进行联机书目查询的计算机终端。

(5)图书预约
◆ 7天内可获取到预约图书的比例——50%;
◆ 15天内可获取到预约图书的比例——70%;
◆ 30天内可获取到预约图书的比例——85%;

"7天、15天、30天"是指从读者预约图书到被告知图书可以获取的时间。

(6)平均每千人到馆人次
◆ 内伦敦区7650人次(或增加6800人次);
◆ 外伦敦区8600人次;
◆ 大都会区6300人次;
◆ 自治区6300人次;
◆ 郡治区6600人次。

由于图书馆服务方式的多样化,如何统计图书馆的访问量成为人们关心的话题。如果访问量计算点发生变化或全国统计标准不统一,那么将很难统计读者访问量的变化趋势,因此,英国文化、传媒与体育部、AC及CIPFA对物理访问量给出了新的界定:

如果图书馆不是多功能服务中心、不提供市政社区服务,那么图书馆的所有访问量都统计在内;如果图书馆集成了其他市政服务或者图书馆是多功能服务中心的一部分,那么图书馆机构只能统计使用图书馆的那部分用户。

计算方法:图书馆如何统计用户访问量最终是由各图书馆管理当局来决定的,所以,为了保持统计的一致性,文化、传媒与体育部建议以年为单位进行统计,并最好采用电子计数器。对于无法统计年访问量的图书馆,抽样调查也是必需的。

多服务点:图书馆日益扩大的服务范围产生了额外访问量,图书馆也应分别报告其所有服务点(包括到多功能服务中心但未访问图书馆的访问者)的总访问量。

虚拟访问量:虽然DCMS一直在规划将虚拟或远程访问的用户纳入统计范围,但是由于方法、技术等各方面的原因导致当时不可行。但是DCMS将继续努力,争取解决将虚拟/远程访问量纳入计算范围。为了完整地记录公共图书馆的使用情况,图书馆应当报告其网站访问量,网站访问量是指馆外读者无论多长时间或者基于何种目的而连接了图书馆网络资源,就是一个访问量,也就是图书馆网站的访问次数。

(7)7—16岁用户对图书馆服务的评价

□非常好 □好 □尚可 □差 □非常差

94%以上的读者对图书馆评价为"非常好"或"好"。

(8)16岁以下用户对图书馆服务的评价

□好 □尚可 □差

87%以上的用户评价图书馆服务为"好"。

为了提高少儿读者满意度的调查,2004年在进行该项调查时,表示将修改原来77%的目标。2007年12月,该项目标被设定为90%,年限为2007—2008年,但是实际的满意度低于90%,因此,此项指标最终被定义为87%。

(9)每千人年新增馆藏量——216册/件

新增馆藏包括图书、影音资料及电子出版物等,但是不包括报纸、期刊等资料。

在2001年第一版《标准》中,还详细给出了新增馆藏的具体分布:成人小说类年新增88件/册;非成人小说类年新增57件/册;儿童读物年新增69件/册;参考资料年新增11件/册;大型印刷书或缩微胶带类资料待定。

(10)流通馆藏更新年限——6.7年

"流通馆藏"是指公众能够获取、借阅的图书、缩微文献等各种资源,特殊馆藏不包括在内。计算数量的时候,馆藏的多复本要计算在内,但是作为参考资料或者保存本的不能包含在内。

2001年第一版《标准》中规定该项指标为8.5年。2008年第三版《标准》与2007年颁布的几乎没有变动,仅对指标(8)进行了微调,从原来的90%降至87%,但与2001年第一版相比,有了较多的改动,第一版《标准》有些内容规定的较为详细,如对以下几个方面的规定:

◆ 借阅者一次最多能借阅的图书数量为8本;图书馆常规的图书借阅时间不能少于3周;

◆ 65%的读者(无论成人或者儿童)能够顺利获得指定图书;75%的读者检索或查询后能够顺利获得所需信息;

◆ 95%的读者反映工作人员的知识为"很好"或"好";95%的读者反映工作人员的帮助"好"或"很好";

◆ 平均每千人用于馆藏购置的经费,《标准》中指出这一指标只是对图书馆是否愿意保持现有服务水平意愿的测试,因此还没有明确的衡量标准,不过1998/99年图书馆的投入水平可作为参考,平均每千人用于馆藏购置的经费低、中、高水平分别为:
图书:1298£,1620£,2018£

其他资料:253£ ,348£ ,503£

◆ 平均每千人拥有的员工数,分为具有一定信息管理能力和具有一定信息通信技术能力的两类员工,虽然具体指标数量没有指明,但是却提出该项评估指标。

香港地区公共图书馆标准化工作调研报告

香港是我国的特别行政区,面积1098平方公里,共有703万人[①]。自1997年以来,内地与香港图书馆界的交流合作更加频繁,内地学者对香港图书馆的研究也日渐深入,并取得较为丰硕的成果,1997—2011年期间,至少有191篇有关香港图书馆的期刊论文得到正式发表[②]。然而,在这些研究成果中,对于香港图书馆标准,尤其是公共图书馆标准的专门研究却几乎处于空白[③]。因此,笔者拟对目前香港公共图书馆在设施建设、馆藏发展、服务以及绩效评估等各方面采用的标准进行梳理和总结,便于相关人员深入了解香港公共图书馆的标准制定与实施现状,同时也可为我国内地公共图书馆标准化建设提供参考与借鉴。

一、香港公共图书馆的管理机制及事业发展概况

(一)香港公共图书馆系统

香港第一所公共图书馆,是1962年启用的大会堂公共图书馆。经过半个世纪的发展,目前香港公共图书馆系统主要由67间固定图书馆和10间流动图书馆(车)组成,这些不同规模及类型的服务点平均分布于香港境内每个区域,并且经由图书馆自动化系统连接起来,为不同年龄及不同界别的读者提供简便快捷的多元化公共图书馆服务[④]。2011年,香港公共图书馆登记读者达391万名,拥有图书1087万册和多媒体资料170万项,全年图书及其他资源的外借量超过5990万项[⑤]。

香港地区的公共图书馆主要分为五种类型:中央图书馆、主要图书馆、分区图书馆、小型图书馆和流动图书馆。各类型图书馆之间没有相互隶属关系,由总馆(香港中央图书馆)统一管理,共同构成了运作良好、机制健全的"总馆—分馆"的服务体系。

• 中央图书馆(1间):香港中央图书馆是香港最具规模的公共图书馆,也是全香港公共图书馆的中枢系统及资讯中心,提供超过200万项图书馆资源及多元化的设施[⑥]。

① 在地区层面设置公共图书馆[EB/OL]. http://www. legco. gov. hk/yr09-10/chinese/panels/ha/papers/ha0409cb2-1203-1-c. pdf.

② 2012年5月23日,笔者在CNKI期刊全文数据库的"图书情报与数字图书馆"专辑中,以篇名为"香港"并且"图书馆"的检索路径对1997—2011年期刊论文进行搜索的结果。

③ 2012年5月23日,笔者在CNKI期刊全文数据库的"图书情报与数字图书馆"专辑中,以篇名为"香港"并且"图书馆",并且主题为"标准"的检索路径对1997—2011年期刊论文进行搜索,记录为4条,且全部为香港高校图书馆相关论文。

④ 香港公共图书馆简介[EB/OL]. http://www. hkpl. gov. hk/tc_chi/aboutus/aboutus_intro/aboutus_intro. htmlhttp://sc. lcsd. gov. hk/gb/www. hkpl. gov. hk/tc_chi/aboutus/aboutus_intro/aboutus_intro. html.

⑤⑥ 康乐及文化事务署年报2010－11年报(公共图书馆)[EB/OL]. http://www. lcsd. gov. hk/dept/annualrpt/2010-11/tc/cs/index14. htm.

- 主要图书馆(5 间)：服务性质与分区图书馆类似，但规模较大，并提供分区图书馆所没有的全面参考咨询服务。
- 分区图书馆(30 间)：提供标准图书馆服务，满足各区居民的一般需要。
- 小型图书馆(31 间)：在分区图书馆以外额外提供服务的图书馆。当一个人口稠密的地区附近没有分区图书馆，并且短期内未有计划设立，会考虑设立小型图书馆。
- 流动图书馆/车(10 辆)：为人口密集但附近没有固定图书馆的地区或人口稀疏的偏远地区提供借阅服务。对于一些较为偏远地区以及交通不便的地点，也会特别安排流动图书服务站，由流动图书车到站提供图书借阅服务。

此外，香港康乐及文化事务署(康文署)于 2005 年推出了"便利图书站——社区图书馆伙伴计划"(Libraries@neighborhood—Community Libraries Partnership Scheme)。在该计划下，康文署与非营利机构(例如区议会)合作设立社区图书馆，合作模式是由香港公共图书馆外借整批图书馆资料，并提供免费专业意见，协助参与机构成立图书馆。这些社区图书馆的设立进一步加强了地区层面的图书馆服务，方便当地居民，特别是儿童、青少年、家庭主妇和老年人就近借阅图书馆资料[1]。截至 2011 年年底，已有 194 间社区图书馆成立，遍布全港 18 个区[2]。

(二)香港公共图书馆的管理机制

1962 年，香港大会堂公共图书馆落成之时，公共图书馆由市政局管理。1986 年，区域市政局成立后，香港逐渐形成了两个公共图书馆系统，一个是由市政局管理的香港岛和九龙区图书馆系统，包含香港和九龙市区 29 所公共图书馆；另一个是由区域市政局管理的新界区图书馆系统，包含郊区新界等 22 所公共图书馆。两个图书馆系统在很长的时间内都互不兼容，分别签发借书证并各自有独立的检索系统[3]。

1997 年香港回归后，从 2000 年开始，香港特别行政区政府的康乐及文化事务署取代市政局和区域市政局，对全港公共图书馆实行统一管理和服务。2008 年起香港区议会开始参与本地区图书馆管理。此外，香港政府还分别于 2004 年和 2008 年成立图书馆委员会和公共图书馆咨询委员会，以独立委员会的身份向香港政府提出有关公共图书馆运营管理的咨询意见及建议。

1. 香港康乐及文化事务署

香港康乐及文化事务署是香港特别行政区政府民政事务局辖下的部门，专责统筹香港特别行政区的康乐体育及文化艺术有关的活动和服务，由康乐事务部和文化事务部组成。文化事务部下设演艺科、文物及博物馆科、图书馆及发展科。图书馆及发展科负责制定和推广公共图书馆有关的建设计划，推广图书馆服务和文学艺术，筹划新图书馆的启用，以及管理现有的公共图书馆。它由一位助理署长管理，内设香港中央图书馆及港岛区图书馆组、采

① 在地区层面设置公共图书馆[EB/OL]. http://www.legco.gov.hk/yr09-10/chinese/panels/ha/papers/ha0409cb2-1203-1-c.pdf.

② 康乐及文化事务署年报 2010-11 年报(公共图书馆)[EB/OL]. http://www.lcsd.gov.hk/dept/annualrpt/2010-11/tc/main.htm.

③ 邓绍康. 再访香港公共图书馆[J]. 福建图书馆理论与实践,2007(4).

编及九龙区图书馆、推广活动及新界区图书馆组①,分别由 3 位总馆长负责。总馆长下设高级馆长,分别负责采编、流通、参考、信息化等重要业务。高级馆长下设馆长,担任中央图书馆组长及分区图书馆馆长。馆长下再设助理馆长,担任分区图书馆组长及小型图书馆馆长。助理馆长下设图书馆助理员,负责日常的具体业务工作②。(具体管理机制见图1)。

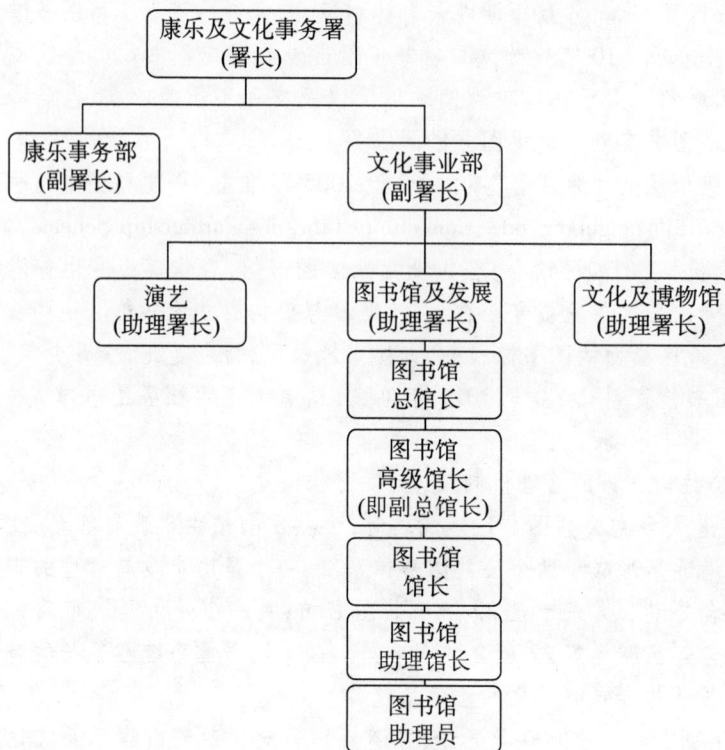

图1　香港公共图书馆的管理机制

2. 香港区议会

2006 年 1 月,为强化区议会在地方行政中的角色,并确保地区的需要得到迅速响应,香港政府开始在湾仔等四个区推行"区议会参与管理地区设施先导计划",试行让区议会参与管理图书馆、社区会堂、体育场所等地区设施③。2008 年 1 月起,香港各区议会开始全面参与管理全港 18 区的地区图书馆事务,包括积极向有关政府部门提出各项改善图书馆管理的建议,就筹建新馆或改善设施条件提出工程计划并提供资助,应本地区公共图书馆申请拨款资助推广活动等。仅在 2010—2011 年度,香港各区公共图书馆就利用区议会的财政资助举办了超过 3100 场定期推广活动④。

---

① 王晓东.香港公共图书馆管理体制及其对深圳建设图书馆之城的启示[J].深图通讯,2005(1).
② 卢子博.先进发达的香港公共图书馆[J].江苏图书馆学报,2001(4).
③ 香港大学顾问小组,香港大学社会工作及社会行政学系.区议会参与管理地区设施及加强伙伴关系先导计划评估研究[Z],2008.
④ 康乐及文化事务署年报 2010 - 11 年报(公共图书馆)[EB/OL]. http://www. lcsd. gov. hk/dept/an-nualrpt/2010-11/tc/main. htm.

3. 独立咨询委员会

2004 年 11 月,香港特别行政区政府根据文化委员会呈交的政策建议报告,成立了图书馆委员会。图书馆委员会成员有 21 人,他们来自不同界别,包括文化艺术界、商界、专业人士、教育界及地区人士,任期两年。图书馆委员会的职责是向民政事务局局长提供策略和计划上的意见,以改善香港公共图书馆的设施与服务,并加强与小区的合作和伙伴关系。

2008 年 5 月,香港特别行政区政府根据图书馆委员会的建议成立公共图书馆咨询委员会,负责就香港公共图书馆的整体发展策略向政府提供意见,包括制定图书馆设施和服务的发展策略及措施,以实践香港公共图书馆较广阔的文化使命;确定香港中央图书馆的角色、功能和管理事宜;以及鼓励社会支持并与各界合作推广阅读风气、终身学习和文学艺术①。

(三)香港公共图书馆立法

香港康文署根据《联合国教科文组织公共图书馆宣言》精神,并依从香港法例第 132AL 章《图书馆规例》来规范公共图书馆的使用情况。

早在 1974 年,当时的公共图书馆由市政局管理,香港市政局颁布了《图书馆(香港市政局)附例》(以下简称《附例》),仅适用于市政局所属图书馆范围。2000 年市政局和区域市政局两大公共图书馆系统重组,《附例》被《提供市政服务(重组)条例》(第 552 章)第 7 条废除。根据该条例第 7(3)条,《图书馆规例》(第 132 章,附属法例 AL)适用于《附例》在紧接被废除前适用的事宜,就该等事宜而适用,并视为已取代《附例》。

《图书馆规例》②共有 45 条,分别对图书馆开放时间、图书证的申领与遗失、外借服务、参考咨询服务、服务费用以及相关法律责任等做出规定,为香港公共图书馆开展相关服务提供了法律依据。此外,由于香港公共图书馆的管理采取行政长官负责制,《图书馆规例》赋予了康文署署长和公共图书馆总馆长很大的权力和责任。署长掌管着公共图书馆的开放时间、按金的厘定、藏件借阅数目和交还图书馆藏件的程序等重大事项的决定权;总馆长则享有多项特别处置权,例如图书证、借书证的申请、管理与注销,以及图书馆馆藏遭受损坏时的赔偿事宜等均由总馆长判断处理③。

二、香港公共图书馆相关标准

香港公共图书馆所依据的标准主要有两类:一是香港政府相关部门发布的技术标准,如规划署发布的《香港规划标准与准则》;二是康文署根据相关立法(例如《图书馆规例》)的明确授权,或在部门职责范围内制订的图书馆标准。这些标准涵盖了设施、资源、服务以及统计评估等多个方面,为香港公共图书馆的规范化运营提供了明确依据。

(一)设施标准

1. 馆舍设置标准——《香港规划标准与准则》

香港公共图书馆参照现行《香港规划标准与准则》而设置,它由香港政府于 1982 年制定

---

① 发展公共图书馆服务. 立法会 CB(2)1301/08 - 09 号文件.

② 《图书馆规例》摘要[EB/OL]. http://sc. lcsd. gov. hk/gb/www. hkpl. gov. hk/tc_chi/aboutus/aboutus_lr/aboutus_lr. html.

③ 安向前. 中西合璧,收蓄创新——感受香港特区《图书馆规例》[J]. 河北科技图苑,2011(7).

并多次修订,最后一次修订是 2011 年 8 月。《香港规划标准与准则》是一本技术手册,所载的标准与准则不具备法定效力,也不具约束力。在适当情况下,这些规划标准与准则会在土地契约条款中订明,或在城市规划委员会批给规划许可时以附带条件方式订明。因此,制定《香港规划标准与准则》的原意虽然是作为规划师的辅助工具,但现已成为香港规划机制中不可或缺的实用部分①。

根据《香港规划标准与准则》中"社区设施—文娱设施—图书馆"的规定,每个分区应各设一间分区图书馆,而每 20 万人应设一间分区图书馆。香港现有人口 703 万,共设 66 间固定图书馆和 10 辆流动图书车为市民服务。整体来说,香港目前设置公共图书馆的情况已符合《香港规划标准与准则》所建议的标准②。

此外,香港康乐及文化事务署在筹建新图书馆时,除参照《香港规划标准与准则》相关规定之外,还考虑以下因素:

a)人口增长的速度,特别是新市镇如天水围、将军澳和东涌;

b)地区对图书馆设施的要求,包括区内其他图书馆的使用率;

c)个别地区现有图书馆的提供和分布情况;

d)个别工程的准备工作是否已经就绪,包括地块是否可供使用或地块所在地点是否有交通可到达③。

2. 馆舍面积标准

《香港规划标准与准则》对图书馆设置做出相关规定,其主要目的是为图书馆的设置在人口比例上提供一个客观的标准,但对图书馆的用地条件及楼面面积要求则没有特别规定,由康文署应各区所需而定。目前,香港公共图书馆楼面面积标准如表 1 所示。

表 1　香港公共图书馆楼面面积标准④

类型	服务人口(万人)	楼面面积⑤(m²)	面积标准(m²/千册)	建设要求
中央图书馆	650	33 800	16.9	独立建设
主要图书馆	达到 40	6200	17.9	独立建设
分区图书馆	20 — 40	2900	17.9	可联合建设
小型图书馆	不足 20	500		联合建设
流动图书馆	属分区馆管理,每 2 辆车配一助理馆长			

---

① 《香港规划标准与准则》摘要[EB/OL]. http://www. pland. gov. hk/pland_tc/tech_doc/hkpsg/sum/pdf/sum. pdf.

② 在地区层面设置公共图书馆[EB/OL]. http://www. legco. gov. hk/yr09-10/chinese/panels/ha/papers/ha0409cb2-1203-1-c. pdf.

③ 邓绍康. 再访香港公共图书馆[J]. 福建图书馆理论与实践,2007(4).

④ 张广钦. 公共图书馆面积规划实践分析(上)[J]. 国家图书馆学刊,2009(2).

⑤ 香港公共图书馆建设面积标准数据主要来自张广钦《公共图书馆面积规划实践分析(上)》,据该文注解,此数据为 2005 年 12 月张广钦博士随《公共图书馆建设标准》调研组前往香港中央图书馆调研时由香港中央图书馆提供。香港政府自 2006 年起已采纳新标准,增加了原标准中新图书馆的面积,主要图书馆楼面面积由 3310 平方米增至 6200 平方米,分区图书馆楼面面积由 2200 平方米增至 2900 平方米。

此外,根据《香港规划标准与准则》,通常应在各主要/分区公共图书馆内设一间约200平方米楼面面积的自修室。

(二)馆藏发展标准

1. 藏书标准

香港地区不同类型图书馆因其服务对象和服务内容的不同,对馆藏要求也不一样(详见表2)。

表2　香港公共图书馆馆藏标准①

类型	服务人口 (万人)	藏书标准 (万册)②	配书标准 (册/人)	馆藏范畴和程度③
中央 图书馆	650	200	0.3	致力于发展完备的外借和参考馆藏,除为一般读者搜集优良读物,也就不同学科采购由大学本科至学位程度的馆藏,与香港有关的课题和艺术、文学、中国研究等学科馆藏资料达到研究程度,并存放国际组织托存文献
主要 图书馆	达到40	28	0.7	馆藏包括一般读物以至大学本科程度的资料,其参考图书馆则储备一般参考资料,提供日常资讯和有系统的学科研究资料。此外致力于建立专题馆藏
分区 图书馆	20—40	14	0.7	馆藏以均衡为本,既有学科基本读物,也有大学本科或以下程度资料。因面积所限,只储备少量参考馆藏
小型 图书馆	不足20			基于基本的成人和儿童借阅服务,馆藏包括消闲读物以及最高达到中学程度的基本资讯。另备基本参考工具供读者使用
流动 图书馆	属分区馆管理,每2辆车配一助理馆长			基于基本的成人和儿童借阅服务,馆藏包括消闲读物以及最高达到中学程度的基本资讯

2. 馆藏采选标准

香港公共图书馆系统的馆藏采选工作具体由香港中央图书馆统筹开展,其采选政策是"建立图书馆馆藏,以满足市民在知识、信息、终身学习、研究和善用余暇方面的需要"。一直以来,香港中央图书馆均以联合国教科文组织《公共图书馆宣言》为原则,综合考虑香港公共图书馆的目标、国际标准、信息科技的演进、图书馆内外环境的转变(例如人口变化和使用模

---

①　张广钦. 公共图书馆面积规划实践分析(上)[J]. 国家图书馆学刊,2009(2).

②　香港公共图书馆藏书标准数据主要来自张广钦《公共图书馆面积规划实践分析(上)》,据该文注解,此数据为2005年12月张广钦博士随《公共图书馆建设标准》调研组前往香港中央图书馆调研时由香港中央图书馆提供。

③　香港公共图书馆:馆藏范畴和程度[EB/OL]. http://www.hkpl. gov. hk/tc_chi/collections/collections_cd/collections_cd_slc/collections_cd_slc. html.

式等)以及出版趋势等五大因素采选图书馆资源。

根据香港公共图书馆的采购政策,香港公共图书馆系统每年最少应采购 70 万项资料,包括印刷文献、试听资源和电子资源。图书馆馆藏采购比例应符合以下比例:

(a)中文书籍与英文书籍的比例为 80% 与 20% 之比;

(b)成年人书籍与儿童书籍的比例为 70% 与 30% 之比;

(c)非小说书籍与小说书籍的比例为 75% 与 25% 之比;

(d)参考书籍应占总藏书量的 20%;

(e)多媒体数据应占总藏量的 10%[①]。

自 2000 年由康文署接管后,香港公共图书馆便一直采用上述参考比例采购馆藏。

3. 馆藏加工处理标准

新购置的图书馆资源须先经香港公共图书馆处理,才可提供市民使用。主要的处理工序包括编制目录、装订、送往收藏的图书馆以及整理,其工序标准见表 3。

表 3　新图书馆资料的处理工序标准[②]

处理阶段	负责单位	目标处理时间	工作内容
编制目录	康文署采编组	21 个工作日(即约 30 个自然日)	编制目录的工作集中由采编组进行。采编组的编目小组以扫描器扫描图书馆资料的条码标签,以便把资料记录在图书馆电脑系统内。香港公共图书馆内部订立的工作目标是在 21 个工作日内完成编制目录的工作
装订	惩教署	30 个自然日	平装书籍需要装订,使书籍更加耐用,因此会送往惩教署进行装订/封面过胶。根据香港公共图书馆与惩教署签订的服务合约,惩教署从采编组处接受书籍后,须于 30 个自然日内进行装订/封面过胶,并把书籍送往收藏的图书馆
送往收藏	康文署采编组及邮政署	5 个工作日(即约 7 个自然日)	精装书籍及多媒体资料无须装订,采编组会安排把这些资料送往收藏的图书馆。根据香港公共图书馆与邮政署签订的服务合约,邮政署须于 5 个工作日内把图书馆资料送往收藏的图书馆
整理	收藏的图书馆	21 个工作日(即约 30 个自然日)	收藏的图书馆会进行整理工作,包括为每项图书馆资料装上防盗磁条及盖上图书馆印章。整理工作完成后,收藏的图书馆会推出图书馆资料,供市民使用。香港公共图书馆内部订立的工作目标是在 21 个工作日内完成整理工作

---

①② 《审计署署长第 48 号报告书》第 6 章——提供公共图书馆服务[EB/OL]. http://www.aud.gov.hk/pdf_c/c48ch06.pdf.

根据以上要求,新图书馆资料的加工处理时间标准如下:

(a)需要装订的图书馆数据:约90个自然日(即以30天编制目录、30天装订和30天进行整理工作计——见表3第1—2及4项);

(b)无须装订的图书馆数据:约67个自然日(即以30天编制目录、7天把图书馆资料送往收藏的图书馆和30天进行整理工作计——见表3第1—3及4项)。

(三)服务标准

香港公共图书馆的服务主要依据《图书馆规例》相关规定,康文署也会根据《规例》授权和职责要求,在开放时间和服务时间等方面规定细化标准。

1. 开放时间标准

根据《图书馆规例》第五条,图书馆向公众开放的日期及时间,须由(康文署)署长布置决定,署长可指示将某间图书馆或其任何部分在任何指明期间内关闭。

香港康文署认为,根据《公共图书馆服务:IFLA/UNESCO发展指南》,"为了尽可能让公众使用公共图书馆服务,公共图书馆必须在最方便的时间开放给在小区内生活、工作和学习的人使用",因此确保公共图书馆的开放时间最能切合社会的需要和期望是十分重要的。在此认识下,香港各类型公共图书馆的开放时间并非一致,而是根据社会公众的需求及图书馆服务职能的不同而各不相同,2007年的每周开放时长及具体开放时间见表4和表5。自2009年4月1日起,为满足公众对延长公共图书馆开放时间的需求,香港康文署在区议会的支持下,将33个主要及分区图书馆的开放时间改为一星期开放7天,每周开放时间则由61至62小时增至71小时[1]。

表4　香港公共图书馆每周开放时数[2]

图书馆类型	每周开放时数	
	市区图书馆	新界区图书馆
香港中央图书馆	74	
主要图书馆和分区图书馆	61	60或62
小型图书馆	50	14或56
流动图书馆	42	42

表5　香港各类型公共图书馆的开放时间[3]

市区图书馆		新界区图书馆
香港中央图书馆(每周74小时)		
星期一至星期日(星期三除外)	上午十时至晚上九时	
星期三	下午一时至晚上九时	
公众假期	上午十时至晚上七时	

---

①　发展公共图书馆服务.立法会CB(2)1301/08-09号文件.

②③　《审计署署长第48号报告书》第6章——提供公共图书馆服务[EB/OL]. http://www.aud.gov.hk/pdf_c/c48ch06.pdf.

续表

市区图书馆		新界区图书馆	
主要/分区图书馆(每周61小时)		主要/分区图书馆(每周62小时)(注1)	
星期一至星期四	上午十时至晚上七时	星期一至星期五(星期一或星期四的休息日除外)	上午九时至晚上八时
星期五	上午十时至晚上九时		
星期六、日及公众假期	上午十时至下午五时	星期六	上午九时至晚上七时
		星期日及公众假期	上午九时至下午五时
小型图书馆(每周50小时)		小型图书馆(每周39小时)(注2)	
星期一至星期三	上午十时至晚上七时	星期一、三、六	上午十时至下午一时 下午二时至下午六时
星期四	休息	星期四	休息
星期五	上午十时至晚上七时	星期二及星期五	下午一时至晚上八时
星期六及星期日	上午十时至下午五时	星期日及公众假期	上午九时至下午一时
公众假期	上午十时至下午一时		
流动图书馆(每周42小时)		流动图书馆(每周42小时)	
星期一至星期六	上午十时至下午一时 下午二时至下午六时	星期一至星期六	上午十时至下午一时 下午二时至下午六时
星期日及公众假期	休息	星期日及公众假期	休息

资料来源:康文署的记录

注1:长洲公共图书馆为分区图书馆,开放时间稍有不同,每周共开放60小时。

注2:在11间小型图书馆中,表载开放时间适用于其中3间,其余8间的开放时间不同,每周由14小时至56小时不等。

2. 服务时间标准

除了开放时间外,康文署在公共图书馆各项服务的时间上也有相关标准(详见表6)[①]:

表6 公共图书馆服务项目时间标准及其完成情况

服务类别	目标	2010至2011年度的完成情况
在图书馆开放使用时(包括繁忙时段)有九成时间达到以下服务标准:		
(1)申请新图书证	10分钟	100%
(2)补领图书证	10分钟	100%
(3)外借一项图书馆资料	5分钟	100%
(4)归还一项图书馆资料	5分钟	100%
(5)预约一项图书馆资料	5分钟	100%

① 香港康乐文化事务署. 图书馆服务承诺[EB/OL]. http://www.lcsd.gov.hk/b5/about_pledge_2.php#lib.

（四）评估标准

目前,香港康文署对公共图书馆绩效进行统计评估时,主要依据国际图书馆协会联合会（IFLA）于 2001 年 8 月发布的《公共图书馆服务:IFLA/UNESCO 发展指南》（以下简称《指南》）所建议的标准,其主要指标见表7[①]。

表7　公共图书馆绩效评估指标

资源指标	人均馆藏量
	人均终端机/个人电脑数目
	人均联机公众检索电脑数目
使用量指标	登记读者人数占人口的百分率
	人均外借次数
	按图书馆资料数量计算的平均外借次数
	按图书馆开放时数计算的平均外借次数
	人均前往图书馆次数
	人均参考资料查询次数
	取得电子媒体资料和其他非印刷资料的次数
人力资源指标	等同全职人员与人口的比例
	专业人员与人口的比例
成本指标	功能、服务及活动的单位成本
	按功能计算的职员成本,例如处理书籍和举办活动
	按人口、登记读者人数、使用者人次和图书馆数目计算的平均成本

同时,根据《指南》建议,指标数据的收集应在一段时间内持续进行,通过连续两年或数年的数据对比,可以评估公共图书馆服务水平提升或下降的程度。据此,香港公共图书馆自 2000 年起,就基于该套绩效指标定期收集相关统计资料(见表8)。

表8　2000—2006 年度公共图书馆的主要绩效指标[②]

	2000 年	2001 年	2002 年	2003 年	2004 年	2005 年	2006 年
现有书籍和视听资料（百万项）	8.3	9.4	9.6	10.2	11.1	11.6	11.9
按人均计算的图书馆馆藏	1.3	1.4	1.4	1.5	1.6	1.7	1.7
外借图书馆资料（百万项）	34.5	42.5	53.3	58.6	62.1	61.0	61.3
登记读者(百万名)	2.5	2.5	2.8	3.0	3.1	3.3	3.4

①② 《审计署署长第 48 号报告书》第 6 章——提供公共图书馆服务[EB/OL]. http://www.aud.gov.hk/pdf_c/c48ch06.pdf.

续表

	2000 年	2001 年	2002 年	2003 年	2004 年	2005 年	2006 年
按每名登记读者计算的外借图书馆资料	13.9	16.7	19.2	19.8	19.8	18.5	17.8
按人均计算的外借图书馆资料	5.2	6.3	7.9	8.5	9.1	8.8	8.8
登记读者人数占人口的百分率(%)	37.3	37.8	40.9	43.1	45.9	47.6	49.2
处理的查询(百万宗)	1.1	2.6	3.8	3.9	4.0	4.1	4.1
按人均计算的查询	0.2	0.4	0.6	0.6	0.6	0.6	0.6
推广活动(千次)	14.8	17.6	17.5	15.2	17.0	18.5	18.9
图书馆数目	67	69	69	70	72	74	76

资料来源:康文署的管制人员报告

三、香港公共图书馆标准的特点

(一)定量与定性相结合,以定量为主

香港公共图书馆标准的制订采用了定量与定性相结合,并以定量为主的方式,在图书馆设置、馆舍面积、藏书标准、各类型馆藏采购比例、开放时间、服务时间等能够量化的地方均采取量化的方式,表述简明而易操作。定性的标准仅出现在公共图书馆绩效评估等不宜量化的领域,同时也会作为定量标准的适当补充,例如馆藏采选方面。

(二)切合需求,因地制宜

香港公共图书馆标准在实施过程中并非一成不变,灵活性较强。以馆藏采购为例,虽然规定了各类型馆藏的采购比例,但具体采购中每年仍要综合考虑现有馆藏资料比例和使用率、一般市民的需要和兴趣、不同图书馆的使用率以及年内合乎本地需要的新出版资料数量等因素对采购策略进行调整。尤其是为新图书馆建立馆藏时,康文署需要考虑当地相关的社会、经济和人口因素,以确定新图书馆所属社区的需要,使馆藏种类与本地区居民的需求相配合。

(三)通过审计机制有效推进和监督标准的实施

香港公共图书馆标准的实施效果都比较好,以《香港规划标准与准则》为例,虽然只是不具法律约束力的技术手册,但目前香港设置公共图书馆的情况已符合《香港规划标准与准则》所建议的标准。标准实施效果往往受标准本身制订的是否科学,以及标准实施的监督机制是否完善等因素影响,而香港完备成熟的审计机制恰恰对这两点都起到了积极作用。香港审计工作的首要目标是协助提升香港政府及其他公营机构的服务表现及问责性[①],在此目标指引下,香港特别行政区审计署分别于 2002 年和 2007 年对香港公共图书馆进行了全方

---

① 香港特别行政区政府审计署. 理想、使命、信念[EB/OL]. http://www. aud. gov. hk/sc/aboutus/about_vision. htm.

位的审计。其审计方式主要是将康文署提供的公共图书馆标准与实际发展数据进行对比，分析其差距是否合理并提出改善意见，对于缺失的标准还会提出制订建议，而对于这些意见建议，康文署有义务做出明确答复①。这样的审计机制对于香港公共图书馆标准的科学制订和有效实施起到了很好的推进和监督作用。

---

① 2002 年审计署报告就曾提出"有需要参照国际指引和标准，制定更有效用的服务表现指标，以衡量香港公共图书馆的服务表现；制定服务表现目标，以衡量香港公共图书馆职员在处理和整理图书馆资料各个阶段的工作效率"。康乐及文化事务署署长同意审计署的建议，表示"会参照新的《指引》和顾问的建议，制定一套有效用的服务表现指标；以及参照图书馆职员的输出量统计数字，制定一套切合实际的服务表现目标，以衡量职员的工作效率"。

第五章　我国基层图书馆标准规范体系构建

　　基层图书馆是我国公共图书馆事业发展的重要组成部分,特别是乡镇(街道)、村(社区)一级图书馆(室),作为最贴近广大农村和城市普通民众的图书馆或图书馆服务点,是我国公共图书馆服务网络的"神经末梢",它面向一个地区的所有公众,提供全开放、无差别,近在咫尺、方便获取的图书馆服务,从某种意义上说,基层图书馆最能够体现联合国教科文组织在《公共图书馆宣言》(1994)中所指出的公共图书馆职能,即"公共图书馆是各地通向知识之门,为个人和社会群体的终生学习、独立决策和文化发展提供了基本的条件。"①

　　改革开放以来,随着国家经济社会的快速发展,居民生活水平不断提高。根据马斯洛需求层次理论,在基本生活需求得到满足之后,精神文化需求会上升为人们的主要需求。回顾近几十年人们社会生活热点的变化,从广场"热舞"到各地卫视综艺节目的热播,从电影及各种文化演出市场的繁荣到阅读载体与形式的不断翻新,从动漫、游戏产业的快速发展到图书馆、博物馆、文化馆等文化事业更多地进入人们的生活,广大基层群众对文化生活的渴求似乎是在一夜之间膨胀起来,人们对文化生活的内容、形式、质量都有了更新更高的要求。中央和地方各级政府积极响应和引导人们的文化生活,对文化事业,尤其是基层文化设施建设给予了大力支持,特别是近些年来,受益于"农家书屋""图书馆进社区""县级图书馆修缮""乡镇综合文化站建设""送书下乡""全国文化信息资源共享工程"等项目,基层图书馆发展面貌一新,建设社会主义文化强国战略的提出,使我国基层图书馆与其他文化事业一同迎来了一个快速发展的黄金时期。

　　与大、中型公共图书馆相比,基层图书馆的服务更容易贴合社会公众的日常生活、学习与工作需求,也最容易在改善人民群众精神文化生活方面发挥积极作用。同时,基层图书馆也更多地肩负了城乡居民对图书馆服务的要求,肩负着在促进地方经济社会发展中释放更多正能量的责任。然而,基层图书馆的发展现实却远不能令人满意,无论是发达地区还是欠发达地区,无论是人口稠密地区还是偏远地区,乡镇(街道)、村(社区)图书馆(室)的发展几乎都未成体系,馆舍条件差,馆藏文献陈旧,专业人员匮乏,服务缺乏吸引力,发展缺乏活力几乎成了当前基层图书馆的现状。借鉴国外发展经验,制定一套符合基层图书馆基本职能、体现基层图书馆特性的标准规范体系,将会规范和促进基层图书馆发展,为其提升业务管理水平提供依据,促使其丰富服务内容,更好地满足社会需求,同时也为有关方面对基层图书馆进行科学管理提供共同遵循的准则,使标准规范体系建设成为保障基层图书馆可持续发展的重要举措。

---

　　① 联合国教科文组织. 公共图书馆宣言[EB/OL]. [2013 - 02 - 11]. http://archive. ifla. org/VII/s8/unesco/chine. pdf.

第一节　基层图书馆标准化工作的现状与需求

一、任重而道远：我国基层图书馆标准化工作现状剖析

1979 年全国文献与信息标准化技术委员会成立,1987 年全国文献影像技术标准化技术委员会成立,2008 年全国图书馆标准化技术委员会成立,我国在图书馆标准化研究与实践方面取得了大量成果,一方面使得业界对标准化工作的认识逐步深入,另一方面也深刻影响了我国图书馆事业的发展轨迹,有力地促进了我国图书馆事业的全面进步。截至 2014 年 6 月,我国共制定图书馆有关国家标准或行业标准 145 项①。这些标准的覆盖领域主要为文献分类标引标准(分类法等)、主题标引标准(词表等)、编目工作标准(著录规则等)、文献数据库标准(机读目录格式等)、文献信息处理系统标准(信息交换等)、文献信息工作网络标准(Z39.50 等)、数字图书馆标准、文献工作研究标准(机构名称、统计等)等②。

然而,遗憾的是在所有的图书馆界国家标准和行业标准中,没有一个是专门针对基层图书馆制定的。值得欣慰的是,近年来,随着各地公共图书馆服务体系建设的逐步深入,基层图书馆的发展逐步提上议事日程,纳入总体规划。一些地区投入经费改善基层图书馆基础设施和办馆条件,使得基层图书馆重新焕发生机,服务效益不断提升。在此过程中,基层图书馆在管理、服务、建设等方面存在的不规范问题也逐渐引起人们的重视,一些地方结合本地区图书馆事业发展总体规划,针对基层图书馆发展的薄弱环节和重点领域,在基层图书馆标准化建设方面做了一些有益的探索,取得了一些成就。主要表现在以下几个方面:

一是实现了一批核心业务工作标准在基层图书馆的普及应用,主要涉及文献分类、主题标引、编目著录、机读目录格式、文献信息检索等领域。这些核心标准主要通过总分馆体系,以统一编目、统一检索、数据共享的方式在基层图书馆得以应用。例如,山西省在全省建立了统一的自动化系统软件,采取统一的分编标准、统一检索,形成全省联合书目数据库。各基层图书馆可以从全省联合书目数据库中下载编目数据,以实现编目数据的标准化③。一些发达地区针对流动图书馆、24 小时自助图书馆和手机移动图书馆等新的图书馆服务模式,也积极开展了相关的标准化研究与实践工作。例如,河北省唐山市丰南区图书馆在多年的图书流动服务过程中,不断研究探索,于 2010 年采用厢式货车改造新型流动服务车,在改善其性能的基础上降低了成本,并通过申请国家专利进行了推广④。

二是一些地方政府先后制定了一批与图书馆事业发展相关的法规、条例,对基层图书馆建设、管理与服务提出了比较明确的规范化要求。例如,1984 年,苏州市颁布了专门针对基

①　刘兹恒,等. ISO、IFLA 图书馆标准规范体系研究报告[R].文化部文化科技司文化行业标准化研究项目成果报告,2014.

②　黄文镝.区域图书馆标准化与东莞地区图书馆的建设实践[J].数字图书馆论坛,2012(1—2).

③　国家图书馆研究院.公共图书馆服务体系的探索与实践:山西调研报告[M].北京:国家图书馆出版社,2013.

④　博野.由丰南图书馆以"策划"谋发展想到的[N/OL].[2012 – 09 – 05].http://blog.sina.com.cn/s/blog_4d5a923b0100xxt4.html.

层图书馆的《苏州市(县)乡(镇)图书室工作条例》,对乡(镇)图书室的性质、任务、设备、经费、人员、藏书、管理、服务等各个方面都予以了详细规定①。此外,还有一些地方图书馆条例,虽然不是专门针对基层图书馆的,但将基层图书馆作为公共图书馆的重要组成部分予以规定。例如,2002—2003 年,北京市先后出台《北京市图书馆条例》②及其实施办法③,对街道、乡镇公共图书馆的建筑面积、阅览座席、资源数量、人员资质以及统计评估等提出了具体要求。2002 年,吉林省颁布了《吉林省县级图书馆、文化馆设施建设专项补助资金管理办法》,对县级图书馆的建设经费做出了明确规定。2011 年,杭州市委办公厅、市政府办公厅发布了《关于进一步加强杭州市公共图书馆服务体系建设的实施意见》,其中对乡镇图书馆、社区图书馆的建设规模、购书经费、管理模式、人员配备等方面做出了详细规定④。2012 年,深圳市文体局发布的《深圳市公共图书馆总分馆体系建设指导意见(征求意见稿)》,对基层图书馆的建设规模、服务设施、文献建设等做出了规定,具体到街道图书馆和社区图书馆的馆舍面积、阅览座席数、文献入藏等内容⑤。上述地方性法规、政策,对保障一个地区基层图书馆事业的可持续发展带来了显著效益。

三是在各地积极开展公共图书馆服务网络建设的实践过程中,制定了一系列规章制度和标准规范,有效地规范了区域性图书馆服务网络的网点布局、资源共享以及服务工作。例如,东莞图书馆总分馆建设中,通过编写《东莞地区图书馆总分馆建设指南》《东莞图书馆总分馆工作条例》《东莞图书馆总分馆运行管理制度》《东莞图书馆分馆建设标准》《东莞图书馆分馆服务标准》等业务工作管理制度,明确了总分馆的条件、程序,分馆的馆舍、经费投入、设备、人员、职责与业务工作要求等;同时制定了《图书馆行业条码使用规则》《图书馆单位代码使用规则》等一系列工作规程、业务标准和规章制度,在分馆代码、读者证、条形码规范、流通规则等涉及馆际运行的业务工作项目上严格管理,为总分馆各类合作业务的顺利开展打下了坚实基础⑥。

四是在一些公共图书馆的国家标准和行业标准以及地区性公共图书馆标准的制修订过程中,开始逐步将广大基层图书馆纳入视野,进行统筹考虑。例如,2008 年颁布的《公共图书馆建设用地指标》和《公共图书馆建设标准》,以及 2012 年正式施行的《公共图书馆服务规范》⑦,都明确许可街道、乡镇及社区图书馆参照执行。2008 年颁布实施的《江西省公共图

① 王学熙,丁宏宣.图书馆规章制度新编[G].苏州:江苏省图书馆学会,1986:108—111.

② 北京市人民代表大会常务委员会.北京市图书馆条例[OL].[2012 – 09 – 06].http://www.bjwh.gov.cn/5/2012_5_15/3_5_69545_433_0_1337057703421.html.

③ 北京市文化局.《北京市图书馆条例》实施办法[OL].[2012 – 09 – 06].http://www.bjwh.gov.cn/5/2012_5_15/3_5_69546_433_0_1337057703671.html.

④ "中国杭州"政府门户网站.市委办公厅市政府办公厅关于进一步加强杭州市公共图书馆服务体系建设的实施意见[EB/OL].[2012 – 11 – 21].http://www.hangzhou.gov.cn/main/wjgg/ZFGB/201201/lhfw/T386150.shtml.

⑤ 深圳市文体旅游局.深圳市公共图书馆总分馆体系建设指导意见(征求意见稿)[EB/OL].[2012 – 11 – 21].http://www.szwtl.gov.cn/engine/gettemplate.jsp?temp_Id = 47&guid = {CB5B2D36 – 0000 – 0000 – 14F6 – 6083FFFFFF93}.

⑥ 黄文镝.区域图书馆标准化与东莞地区图书馆的建设实践[J].数字图书馆论坛,2012(1—2).

⑦ 公共图书馆服务规范[S].GB/T 28220—2011.

书馆服务标准》将标准的适用范围扩大到区县公共图书馆和乡镇(街道)综合文化站,对基层图书馆的服务设施、服务内容、服务管理、服务人员等多个方面予以规定。

各地在基层图书馆建设标准方面的实践,为我们今后进一步深入推进基层图书馆标准化工作提供了宝贵的经验与可借鉴的成果。尽管如此,从全国层面来看,我国基层图书馆标准化工作现状仍不容乐观,有以下几个方面的问题亟待解决:

一是需要建立针对基层图书馆特点的标准规范体系框架。多年来,以乡镇(街道)、村(社区)图书馆(室)为代表的基层图书馆一直未被实质性纳入公共图书馆服务体系的规划与建设范畴,在公共图书馆事业发展中长期失语,直到目前,文化部作为行业主管部门,每年发布的公共图书馆事业发展统计数据中,公共图书馆只统计省、市、县三级。而我国共有多少乡镇(街道)、村(社区)图书馆(室),其馆藏、人员、服务等事业发展情况如何,均无相关权威统计数据,目前能够见到的基层图书馆统计数据多为课题研究所用的样本数据或一些地区的地方性统计数据,这就使得基层图书馆相关研究也一直较为薄弱,缺乏对其发展情况的宏观把握。根据黄体杨等人对我国县以下农村地区公共图书馆(室)研究论文的统计,1978—2007 年间该研究领域年均发文不足 32 篇,与图书馆学科同期整体发展形成了极大的反差①。从目前数量众多的基层图书馆研究论文或图书馆标准研究论文的研究主题来看,除本课题研究成果外,尚没有以基层图书馆标准为研究对象的研究论文。国内外发展经验告诉我们,标准化工作对于推动图书馆事业发展的作用是不容忽视的,对于当前处于发展困境的基层图书馆来说尤为如此。2013 年 1 月,文化部发布了《全国公共图书馆事业发展"十二五"规划》,提出要在"十二五"时期,以城乡基层公共图书馆设施建设为重点,加强对公共图书馆布局的统筹规划,在县县有图书馆的基础上,进一步在全国乡镇和街道文化站、村和社区文化室都设立图书室或图书馆服务网点,巩固和规范已有独立建制的基层图书室,形成比较完备的国家、省、市、县(区)、乡镇(街道)、村(社区)六级公共图书馆设施网络②。为实现这一目标,迫切需要结合当前社会公众对基层图书馆需求的变化,立足于我国图书馆服务网络建设的总体规划,研究基层图书馆标准规范体系框架问题,从基层图书馆建设的实际需要出发,理清要指导基层图书馆的规范管理和科学发展,到底需要什么标准,其中哪些可应用已有标准,哪些需要结合基层图书馆的特点制订新标准。

二是现有标准在基层图书馆没有得到广泛应用。我国自 1975 年开始出版《中国图书馆图书分类法》,1980 年出版《汉语主题词表》,20 世纪 80 年代先后颁布了《文献著录总则》等一系列文献著录规则国家标准(GB/T 3792),1996 年又颁布了文化行业标准《中国机读目录格式》,推动了图书馆分类编目及计算机编目工作的标准化进程,并直接带来了此后大规模开展的馆际书目数据共享和联合编目、图书馆计算机集成管理系统上线和借还书基本服务的计算机化,彻底改变了图书馆基本业务的传统手工作业形式,极大地提高了为用户提供文献信息的能力。然而,几十年后的今天,在许多基层图书馆,特别是农村地区的基层图书馆,文献分类编目工作还停留在几十年前的水平,没有使用 CNMARC 格式进行计算机编目,用自编简易分类方法对文献进行简单分类,不对文献进行主题标引,不能够为读者更深入地揭

①　黄体杨,等.1978—2007 我国农村图书馆研究状况述评[J].中国图书馆学报,2009(2).

②　文化部关于印发《全国公共图书馆事业发展"十二五"规划》的通知[EB/OL].[2013－02－12].http://59.252.212.6/auto255/201302/t20130205_29554.html.

示馆藏文献,更不能够提供馆藏书目数据检索。造成这一现象的原因很多,标准过于复杂,而基层图书馆缺乏专业人员,缺乏对标准应用的培训以及针对基层图书馆实际情况的可操作的标准应用指南,以及没有经费支持,没有计算机设备等,都是其中原因。

三是现有标准需要针对基层图书馆实际进一步进行细化。《公共图书馆建设标准》《公共图书馆建设用地指标》《公共图书馆服务规范》等与公共图书馆设置、建设、服务密切相关的国家标准或行业标准,已相继颁布实施,这些标准均主要针对县及县以上公共图书馆制订,虽然标准中也提出县以下基层公共图书馆可以参照执行,但具体如何参照,尚需要根据各类基层公共图书馆的不同情况加以细化。特别是人们对基层图书馆职能尚未取得较高认可度,且基层图书馆过去服务工作基础较差,服务理念、服务水平、服务能力都亟须提高,需要在《公共图书馆建设标准》《公共图书馆建设用地指标》《公共图书馆服务规范》等已有标准的基础上,充分考虑基层图书馆特点,制订专门的、有针对性的、可操作的标准。例如,《公共图书馆服务规范》中对省、市、县三级公共图书馆的计算机总数量及其中读者使用计算机数量、读者用机中 OPAC 计算机数量,互联网接口及局域网主干、局域网分支,文献入藏总量及年新增量,每周开放时间,文献处理时间,图书排架正确率以及读者满意率调查等提出了定量要求,而对县以下公共图书馆则未提及具体要求。我们以每周开放时间为例,《公共图书馆服务规范》要求"公共图书馆应有固定的开放时间,双休日应对外开放。其中省级馆每周开放时间不少于 64 小时;地级馆每周开放时间不少于 60 小时;县级馆每周开放时间不少于 56 小时。"①而对于乡镇、社区图书馆而言,开放时间应当充分考虑本地区居民的生活状态,选择在大部分居民有闲暇时间能够接受图书馆服务的时间开馆。比如,乡镇图书馆可以结合上午居民多忙于生计的实际情况,考虑下午和晚上开馆;社区图书馆可以考虑在学校寒暑假期间适当延长开放时间等。此外,关于乡镇、社区图书馆的馆藏文献特点、基本信息服务要求等也应当根据居民的实际生活需要做针对性规定。

四是应当让基层图书馆一线工作者更多参与相关标准的制修订工作。我国基层图书馆普遍缺乏具有专业素养的馆员,其业务研究能力也相对较弱。根据黄体杨等人的研究,县以上农村公共图书馆研究者主要是市、县公共图书馆工作人员,而工作在农村图书馆第一线的工作人员,几乎没有论文发表②。同样,活跃于图书馆标准化工作领域的专业人员主要来自于国家图书馆、研究机构、规模较大的高校图书馆及省级公共图书馆、部分业务研究能力较强的市级公共图书馆,县级图书馆工作人员几乎没有机会参与标准化研究和标准的制修订工作,更不用说来自县以下公共图书馆的工作人员了。而要想让已有标准在基层图书馆得以应用,或者根据基层图书馆工作需要制订专门标准,就需要来自基层图书馆的馆员参与其中,以确保标准能够符合基层图书馆实际,解决基层图书馆建设中存在的切实问题。此外,目前我国标准化工作还普遍存在重视标准制订,轻视标准应用与修订的现象,有学者统计,截至 2011 年年底,我国现行有效的 73 项图书馆相关标准中,制订超过 5 年而未修订的标准占 38 项,超过 52%③,还缺乏标准应用反馈机制。为使标准能够更加贴近基层图书馆工作,更好地指导和规范基层图书馆建设实践,需要针对标准在基层图书馆的应用建立反馈机制,

① 公共图书馆服务规范[S]. GB/T 28220—2011.
② 黄体杨,等.1978—2007 我国农村图书馆研究状况述评[J].中国图书馆学报,2009(2).
③ 张广钦.我国图书馆标准化体系构建和发展战略研究[R].博士后出站报告,2011.

及时发现问题,并对相关标准进行必要的修订完善。

五是结合我国国情,研究与吸收国际经验不够。本书第三章对国外一些发达国家和港台地区图书馆标准化工作的成果与经验做了系统总结,这些标准成果在促进相关国家和地区图书馆事业发展方面发挥了重要作用,也给我们建立我国基层图书馆标准规范体系,制定基层图书馆相关标准提供了很好的借鉴。需要结合我国国情,对这些经验和成果进行深入研究和分析,吸收其有益成分,为我所用。例如,文化部在修订第五次公共图书馆评估定级系列标准时,就借鉴了美国图书馆协会制订的《公共图书馆服务成效评估》、国际标准化组织制订的《图书馆的绩效评估指标》,以及《澳大利亚公共图书馆标准与指南》和英国的《公共图书馆服务标准》等标准,注重考察图书馆办馆效益的思路,在评估标准中增加了人均年到馆次数、年网站访问量、每万人年均参与活动次数、参与服务网络的基层图书馆的比例等体现图书馆服务效益的指标。

综上所述,我国基层图书馆标准化工作还面临诸多问题,任重而道远。只有很好地解决上述问题,充分发挥标准规范在促进行业科学、规范发展中的作用,才能够尽快改变基层图书馆发展面貌。

二、转型与发展:新时期的基层图书馆及其标准化工作需求

(一)基层图书馆战略转型及未来发展重点

近年来,在党和政府全面构建国家公共文化服务体系的宏观背景下,我国基层图书馆事业得到快速发展。2009 年,文化部颁布《乡镇综合文化站管理办法》,其中第七条规定"文化站基本功能空间应包括:多功能活动厅、书刊阅览室、培训教室、文化信息资源共享工程基层点和管理用房,以及室外活动场地、宣传栏等配套设施。"①推动我国大部分农村地区在较短时间内实现了基层图书馆(室)基础设施从无到有的飞跃,截至 2014 年年底,全国共有40 945 个乡镇(街道)综合文化站②。农家书屋、送书下乡等工程的实施,丰富了基层图书馆的馆藏文献资源。随着国民经济的稳步增长、党和政府对文化事业的高度重视、人民群众不断增长的精神文化需求以及科学技术的迅速发展,基层图书馆将迎来新的战略发展机遇期,无论是作为个体的基层图书馆,还是作为公共文化服务体系重要组成部分的基层图书馆,都将迎来新的战略转型。

一是随着建设重心的下移,基层图书馆成为公共文化服务体系发展重点。为社会公众提供普遍均等的公益性文化服务是公共文化服务体系建设的主要目标,而为社会公众提供普遍均等的图书馆服务则是公共图书馆服务体系建设的主要目标。要实现这一目标,就必须适时将图书馆事业的发展重心从大、中型图书馆转向更广大的基层图书馆,使图书馆服务真正走进乡村、走进社区,建立一个覆盖省、市、县、乡镇(街道)、村(社区)的、布局合理的公共图书馆服务网络,真正突破公共图书馆服务的"最后一公里"。

近年来,各地在实践中探索的总分馆制、连锁服务、延伸服务等公共图书馆服务体系构

---

① 乡镇综合文化站管理办法[EB/OL].[2013 – 02 – 12]. http://www.gov.cn/flfg/2009 – 09/15/content_1418306.htm.

② 全国文化馆 3315 家文化站 40945 个 首届年会宁波开幕[EB/OL].[2015 – 03 – 11]. http://culture.people.com.cn/n/2014/1219/c172318—26240925.html.

建形式,都是以乡镇社区图书馆为建设重点,逐渐将公共图书馆服务体系的建设重心下移,将更多的资源注入基层图书馆建设中,以提升基层图书馆乃至整个公共图书馆服务网络的服务能力。如深圳市在2003年发布的《深圳市建设"图书馆之城"(2003—2005)三年实施方案》[①]中提及:用三年时间,争取让每个社区(村)都有一座规模不等的图书馆(室)或"共享工程"基层网点;到2005年年底,基本实现每15万常住人口拥有一座公共图书馆,每1.5万常住人口拥有1个社区图书馆(室);以现有的各级公共图书馆和新建的社区图书馆网点为基础,联合其他系统图书情报部门,建立覆盖全城、服务全民的文献信息资源共享网络。浙江嘉兴推出了市、区、乡镇三级政府联合主导的城乡一体化建设模式,江苏吴江推出了县级市政府主导的四位一体(农家书屋、文化信息共享工程、党员干部远程教育接收站点、乡村图书室)模式,江苏江阴推出了市政府主导的市、镇联合建设模式等[②]。

党和政府相继颁布了一系列相关文件,为基层图书馆发展提供了良好的政策环境,例如,《关于加强公共文化服务体系建设的若干意见》《关于推进全国美术馆、公共图书馆、文化馆(站)免费开放工作意见》《全国地市级公共文化设施建设规划》《乡镇综合文化站管理办法》等文件都涉及基层图书馆的发展。由政府主管部门制订的第一个公共图书馆事业发展五年规划《全国公共图书馆事业发展"十二五"规划》中也特别对"十二五"时期的基层图书馆事业发展做出了规划。

在宏观政策的指导和各地实践的推动下,基层图书馆必将成为公共图书馆服务体系建设的重点,基层图书馆建在哪、如何建以及基层图书馆服务网络的合理布局等问题都将是目前乃至未来一段时期基层图书馆事业发展需要重点解决的关键性问题之一。

二是快速推进的城镇化建设将会对基层图书馆事业发展产生较大影响。2003年中国共产党十六届三中全会提出了"科学发展观"和五个统筹,即"统筹城乡发展、统筹区域发展、统筹经济社会发展、统筹人与自然和谐发展、统筹国内发展和对外开放";2005年十六届五中全会提出了"社会主义新农村建设"。新农村建设的内涵就是要按照"科学发展观"的要求,统筹城乡发展,改变城乡经济、文化等方面的二元结构,推进城乡一体化建设进程,缩小城乡差距。此后连续出台的中央一号文件、十七大报告以及十七届三中全会决定,都强调城乡统筹发展及城乡公共服务的普遍均等。2012年中央经济工作会议将"积极稳妥推进城镇化,着力提高城镇化质量"作为2013年经济工作的一项主要任务提了出来[③]。基层图书馆作为政府在乡镇、社区提供公共文化服务的重要窗口,如何在城镇化快速发展的时代背景下发挥自己的职能,成为未来一段时期基层图书馆事业发展中应当关注的重点之一。

随着城镇化建设步伐的加快,一些乡镇可能会面临合并、撤销或重组,一些新的社区可能会出现,人口的分布也会发生新的变化。基层图书馆事业发展一方面将会受到这一变化的直接影响,另一方面也需要对这一变化表现出灵活、敏感的适应性,从而使基层图书馆服务网络能够随城镇化建设的发展而及时调整。同时,作为个体的基层图书馆也需要根据所在区域在城镇化建设中发展方式、居民群体的变化,及时调整自身的发展战略、业务重点及

---

① 于良芝,于斌斌.关于我国基层图书馆的竞争性话语比较[J].图书馆论坛,2011(12).

② 臧运平,宋桂娟,等.我国农村地区公共图书馆建设的诸城模式研究[J].中国图书馆学报,2012(5).

③ 中央经济工作会议举行[EB/OL].[2013-02-12].http://news.xinhuanet.com/fortune/2012-12/16/c_114044452_2.htm.

服务模式。例如,一些乡镇在城镇化过程中逐步形成本地区经济发展特色,基层图书馆除了为公众提供普通的文献信息服务外,还应通过特色文献建设与服务促进地区经济发展;一些乡镇大量居民外出务工,形成留守儿童这一特殊群体,基层图书馆应针对留守儿童开展个性化服务;在城市发展中新形成的一些社区,主要由一些城市"新移民"组成,社区图书馆应提供有针对性的服务,帮助这些新移民尽快融入所在城市。

三是现代科学技术的日益普及与广泛应用对基层图书馆事业发展带来深刻影响。随着网络技术、数字技术和信息技术的不断发展和在图书馆的深度应用,技术对图书馆事业的影响日益深刻,数字图书馆建设蓬勃发展,各种形式的数字化服务、新媒体服务如雨后春笋般涌现。随着全国文化信息资源共享工程、县级数字图书馆推广计划、数字图书馆推广工程等国家文化工程的实施,新技术应用逐步向基层图书馆拓展,并取得了很好的成效。例如,浙江、山西、嘉兴等地利用现代信息技术推进"一卡通"服务,将本地区各级公共图书馆纳入服务体系,实现编目数据统一共享,系统平台统一服务,文献资源通借通还。一些基层图书馆在短期内实现了从手工管理到计算机管理、从仅提供纸质文献借阅服务到提供数字图书馆服务的飞跃。2012年,文化部组织实施了"公共电子阅览室建设计划",将建设重点放在社区图书馆等基层图书馆,进一步完善基层图书馆的软硬件设施建设,增强基层图书馆的数字文化服务能力,通过信息技术的应用将更多的数字资源传动到社区、城镇和农村,满足人民群众的信息需求。我们有理由相信,随着技术应用的不断深入和不断拓展,基层图书馆事业从内到外的深刻变化还将持续。

此外,技术的发展也使公众的信息获取方式发生了很大变化,手机、平板电脑等各种移动终端成为公众信息获取的重要手段,这给公共图书馆提出挑战的同时,也带来了更多的发展机遇。特别是基层图书馆,需要根据用户信息行为的变化,及时调整服务方式,拓展基于网络和智能移动终端的服务,以吸引更多公众使用图书馆。

四是服务群体信息需求的变化引导着基层图书馆社会职能的拓展。随着社会的发展,人们的生活方式也在不断变化,文化需求也呈现出多样化、个性化的特点。仅从阅读方式看,2013年,我国国民数字化阅读方式的接触率达50.1%,比2012年上升了9.8个百分点①。满足读者的阅读需求是基层图书馆的基本职能之一,基层图书馆应及时跟进读者阅读方式的变化,并开展形式多样的阅读交流和阅读推广活动。此外,基层图书馆还应当充分发挥作为地区信息中心的职能,例如社区图书馆可根据社区居民的需要,提供就业、健康、法律、交通、旅游等居民生活所需的综合性信息服务,鼓励乡镇图书馆结合本地区特色文化、特色经济走地域特色文献建设之路,从而为乡镇管理者、企业管理和生产者、科研人员和普通劳动者提供与其工作密切相关的各类信息,为乡镇经济社会发展服务。

更为重要的是,基层图书馆不仅应开展以文献资源为中心的多样化信息服务,还应努力成为公众的"第二起居室""第三文化空间",满足公众交流思想、欣赏艺术、休闲娱乐、陶冶情操等多方面的需求,如举办儿童活动、音乐欣赏活动、讲座、读书会活动、科普知识宣传、播放电影等形式多样的社会教育活动,通过丰富多彩的社会活动吸引更多读者走进图书馆,充分发挥基层图书馆在活跃群众生活、引导健康生活方式、提高群众文明素质和科学素养等方

---

① 第十一次全国国民阅读调查:国民人均年阅读纸质图书4.77本 数字化阅读首次超半数[EB/OL].[2015-03-11]. http://news. xinhuanet. com/local/2014-04/21/c-1110340010. htm.

面的作用。

(二)基层图书馆标准化工作需求分析①

近年来,我国基层图书馆事业的发展取得了令人瞩目的成绩。但是,从长远来看,这些一蹴而就建立起来的基层图书馆,其发展基础并不牢固,在管理体制、工作机制以及服务能力等方面仍然存在突出困难,在建设布局、运营管理、能效提升等方面都亟须标准规范的支撑。

一是保障基层图书馆的科学设置与合理布局需要标准规范。我国自"六五"提出公共图书馆"全覆盖"的目标,即"县县有图书馆",经过六个5年,这个目标在"十一五"才基本实现。然而,公共图书馆服务对县以下广大基层社区和村镇的覆盖情况仍不理想。2002年3月,国务院办公厅转发文化部、国家计委、财政部《关于进一步加强基层文化建设的指导意见》②,明确提出要把文化基础设施建到城市社区和农村村庄。此后,中央一系列相关政策文件进一步提出了逐步建设覆盖全社会的公共文化服务体系的要求。而基层图书馆作为基层公共文化服务的重要阵地,是构建这个公共文化服务体系的关键因素。

目前,我国一方面还没有就县以下基层图书馆的建设布局提出明确的规范要求,虽然2008年发布实施的《公共图书馆建设标准》③提出街道、乡镇及新建社区图书馆可参照该标准建设,但是事实上该标准并没有为人口在3万以下的行政区域建设基层图书馆或服务网点做出明确规定;另一方面,即使在一些相关的基层公共文化设施建设(如全国文化信息资源共享工程中的乡镇服务站、乡镇综合文化站建设)过程中对网点布局做出了类似的规定,却仍然是以乡镇设置作为基层公共文化设施建设的主要依据,一个乡镇建设一个乡镇综合文化站。在这种情况下,由于各地区人口分布、经济发展、地理条件等因素的差异,实际上造成了基层文化服务领域资源的浪费和不均衡。仅以广东东莞为例,根据2010年全国第六次人口普查结果,东莞市人口最多的长安镇和虎门镇人口分别达到664 230人和638 657人④,而青海省班玛县各乡镇人口多为1000—2000人⑤。一个镇设置一个乡镇综合文化站,显然存在不尽合理之处。即使在相对发达的深圳地区,虽然对本地区图书馆服务网络进行了比较全面的规划,仍然不免存在这样的浪费与不均衡现象。如张洪彬⑥等人调查所见,一方面,深圳市馆与福田区馆,福田区馆与莲花街道馆的直线距离都不超过2公里,而莲花街道馆与其下辖的莲花一村社区馆直线距离不超过800米,重复建设严重;另一方面,一些人口密集的大型社区,如南山区的桃源村,居住人口达20万,社区图书馆面积不足100平方米,服务能力严重不足。

因此,为了有效推进公共图书馆服务网络"最后一公里"的完善,十分有必要积极吸收英美等发达国家已有的工作经验,在现有《公共图书馆建设标准》的基础上,对县以下社区、村镇图书馆及图书馆服务点的建设和布局进行统筹规划和标准化设计。

---

① 李丹,刘雅琼.论标准化工作与基层图书馆的可持续发展[J].图书情报工作,2012(21).

② 新华社.国务院办公厅转发文化部等三部委《关于进一步加强基层文化建设的指导意见》[N/OL].[2012 – 09 – 05].http://news.xinhuanet.com/zhengfu/2002 – 03/27/content_332704.htm.

③ 公共图书馆建设标准[S].建标108—2008.

④ 东莞市2010年第六次全国人口普查主要数据公报[EB/OL].[2013 – 02 – 12].http://tjj.dg.gov.cn/website/web2/art_view.jsp? articleId =4012.

⑤ 百度百科.班玛县[EB/OL].[2013 – 02 – 12].http://baike.baidu.com/view/645141.htm.

⑥ 张洪彬.我国基层图书馆网点建设模式分析与思考[J].图书馆学研究,2011(4).

二是保障基层图书馆的科学管理与持续运营需要标准规范。目前,虽然我国基层公共文化服务设施的设置与布局并不理想,但也必须看到,随着全国文化信息资源共享工程、乡镇综合文化站建设、农家书屋等项目在"十一五"期间陆续完成其"全覆盖"的建设目标,基层图书馆,特别是乡镇图书馆基础设施有了一个很高的起点,如何保障其可持续发展已成为当前基层图书馆工作中必须解决的关键问题。

事实上,自新中国成立以来,我国先后出现过各种不同名目的基层图书馆建设,在不少地区,基层图书馆的建设规模都曾接近过全覆盖的水平;然而,由于缺少后续的资源保障和专业化的运作管理,这类图书馆的发展极不稳定,始终没有摆脱昙花一现的命运①。在本课题的调研过程中,我们发现,这种"只建不管"的情形,至今仍然普遍存在。

在资源保障方面,由于缺乏持续资金投入和明确的制度规范,大部分基层图书馆存在藏书量少、新书购置不及时、文献老化等问题;各地基层图书馆的藏书规模差异也非常大,即使在东部比较发达的省市,各馆之间的资源保障情况也十分不平衡。以上海地区为例,在本课题调研所及的 40 家乡镇(街道)图书馆中,2010 年藏书总量最高的在 10 万册以上,而最低的不足 1 万册;当年新增藏书最高的超过 1 万册,而最低的竟然为零增长。此外,由于目前大多数基层图书馆仍然是基于一些政令性的工程项目建设起来的,很多藏书主要来源于建立之初有关方面的支持或捐赠,缺乏藏书体系的总体规划与持续建设,导致内容陈旧,可读性差,总体质量不高,无法满足基层图书馆的基本服务需求。

在专业化管理方面,"人"的专业化是其中最为突出的制约因素。长期以来,各级政府主管部门在基层图书馆人员配置方面的随意性直接导致了基层图书馆专业化管理水平的低下。很多基层图书馆既没有固定的人员编制,也没有稳定的人员经费,从业人员队伍得不到保障,人员流动性也相对较高。根据本课题实地考察获得的信息,近年来,很多地方的基层图书馆在实施的一些工程项目中已经获得了一定的资源和设备,但是由于缺乏专门的管理人员,或者管理人员不具备必要的专业知识和能力,导致一些设备与资源至今仍然无法提供服务。

针对上述问题,近年来有关部门已经有一定认识,并通过一些政令性文件对相关工程建设的内容和方向进行了适当调整。例如,2008 年发布的《农家书屋工程建设管理暂行办法》②对书屋藏书数量和结构做出了规定,并于 2008 年开始逐年发布《农家书屋重点出版物推荐目录》,为农家书屋的藏书建设提供了比较有针对性的指导,获得了较好的社会反响;2009 年 9 月颁布的《乡镇综合文化站管理办法》③,对乡镇综合文化站站长及其他从业人员的职业资格和业务培训提出了明确要求,一定程度上为乡镇文化站的队伍建设争取到了比较有力的支持。这些举措及其所取得的成果,值得我们在未来的基层图书馆建设和管理工作中系统深入总结、学习和借鉴。

---

① 于良芝.我国基层图书馆的专业化改造——从全覆盖到可持续的战略转向[J].图书馆建设,2011(10).

② 新闻出版总署.关于印发《农家书屋工程建设管理暂行办法》的通知[EB/OL].[2012-09-06].http://www.law-lib.com/law/law_view.asp? id=261512.

③ 文化部.乡镇综合文化站管理办法[EB/OL].[2012-09-05].http://www.law-lib.com/law/law_view.asp? id=297258.

此外,由于人员队伍的知识水平和专业技术力量短时间内无法得到质的提高,在基层图书馆的日常管理工作中,尤其需要上级中心图书馆在采访、编目、排架、借阅,以及开展各种读者活动方面给予细致全面的业务辅导和培训。但是,由于基层图书馆数量庞大,设置分散,广泛地开展集中培训既不现实,也不经济;而通过标准化的手段,编制详细的业务操作规程和服务指导手册,供基层图书馆员案头学习和日常参考,将起到事半功倍的作用。如甘肃省新闻出版局为管理好农家书屋,先后制订了《农家书屋管理员职责》《农家书屋图书借阅制度》《管理员学习培训制度》等规章制度,统一印制了农家书屋图书登记册和借阅登记册,有效地规范了书屋的日常管理工作,提高了工作效率,据统计,截至 2007 年 9 月,全省 414 个农家书屋的图书完好率和按期归还率都在 98% 以上[①]。

三是基层图书馆服务水平和服务效益的提升需要标准规范。近年来,随着公共文化服务体系建设的逐步完善,基层图书馆的服务能力和服务水平都得到了较大的提升,尤其是在文献资源提供、网络服务等方面,都有很大的进步。但是,我们不能不看到,很多基层图书馆的服务能力还相对薄弱,如文献利用率低、年接待读者数量较低、开放时间不合理等。基层图书馆服务能力和服务水平的地区差异也是目前发展中存在的突出问题。

此外,还有一些基层图书馆,资金充裕、设备先进、人员充足,但是,这些高投入是否有高产出,其服务效益如何,都需要进行科学的评估和考核,使评估结果能够成为引导基层图书馆事业发展的论据。例如,英国、澳大利亚在其公共图书馆服务标准中,将人均的服务类效益指标作为重要内容对各公共图书馆进行考核,同时也督促政府根据这些指标为公共图书馆投入相应的资金,并提供政策和人员支持。为构建城乡一体化公共图书馆服务体系,实现普遍均等的公共图书馆服务,嘉兴市文化广电新闻出版局制定了《嘉兴市图书馆乡镇分馆管理暂行办法》,其中对乡镇图书馆的服务内容、服务时间、服务方式、服务手段等都做了明确规定,还有量化指标要求,如"积极开展读者活动,认真配合总馆开展区域性读者活动,每年必须开展 2 次以上读者活动,其中 1 次为区域性的读者活动,由总馆策划,乡镇分馆参与实施;1 次小型读者活动由分馆自行组织"[②]。

四是基层图书馆专业技术的发展和进步需要标准规范。近些年来,随着计算机技术和网络技术的飞速发展,整个社会的信息服务环境已经发生了十分深刻的变化。据统计,截至 2013 年 12 月,我国网民规模已达 6.18 亿,互联网普及率为 45.8%,其中,手机网民达 5 亿,继续保持第一大上网终端的地位[③]。随着学习型社会的到来,人们的阅读习惯和获取知识途径也发生了很大变化。人们置身于一个信息无时不在、无处不在的环境中,数字阅读成为重要阅读方式,并日益普及。

在这种环境下,各类型图书馆都必须提升自身的专业化技术水平,特别是基层图书馆,作为公共图书馆服务网络中最贴近民众的部分,在保障最广大基层群众基本文化需求,切实

① 顾小捷. 办好农家书屋,实施长期惠民工程[EB/OL]. [2012 - 08 - 23]. http://magazine. newssc. org/system/2009/03/17/011689350. shtml.

② 关于印发《嘉兴市图书馆乡镇分馆管理暂行办法》的通知[EB/OL]. [2012 - 12 - 05]. http://www. jxlib. com/upfile%5C090513132012347. doc.

③ 中国互联网络信息中心. 第 33 次中国互联网络发展状况统计报告[EB/OL]. [2015 - 03 - 11]. http://www. cnnic. cn/hlwfzyj/hlwxzbg/hlwtjbg/201403/t20140305 - 46240. htm.

实现文化建设成果全民共享方面承担着至为重要的角色。因此,今天所谓推进基层图书馆的建设和发展,不仅要保障其"有馆、有书、有人"等基本条件,同时还要确保其"成为数字时代通向信息的电子渠道,提供安全网络,以防止有人因疏离技术而被社会排斥在外"①。在这个过程当中,必须充分考虑目前我国广大基层图书馆普遍缺乏专业技术力量的现实情况,选择高效便捷的方式向基层图书馆推广应用先进技术,以充实基层图书馆的数字馆藏、提升其数字化服务能力。近年来,在文化共享工程、数字图书馆推广工程和公共电子阅览室计划等一系列旨在提升基层公共数字文化服务能力的工程项目中,提供标准化的技术设备,提供标准化的技术培训,已经被证明是快速实现先进技术广泛普及的重要手段,通过这种方式,广大基层图书馆得以便捷地使用上级中心图书馆的资源和技术,在较短时间内实现了服务效能的大幅度提升。

此外,随着国家公共文化服务体系建设进程的推进,各地区公共图书馆服务网络建设步伐进一步加快,为了从整体上提升公共图书馆服务网络的服务效能,也必然要求基层图书馆遵循统一的标准规范,参与网络体系的整体规划和建设。

第二节　我国基层图书馆标准规范体系的构建原则与特点

我国基层图书馆标准规范体系的构建及标准文本的起草,应结合基层图书馆事业发展以及标准化工作的规律,重点体现以下原则和特点:

一、融入国家政策要义

公共图书馆是一项社会公共事业,历史经验表明,政府在其发展中发挥着重要的主导作用,因此,国家宏观政策对各级公共图书馆的发展影响至为深远。主动融入国家经济社会发展的宏观大局,是公共图书馆事业在经济社会发展各个历史时期取得突破性进展的重要途径。一方面,要充分认识和理解国家有关政策精神,从而充分利用这些政策条件来推动图书馆事业的发展;另一方面,也需要积极参与国家有关决策过程,从而有效推动国家有关政策向着有利于图书馆事业发展的方向发展。从广泛的意义上来讲,标准规范亦属于"政策"的一个范畴。标准规范的制修订过程,亦即相关领域研究学者通过深入的调查论证,以及与政府主管部门之间反复的沟通协调,将有关事业发展的专业思想融入国家政策的过程。因此,在基层图书馆标准规范体系的构建过程中,应将基层图书馆事业发展的相关问题放置于国家公共图书馆事业发展,乃至国家文化和经济社会发展的宏观政策框架中进行思考。

进入 21 世纪以来,我国政治、经济、文化和社会进入全面发展时期,公共图书馆事业发展的政策环境也发生了重大而积极的转变。特别是党的十七大对兴起社会主义文化建设新高潮、推动社会主义文化大发展大繁荣做出全面部署,并将建设覆盖全社会的公共文化服务体系作为实现全面建设小康社会的重要目标之一以来,公共图书馆作为公共文化服务体系

---

① 国际图联,联合国教科文组织.公共图书馆服务发展指南[M].上海:上海科学技术文献出版社,2002:44.

的重要组成部分,进一步获得了全面而深入的发展,特别是随着"县县有图书馆"目标的基本实现,县以下乡镇、社区等基层公共图书馆的发展也开始逐步复苏。

这一时期,党和国家对基层公共图书馆的政策导向已经不仅仅着眼于建设和发展基层公共图书馆,而且更加强调基层公共图书馆要与社会经济文化实现整体融合发展,并日益凸显出体系化、均衡化发展的目标。一方面,公共图书馆平等、免费、公益的理念进一步深入人心。继 2003 年文化部、国家文物局发出《关于公共文化设施向未成年人等社会群体免费开放的通知》以后,2011 年,文化部、财政部又先后下发了《关于推进全国美术馆公共图书馆文化馆(站)免费开放工作的意见》和《关于加强美术馆、公共图书馆、文化馆(站)免费开放经费保障工作的通知》,要求全面保障各级公共图书馆到 2012 年底实现公共空间全部免费开放,基本服务全部免费提供。2012 年 9 月 27 日,文化部发了《关于三馆一站免费开放督查工作情况的通报》指出,目前全国公共图书馆、文化馆和乡镇综合文化站已经全部实现了无障碍、零门槛进入,公共空间设施场地免费开放,所提供的基本服务项目免费,按时完成了预定目标。另一方面,各地也开始想方设法延伸公共图书馆的服务半径,使其进一步覆盖到更广泛的城乡基层。2002 年 3 月,国务院办公厅转发文化部、国家计委、财政部《关于进一步加强基层文化建设的指导意见》,明确提出要把文化基础设施建设到城市社区和农村村庄,强调县市政府对农村公共文化设施的建设责任;2005 年 11 月,中共中央办公厅、国务院办公厅《关于进一步加强农村文化建设的意见》继续强调文化基础设施到村,同时提出建设农村公共文化服务网络;2006 年,《中华人民共和国国民经济和社会发展第十一个五年规划纲要》明确提出要"加大政府对文化事业的投入,逐步形成覆盖全社会的比较完备的公共文化服务体系";同年 9 月,《国家"十一五"时期文化发展规划纲要》进一步强调,要"以实现和保障公民基本文化权益、满足广大人民群众基本文化需求为目标,坚持公共服务普遍均等原则,兼顾城乡之间、地区之间的协调发展,统筹规划,合理安排,形成实用、便捷、高效的公共文化服务网络",与此同时,该文件还专门针对公共图书馆的发展,提出了要"实行定点服务与流动服务相结合,鼓励具备条件的城市图书馆采用通借通还等现代服务方式,推动公共文化服务向社区和农村延伸",以及"县(市)图书馆逐步实行分馆制,丰富藏书量,形成统一采购、统一编目的图书配送体系,充分发挥县图书馆对乡镇、村图书室的辐射作用,促进县、乡图书文献共享"等要求。

基层图书馆标准规范体系的构建应呼应上述政策精神,具体标准文本应根据政策文件的宏观规划提出相应的明确要求。

二、体现乡镇、社区特点

"不同规模的公共图书馆应承担不同的角色,以其特有的方式为社区提供服务,从而保证公共图书馆在一个地区的社会生活中发挥最大作用。一个图书馆的功能确定以后,它所拥有的全部资源——资金、场地、设备、各类文献、专业人员等,都应以确保功能的实现来配置"①。与县及县以上公共图书馆相比较,我国乡镇、社区等基层图书馆普遍规模较小,文献资源相对较少,设施设备水平也相对较低,专业人员相对匮乏,但是由于这些图书馆更加贴

---

① 于良芝,李晓新,王德恒.拓展社会的公共信息空间——21 世纪中国公共图书馆可持续发展模式 [M].北京:科学出版社,2004:177.

156

近基层人民群众的日常生活,因而在为城乡居民提供社会生活信息和开展阅读推广服务方面能够发挥更加重要的作用。因此,基层图书馆标准规范体系的确立着眼于明确乡镇、社区图书馆各自的功能定位,并根据此功能定位确定相应的馆藏资源、设备设施、经费、人员等其他资源配置,特别是在建立相应的服务规范时,应充分考虑乡镇、社区图书馆的特殊性。针对乡镇、社区图书馆主要以面向基层人民群众提供社会生活信息和阅读推广服务为宗旨的特点,标准文本应对基层图书馆的各类服务,特别是少年儿童服务、老年人服务、阅读推广服务、阅读辅导、社会教育活动等,给出细致的指导说明。

三、体现城乡和地区差异

我国幅员辽阔,各地的经济水平、文化传统、自然条件、地理位置不同,长期历史发展进程中累积下来的经济社会发展的城乡和地区差异,对我国公共图书馆事业的发展产生了根深蒂固的影响。标准规范体系建设应实事求是、因地制宜,充分考虑不同类型、不同地区、不同发展水平的基层图书馆的实际需求,有针对性地采取积极稳妥的标准策略,有效推动事业的进步和发展。

(一)城乡差异

从行政管理角度看,乡镇和社区实际属于不同的层级,农村乡镇所对应的城市行政区划是街道,而城市社区所对应的农村行政区划是行政村。但是,由于我国城市和农村图书馆事业发展存在较大的差别,目前虽然在城市广泛地发展社区图书馆已经具备了一定的基础,而在农村实现村一级图书馆的普遍建制及其标准化发展还存在不小的困难,而与城市社区图书馆相比,农村乡镇图书馆的发展基础则相对比较成熟。基层图书馆标准规范体系的建立,应立足于我国基层图书馆建设和发展的当前现实,有针对性地解决一些迫切需要解决,且已有一定条件可以解决的具体问题。

此外,标准规范体系及具体标准文本都应当根据基层图书馆的服务对象对图书馆服务的不同需求进行适当的个性化处理。例如,根据农村居民受教育程度相对较低的特点,应对乡镇图书馆开展文化科学普及服务的要求予以强化;在开放时间方面,基于农民的起居特点,应鼓励乡镇图书馆注重下午和晚间时段的开放。

(二)地区差异

中国是一个地区经济社会文化发展极不平衡的国家,虽然近年来国家实施了西部、中部以及东北部的发展和崛起战略,但东中西部的差距仍然很人。如何解决处于不同发展状态的东、中、西部问题是标准制定过程中的难题之一,标准规范体系的设立及标准文本的制定均需考虑现实存在的地区差异,并通过标准规范的建设带动基层图书馆事业的整体快速发展,缩小地区差距。

四、体现与已有相关标准的衔接

基层图书馆首先是公共图书馆,而且在以普惠均等为目标的公共图书馆服务体系中占据重要位置。因此,所谓基层图书馆标准规范,首先是公共图书馆标准规范体系中适用于广大基层图书馆的一个组成部分。而根据各个国家图书馆事业发展过程中基层图书馆受重视程度的不同,其在公共图书馆标准规范体系中所占据的地位也就不同。

"基层图书馆"基本对应于美、英等国的"local library",也就是为本地居民和社会机构服务的图书馆。从这个意义上理解,所谓"基层图书馆",并不与其所处地域的行政级别相关,而是取决于其在本地区直接开展的面向基层群众的服务。因此,可以说,一个国家和地区的公共图书馆服务体系中,大部分图书馆都属于基层图书馆。正因为此,在英美等许多发达国家的公共图书馆标准规范体系中,通常都将基层图书馆的标准化工作作为主要部分甚至核心内容。一方面,大多数公共图书馆标准规范的适用对象并不限定在特定级别或特定规模的图书馆,而是广泛适用于国家或区域范围内所有公共图书馆;另一方面,由于这些国家往往更加重视从宏观整体的视角来规划建设公共图书馆服务网络,并从同一维度来对这一服务网络的成本效益及社会价值进行综合评估,因此,在它们的公共图书馆相关标准规范中,通常都会对区域范围内公共图书馆的网点分布、规模及选址,以及预期的人均投入和产出值提出相应的指导建议。

在我国,长期以来,各级公共图书馆的建设和管理一直依托于自上而下的行政体制,处于行政管理末梢的县以下基层地区往往难以进入事业发展的宏观管理体系,因而在相关的标准化工作实践中也较少得到积极而系统的关注和考虑。如自1994年起制定实施的《公共图书馆评估标准》,仅对县以上各级成人馆和少儿馆进行评估;分别于2008年和2011年正式发布的《公共图书馆建设标准》和《公共图书馆服务规范》,也仅将县以下的乡镇、社区图书馆作为参照执行这些标准的适用对象。而且,在具体操作过程中,由于这些标准规范本身并未专门关顾这些基层图书馆的特殊情况,因而也缺乏实际的适用性。因此,在我国现实语境下讨论公共图书馆的标准化发展问题,必须对处于县以下基层地区的图书馆的建设和发展予以独特的关注。

为此,在基层图书馆标准规范体系构建中,一方面应当借鉴欧美等发达国家的经验,尽快拓展现有公共图书馆标准规范体系的外延,将已有的公共图书馆建设、管理与服务标准的适用范围尽可能延伸到最广泛的城乡基层地区,并在研制新的公共图书馆标准时,切实将这些地区图书馆的建设、管理、服务以及业务发展需求纳入考虑范畴,使基层图书馆在公共图书馆服务体系中的核心主体作用能够在我国公共图书馆标准化工作实践中逐步得到体现;另一方面,要充分认识到基层图书馆在建设、管理、服务及业务发展等诸多方面都有其不同于大中型公共图书馆的特殊性,有必要予以区别对待。一个可行的办法,就是在已有的公共图书馆通用标准基础上,进行适用于基层图书馆的调整和优化。

五、体现体系内各标准规范的协调统一

在基层图书馆的标准规范体系框架内,各领域标准本质上是一个统一的整体,在根据各领域的不同需求各有侧重的同时,相互之间也存在着密切的联系。由于我国基层图书馆标准规范体系尚不完善,已有的为数不多的基层图书馆相关标准中,以及针对县以上公共图书馆制定的专门标准规范中,都或多或少存在边界不清、缺乏协调的问题。

以公共图书馆服务领域标准为例,课题调研所涉及的主要发达国家的相关标准,指标数量都相对较少,一般主要包括服务对象、服务内容、服务方式、服务绩效等内容。而我国于2011年12月发布的《公共图书馆服务规范》,涵盖的内容则较为繁杂,实际上远远超出"服务"的范畴,或者说,它更多是将"服务"作为一个目的,对达成这一目的所需要的各方面条件提出了保障性的建议和要求。国内外的这种对比,在一定程度上体现了公共图书馆标准化工作一个循序渐进的过程,因为我国公共图书馆,尤其基层图书馆目前在基本保障方面还很欠缺,与英美等发达国家相对成熟的公共图书馆事业发展状况不可同日而语,在对服务方式和服务绩效提出完整系统的考评指标之前,势必需要确保服务所需要的各方面基本条件。但是从另一个方面来说,这种试图在某一个标准中解决公共图书馆事业发展多个问题的做法,也反映了我国公共图书馆标准化工作缺乏整体规划和系统协调的问题。

因此,在标准规范体系框架的构建中,应从基层图书馆事业发展全局视角出发,一方面对建设、管理、服务、业务等各领域标准的范畴与边界进行一定程度的限定,另一方面也应充分考虑各领域标准的衔接与呼应。

第三节　我国基层图书馆标准规范体系框架

一、构建依据

要构建科学、完善的基层图书馆标准规范体系,一定要遵循国家的各项法律法规及规章制度,特别是与标准化工作密切相关的法律法规以及规章制度,如《中华人民共和国标准化法》《中华人民共和国标准化实施条例》《国家标准管理办法》《行业标准管理办法》等。在此基础上,基层图书馆标准规范体系的构建还应当重点考虑如下几个方面的依据。

（一）与基层图书馆事业发展有关的政策

基层图书馆是公共图书馆服务网络中面向基层提供服务的服务网点,构建基层图书馆标准规范体系首先应当遵循国家有关基层图书馆事业发展的相关政策,其中既包括与基层图书馆直接相关的政策,例如《全国公共图书馆事业发展"十二五"规划》《乡镇综合文化站管理办法》;也包括文化建设的相关政策,例如《文化部"十二五"时期公共文化服务体系建设实施纲要》《国家"十二五"时期文化改革发展规划纲要》;还包括与基层图书馆发展不直接相关,但有一定联系的其他政策,例如中共中央办公厅、国务院办公厅《关于进一步加强农村文化建设的意见》《关于加强残疾人文化建设的意见》等。要将这些政策文件中对基层图书馆事业的发展规划和要求体现在基层图书馆标准规范体系框架的构建中。

（二）已有的国家标准和行业标准

我国目前已制定并发布了《公共图书馆建设标准》《公共图书馆建设用地指标》《公共图书馆服务规范》《信息与文献　图书馆统计》《文献信息著录规则》等一系列图书馆行业标准和国家标准。一些地方还根据本地区的发展需求和特点,制定了地区性相关标准,如《新疆维吾尔自治区公共图书馆服务标准》《安徽省公共图书馆服务标准》等。基层图书馆是我国图书馆事业的重要组成部分,具有图书馆行业的共性,在基层图书馆标准规范体系构建中应注重与现有图书馆行业已有标准的衔接与统一,对适合基层图书馆的相关标准可直接采用,不适合的可根据基层图书馆实际情况进行修改、补充、完善,无相关标准可借鉴的再考虑制定新标准。

（三）国外公共图书馆标准规范体系框架

自20世纪30年代,国外便开始图书馆标准的制修订工作,历经几十年的发展,在标准的制修订以及实施过程中积累了丰富的经验。从国外已经形成的图书馆标准规范体系结构的分析来看,各国的标准规范体系有很大的一致性,例如,美国的标准规范体系涵盖建设、资源描述、馆藏发展、信息服务以及图书馆管理等几个方面,英国的标准规范体系涵盖服务、建设、人员、技术等几个方面,澳大利亚的标准规范体系涵盖服务、建设、技术、人员及特殊群体服务等几个方面。在我国基层图书馆标准规范体系构建过程中,适当总结、分析、借鉴国外公共图书馆标准规范的体系结构是很有必要的。

（四）我国基层图书馆事业发展规律与现状

基层图书馆标准规范体系应当反映基层图书馆事业的发展规律,符合其发展现状,并适度超前,才能保证标准规范体系构建的科学性和客观性,才能使这个体系是具有生命力的可实现的标准规范体系,也才能充分发挥标准化工作对事业发展的促进作用。如澳大利亚2011年发布的《超越优质服务:强化社会结构——澳大利亚公共图书馆标准与指南》,在其制定过程中便是以2009年全国公共图书馆发展概况报告为基础,分析全国图书馆事业发展现状,经多次修改、多方参与而成的。

二、我国基层图书馆标准规范体系结构

构建基层图书馆标准规范体系框架的目的,是有目标、有计划、有步骤地建立起联系紧密、相互协调、层次清晰、构成合理、满足需求的基层图书馆工作标准并贯彻实施,为我国基层图书馆的科学发展提供全面的标准化支撑,为解决一定时期事业发展的关键问题提供标准依据,为推进重点领域的工作提供标准依据,为提高基层图书馆的业务管理水平和读者服务能力提供标准依据,以支持基层图书馆事业的科学规范发展。建立基层图书馆标准规范体系是公共图书馆服务网络互连互通、信息共享和业务协同的基础,是提高基层图书馆建设、管理和服务水平,加快推进事业发展的一项基础性工作。

在对国内外公共图书馆标准规范体系进行充分调研的基础上,本课题组结合我国图书馆标准化工作已有基础、基层图书馆事业发展现状、未来发展重点及对标准化工作的需求,构建了一个多层次的标准规范体系框架(图1)。该框架由行业通用基础标准、建设标准、管理标准、业务标准及服务标准五部分组成,每部分可结合基层图书馆发展实际需要做进一步细分。

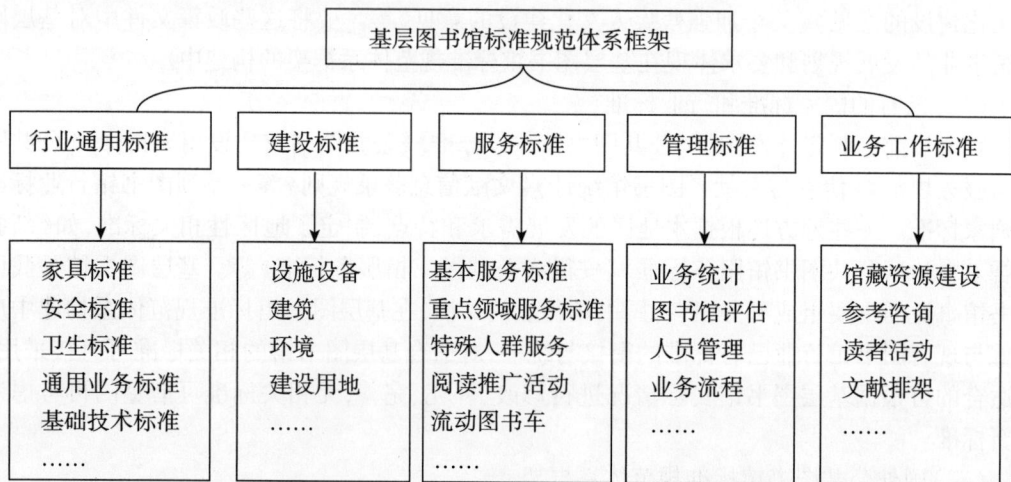

图1　基层图书馆标准规范体系框架

（一）图书馆行业通用标准

基层图书馆具有图书馆行业共同的属性,那些适用于全行业的标准,也同样适用于基层图书馆,应鼓励基层图书馆首先使用这些行业通用的基础性标准,尤其是会对图书馆服务网络系统产生重要影响的一些基础技术标准、书目数据标准等,更应当尽早地在基层图书馆得到应用。

目前,我国现行有效的图书馆行业的国家标准和行业标准共有 145 项,其中 2006 年以来发布的标准如表 1 所示[①]。

表 1　2006 年以来我国发表的图书馆相关国家标准和行业标准

标准号	标准名称	实施年份
GB/T 30227—2013	图书馆古籍书库基本要求	2014
WH/T 66—2014	古籍元数据规范	2014
WH/T 66—2014	电子图书元数据规范	2014
WH/T 64—2014	电子连续性资源元数据规范	2014
WH/T 67—2014	期刊论文元数据规范	2014
WH/T 62—2014	音频资源元数据规范	2014
WH/T 63—2014	视频资源元数据规范	2014
GB/T 29182—2012	信息与文献　图书馆绩效指标	2013
GB/T 17739.6—2012	技术图样与技术文件的缩微摄影　第 6 部分:35 mm 缩微胶片放大系统的质量准则和控制	2013
GB/T 2901—2012	信息与文献　信息交换格式	2012
GB/T 28220—2011	公共图书馆服务规范	2012
GB/T 27703—2011	信息与文献　图书馆和档案馆的文献保存要求	2012
GB/T 27702—2011	信息与文献　信息检索(Z39.50)　应用服务定义和协议规范	2012
WH/T 43—2012	图书馆—射频识别—数据模型	2012
WH/T 44—2012	图书馆—射频识别—数据模型	2012
WH/T 48—2012	数字对象唯一标识符规范	2012
WH/T 45—2012	文本数据加工规范	2012
WH/T 46—2012	图像数据加工规范	2012
WH/T 49—2012	音频数据加工规范	2012
WH/T 50—2012	网络资源元数据规范	2012
WH/T 51—2012	图像元数据规范	2012
WH/T 47—2012	图书馆数字资源统计规范	2012

---

①　刘兹恒. ISO、IFLA 图书馆标准规范体系研究报告[R].文化部科技司文化行业标准化研究项目,2014:166—175.

续表

标准号	标准名称	实施年份
WH/Z1—2012	数字资源长期保存元数据规范	2012
WH/T 52—2012	管理元数据规范	2012
GB/T 6159.2—2011	缩微摄影技术　词汇　第2部分:影像的布局和记录方法	2011
GB/T 6159.7—2011	缩微摄影技术　词汇　第7部分:计算机缩微摄影技术	2011
GB/T 19110—2011	缩微摄影技术　检查轮转式缩微摄影机系统性能用的测试标板	2011
GB/T 6159.5—2011	缩微摄影技术　词汇　第5部分:影像的质量、可读性和检查	2011
GB/Z 26822—2011	文档管理　电子信息存储　真实性可靠性建议	2011
GB/T 7713.3—2009	科技报告编写规则	2010
GB/T 3179—2009	期刊编排格式	2010
GB/T 4894—2009	信息与文献　术语	2010
GB/T 3792.3—2009	文献著录　第3部分:连续性资源	2010
GB/T 3792.9—2009	文献著录　第9部分:电子资源	2010
GB/T 3792.4—2009	文献著录　第4部分:非书资料	2010
GB/T 24424—2009	馆藏说明	2010
GB/T 3860—2009	文献主题标引规则	2010
GB/T 24423—2009	信息与文献　文献用纸　耐久性要求	2010
GB/T 24422—2009	信息与文献　档案纸　耐久性和耐用性要求	2010
GB/T 13396—2009	中国标准录音制品编码	2010
GB/T 3792.1—2009	文献著录　第1部分:总则	2010
GB/T 13417—2009	期刊目次表	2010
GB/T 25072—2010	缩微摄影技术　在35 mm缩微胶片上拍摄存档报纸	2010
GB/T 25100—2010	信息与文献　都柏林核心元数据元素集	2010
GB/Z 25101—2010	音乐、电影、视频、录音和出版产业　内容传递与权益管理标识符和描述符的功能要求	2010
GB/T 25073—2010	缩微摄影技术　彩色缩微胶片　曝光技术及与之相适应的线条原件和连续色调原件的制备	2010
GB/T 23286.1—2009	文献管理　长期保存的电子文档文件格式　第1部分:PDF1.4(PDF/A−1)的使用	2009
GB/T 23730.1—2009	中国标准视听作品号　第1部分:视听作品标识符	2009
GB/T 23730.2—2009	中国标准视听作品号　第2部分:版本标识符	2009
GB/T 23731—2009	GEDI−通用电子文档交换	2009

标准号	标准名称	实施年份
GB/T 23732—2009	中国标准文本编码	2009
GB/T 23733—2009	中国标准音乐作品编码	2009
GB/T 19688.5—2009	信息与文献　书目数据元目录　第5部分:编目和元数据交换用数据元	2009
GB/T 13191—2009	信息与文献　图书馆统计	2009
GB/T 23269—2009	信息与文献　开放系统互连　馆际互借应用服务定义	2009
GB/T 23270.1—2009	信息与文献　开放系统互连　馆际互借应用协议规范　第1部分:协议说明书	2009
GB/Z 23283—2009	基于文件的电子信息的长期保存	2009
GB/T 23270.2—2009	信息与文献　开放系统互连　馆际互借应用协议规范　第2部分:协议实施一致性声明(PICS)条文	2009
GB/T 22373—2008	标准文献元数据	2009
GB/T 3792.7—2008	古籍著录规则	2009
GB/T 22466—2008	索引编制规则(总则)	2009
GB/T 23285—2009	缩微摄影技术　开窗卡增厚区厚度的测量方法	2009
GB/T 23284—2009	缩微摄影技术　16 mm和35 mm卷式缩微胶片使用的影像标记(光点)	2009
GB/T 7516—2008	缩微摄影技术　缩微拍摄用图形符号	2009
GB/T 17739.1—2008	技术图样与技术文件的缩微摄影　第1部分:操作程序	2009
GB/T 17739.4—2008	技术图样与技术文件的缩微摄影　第4部分:特殊和超大尺寸图样的拍摄	2009
GB/T 12356—2008	缩微摄影技术　16 mm平台式缩微摄影机用测试标板的特征及其使用	2009
GB/T 17294.1—2008	缩微摄影技术　字母数字计算机输出缩微品　质量控制　第1部分:测试幻灯片和测试数据的特征	2009
GB/T 17294.2—2008	缩微摄影技术　字母数字计算机输出缩微品　质量控制　第2部分:方法	2009
GB/T 18405—2008	缩微摄影技术　ISO字符和ISO 1号测试图的特征及其使用	2009
GB/T 6161—2008	缩微摄影技术　ISO 2号解像力测试图的描述及其应用	2009
GB/T 16573—2008	缩微摄影技术　在16 mm和35 mm银—明胶型　缩微胶片上拍摄文献的操作程序	2009

续表

标准号	标准名称	实施年份
GB/T 17293—2008	缩微摄影技术 检查平台式缩微 摄影机系统性能用的测试标板	2009
GB/T 17292—2008	缩微摄影技术 第一代银—明胶型缩微品的质量要求	2009
GB/T 12355—2008	缩微摄影技术 有影像缩微胶片的连接	2009
GB/T 8987—2008	缩微摄影技术 缩微摄影时检查负像光学密度用测试标板	2009
GB/T 18503—2008	缩微摄影技术 A6 透明缩微平片 影像的排列	2009
GB/T 21712—2008	古籍修复技术规范与质量要求	2008
建标 108—2008	公共图书馆建设标准	2008
建标〔2008〕74 号	公共图书馆建设用地指标	2008
GB/T 3792.2—2006	普通图书著录规则	2007
GB/T 5795—2006	中国标准书号	2007
GB/T 20493.1—2006	电子成像 办公文件黑白扫描用测试标板 第 1 部分:特性	2007
GB/T 20493.2—2006	电子成像 办公文件黑白扫描用测试标板 第 2 部分:使用方法	2007
GB/T 17739.2—2006	技术图样与技术文件的缩微摄影 第 2 部分:35mm 银－明胶型缩微品的质量准则与检验	2007
GB/T 20494.1—2006	缩微摄影技术 使用单一内显示系统生成影像的 COM 记录器的质量控制 第 1 部分:软件测试标板的特性	2007
GB/T 20494.2—2006	缩微摄影技术 使用单一内显示系统生成影像的 COM 记录器的质量控制 第 2 部分:使用方法	2007
GB/Z 20648—2006	电子成像 擦除记录在一次写入光学介质上的信息的推荐方法	2006
GB/T 20225—2006	电子成像 词汇	2006
GB/T 17739.5—2006	技术图样与技术文件的缩微摄影 第 5 部分:开窗卡中缩微影像重氮复制的检验程序	2006
GB/T 20233—2006	缩微摄影技术 A6 尺寸开窗卡	2006
GB/T 20226.1—2006	缩微摄影技术 缩微胶片 A6 尺寸封套 第 1 部分:16mm 缩微胶片用五片道封套	2006
GB/T 20226.2—2006	缩微摄影技术 缩微胶片 A6 尺寸封套 第 2 部分:16mm 和 35mm 缩微胶片用其他类型封套	2006
GB/Z 20227—2006	缩微摄影技术 缩微记录的清除、删除、校正或修正	2006

续表

标准号	标准名称	实施年份
GB/Z 20650—2006	缩微摄影技术　缩微品的法律认可性	2006
GB/T 20232—2006	缩微摄影技术　条码在开窗卡上的使用规则	2006
GB/T 6159.10—2006	缩微摄影技术　词汇　第 10 部分：索引	2006
WH/T 24—2006	图书馆古籍特藏书库基本要求	2006
WH/T 22—2006	古籍特藏破损定级标准	2006
WH/T 21—2006	古籍普查规范	2006
WH/T 20—2006	古籍定级标准	2006
WH/T 23—2006	古籍修复技术规范与质量要求	2006

　　在已有的标准中，以下几个方面的基础性标准基层图书馆可以直接应用：

　　一是关于图书馆设施设备及环境的基础性标准，如家具标准、安全标准、卫生标准等。这些标准适用于任何一类图书馆，也适用于任何规模的图书馆。在家具标准方面有《办公家具、阅览桌、椅、凳子》（GB/T 14531—2008）和《办公家具、木制柜、架》（GB/T 14532—2008）等国家标准；在安全标准方面有《公共图书馆建筑防火安全技术标准》（WH 0502—96），同时《中华人民共和国消防法》《公共场所卫生管理条例》等法规中，也有对图书馆安全的相关规定；在卫生标准方面有《图书馆、博物馆、美术馆、展览馆卫生标准》（GB 9669—1996）等。对于这些标准，基层图书馆并不需要再单独制定，直接参照执行这些已有的标准便可。

　　二是文献著录、分类、编目等通用业务标准。图书馆业务标准涵盖图书馆业务的方方面面，资源共建、数据共享、协同服务是公共图书馆服务网络建设的重要目标，而参与这个网络的各图书馆遵循统一的标准是实现这一目标的重要基础。图书馆业务标准的制订需要有丰富的业务工作经验和较高的专业技术水平做支撑，因此，一般多由专业技术力量雄厚的大、中型图书馆来主导图书馆业务标准的制订。基层图书馆虽然不如大、中型图书馆业务量那么大，也不如大、中型图书馆业务那么复杂，但业务工作也需要遵循相同的标准，这样才能实现共建共享。例如，《中国机读目录格式》（WH/T 0503—1996）、各类型文献著录规则、《文献主题标引规则》（GB/T 3860—2009）、《文献类型与文献载体代码》（GB/T 3469—1983）等。这些业务标准的实际应用还需要紧密结合各图书馆的业务工作，因此，建议基层图书馆在应用这些业务通用标准时，可结合本馆实际情况制订标准的应用指南，以规范对标准的理解与执行。

　　三是图书馆行业基础技术标准，主要涉及数据交换、图书馆管理系统、图书馆信息安全、通信协议等。这些标准既着眼于一馆的信息系统建设和数字化服务，也是各图书馆系统间实现互操作和数据共享的基础。特别是近年来随着数字图书馆的发展，数字图书馆领域相关标准发展较快。对于这些标准，基层图书馆也应当积极应用，以使自身能够在信息环境中与其他图书馆系统实现对话和交互。例如，《书目信息交换用磁带格式》《图书馆—射频识别—数据模型第 1 部分：数据元素设置及应用规则》《图书馆—射频识别数据模型第 2 部分：基于 ISO/IEC 15962 的数据元素编码方案》等。此外，还有许多技术标准并非由图书馆界制定，而是由其他行业制定。在信息技术领域广泛采用的技术标准，也被图书馆界接受成为本行业的基础技术标准，基层图书馆也可直接应用。

（二）建设标准

1.建设标准的内涵和外延

改革开放以来,我国公共图书馆事业快速发展,各级公共图书馆普遍得以新建、扩建或改建,设施、环境和条件极大改善。尤其是进入21世纪以后,一些新建公共图书馆的建筑面积大幅增加,设施条件显著改善,现代化水平迅速提升,而馆舍的变化也带来了图书馆在空间布局、网络基础设施、周边环境建设等方面的重大改变,为图书馆提升服务效能和服务水平奠定了基础。

然而,由于我国公共图书馆建设长期缺乏统一标准,图书馆建设决策带有一定的随意性,同时由于一些公共图书馆自身缺乏现代图书馆理念,导致新馆一建成就面临这样那样的问题,比如图书馆功能布局不合理,不能满足读者的需求,馆舍空间、资源存在浪费现象,甚至有些新建馆舍因地理位置过于偏僻,成为一个"面子工程",建筑富丽堂皇,而读者却是门可罗雀。

图书馆设施建设的标准化、规范化问题,早在20世纪80年代就得到各级政府主管部门的高度重视,1987年,原城乡建设环境保护部制定实施《图书馆建筑设计规范》(JGJ 38—87),并于1999年发布其修订版本(JGJ 38—99),围绕各类型图书馆的选址、平面布局、建筑功能设计、设施设备、业务环境、消防疏散等问题提出了明确要求。在此基础上,2008年,住房和城乡建设部、国家发展和改革委员会、国土资源部和文化部等部门又先后发布了《公共图书馆建设用地指标》(建标〔2008〕74号)和《公共图书馆建设标准》(建标〔2008〕150号)两个行业标准,对公共图书馆建设用地、规模分级、项目选址、业务布局、环境设施等问题做了进一步规范。一些地方政府也通过地方性图书馆立法或政府规范性文件确定公共图书馆的建设规模,如《上海市公共图书馆管理办法》中不仅包括公共图书馆文献藏量、经费保证和服务保证等内容,而且也对图书馆馆舍建设、布局要求做了规定;新疆维吾尔自治区人民政府颁布的《公共图书馆服务标准》,其内容除涉及服务方面的指标外,还包括了馆舍面积、布局、设备配置等建设指标。

根据本课题的调研,国外很少能够找到对应于我国《公共图书馆建设用地指标》和《公共图书馆建设标准》这样的标准规范,日本《有关公立图书馆设置和运营所期望的标准》和澳大利亚《公众空间:新南威尔士州公共图书馆建设指南》的标准名称虽然有"建设"或"设置"这样的字眼,但其内容并不仅限于馆舍规模和设施设备,还涉及资源建设、图书馆服务等方面的内容。其他国家的相关标准多是以"公共图书馆服务标准/指南"命名的,通常包括了馆舍规模、设施设备、资源、人员、服务等各方面规范或指标。

我们认为,可以从狭义和广义两个角度来理解公共图书馆建设标准。狭义的公共图书馆建设标准,是指与馆舍"建设"相关的因素,主要解决图书馆单体建筑建在哪、怎么建的问题,如网点布局,选址、规模、创办方式、功能分区、设施设备、环境等,这些因素可以看作是图书馆建设的"硬性"指标。广义的公共图书馆建设标准,除了狭义的"硬性"指标外,还包含了资源建设、经费管理、绩效评估、服务对象和服务内容等,这些因素可以看作是图书馆建设的"软性"指标。

本课题所建立的基层公共图书馆标准规范体系框架采用了狭义的公共图书馆建设标准,即建设标准主要针对图书馆的网点布局、选址、规模、创办方式、功能分区以及必要的基础设施配置等因素。通俗来讲,建设标准主要解决建一个图书馆应该选择什么样的地理位置、需要多少土地、周边环境如何、建多大合理,以及一个规模合理的单体图书馆需要配备什么样的设施设备、配备多少人员及需要多少投资等问题。其他"软性"指标则相应归入管理标准、服务标准或业务工作标准。

2. 基层图书馆建设标准应重点解决的问题

截至目前,我国还没有就县以下基层图书馆的建设布局提出明确的规范要求。《图书馆建筑设计规范》(JGJ 38—99)中将"公共图书馆规定到县级(含少年儿童图书馆)",而《公共图书馆建设用地指标》(建标〔2008〕74号)和《公共图书馆建设标准》(建标〔2008〕150号)则指定"适用于县级以上行政区域内新建、改建和扩建的公共图书馆",对于乡镇社区等基层图书馆的建设,前者没有规定,后者则建议参照执行,但如何参照,参照执行时指标如何调整,标准中未予以明确规范。此外,作为公共文化服务体系的"神经末梢",基层图书馆数量多、分布广,其面向农村乡镇、城市社区基层百姓提供服务的职能使其与其他大、中型图书馆的建设有很大区别,对图书馆的选址、建设布局、设施设备等提出了特殊要求。

综上,我们有必要积极吸收国外发达国家已有的工作经验,在现有《公共图书馆建设标准》和《公共图书馆建设用地指标》的基础上,结合基层图书馆的现实情况及职能定位,对县以下社区、村镇图书馆及图书馆服务点的建设和布局进行统筹规划和标准化设计,制定《基层图书馆(乡镇、社区图书室)建设标准》,具体可包括规模分级与选址、规模与分区功能规划、建设要求、设施设备等内容。

(1)设置与选址

基层图书馆作为公益性公共文化机构,其建设用地应由政府无偿划拨并无偿使用。因此,各级政府应将基层图书馆建设用地纳入地区城市建设规划和公共文化配套设施建设规划,通过规划落实基层图书馆建设用地。基层图书馆建设规划应考虑有利于地区性公共图书馆服务网络的形成,其设置和布局应科学合理、实用高效,并有利于覆盖更广泛的基层群众。还应结合文化馆(站)等其他文化设施的布局进行统一规划,以形成一个各基层公共文化服务设施相互呼应、互为补充的基层公共文化服务网络。

基层图书馆选址应考虑如下因素:一是宜位于人口相对集中、交通便利的地方;二是符合卫生、安全和环保标准;三是周边市政配套设施良好,如有方便的停车地点,包括残障人士的停车处,并尽可能与其他文化设施相邻近;四是有可供日后扩建的空间。

(2)规模与分区功能规划

对于图书馆建设规模的确定,国外主要有两种做法,较常见的是以服务人口为依据,另外也有依据图书馆的馆藏规模和服务功能来确定建设规模的做法,如澳大利亚新南威尔士州。考虑到我国基层图书馆因长期缺乏经费,馆藏文献严重不足,服务功能没有得到充分发挥,因此,我们认为,当前我国基层图书馆建设规模应主要以服务人口数量为基本依据,在参考现有的地区人口及分布情况的基础上,还应对未来地区人口变化情况进行科学预测,统筹考虑。

确定了建设规模后,还需要对基层图书馆各个活动区域的功能及面积进行规划,以保障各项服务的开展。对分区功能的规划应充分考虑基层图书馆的服务人群及其特点,在保障基本信息服务空间外,还应设立公共活动区,以满足基层群众在图书馆进行文化交流、开展文化活动的需要,有条件的地区还应根据需要建设少儿活动区、老年人活动区等。

(3)建设要求

在基层图书馆建设标准中还应重点解决什么情况下必须单独建馆,什么情况下可以与其他文化设施共用一个建筑,并根据两种不同的情况,结合基层图书馆的职能及服务方式、读者需求等,对其外观造型、室内装修、环境设计、配套设施等进行规范。一方面基层图书馆建设应满足任何建筑物在建设过程中均应满足的相关标准,如无障碍设计、节能环保设计、消防安全设计、照明设计等;另一方面还应根据基层图书馆的特点,对藏书、借阅、公共活动、业务工作等各类业务用房做针对性设计,例如,阅览区域的灯光应充分考虑读者的用眼健康,并尽量在设计上为读者提供一个安静的读书空间;少年儿童活动区域应考虑小读者的出入安全,室内设施应考虑儿童的生理和心理特征;藏书区域应考虑文献保存保护的需要,注意防潮、防尘等。

(4)设施设备

基层图书馆的设施设备主要包括照明、给排水、通讯等建筑设备,以及图书馆业务办公和提供服务所需要的各类家具、计算机网络设备等。大部分设施设备都可以采用相关行业或图书馆行业已有标准,有些设施设备需要根据基层图书馆的实际情况加以规范,例如计算机网络设备,基层图书馆应根据服务需要建立网络系统,支持用户利用图书馆提供的计算机或自带笔记本电脑、智能移动终端等获取图书馆的网络服务。每个基层图书馆应当配置什么样的计算机设备、配备多少,都需要在建设标准中予以规范。

总体而言,建设标准主要针对图书馆的网点布局、选址、规模、功能分区以及必要的基础设施配置等问题进行规范。目前,我国基层图书馆发展面临的一个突出问题是缺乏可持续发展能力,究其原因,一个很重要的方面是政府作为基层图书馆兴办主体在基层图书馆建设方面所应当承担的主体责任不明确,而建设标准的制定将有助于这个问题的解决。

(三)服务标准

1. 服务标准的内涵和外延

公共图书馆服务是指公共图书馆通过各类资源和自身专业能力满足公众日益增长的对知识、信息及相关文化活动需求的工作[①]。图书馆服务标准主要针对图书馆的服务对象、服务内容、服务方式、服务绩效、服务宣传与引导、服务监督与评价等方面进行规范,是开展、管理和规范图书馆服务行为的依据。向社会公众提供普遍均等的服务,是公共图书馆的核心价值所在,因此,服务标准也就成为公共图书馆标准体系的关键与核心。

自20世纪中期,国外就出现了图书馆服务标准,如国际图书馆协会联合会于1958年在马德里通过了"公共图书馆服务标准",各发达国家也都相继制订了本国的图书馆服务标准,而且与图书馆服务相关的标准在各国的图书馆标准中占了较大份额。例如,本课题调研的33个澳大利亚公共图书馆标准规范中就有14个是服务标准,占所调研标准总量的42%,这些服务标准内容非常细致,其中既有针对一般居民的服务标准,也有专门针对儿童甚至土著居民和托雷斯海峡岛民的服务标准。从这些服务标准所涵盖的内容来看,主要分为广义和狭义两类,狭义的服务标准主要围绕图书馆服务工作,规范那些与服务工作密切相关的因素,包括服务资源、服务效能、服务宣传、服务监督与反馈等。广义的服务标准除上述内容外,还包括图书馆设置与布局、图书馆建筑等方面的内容。

2012年5月1日,我国国家标准《公共图书馆服务规范》(GB/T 28220—2011)正式实施,这是我国历史上第一个公共图书馆服务标准。该标准属于上文中的狭义图书馆服务标

---

① 公共图书馆服务规范[S]. GB/T 28220—2011.

准,对县及县以上各级公共图书馆的服务资源、服务效能、服务宣传、服务监督与反馈等进行了规范。目前,在我国公共图书馆服务体系中,县以下基层图书馆是最为薄弱的环节,课题组通过对国内 10 个地区的基层图书馆进行实际调研发现,当前基层图书馆在服务中普遍存在着馆藏资源缺乏、开馆时间不能保证、服务内容和形式单一,人员不足且业务素质较低、服务设施落后且不健全等突出问题,造成基层图书馆服务水平较低,能力较差,无法满足基层群众对图书馆服务的需求。基层图书馆的服务现状堪忧,亟须相应的标准对其服务行为进行规范和引导。而《公共图书馆服务规范》主要针对县及县以上公共图书馆的情况制定,标准文本中虽然提出"街道、乡镇级公共图书馆以及社区、乡村和社会力量办的各类公共图书馆基层服务点参照执行",但缺乏如何参照的详细规则以及专门针对基层图书馆的服务指标要求。

为此,本课题设计的基层公共图书馆标准规范体系框架中,服务标准是一个重要领域。在这个框架中,我们将基层图书馆的服务标准定位为狭义标准,并分为基本服务标准和重点领域服务标准,其中基本服务标准主要规范基层图书馆需要的馆藏、设备、人员等服务资源,基层图书馆的开放时间及应提供的基本服务内容、形式,各项服务的规范化要求,服务的导引、标识、公告、宣传推广,以及读者的服务监督与反馈等;重点领域服务标准主要根据基层图书馆的重要服务对象、服务内容或服务形式的实际需要制定相应标准,例如,针对青少年、老年人、残障人士等特殊人群的服务标准,阅读推广活动服务标准,流动图书车服务标准等等。

2. 基层图书馆服务标准应重点解决的问题

第一,服务资源,是指公共图书馆在开展服务过程中所拥有的物力、财力、人力等各种物质要素,主要包含了硬件资源、人力资源、文献资源和经费资源[①]。目前,我国基层图书馆的生存状态普遍比较艰难,乡镇图书馆大多处在维持状态,社区图书馆在各级政府、基层百姓眼中都可有可无,提供基本服务的条件也相对比较差。因此,基层图书馆服务标准首先应当明确基层图书馆开展服务所需要的各种资源,从而使基层图书馆开展服务有一个必要的基础,也为基层图书馆配备相应资源提供依据。

服务资源主要包括硬件资源、人力资源、文献资源以及经费资源等。其中硬件资源应对馆舍面积、功能分区、阅览座席等进行规范,特别应当根据乡镇和社区的实际情况,规划必要的活动及交流空间,并根据服务对象的分布,为特殊服务群体设置必要的服务和活动空间。此外,还应根据信息技术的发展,对基层图书馆的计算机和网络设施设备进行规范。例如,基层图书馆应保障读者在馆内的互联网访问,为读者提供网络接入服务,有条件的地方还应提供无线网服务,使到馆读者可以通过自己的手持移动设备接受网络服务。

人力资源主要对图书馆开展服务所需要的人员及其素质、人员培训等做出规范。特别应当针对基层图书馆普遍存在缺乏专职人员,乡镇图书馆工作人员与乡镇综合文化站统一调配使用的现状,对基层图书馆的人员配备做出符合实际的规定。对于已经在基层图书馆岗位上工作而又缺乏必要专业知识的人员,应提出接受专业培训的具体要求,包括培训的具体内容及时间要求。为有效提高基层图书馆人员的专业素养,应对其人员的岗位培训和继续教育做出明确要求。

---

① 公共图书馆服务规范[S].GB/T 28220—2011.

文献资源是基层图书馆提供服务的基础,在服务标准中应对乡镇、社区图书馆的文献资源进行规范,包括文献资源的数量、类型、内容等,特别应考虑基层图书馆的职能,并结合乡镇经济发展特色和社区群众的主要信息需求,对文献资源配备进行规范。除传统介质文献外,还应当对电子资源的入藏提出要求。考虑到目前很多基层图书馆的藏书或年代久远、更新不及时,或复本量大、品种不丰富,或适合当地居民阅读的文献较少等现状,标准中应对藏书体系的科学化建设提出要求,例如,可通过设置文献资源剔旧、文献资源复本量、年新增藏量等要求来规范基层图书馆的馆藏建设。

经费是保障基层图书馆正常运营的基础,缺乏可持续的经费保障机制也是目前我国基层图书馆发展中面临的一个重要瓶颈问题。因现行管理体制原因,《公共图书馆服务规范》中并未对图书馆开展服务所需要的经费做出规定。基层图书馆服务标准中应对服务所需经费、经费管理等内容加以规范。此外,还可通过标准的形式鼓励社会力量对基层图书馆事业进行资助。

第二,服务能力与服务效率。在整个公共图书馆服务体系中,基层图书馆处在满足人民群众基本文化需求的第一线。服务标准应当对基层图书馆的服务对象、服务内容、服务方式等做出详细而明确的规范,以便于广大基层图书馆参照执行,从而在较短的时间内改变基层图书馆的服务面貌。特别是对涉及基层图书馆职能发挥的基本服务要在标准中进行约定,包括文献借阅服务、一般性信息提供及咨询服务、开展社会教育活动、流动服务、网络服务、个性化服务等。

基层图书馆的服务主要依托馆舍开展,因此,首先要保证有足够的开放时间。开放时间的设定应当充分考虑服务对象的生活方式,确保在多数读者最方便、最合适、最需要的时间开放。社区图书馆在设定开放时间时,应充分考虑到社区居民晚上下班以后、双休日、节假日对图书馆的利用需求,以及社区老年人对图书馆活动空间的时间要求,还应考虑到寒暑假期间学生读者对图书馆的使用;乡镇图书馆则应充分考虑乡镇居民的作息时间,特别在下午和晚上应保证开放时间。季节性的人口流动也要考虑在内,以延长开放时间来满足这一时期增长的读者需求。在设置流动图书馆(车)的开放时间时,应考虑服务人口数量及其需求特点。

应将基层图书馆为乡镇、社区居民提供生产、生活所需一般性信息作为一项基本服务内容加以规范。例如,乡镇图书馆可重点针对所在乡镇的支柱产业、旅游资源、特色经济等提供服务;社区图书馆可针对社区居民的就业、个人学习等生活需求提供有关信息。随着图书馆职能的拓展,应鼓励基层图书馆大力开展培训、讲座、故事会、读书会、影视欣赏、音乐鉴赏等多种形式的社会教育活动,以满足人们在图书馆进行文化交流和休闲娱乐的需要。此外,基层图书馆还应该根据服务对象的情况开展个性化服务,例如,为行动不便的居民提供送书上门服务,为农村地区群众扫盲提供支持等。

除到馆服务外,还要引导基层图书馆拓展服务渠道,积极开展流动服务、网络服务等。特别是在交通不便,人口较分散的乡镇,应采取流动服务方式扩大服务覆盖范围;在规模较大的社区,也应考虑通过定期的流动服务方便居民利用社区图书馆。应鼓励基层图书馆利用现代信息技术手段提供网络服务,例如通过网络开展书目查询、图书预约、文献提供、活动报名等服务,通过手机提供活动信息发布、图书到期提醒、新书推荐等服务。此外,还应鼓励基层图书馆参与本地区图书馆服务网络,与其他图书馆之间实现资源与服务的共建共享。

在服务标准的设计中,对服务效率的要求非常关键。只有明确服务效率的量化指标,才能为基层图书馆的服务工作确立明确的、可努力的目标与方向,也才能反过来用对服务结果的要求切实推动基层图书馆的各项服务工作。因此,除了对基层图书馆服务内容、服务方式的规范外,服务标准还应对各项服务的质量、时限、结果等进行规范。在服务质量指标设定中,应更多引用人均指标和定量指标,一方面加强标准对不同地区基层图书馆的适用性,另一方面引导基层图书馆对服务效益加以重视,为科学评估图书馆服务提供依据。例如,可在标准中规定服务人口人均到馆次数、人均借阅量、人均参与活动次数、人均拥有文献资源数量、馆藏文献流通率、服务覆盖本地区常住人口的比例等。

第三,服务宣传,是指通过有效手段向公众宣传图书馆的服务,从而使公众了解图书馆,吸引公众利用图书馆。服务宣传是图书馆宣传自己的服务,培育社会公众图书馆意识的重要手段。服务宣传的对象既包括到馆读者,也包括本地区的其他基层群众;服务宣传的内容既包括图书馆的功能布局、馆藏资源、服务项目、服务方式,也包括图书馆举办的各种社会教育活动;服务宣传的渠道既包括馆内宣传,也包括馆外各种途径的宣传。

服务宣传首先要保证读者能在第一时间找到身边的图书馆,如在图书馆周边区域设置明显路标、在主体建筑外竖立明显的导向标识,让读者在众多的建筑物中能一目了然地找到图书馆的所在。进入图书馆后,应保证读者能方便地找到自己想去的区域,找到自己需要的文献,如在图书馆入口处标明区域划分、在每一楼层设立醒目的功能布局标识、在阅览区的书架上设置文献内容和类别标识等。

图书馆的服务内容也是服务宣传的一个重要方面。基层图书馆的醒目位置或网站、读者手册上都应有醒目的服务告示,对服务范围、服务内容、服务时间、服务公约、读者须知、借阅(使用)规则、服务承诺等内容做出公示。应充分利用乡镇、社区内的其他信息公告渠道,及时发布图书馆的服务政策、各类新服务、新到馆文献、开放时间的变化等服务信息。

第四,服务监督与反馈,是对图书馆服务内容、质量、效果等各方面进行及时跟踪,并对其进行全面监督、评估、考核的过程,是评价图书馆服务的重要手段。图书馆服务标准应对服务监督途径、方法以及反馈问题的处理予以规范。国外的服务标准都比较重视对图书馆服务质量的评价,例如英国、澳大利亚等国的服务标准分别设置了"用户对图书馆服务的评价"和"用户满意度"指标。我国第四次、第五次县以上公共图书馆评估定级标准也都设置了"读者满意度"指标。

应对基层图书馆开展服务监督的途径和方法加以规范,例如,在馆舍显著位置设立读者意见箱(簿)、公开监督电话与邮箱、定期召开读者座谈会、通过社区居委会了解居民意见等。对于读者反馈的意见或投诉,图书馆应认真对待并正确处理,并在要求的工作时限内予以回复,或告知处理结果。

第五,重点领域服务规范。基本服务标准主要解决基层图书馆开展基本服务时的通用要求和规范,是基层图书馆服务的"基本法"。在基本服务的基础上,可以根据基层图书馆事业发展的现实需求,就重点服务人群、重点服务项目、重点服务方式、重点服务设施等进行规范。

为保障重点服务人群的服务质量而制定专门的服务标准,是国外图书馆标准体系中的通常做法。例如,在《澳大利亚公共图书馆标准与指南》的 20 个指南中,有 6 项都是与特殊人群服务相关的,包括青少年、老年人、残疾人、土著居民服务、家庭服务以及多元文化社区服务等。在我国,基层图书馆是保障每个公民平等享有公共图书馆服务的主要阵地。在基层图书馆的服务对象中,青少年、老年人等特殊人群占据了较大比重,尤其是在农村地区,留守儿童、留守老人已经成为一些地区居民的主要群体。在许多新的城市社区,外来务工人员也已经成为这些社区图书馆的重点服务对象。应当根据需要制定基层图书馆面向这些群体的服务标准,细化基本服务要求、服务内容、服务形式等。

我国地域辽阔,许多地方人口分散,且交通不便,单靠固定图书馆提供服务远远不能满足基层民众的基本文化需求,流动服务是完善公共图书馆服务网络的重要手段。应当在总结基层图书馆广泛开展流动服务实践的基础上,制定有关流动服务的具体标准,包括流动服务的时间间隔、内容、形式、路线安排等,以更好地指导各地开展流动服务。例如,澳大利亚昆士兰州颁布了《流动图书馆标准》,对流动图书车的车辆标准、维护标准、停靠服务点标准、通信设备标准以及安全标准做了详细规定,值得借鉴。

社会教育活动职能是基层图书馆在当前应当重点拓展的一项职能,我国各级公共图书馆已经进行了许多有益的探索,例如举办讲座、展览、培训、阅读推广活动等。基层图书馆应当成为所在乡镇、社区居民的文化交流中心,应根据馆内空间有限,服务人群相对固定等特点,有针对性开展文化交流活动。如何分析读者需求,开展活动的基本要求,活动的形式选择,活动的内容安排,活动应达到的效果等,均可以通过制定相应的专门标准予以细致规范。例如,社区图书馆在学校寒暑假期间可组织读书活动,双休日可组织故事会活动,平时可以为社区内的老年居民提供健康讲座、上网辅导等活动;乡镇图书馆可组织普及科学知识的讲座,通过推荐好书等活动引导乡镇居民对阅读的兴趣,开展针对少年儿童特别是留守儿童课外教育的系列活动等。

(四)管理标准

1.管理标准的内涵和外延

管理标准是为了实现对图书馆的人员、经费、设施设备、图书馆共享与合作、质量评价与绩效评估等的有效组织与管理而制定的标准,建立图书馆管理标准的目的是提高图书馆科学管理水平,确保图书馆的高效运转,使图书馆拥有的各类资源能够充分发挥其最大效益,并最终通过管理提高办馆水平和读者服务水平。管理工作贯穿图书馆的一切活动,因此,管理标准的内容也应涵盖图书馆工作的各个方面。

根据本课题对国外图书馆标准的调研,目前关于管理方面的标准有两类,一类是专门制定某一方面的管理标准,如图书馆评估标准;另一类是将管理问题的规范性要求融入与其密切相关的其他标准中,如在服务标准中对与服务相关的人员、设备、经费等管理进行规范,在专项业务标准中对该业务管理进行规范等。本课题认为,基层图书馆管理标准的制订应不拘泥于标准的形式,而因根据现实情况,灵活采取不同的策略,既可以在相关标准中规范管理问题,也可以制订一些单独的管理标准,以规范该领域工作。综合考虑目前已有标准和基层图书馆的实际情况,本课题建议可以优先考虑制订有关基层图书馆的业务统计标准、评估标准、人员管理标准等管理标准。

2.基层图书馆管理标准应重点解决的几个问题

乡镇、社区图书馆与其他各类规模的公共图书馆在管理方面存在许多共性,但长期以来,由于基层图书馆事业发展较为滞后,管理水平也相对较低。本课题在对全国 10 个省市地区的实际调研中也发现,基层图书馆普遍存在着管理不规范、管理机制不健全等问题,一

定程度上影响了基层图书馆的发展。根据基层图书馆当前管理中的薄弱环节,基层图书馆管理标准应重点解决如下问题:

(1)业务统计

图书馆业务统计是图书馆管理工作的重要组成部分,也是我们科学管理和评估图书馆事业的客观需要。通过对业务工作的统计、对比、分析、研究,可以使我们深入了解业务工作的特点、规律及其发展变化趋势,帮助我们发现问题、解决问题,进而提高业务管理水平。业务统计标准是用于规范图书馆业务统计活动的标准,包括对馆藏数量、读者数量、经费情况、读者活动等各项业务的统计规范。当前,我国县及县以上图书馆已经建立了较为完备的业务统计制度,文化部建立了一套图书馆统计指标体系,并根据这套指标每年发布全国公共图书馆基本情况统计年报,其中就包含了县及县以上图书馆的基本业务数据。多个地区的地方图书馆条例、管理办法中也对图书馆统计工作做了相关规定,如《天津市区、县图书馆工作条例》第三十一条规定:"区、县馆应向有关领导部门报送工作计划、总结和有关业务统计资料。"

2009年,我国颁布了国家标准《信息与文献图书馆统计》(GB/T 13191—2009),其主要统计指标如表2所示。

表2　《信息与文献图书馆统计》(GB/T 13191—2009)主要统计指标

一级指标	二级指标	三级指标
图书馆	统计管理单元和图书馆数量	
	图书馆类型的统计	国家图书馆、高等教育机构图书馆、专业图书馆、公共图书馆、学校图书馆、保存图书馆
馆藏	图书和连续出版物(印刷型)	馆藏、新增馆藏、剔除
	手稿	馆藏、新增馆藏、剔除
	缩微文献	馆藏、新增馆藏、剔除
	制图资料	馆藏、新增馆藏、剔除
	印本乐谱文献	馆藏、新增馆藏、剔除
	视听资料	馆藏、新增馆藏、剔除
	图形文献	馆藏、新增馆藏、剔除
	专利	馆藏、新增馆藏、剔除
	其他馆藏文献	馆藏、新增馆藏、剔除
	电子图书	馆藏、新增馆藏、剔除
	计算机文件	馆藏、新增馆藏、剔除
	其他数字文献	馆藏、新增馆藏、剔除
	数据库	馆藏、新增馆藏、剔除
	已收到的现行连续出版物	印刷型或缩微型、电子连续出版物、连续出版物总量
	免费网络资源	

续表

一级指标	二级指标	三级指标
图书馆利用和用户	用户	
	借阅(不包括馆际互借)	
	借阅的物理单元数量	
	馆内利用	
	馆内利用的物理单元数量	
	预约	
	信息请求	
	复制	图书馆的影印复制和缩微复制、用户自助影印复制(非电子资源)
	国内馆际互借	从其他图书馆接收到的馆际互借请求、向其他图书馆发出的馆际互借请求
	国际馆际互借	从其他国家接收到的馆际互借请求、向其他国家发出的馆际互借请求
	电子文献传递(中介性)	
	外部文献提供	
	图书馆组织的活动	
	到馆访问	
	用户教育和培训	
获取和设施	开放时间	
	开放天数	
	座位	
	公用工作站	
	编目记录	
	复印机	
	空间	图书馆功能净可用面积、按功能划分的净可用空间、图书馆建筑总面积、书架数
支出	图书馆运行经费(日常费用)	用于图书馆员工的支出、用于采访的支出、用于外部文献提供和馆际互借的支出、用于馆藏维护的支出、基本维护费用、用于自动化的支出、用于开放获取的出版费用、杂费
	图书馆资产的支出	
	收入和筹款	

续表

一级指标	二级指标	三级指标
图书馆工作人员	全体工作人员	专业馆员、认证专业人员、其他人员、学生助理
	志愿者	
	员工培训	
	专业教育	
	分配在服务区、工作区的员工	

从表2可以看出,这是一套非常复杂的统计指标体系,对乡镇、社区基层图书馆而言,获取上述所有这些指标的值是非常困难的,特别是馆藏、图书馆利用和用户两个部分的指标设置不能充分反应基层图书馆的职能及相应业务的开展情况。而由文化行政主管部门发布的公共图书馆基本情况年报也未能包含乡镇、社区基层图书馆的情况。因此,有必要制订专门针对基层图书馆的业务统计标准,对基层图书馆的房屋建筑面积、馆藏(特别是特色馆藏)、专/兼职人员、计算机等各类型设备、经费、文献流通、到馆人次、各类型信息服务、为特殊群体的服务、举办的文化交流活动及参加人次等进行统计规范,并通过标准的执行带动基层图书馆的业务水平。

(2)图书馆评估

按照既定标准对图书馆进行评估,是全面、客观评价图书馆整体面貌的重要手段。因此,评估标准也是图书馆管理标准的重要组成部分,是对图书馆绩效评估的过程及各项指标的规范,对图书馆提供信息服务的价值与所消耗价值的比较活动进行规范,适用于图书馆了解本馆在一定时间内的投入与产出,并根据评估结果及时调整发展策略、服务方针、人员配备、经费投入等,从而通过评估促进图书馆事业发展。

国外许多发达国家都制定了图书馆评估标准,并建立了较为完善的图书馆评估制度。例如,芬兰的《图书馆法》明确强调:市政府应对图书馆提供的信息服务进行评估,其目的是提高图书馆的利用率并促进其发展,评估内容主要是图书馆信息服务的实施情况以及服务的质量和经济效益。美国图书馆协会(ALA)的《公共图书馆服务成效评估》、国际标准化组织(ISO)的《信息和文献工作——图书馆绩效指标》、加拿大的《联邦政府图书馆绩效评估手册》、国际图书馆协会联合会(IFLA)的《评价质量:学术图书馆绩效评价国际指标》等都是专门用于图书馆评估的标准,这些标准主要侧重于对图书馆的馆藏、设备、人员和服务效益等进行评估。例如,《信息和义献工作——图书馆绩效指标》(ISO 11620:2008)的指标体系共包含4大类44个绩效评估指标,具体如表3所示。

表3 《信息和文献工作——图书馆绩效指标》(ISO 11620:2008)的指标体系①

一级指标	二级指标	三级指标
资源、获取和基础设施(测度图书馆资源和服务的满足率和可获得性)	馆藏	所需文献的可获得性
		所需文献占总馆藏的百分比
		主题目录检索成功率
		被拒回话的比例

① 于良芝,许晓霞,等.公共图书馆基本原理[M].北京:北京师范大学出版社,2012:143—148.

续表

一级指标	二级指标	三级指标
	获取	排架准确率
		从闭架书库检索文献所需时间的中位数
		馆际互借的速度
		馆际互借成功率
	设施	人均公用工作站数量
		人均可使用工作站时数
		人均用户面积
		人均座位数
		实际开放时间与需要开放时间之比
	员工	
利用（测度图书馆资源和服务的使用情况）	馆藏	馆藏流通率
		人均借阅量
		呆滞馆藏的比例
		人均内容单元下载量
		馆内人均使用量
	获取	人均到馆率
		通过电子方式提交信息请求的百分比
		外部用户出借量占图书馆总出借量的百分比
		用户人均参加图书馆活动的次数
		用户人均参加培训的次数
	设施	公共座位的使用率
		工作站的使用率
	总论	服务目标人群的百分比
		用户满意度
效率（测度资源和服务的效率）	馆藏	借阅的平均成本
		数据库访问的平均成本
		内容单元下载的平均成本
		到馆服务的平均成本
	获取	文献采访的中位时间数
		文献加工的中位时间数

一级指标	二级指标	三级指标
	员工	读者服务部门员工占所有员工的比例
		回答正确率
		文献采访支出与员工成本的比例
		员工文献加工能力
	总论	每个用户的平均成本
发展潜力(测度图书馆通过投入新增服务和资源,获取充足发展资金的能力)	馆藏	图书馆用于购买电子资源的支出占图书馆采购资源总支出的百分比
	员工	提供电子服务的员工占员工总数的百分比
		每位员工接受正规培训的时间
	总论	图书馆通过专项拨款或创收获得的经费百分比
		图书馆常规经费占总经费的百分比

我国于1994年、1998年、2004年、2009年和2013年分别组织开展了五次全国县及县以上公共图书馆评估定级工作,评估的依据是由文化部下发的《公共图书馆评估标准》,这是我国政府主管部门制定的第一个对公共图书馆进行全面评价的量化指标体系,该标准在每次评估前均会根据事业发展现状进行适度调整。2013年年初,文化部修订下发了第五次全国公共图书馆评估定级系列标准,包括省、市、县三级公共图书馆评估标准和省、市、县三级少儿图书馆评估标准,以及相应的定级必备条件,其主要指标见表4(以省级公共图书馆为例)。

表4 第五次全国公共图书馆评估标准主要指标(省级)

一级指标	二级指标
设施与设备	建筑条件、现代化技术条件
经费与人员	经费、人员
文献资源	总藏量、电子文献藏量、文献入藏、藏书质量、文献编目、藏书组织管理、数字化建设
服务工作	免费开放、普通服务、为领导机关决策提供信息服务、参考咨询服务、为特殊群体服务、数字资源服务、社会教育活动、读者评价
协作协调	跨省跨系统协作协调工作、本地区图书馆服务网络建设、基层辅导、图书馆学会工作、联合编目工作
管理与表彰	事业发展规划、财务管理、人事管理、志愿者管理、设备物资管理、档案管理、统计工作、环境与安全管理、上级表彰
重点文化工程	文化共享工程、数字图书馆推广工程、公共电子阅览室建设计划、中华古籍保护计划

此外,一些地区也开展了图书馆评估工作,如上海制定了"国际大都市图书馆指标体系",深圳制定了《图书馆之城建设指标体系》等。全国性和地方性的图书馆评估工作,调动

了各级政府主管部门建设和发展图书馆事业的积极性,极大提升了公共图书馆的办馆条件、业务水平和服务能力。为此,有必要将"以评促建"的工作经验进一步向基层延伸,在全国县以上公共图书馆评估标准的基础上,结合基层图书馆事业发展现状、特征及需要,制定专门针对乡镇、社区基层图书馆的评估标准,充分发挥评估对事业发展的推动作用。

(3)人员

人员标准是对图书馆馆员数量、资质要求、专业素养、教育培训、服务素质等的规范。一支在数量和质量上都较为适宜的人员队伍,是图书馆各项工作的基本条件,也是重要的决定性因素之一。

建立适宜的人员队伍,首先必须科学测定一个图书馆应该保有的工作人员数量。在这方面,各国均根据本国图书馆事业和社会发展的现实,采用不同的标准,主要包括以下三类:一是通过服务人口数量来确定图书馆员的数量,例如,国际图联和联合国教科文组织2001年联合发布的《公共图书馆服务与发展指南》的建议,公共图书馆应按每2500服务人口配备1名全职图书馆工作人员的比例确定公共图书馆人员编制;比利时、丹麦、新西兰、英国、美国等国家在有关标准中也规定每2000—2500服务人口配备1名专职图书馆员。我国国家标准《公共图书馆服务规范》中也提出"公共图书馆工作人员数量的确定,应以所在区域服务人口数为依据。每服务人口10 000—25 000人应配备1名工作人员"[①]。二是根据图书馆的馆藏规模来确定图书馆员数量,如我国1982年颁布的《省(自治区、市)图书馆工作条例》规定:省要根据精简的原则确定人员编制,定编可参考下述标准:以50万册图书、70名工作人员为基数,每增加1万至1.3万册图书,增编1人,民族地区图书馆每增加8000至10 000册民族文字图书,增编1人;三是通过图书馆每周开放及其他工作所需总时数来确定图书馆员数量,如美国爱荷华州图书馆服务标准中规定工作人员每周工作40小时,工作总时数除以40便可以计算出所需要的馆员数量。

根据《公共图书馆服务规范》中确定的"每服务人口10 000人—25 000人应配备1名工作人员"的要求,以第六次全国人口普查所公布的各省人口数和截至2010年年底的各省县及县以上公共图书馆从业人员数量做比对,全国有16个省、自治区、直辖市未达到该要求。同时,《公共图书馆服务规范》还在按服务人口数量确定工作人员数量的基础上,提出"各级公共图书馆所需的人员数量的配备,还应兼顾服务时间、馆舍规模、馆藏资源数量、年度读者服务量等因素"。因此,确定合理的人员规模并不太容易,目前我国尚没有乡镇、社区基层图书馆(室)的人员配置标准,许多基层图书馆甚至没有专职工作人员,或者没有了解图书馆业务,具备相应专业背景的工作人员,或者工作人员数量严重不足,无法支持基层图书馆开展各种社会教育与文化交流活动。人员队伍已经成为制约我国基层图书馆事业发展的一个瓶颈。

为此,迫切需要制定基层图书馆人员标准,根据基层图书馆的职能和现状,对人员数量做出规定。特别是要考虑乡镇综合文化站的建设情况,既要与乡镇综合文化站的人员队伍进行通盘规划,也要确保乡镇图书馆(室)有专职人员。此外,还应对图书馆员的素质水平和服务能力进行规定,即馆员资格标准,包括对图书馆员的专业背景、工作经验、技术能力、服务能力、在职培训等做出明确规定。

---

① 公共图书馆服务规范[S].GB/T 28220—2011.

另外,还应鼓励基层图书馆吸纳志愿者参与图书馆工作。在文化部《第五次全国公共图书馆评估标准》中,已将志愿管理作为图书馆管理的一个因素予以考核。国外也有专门针对图书馆志愿者管理制定的标准,如英国图书馆协会2001年制定了《公共图书馆吸纳志愿者指南》。基层图书馆也可以在本地区培养志愿者队伍,让乡镇、社区居民有机会参与到图书馆的内部业务工作、读者服务、各项社会教育活动的中来,从而使公众更加了解图书馆,培养对图书馆的兴趣,带动更多的人利用图书馆。

（五）业务工作标准

1. 业务工作标准的内涵和外延

业务工作标准是用来规范图书馆采、编、阅、藏等各项业务工作行为的标准。乡镇、社区基层图书馆的业务工作与其他公共图书馆的业务工作有着相同的规律、共同的特点,许多要求也具有共通性。不同的是,由于图书馆规模不同,职能定位不同,读者需求不同,业务基础不同,基层图书馆与其他公共图书馆的业务形式、业务流程、业务要求也会有所差别。例如,由于文献数量少,且不承担文献保存职责,为方便读者使用,基层图书馆一般应提供文献开架借阅服务,文献分类和排架的要求也可不必过于细化,只要能够实现汇聚同类文献,便于读者利用即可。再比如,基层图书馆的服务对象相对比较稳定,应在深入分析服务对象的年龄结构、学历结构、职业特点、兴趣爱好、文化需求等基础上,有针对性地开展适合自身服务对象需求的社会教育活动,例如,老年人较多的社区图书馆应积极开展面对老年读者群体的读书、看报、休闲娱乐等活动;少年儿童较多的社区图书馆应积极开展故事会、知识竞赛、阅读引导等活动;居民文化程度不高的乡镇或少数民族地区的基层图书馆,应积极开展识字、推荐阅读等活动。因此,对那些虽然与其他规模图书馆相似,但有不同流程、不同要求、不同表现形式的业务,应制定专门标准,对那些基层图书馆特有的业务形式如有需要,也应制定专门标准,以确保能够为基层图书馆开展这些业务提供符合实际的、有针对性的规范要求。

2. 基层图书馆业务工作标准应重点解决的几个问题

基层图书馆业务工作标准的重点是着眼于基层图书馆特有的业务形式、业务流程或业务需求,制定其业务发展亟须的标准。当前,根据基层图书馆现状,可重点考虑以下几个方面的业务标准:

（1）馆藏资源建设

馆藏资源是一个图书馆开展服务的基础,馆藏资源建设标准是为规范图书馆馆藏发展与利用而制定的标准,包括馆藏发展政策、馆藏规模、馆藏采集与更新、馆藏保存与流通、馆藏剔除、馆藏评估等内容。当前,基层图书馆馆藏资源陈旧,无法满足读者的基本需求是制约我国基层图书馆发展的一个重要因素,而基层图书馆的馆藏资源建设与其他大、中型图书馆有很大不同,迫切需要制定专门针对基层图书馆的馆藏资源建设标准,以规范和引导基层图书馆的馆藏建设。

馆藏资源建设标准是关于基层图书馆馆藏发展的原则性和规范性要求,应对基层图书馆馆藏资源建设的目标、重点、原则及馆藏来源、评估、管理、资源共享等做出规定,这些规定应紧紧围绕基层图书馆的职能定位,既立足于基层图书馆的现状,也要着眼于其未来发展。当前特别要重点规范基层图书馆馆藏发展、馆藏规模、馆藏资源采集、馆藏更新等行为。例如,在馆藏发展政策方面,应强调特色资源建设。特别是乡镇图书馆,担负着传承本土文化的重要职责,应从本地经济社会发展的实际出发,将馆藏资源建设的重点放在地域特色文献上,如积极挖掘和整理本土民风民俗、名胜古迹、民族文化等多方面的宝贵资源,结合乡镇特色产业和特色经济搜集有关文献资源。在馆藏规模方面,应综合考虑服务人口数量、分馆数量、馆藏结构、地区公共图书馆服务网络资源共享情况、电子资源所占比重等因素,确定合理的馆藏规模。馆藏文献内容应符合服务群体的需要,如在保证成年人阅读资料的基础上,还应提供一定数量的面向儿童、青少年乃至盲人读者的资料。有条件的地方还应逐步增加电子文献的品种和数量,并根据当地读者和居住人员需求,积极配置相应的文献,如与农业生产、社区生活密切相关的文献资源。在馆藏资源采集方面,应鼓励基层图书馆开拓多种资源采集渠道,如参与本地区公共图书馆服务体系的资源共享,接受社会捐赠,购买,交换等。在馆藏更新方面,一方面应着眼于改变当前多数基层图书馆馆藏陈旧的现状,规定年新增馆藏量、最大复本量等;另一方面应着眼于解决馆舍面积有限,新入馆文献没有阅读空间等矛盾,规定文献剔除的原则、更新的年限等。应引导基层图书馆经常开展各种形式的馆藏评估活动,根据评估结果适当调整馆藏发展政策,不断优化馆藏文献体系。

（2）读者活动

省、市、县级公共图书馆的读者活动主要着眼于社会热点问题、主要读者群体和活跃读者群体,而基层图书馆的读者活动应考虑对所服务人群的广泛覆盖,活动内容应着眼于对象当前最为关切、最为需要的主题,活动形式应考虑自身场馆条件和服务群体的特征,重视活动对于改善当地居民生活、学习、工作状况的实际作用。因此,关于基层图书馆读者活动的标准应当立足于基层图书馆的实际情况,对基层图书馆应当开展的读者活动的形式、内容、效益、针对人群、活动组织等进行详细规范,对基层图书馆每年应举办的活动次数、参加人数、覆盖范围等提出明确要求。

（3）参考咨询

基层图书馆的参考咨询服务具有专业性不强,但实用性较强的特点。本课题调研发现,目前,我国多数基层图书馆只能提供简单的文献借阅服务,对于人员素质要求较高的参考咨询服务则普遍未能开展。应当鼓励基层图书馆从乡镇、社区居民的实际需要出发,积极开展针对性的参考咨询服务,相关标准应当对社区图书馆如何为社区居民提供就业信息、政府公开信息、生活常用信息提供指导,对乡镇图书馆如何为乡镇政府决策、乡镇企业发展、乡镇居民提高生产水平和生活水平提供指导。

第四节　我国基层标准规范体系构建机制

标准化工作是一项长期的复杂的工作,涉及多个领域,一套切实有效的运行管理机制是保证标准规范按需制定、顺利实施、及时修订的前提。

一、成立专门机构

目前,我国与图书馆工作有关的标准化机构主要有:1979 年成立的全国信息与文献标准化技术委员会、1987 年成立的全国文献影像技术标准化技术委员会和 2008 年成立的全国图书馆标准化技术委员会。其中 1992 年成立的全国信息与文献标准化第四届技术委员会下设文字音译和转写、术语、自动化、检索语言、文献著录、出版物格式、统计、文献载体的保护等八个分技术委员会①,此后分技术委员会还有一些合并调整,但领域未做更改;全国文献影像技术标准化技术委员会主要负责缩微摄影技术和电子影像技术领域的标准化技术归口工作的组织②;全国图书馆标准化技术委员会是我国唯一专注于图书馆领域的标准化工作组织,目前尚无下设分技术委员会。

　　正如前文所述,目前我国尚缺乏专门面向基层图书馆的标准规范,究其原因,与基层图书馆工作多年来在社会,甚至在业界所受关注较少,缺乏相应的理论研究,没有专门的标准化组织不无关系。为此,很有必要成立专门的基层图书馆标准化组织,研究基层图书馆的特点和发展趋势,制定基层图书馆标准化体系构建规划,起草基层图书馆工作所需标准。在全国图书馆标准化技术委员会发布的《全国图书馆标准化工作"十二五"规划纲要》中,将基层图书馆建设作为该委员会"十二五"期间的五个重点工作领域之一③。可依托全国图书馆标准化技术委员会,在其下设立基层图书馆标准化分技术委员会,加强对基层图书馆标准的计划、制定、审查、修订、上报、宣传等工作,切实推动全国基层图书馆的标准化建设工作。

二、积极推进标准成果的宣贯与推广

　　标准的价值只有在其被广泛应用后才能充分体现出来,制定基层图书馆标准的目的是为了推进基层图书馆事业发展,因此,必要坚持制定与实施并重的原则,积极推进这些标准在基层图书馆的广泛应用。由于我国图书馆领域标准多为非强制性标准,因此,要想使这些标准在基层图书馆建设和管理实践中被自觉地应用起来,就必须加强对标准成果的宣传与推广。可以联合中国图书馆学会社区与乡镇图书馆专业委员会,在专业委员会的学术交流与工作经验交流中宣传和推广标准;积极推动政府主管部门,以标准示范应用等形式推进标准在全国基层图书馆的实施,例如,《全国公共图书馆服务规范》颁布实施以来,在我国公共图书馆领域引起较大反响,文化部公共文化司以在全国开展《公共图书馆服务规范》示范馆创建活动的形式大力推进该标准在全国各级公共图书馆的实施,取得了较好的效果;基层图书馆标准化机构应当通过组织会议交流、业务培训等方式,加强基层图书馆对标准文本的理解,从而推动标准的实施。

三、建立标准评估与修订机制

　　根据有关规定,我国国家标准的年限一般为 5 年,过了年限后,国家标准就要被修订或重新制定。然而,目前图书馆领域的许多标准都远远超过了这个年限,标准修订不及时,使得标准对实际工作的指导性降低,一些现行有效的标准已经无法适应图书馆事业发展的需要,严重影响了标准的权威性和有效性。因此,为确保标准对基层图书馆工作的有效指导,应建立起标准的及时修订与评估机制。

　　一方面应注重对标准规范实施效果的评估。我国不同地区、不同层级的基层图书馆发

---

　　①　张凤楼.全国信息文献标准化第四届技术委员会工作报告[R],1998(2):42—45.

　　②　全国文献影像技术标准化技术委员会章程[EB/OL].[2013 – 02 – 05].http://www.docin.com/p-496880480.html.

　　③　全国图书馆标准化工作"十二五"规划纲要[EB/OL].[2013 – 02 – 05].http://www.nlc.gov.cn/tbw/bzwyh_gywm.htm.

展状况千差万别,要使这些标准规范对所有基层图书馆都有指导意义非常困难,但同时也非常重要。因此,需要进行定期的标准实施效果评估,并建立起有效的反馈机制,及时掌握标准实施过程中存在的问题,对这些问题加以总结分析,从而为标准培训、标准制定和标准修订等工作提供参考。

另一方面,应根据基层图书馆事业发展的现实需要,及时对有关标准进行修订。标准的重要价值在于其满足了人们生活和生产的需要,标准是一种动态信息,随着社会的发展,其本身也需要不断发展,或者对那些已经不适应新的发展形势的标准及时废止,或者对那些已经不适应新的发展变化情况的标准及时修订,或者根据发展及时制定新的标准,基层图书馆的标准也是如此。如美国威斯康星州图书馆标准从1987年制定第一版以来,到目前已经更新了5版;英国的《公共图书馆服务标准》自2001年制定实施以来,目前已经更新了3版。

随着图书馆事业的不断发展,基层图书馆的服务能力、服务水平都在不断进步,然而随着居民信息需求的不断改变与提升,对基层图书馆的期望与要求也在逐步提高。因此,应根据经济社会发展、基层图书馆事业发展以及居民的信息需求,结合标准实施的效果,对基层图书馆标准规范进行不断修订,使这些标准能够始终准确、全面地指导基层图书馆事业发展。

第六章　我国乡镇、社区图书馆重点标准解析

在上一章中,我们已经将基层图书馆的标准化工作需求确定在建设、管理、服务、业务发展和技术应用等主要领域,并对各领域下可能需要通过标准化工作解决的各类具体问题进行了初步的细化分析,形成了一个相对完整的基层图书馆标准规范框架体系。这一框架体系代表了我们对我国基层图书馆标准化工作未来发展的整体设想,但是并非可以一蹴而就达成的目标。当前,我国乡镇社区基层图书馆设施网络尚未健全,相当数量的乡镇社区基层图书馆办馆条件还比较差,尚不能保证基本业务工作和服务活动的正常有效开展,在这样的现实情境下,必须首先解决乡镇社区基层图书馆从无到有的问题,并对其可持续的生存和发展给予必要保障,使其具备基本的开馆服务能力。因此也可以说,目前我国基层图书馆标准化工作的首要任务,是要着手搭建完成上述框架体系中的第一层次,即完成各领域原则性、通用性标准的研制工作,然后根据各领域的具体实际问题,逐步推进相关专门性、专业性标准规范研制工作。

本课题在针对乡镇、社区图书馆建设、管理与服务等重点领域问题研制相关标准草案时,一方面对各领域标准的范畴与边界进行了一定程度的限定,另一方面也充分考虑了各领域标准的衔接与呼应。总体而言,建设标准主要针对图书馆的网点布局、选址、规模、创办方式、功能分区以及必要的基础设施配置等问题进行规范;管理标准主要针对图书馆的人事、经费、设施设备、总分馆体制、质量评价与绩效评估等问题进行规范;服务标准主要针对图书馆的服务内容、服务对象、服务绩效、服务宣传与引导、服务监督与评价等问题进行规范。与此同时,对于各领域共同关注的一些基本问题,各相关标准草案也分别从不同角度进行了反映。以"服务管理"为例,《乡镇图书馆管理规范(草案)》与《乡镇图书馆服务规范(草案)》中都包含这一部分内容,两者相互呼应并各有侧重,在管理规范中,将服务管理作为管理工作的一项主要内容,与其他管理内容形成一个有机整体,而服务规范中,则是将其作为服务工作整体流程中的一个基本环节,为服务工作的其他各个方面提供支撑和保障。又以图书馆的基础设施建设为例,在建设标准和管理标准中,都对这方面工作给予了高度重视,在建设标准中,对图书馆基础设施建设的目标、原则、内容、方法及相关测算指标进行了详尽描述,而管理标准则主要是根据图书馆各方面业务工作的具体需求对相关设施设备提出相应的功能要求。

此外,需要指出的是,在建设、管理与服务等重点领域内,图书馆的建设与发展还涉及许多具体的业务工作。一个一般性的图书馆建设标准、管理标准或服务标准,通常也只能对其一般性原则和要求提出建议,而对于其中某方面的具体工作,仍然需要更进一步的专指性标准来进行指导。以服务标准为例,在目前研制的《乡镇图书馆服务规范(草案)》和《社区图书馆服务指南(草案)》以外,针对少年儿童、老年人、残障人士等特殊人群的服务,以及科技查新、虚拟咨询、讲座、展览等特殊内容的服务,仍然需要分别制定相应的标准规范对其具体技术、方法进行指导。对于这一问题,本课题主要在管理标准方面做了进一步的考虑,在一般性的《乡镇图书馆管理规范(草案)》的基础上,针对统计和评估这两项具体的管理内容制

定了《乡镇图书馆统计指南(草案)》和《乡镇图书馆评估指南(草案)》。

本章将在我国基层图书馆标准规范框架体系下,从乡镇社区基层图书馆的建设、管理、服务与评价等不同层面,分别对上述各标准草案的主要建议内容及相关研究思路进行详细解析。

<h1 style="text-align:center">第一节 我国乡镇、社区图书馆建设标准解析</h1>

图书馆建设标准主要用于解决图书馆"建在哪"和"怎么建"的问题。其中,"建在哪"的问题又包括其作为一个独立的公共文化设施的选址问题及其作为地区公共图书馆服务网络体系中的一个节点的布局规划问题;"怎么建"的问题则包括其建设主体、建设方式、建筑设计、配套设施以及基本的人员和文献资源配置等问题。本课题针对乡镇、社区图书馆建设过程中面临的上述问题,分别在《乡镇图书馆管理规范(草案)》和《社区图书馆建设指南(草案)》中提出了有关建议。

一、乡镇、社区图书馆的建设主体

公共图书馆的建设主体是负责设置图书馆并维持其运行的责任主体。IFLA 和联合国教科文组织发布的《公共图书馆宣言》指出,"建立公共图书馆是地方政府和国家的责任"[①],也就是说,各级政府组织作为公共图书馆的建设主体,负有从经费、人才等诸多方面为公共图书馆的合理规划和有效运营提供主要保障的职责。

乡镇、社区图书馆是我国公共图书馆服务体系的"末梢组织"。这一层次的图书馆不仅数量大,而且覆盖人口众多,其发展状况将在很大程度上决定我国能否真正实现普遍均等的公共图书馆服务。目前,我国乡镇、社区图书馆多由乡镇、社区自主建设。为了突破基层政府组织经济实力和管理能力方面的局限,为乡镇、社区图书馆的可持续发展赢得更加广泛的支持,一些地区采取多种方式吸纳其他企事业单位参与共建;除此之外,近年来,人们越来越深刻地认识到,由地处分散而经济实力薄弱的基层政府在自己辖区内建设独立的公共图书馆,一方面很难实现基层公共图书馆服务网点的统筹规划和合理布局;另一方面也不利于不同基层图书馆之间,以及基层图书馆与上级图书馆之间的业务交流与合作。因此,一些地区开始尝试以县及县以上图书馆为总馆或中心馆,将区域内各乡镇、社区图书馆纳入总分馆服务体系中,在建设方面统一规划,资源方面统一配置,业务方面统一指导,服务方面统一联动,有效提升了广大基层图书馆的服务效能和运营活力。

本课题在研制《乡镇图书馆管理规范(草案)》和《社区图书馆建设指南(草案)》时,充分吸收了上述成功经验,进一步明确了在强调地方政府主导作用的前提下充分调动各类社会力量参与公共图书馆建设的原则,明确提出鼓励"社区(乡镇)内企事业单位共建"等各种合作建馆模式;除此之外,两个草案也都肯定了"公共图书馆开设乡镇(社区)分馆"的新型建馆模式,意在以此来增强各级图书馆之间的联系与合作,逐步推进覆盖全社会的公共图书

---

① 国际图联,联合国教科文组织.公共图书馆服务发展指南[M].上海:上海科学技术文献出版社,2002:99.

馆服务网络的形成。

二、乡镇、社区图书馆的选址布局

在现代图书馆学思想中,政府建设和发展公共图书馆的目的是为了向全体社会公众提供无差别的信息服务,为此,必须搭建起覆盖全社会的、布局合理的图书馆服务网络。在世界主要发达国家的图书馆服务网络建设过程中,制定和实施一套有关公共图书馆建设、管理和服务的标准政策体系是一项重要的共同经验。

以英国为例,早在 1850 年,世界第一部公共图书馆法在英国诞生,该法规定,满足人口条件(1850 年为"1 万人以上",1964 年以后改为"4 万人以上"),并愿意在当地建设公共图书馆的地方政府可以依法征收固定资产税用于图书馆建设[1];依据该法,到 20 世纪 30—40年代,英国已经普遍建立了公共图书馆;在此基础上,1942 年,著名的《麦考文报告》进一步提出了"加强公共图书馆的重组整合,构建全国性的图书馆网络"的建议[2];围绕这一建议,英国政府及图书馆行业协会在公共图书馆网络的标准化、制度化建设方面做出了不懈努力,积极推动公共图书馆的发展。其中,2001 年颁布实施的《全面高效的现代化公共图书馆——标准与评估》(2006 年更名为《公共图书馆服务标准》)中设置了"固定图书馆一定距离内覆盖家庭的比例"指标,即原则上居民住所离最近的图书馆不应超过 1 英里,除此之外,该标准同时还建议,对固定图书馆覆盖不到的区域和人口,以流动图书馆和"其他图书馆服务形式"做补充[3][4][5][6]。又如美国威斯康星州 1987 年颁布实施的《威斯康星公共图书馆标准》(已于 2010 年发布第 5 次修订版)指出,图书馆的选址应当考虑到周边居民的到达快捷性,在城市内驾车 15 分钟内可以到达,在乡村地区驾车 30 分钟可以到达[7]。上述规定对于这些国家和地区的图书馆服务网络有效覆盖到所有地区和全部人口起到了重要的保障作用。

近年来,我国浙江、深圳、北京、上海等很多地区都提出了 15 分钟文化圈概念(即任何人步行 15 分钟都能到达最近的公共文化服务设施),并逐步取得成效,一些地区在增建固定图书馆服务网点的同时,通过流动图书馆、城市街区 24 小时自助图书馆等方式,进一步为普通民众就近获取图书馆服务提供了便利。

---

① 于良芝. 公共图书馆建设主体研究——全覆盖目标下的选择[M]. 北京:国家图书馆出版社,2011:25—26.

② Alistair B. National planning for public library service:The work and ideas of LionelMcColvin[J]. Library Trends,2004,52(4).

③ DCMS. Comprehensive, Efficient and Modern Public Libraries-Standards and Assessment [S/OL]. [2012 - 09 - 05]. http://www. culture. gov. uk/images/publications/libraries_archives_for_all_assessment. pdf.

④ DCMS. Public Library Service Standards 2006/07 - 2nd revised edition[S/OL]. [2012 - 09 - 05]. http://www. culture. gov. uk/images/publications/publibstandards_march06. pdf.

⑤ DCMS. Public Library Service Standards 2007/08 - 3rd edition[S/OL]. [2012 - 09 - 05]. http://www. culture. gov. uk/images/publications/publiclibraryservice_dec07. pdf.

⑥ DCMS. Public Library Service Standards 2007/08 - 3rd revised edition[S/OL]. [2012 - 09 - 05]. http://www. culture. gov. uk/images/publications/PulbicLibraryServicesApril08. pdf.

⑦ Wisconsin Department of Public Instruction. Wisconsin Public Library Standards,5th Edition[EB/OL]. [2010 - 12 - 20]. http://dpi. wi. gov/pld/standard. html.

在借鉴国内外已有成熟经验的基础上，《社区图书馆建设指南（草案）》建议："社区图书馆建设应统筹考虑图书馆的网点布局，考虑馆与馆之间的距离。社区图书馆之间、社区图书馆与区（县）图书馆之间应保持 1.5 公里或步行 15 分钟的距离。"（本课题未对乡镇图书馆的网点布局提出类似要求，我们认为，在广大农村地区，要实现图书馆服务网点的合理布局，重点应在村级图书馆。）除此之外，对于已经建成的社区图书馆，草案还建议其"应积极创造条件加入本地区的图书馆网"。为了确保服务网络内的每一个图书馆都能够在其辐射范围内积极有效地发挥作用，除了根据图书馆的辐射半径在区域范围内对其网点布局进行统一规划以外，同时也需要考虑各网点所处地理位置的人口、交通、地理及市政设施等环境因素。为此，本课题分别在《乡镇图书馆管理规范（草案）》和《社区图书馆建设指南（草案）》中提出了相关的建议：乡镇图书馆宜设置于人口集中、交通便利的中心区域；社区图书馆宜位于人口集中、市政配套设施条件良好、交通便利、环境相对安静、易于找到、符合安全和卫生及环保标准的区域。

三、乡镇、社区图书馆的建设规模

《IFLA 公共图书馆服务发展指南》（2010 年）中指出，图书馆建筑面积的设定应以服务人口的数量来规划，同时还要兼顾本地区的特定要求、图书馆的功能、可用资源多少等因素。目前，世界各国在规划当地图书馆的规模时，通常都是根据其服务人数的多少来确定图书馆面积。我国 2008 年发布的《公共图书馆建设标准》中也指出："在确定公共图书馆建筑面积时，首先应依据服务人口数量和藏书量、阅览座位和建筑面积指标，再综合考虑服务功能、文献资源的数量与品种和当地经济发展水平因素，在一定的幅度内加以调整。"

基于上述经验，本课题在《乡镇图书馆管理规范（草案）》和《社区图书馆建设指南（草案）》中分别提出了相关的建议：乡镇图书馆的建设规模，以服务人口数量为基本依据；新建、改建和扩建的社区图书馆规模，应以服务人口数量和相应的人均藏书量、千人阅览座位指标为基本依据，兼顾服务功能、文献资源数量与品种和当地经济发展水平等因素，在一定的幅度内加以调整。

考虑到我国基层乡镇、社区所辖人口数量差别较大，因此，本课题在提出乡镇、社区图书馆建设规模建议时，也做了针对不同情况的适应性调整。例如，3 万人以上的较大规模乡镇、社区，建议按照《公共图书馆建设标准》（JB 108—2008）中的相关要求设立图书馆；对于人口不足 1 万人的小型乡镇，建议其面积控制指标为 300 平方米；不足 0.3 万人的规模极小型社区，则建议"可以不设立社区图书馆"。这一灵活处理，一方面可以在我国现行"一级政府设立一级图书馆"的事业管理体制下，相对科学合理地控制图书馆的数量和布局，在一定程度上避免重复建设；另一方面也为未来在更大范围内实现基层图书馆建设主体整合之后的进一步统筹规划奠定基础。

四、乡镇、社区图书馆的功能分区

对于每一个具体的乡镇、社区图书馆而言，需要同时满足社区信息服务、阅读促进、教育支持、文化娱乐等多种功能，因而需要根据其功能需求对有限空间进行合理布局。1999 年修订实施的《图书馆建筑设计规范》（JGJ 38—99）中指出，图书馆的"总平面布置应功能分区明确、总体布局合理、各区联系方便、互不干扰"；李国新等人在 2009 年出版的《公共图书馆规划与建设标准解析》一书中也指出,合理进行功能分区是公共图书馆总平面布置的基本原则,因为它直接影响着使用效率;同时,该书还指出,在总平面布置上,应强调以读者为中心,与图书馆的管理方式和服务手段相适应,从紧凑合理、便于联系、方便调整、动静分区等方面来进行规划、设计①。

本课题主要从两个方面对乡镇、社区图书馆的功能分区进行规范:

一是关于乡镇、社区图书馆应当包含哪些功能分区。如《乡镇图书馆管理规范(草案)》中建议:"乡镇图书馆须充分保证读者阅览空间,基本布局应包括藏书区、阅览区、电子阅览区、少年儿童阅览区及文化交流空间……乡镇图书馆的场地应包括人员集散场地、道路、停车场、绿化用地等。"《社区图书馆建设指南(草案)》中建议:"在一个社区图书馆内,可以根据其规模选择设立图书阅览区、多媒体阅览区、综合活动区、少年儿童阅览区等。……有条件的,可设老龄阅览室和视障阅览室。"其中既体现了作为乡镇、社区等基层图书馆社会教育职能不断拓展的变化发展趋势,在传统图书借阅服务的基础上,进一步强调了图书馆作为文化交流空间,面向基层居民开展各类型社会文化活动的功能;同时也体现了公共文化服务体系建设背景下我国公共图书馆"公共、平等、免费"等服务理念向基层图书馆的延伸,不仅将乡镇、社区图书馆作为公共图书馆服务网络的重要节点加以强调,而且在此基础上进一步突出了基层图书馆面向少年儿童、老年人、残障人士等各类在信息获取和阅读学习方面存在特殊需求或困难的群体的服务。

二是关于乡镇、社区图书馆各功能分区之间的布局。本课题主要从两个方面强调了乡镇、社区图书馆功能分区布局的原则:(1)根据服务对象的不同需求,合理安排分区,例如,少年儿童读者与成人读者在阅读习惯方面的动静差别较大,因此建议"少年儿童阅览区应与成人阅览区分开,并宜设置单独的出入口"(《社区图书馆建设指南(草案)》);(2)在当前许多乡镇、社区图书馆与其他文化设施整合建设的情况下,强调乡镇、社区图书馆区别于其他文化设施的特殊性,建议"社区图书馆与其他文化设施合建时,必须满足其使用功能和环境要求,并自成一区,单独设置出入口"(《社区图书馆建设指南(草案)》);等等。

五、乡镇、社区图书馆的设备

图书馆的设备分为建筑设备、专业家具设备和技术设备三大类。

其中,有关建筑设备的建设要求主要包括给排水、暖通空调、电气电路、采光照明、防噪隔音、防火防烟等方面,这些内容大多已在1999年修订实施的《图书馆建筑设计规范》(JGJ 38—99)中明确,并在2008年制定实施的《公共图书馆建设标准》(JB 108—2008)中进行了重申,增加了现代化计算机网络系统的相关建议。上述要求对于各种不同规模的图书馆而言,一般并无实质性区别,因此,本课题在针对乡镇、社区图书馆的建筑设备提出要求时,大部分采用了这些已有的标准建议。

专业家具设备方面,课题组提出的相关标准建议主要集中在两方面,一是关于专业家具设备的类别,二是关于专业家具设备的数量。一般而言,图书馆的专业家具设备主要包括两大类,一类是满足图书馆员工业务活动需要的家具设备,另一类是满足图书馆服务功能需要的家具设备。考虑到乡镇、社区图书馆规模相对较小、业务工作相对简单,以及主要面向乡

---

① 李国新,冯守仁,鹿勤.公共图书馆规划与建设标准解析[M].北京:国家图书馆出版社,2009:105.

镇、社区居民开展直接服务的特点,本课题针对这两类图书馆的专业家具设备的建议主要集中在满足读者服务功能的家具设备方面,如《社区图书馆建设指南(草案)》建议,"社区图书馆应配置开展读者服务工作所必备的专业家具设备,如书架、期刊架、报纸架、阅览桌椅、目录柜、出纳柜台、电脑桌椅等",并特别核定了其中书架、期刊架、报纸架和阅览桌椅的数量标准(书架5—75个;期刊架1—10个;报纸架1—10个;阅览桌椅3—30套)。

技术设备严格意义上来说也属于专业家具设备的一部分,是指现代公共图书馆为利用数字化、网络化等现代信息技术提供更加高效便利的服务而专门配备的计算机终端和网络通信等设备。国际图联和联合国教科文组织2001发布的《公共图书馆服务发展指南》中指出,"公共图书馆是机会均等的工具,应当成为数字时代通向信息的电子渠道,提供安全网络,以防止有人因疏离技术进步而被社会排斥在外"[1]。因此,《乡镇图书馆管理规范(草案)》建议,"乡镇图书馆的技术设备应包括电子计算机及相关外部设备、声像视听设备、文献复制设备、自助借还设备及其他设备"。《社区图书馆建设指南(草案)》建议,"社区图书馆应根据需要配置若干供业务使用的计算机和供读者使用的计算机设备,并配置相应的网络设备和相关外围设备、视听及音像控制设备等"。

六、乡镇、社区图书馆的人财物保障

图书馆的人财物是保证图书馆工作和服务正常运转的基础,只有切实建立图书馆人财物的保障制度,图书馆才能更好地为读者服务。

(一)人员保障

对于以面向乡镇、社区居民的直接服务活动为主要工作内容的乡镇、社区图书馆而言,配备数量充足并具有一定专业技能的工作人员对于提供优质高效的服务,维护图书馆形象,进而促进当地居民利用图书馆的积极性十分重要。

关于公共图书馆工作人员的数量标准,国际上可以借鉴的主要有以下几种做法[2]:

(1)根据服务地区的人口数量确定工作人员数量标准,如比利时、丹麦、新西兰、英国、美国等,大多建议每2000人或2500人设专职人员1名;

(2)根据每年借出图书册数确定工作人员数量标准,如澳大利亚、瑞典等,一般建议年借出每2万册图书应设专职人员1名;

(3)以上两种参照标准任选其一确定工作人员数量标准,如南非规定每服务2500人或每年借出15 000—20 000册图书设1名专职人员;

(4)根据每年借书册数及新增图书数量确定工作人员数量标准,如原西德规定每年借书3万册应设工作人员1名,另每年增加7500册藏书者再增设1名。

国内可以参考的图书馆工作人员数量标准包括:

1982年颁布的《省(自治区、市)图书馆工作条例》,根据馆藏量确定工作人员数量标准,规定"以50万册图书、70名工作人员为基数,每增加1万至1.3万册图书,增编1人。民族地

---

① 国际图联,联合国教科文组织.公共图书馆服务发展指南[M].上海:上海科学技术文献出版社,2002:44.

② 文化部图书馆事业管理局科教处.世界图书馆事业资料汇编[M].北京:书目文献出版社(今国家图书馆出版社),1990:115—117.

区图书馆每增加 8000 至 10 000 册民族文字图书,增编 1 人"①。

2011 年 12 月 31 日颁布的国家标准《公共图书馆服务规范》(GB/T 28220—2011),根据服务人口确定工作人员数量标准,规定"每服务人口 10 000 人—25 000 人应配备 1 名工作人员。各级公共图书馆所需人员数量的配备,还应兼顾服务时间、馆舍规模、馆藏资源数量、年度读者服务量等因素"。

具体到我国乡镇、社区图书馆的当前发展情况,本课题认为,首先应着力解决其专职工作人员从无到有的问题。如《乡镇图书馆管理规范(草案)》中指出,"乡镇图书馆……专职人员应不少于 2 人",《社区图书馆建设指南(草案)》也要求,"社区图书馆必须配备专职工作人员"。在此基础上,为适应乡镇、社区图书馆的进一步持续发展,上述两个标准草案中均借鉴了国内外已有相关标准的经验,建议乡镇、社区图书馆"以所服务人均数量、馆舍规模、馆藏资源数量为依据,兼顾服务实践和年度读者服务量等因素"确定工作人员数量。

在保证了工作人员基本数量的前提下,为了确保这些工作人员能够适应图书馆工作的需要,还应当对其学历水平、专业背景等方面提出相应的要求。为此,许多国家都先后出台了有关图书馆员职业资格认证的法律规定。在我国,1981 年颁布的《高等学校图书馆工作条例》②和 1982 年颁布的《省(自治区、市)图书馆工作条例》③中,都对工作人员的学历、专业等提出了相应的要求;2011 年底,国家标准《公共图书馆服务规范》(GB/T 28220—2011)正式发布,其中规定"具有相关学科背景的专业技术人员应占在编人员的 75% 以上,少数民族自治地区公共图书馆要配备熟悉少数民族语言文字的专业技术人员",本课题充分吸收了上述国内外相关经验,再次强调了图书馆工作的专业性特点,要求乡镇、社区图书馆工作人员具备相应的专业知识与技能,分别从学历、职称等方面提出了一些原则性建议。相对于《公共图书馆服务规范》(GB/T 28220—2011)县以上公共图书馆,本课题根据现实情况,适当降低了对乡镇、社区图书馆工作人员的学历和职称要求。

(二)经费保障

国际图联和联合国教科文组织指出,"充裕的经费是一个公共图书馆充分发挥其作用的关键,没有长期相应数量的经费支持,就不可能制定提供服务的政策或有效利用资源……一所公共图书馆不仅在创建时需要资金的投入,而且也需要固定可靠的资金来维持"④。因此,世界上许多国家都通过立法手段,对公共图书馆的经费投入给予保障。早在 1850 年英国推出世界上第一部《公共图书馆法》时,就提出了增加税收以支持公共图书馆发展的主张⑤。目前,大多数国家的公共图书馆由政府提供主要的经费保障,与此同时,许多国家也通过税收减免等措施鼓励企业、社会团体及个人向图书馆提供经费支持。

---

①　文化部. 关于颁发《省(自治区、市)图书馆工作条例》的通知[G]//河北大学图书馆学系编印. 图书馆法规文件汇编,1985:284.

②　教育部. 关于颁发《中华人民共和国高等学校图书馆工作条例》的通知[G]//河北大学图书馆学系编印. 图书馆法规文件汇编,1985:269.

③　文化部. 关于颁发《省(自治区、市)图书馆工作条例》的通知[G]//河北大学图书馆学系编印. 图书馆法规文件汇编,1985:284.

④　国际图联,联合国教科文组织. 公共图书馆服务发展指南[M]. 上海:上海科学技术文献出版社,2002:15.

⑤　冯佳. 英国《1850 年公共图书馆法》发展探究[J]. 图书与情报,2010(5).

在我国,早在 20 世纪初期,民国政府统治下出台的《图书馆规程》(1915)①、《通俗图书馆规程》(1915)②、《图书馆条例》(1927)③等法律法规中,都对各省区设立图书馆和通俗图书馆的经费来源做了明确规定。其中,《图书馆条例》(1927)中更明确规定,"公立图书馆之经费……不得少于该地方教育经费总额的百分之五"。今天,我国公共图书馆的建设与管理运营经费主要由各级地方财政提供,同时,中央财政通过组织实施一些全国性的工程项目,通过转移支付的方式给予补助。但是有关经费划拨的额度和比例,目前仍然缺乏明确的法律依据。改革开放以后,"保障公共图书馆的经费并逐年增长"的要求陆续写进有关政策文件。1982 年颁布的《省(自治区、市)图书馆工作条例》④要求,"要保障省馆必要的经费,并根据图书资料不断积累的特点,图书购置和业务活动经费应逐年有所增加";1994 年,文化部开始在全国范围内开展的公共图书馆评估定级工作中,将经费(包括年新增藏量购置费)列入评估标准,并在后来的历次评估中逐次提高了有关经费投入要求,2013 年最新修订的第五次评估标准中,还特别增加了免费开放工作地方配套经费的要求;2002 年 1 月,国务院办公厅转发文化部、国家计委、财政部《关于进一步加强基层文化建设的指导意见》,明确要求:"要切实加大对基层文化建设的投入。要确保文化事业经费的增长不低于当年财政收入的增长幅度;对于……图书馆等公益文化事业单位的日常工作给予必要的经费保障。保证各级公共图书馆有一定数量的购书经费。"这些政策的实施使政府对公共图书馆投入有了较大幅度的增长,公共图书馆的经费,特别是购书经费有了一定的保障。在此基础上,近年推动的《公共图书馆法》立法工作也将进一步对公共图书馆的经费保障问题做出规定。

本课题结合乡镇、社区图书馆业务工作和服务活动的具体需求,对其经费组成及来源提出了建议。关于经费组成,本课题认为,"乡镇(社区)图书馆日常运营经费应包括人员工资、文献购置、网络通信、阅读推广及宣传、设备维护与更新、馆员学习培训、日常办公开支等项目"。其中特别指出,乡镇、社区图书馆的"文献购置费实行专款专用",《乡镇图书馆管理规范(草案)》还建议"文献购置经费应与财政收入的增长同步增加"。此外,在《乡镇图书馆评估指南(草案)》中,课题还对乡镇图书馆的经费投入数额提出了 6—12 万元/年的建议标准。关于经费来源,系列标准草案通过确定建设主体的方式进行了明确。

(三)文献资源保障

图书馆的主要功能,就是利用所藏文献为用户提供各类型文献信息及延伸拓展服务。因此,有必要根据各级公共图书馆的用户需求特点,保障其拥有一定规模且持续更新的馆藏资源。

许多国家在图书馆事业发展过程中都逐步建立了关于公共图书馆文献资源的政策保障体系,一般围绕人均藏书数量和人均年新增藏书数量设置标准。如日本图书馆协会提出的《公立图书馆的任务与目标》中规定,当服务人口在 600—18 100 人时,人均馆藏文献资源数

---

① (民国)教育部. 通俗图书馆规程[G]//河北大学图书馆学系. 图书馆法规文件汇编,1985:5—6.
② (民国)教育部. 通俗图书馆规程[G]//河北大学图书馆学系. 图书馆法规文件汇编,1985:6—7.
③ (民国)大学院. 图书馆条例[G]//河北大学图书馆学系. 图书馆法规文件汇编,1985:7—9.
④ 文化部. 关于颁发《省(自治区、市)图书馆工作条例》的通知[G]//河北大学图书馆学系. 图书馆法规文件汇编,1985:284.

量应不少于 3.6 册①；又如英国 2008 年修订的《公共图书馆服务标准》规定,公共图书馆年均新购置文献应达到 216 件/千人②。在上述英国的《公共图书馆服务标准》中,还就公共图书馆馆藏资源的持续更新提出了要求,该标准建议,"用于流通的馆藏文献的整体更新周期平均应在 6.7 年以内",而该标准的早期版本(2001)还对各类不同文献的每年新增数量提出了具体建议,包括:"成人小说类年新增 88 件(册);非成人小说类年新增 57 件(册);儿童读物年新增 69 件(册);参考资料年新增 11 件(册);大型印刷书或缩微胶带类资料待定。"③关于文献购置经费,王振鹄编著的《国外公共图书馆标准综览》④中,作者曾指出,"由于各国出版品价格高低不一,时有改变",因此,并不建议规定以最低限度的购书经费数额作为标准。但是也有一些国家将其纳入指标体系,与文献数量指标配套执行,如澳大利亚在《超越优质服务:澳大利亚公共图书馆标准与指南》中规定,公共图书馆人均年购置馆藏经费标准应不低于 5.4 澳元(其人均馆藏量指标为 2 册/件)⑤。我国 2011 年发布的《公共图书馆服务规范》(GB/T 28220—2011)采用入藏总量和人均年新增藏量指标相配套的方法,在对各级公共图书馆的馆藏总量的最小控制规模提出建议("馆藏印刷型文献……省级馆、地级馆、县级馆的年入藏总量分别应达到 135 万册、24 万册、4.5 万册以上")的同时,规定"省、地、县级馆年新增藏量分别应达到每百人 1.7、1.0、0.6 册以上"。此外,该标准适应当前图书馆事业的数字化、网络化发展趋势,还对各级公共图书馆的电子文献入藏提出了相应的要求。

　　参考上述国内外已有相关标准,结合我国乡镇、社区图书馆的现实情况,本课题对乡镇、社区图书馆的文献资源的基本保障水平提出了以下建议:(1)文献数量。《乡镇图书馆管理规范(草案)》建议,"乡镇图书馆总藏量不低于 1.5 万册,人均馆藏不低于 1.5 册","人均年新增藏量不少于 0.004 册,年报刊订阅量不少于 80 种";《社区图书馆指南(草案)》建议,社区图书馆图书总藏量以 3000—45 000 册为宜,报刊以 20—200 种为宜,报纸以 10—100 种为宜,电子音像制品以 50—500 种为宜,并要求各类文献数量的多少"以服务人口的数量按比例控制"。其中,对于乡镇图书馆的文献资源建设工作,还附加了有关人均年文献购置费的标准建议,"年文献购置费按常住人口计算应不低于人均 0.14 元"。(2)文献类型。除上述图书、期刊、报纸、电子音像制品以外,本课题认为,乡镇、社区图书馆也应收集数字、网络文献以提供相应的服务。(3)文献内容。调查发现,乡镇、社区居民对图书馆文献的需求有比较鲜明的特点,其中对实用知识类信息和文化娱乐类信息的渴求程度较高,因此,本课题建议,乡镇、社区图书馆文献资源建设"在内容需求上主动对使用知识类信息和文化娱乐类信

①　日本図書館協会図書館政策特別委員会. 公立図書館の任務と目標[OL]. [2013 – 03 – 25]. http://www. ic. daito. ac. jp/ ~ ikeuchi/publib/duty_2. html.

②　DCMS. Public Library Service Standards 2007/08 – 3rd revised edition[S/OL]. [2012 – 09 – 05]. http://www. culture. gov. uk/images/publications/PulbicLibraryServicesApril08. pdf.

③　DCMS. Comprehensive, Efficient and Modern Public Libraries-Standards and Assessment[S/OL]. [2012 – 09 – 05]. http://www. culture. gov. uk/images/publications/libraries_archives_for_all_assessment. pdf.

④　王振鹄. 国外公共图书馆标准综览[G]//文化部图书馆事业管理局科教处. 世界图书馆事业资料汇编. 北京:书目文献出版社(今国家图书馆出版社),1990:112.

⑤　Australian Library and Information Association. Beyond a quality service: standards and guidelines for Australian public libraries[OL]. [2013 – 03 – 30]. http://www. alia. org. au/publiclibraries/PLSG_web_110407. pdf.

息的收藏,同时应根据所在社区读者的特点有针对性地进行地方文献收集工作"。另外,针对乡镇、社区图书馆面对的大量少年儿童读者,本课题还建议,应保障儿童文献在其馆藏文献总量中的相当比例(乡镇图书馆建议比例不低于30%)。

第二节　我国乡镇、社区图书馆管理标准解析

图书馆管理标准主要用于规范图书馆中各工作环节的计划、组织、协调、控制和反馈等问题,与此同时,其中还涉及人、财、物等各类资源在上述工作环节中的合理调配和效益最大化等问题。本课题针对上述问题,分别在《乡镇图书馆管理规范(草案)》和《社区图书馆建设指南(草案)》中提出了有关建议。

一、乡镇、社区图书馆的人员管理

在拥有了一支规模恰当且具备一定专业知识背景的工作人员队伍之后,还需要通过有效的管理手段来激励每一位员工积极投入到图书馆的业务工作中去,以充分发挥其作用。一般来说,图书馆的人员管理主要包括岗位管理和继续教育等方面的内容。

所谓岗位管理,是以图书馆工作中的岗位为对象,科学地进行岗位设置(通常与机构及部门设置等内容密切相关)、人员聘任和绩效考核等一系列活动的管理过程。其中,岗位设置是岗位管理的核心内容,人员聘任及绩效考核等工作都应以特定岗位的相应需求为依据。早在1987年,中宣部、文化部、国家教育委员会和中国科学院在其联合发布的《关于改进和加强图书馆工作的报告》中就曾明确建议,要"实行馆长负责制""建立岗位责任制",并要求"图书馆各级工作人员及各项工作都应有明确的职责范围、数量与质量的具体要求,并应建立考核检查制度"。自1994年开始开展的全国县以上公共图书馆评估定级工作,也对县以上各级公共图书馆的岗位管理工作提出了具体要求,包括目标管理、竞争上岗、择优聘任、考核激励等多个方面。这些要求对于促进我国县以上公共图书馆不断完善用人机制,提升队伍活力发挥了重要作用。因此,在针对乡镇、社区图书馆人员管理问题进行研究时,本课题借鉴这一经验,也相应地提出了相应的建议。如《乡镇图书馆管理规范(草案)》建议,乡镇图书馆应"逐步建立健全人员聘用制度,依照'公开、公平、公正'的原则择优聘用,实行岗位责任制""建立绩效管理制度,对员工进行年度考核,考核结果与任用、奖惩挂钩,并作为续聘、解聘、奖惩的依据"。

早在1879年,美国著名图书馆学家杜威就曾撰文指出,图书馆工作是一项专门的独立职业,需要对图书馆的工作人员实行专业的教育。因此,许多发达国家都十分重视图书馆员的专业培训和继续教育活动,通常制订一系列相关的政策计划,如日本在《图书馆事业基础法纲要》中规定,"专业图书馆员为完成其职责,必须经常进行研究与进修,必须给专业人员提供研究与进修的机会";有些国家还专门为此成立了全国性的协调机构,如美国图书馆协会于1977年建立了"图书馆继续教育网络和交流中心"(Continuing Library Education-Network and Exchange,CLENE),并先后制定了《美国图书馆员继续教育质量标准》(1980),《情

报、图书馆与传媒界人员继续教育指南》(1988)等有关图书馆员继续教育的行业指导性文件①;这些国家的图书馆通常为图书馆员继续教育设立专门的资金,每年有计划地开展各种专题培训活动。近年来,随着图书馆事业发展逐步走向专业化和现代化,我国图书馆界及相关政府主管部门也越来越重视对图书馆员的职业教育,各地方已出台的各类图书馆相关法律法规及政策文件中,大多就相关问题做出了明确规定。在 1994 年开始开展的全国县以上公共图书馆评估定级工作中,更对公共图书馆在职员工的岗位培训和继续教育学时提出了明确的要求。2011 年发布实施的《公共图书馆服务规范》(GB/T 28220—2011)也指出,"公共图书馆应坚持实施针对全体工作人员的教育培训计划,年度工作计划中应提供保障员工接受培训教育的安排"。根据上述政策精神,本课题在《乡镇图书馆管理规范(草案)》和《社区图书馆建设指南(草案)》中也提出了有关员工业务培训方面的建议。同时,针对乡镇、社区图书馆自身规模较小,一般缺乏独立举办有关业务培训活动能力的特点,提出了由上级图书馆为其提供业务指导和培训的建议。此外,考虑到兼职人员及志愿者在乡镇、社区等基层图书馆建设和发展中发挥的重要作用,本课题在针对图书馆在职员工业务培训和继续教育活动提出建议的同时,也相应对兼职人员和志愿者的教育培训活动提出了要求。

二、乡镇、社区图书馆的经费管理

对于公共图书馆而言,从哪里获得经费,以及怎样获得经费,只是经费问题的一个侧面,而影响发展的,还有一个更为重要的内部因素,即经费的管理,其中包括经费预算及收支控制等多个方面。

在基层图书馆的经费预算方面,经费结构不合理的问题正日益引起人们的关注。李国新等人通过调查发现,在经费投入总量有限的情况下,人员经费与购书经费及其他基本服务活动经费之间的矛盾往往是基层图书馆日常运营发展中所面临的最为突出的一对矛盾,"人吃书"或"书吃人"的现象时有发生②③。在这种情况下,除了要继续呼吁中央及各级地方财政进一步加大对基层图书馆的投入之外,更重要的是要做好经费预算。预算过程中应充分考虑到图书馆工作各方面所需经费,除了人员经费和购书经费以外,还应该包括开展各类服务活动所需经费,以及相应的办公管理和设施设备维护等费用;应当确保各项经费按合理比例配给;特别是在计划扩大图书馆建设规模,或是启动新项目或增加新服务时,尤其需要在做好相关的建设工程或服务项目预算的同时,配套相应的人员经费和管理经费。2011 年初,文化部与财政部联合推动公共图书馆等公共文化设施的免费开放时,专门对各类公共文化实施免费开放所需经费进行了核算,并划拨了专项经费,明确提出要"足额保障人员、公用等日常运转所需经费"④,这是近年来政策层面加强图书馆经费预算管理的重要举措,对后续相关工作有重要借鉴意义。基于上述经验,本课题对乡镇、社区图书馆的经费预算也提出了

---

① 王今民,史晓峰,等.图书馆员继续教育的现状与展望[J].中华医学图书情报杂志,2005(11).

② 李国新.我国公共图书馆事业进一步发展的突破口——县级图书馆的振兴与乡镇图书馆的模式[J].图书馆,2005(6).

③ 李国新.立足新变化突破新问题推动县级公共图书馆持续发展——第三届百县馆长论坛主旨发言[J].图书与情报,2010(4).

④ 财政部.关于加强美术馆、公共图书馆、文化馆(站)免费开放经费保障工作的通知[EB/OL].[2013-03-31].http://www.gov.cn/zwgk/2011-03/22/content_1829189.htm.

明确的建议,指出,乡镇(社区)图书馆日常运营经费应"包括人员工资、文献购置、网络通信、阅读推广及宣传、设备维护与更新、馆员学习培训、日常办公开支等项目"。

除此之外,对各项经费的合理使用及控制对于有效发挥基层图书馆有限经费的最大效益也至为重要。为此,《乡镇图书馆管理规范(草案)》和《社区图书馆建设指南(草案)》都明确指出"文献购置费实行专款专用"的原则。事实上,对于图书馆而言,应当专款专用的经费并不仅仅是文献购置费一项,其余如项目经费、活动经费、人员经费等,都应该建立类似的保障机制。但是目前情况下,首先保障文献购置费不被挤占是比较迫切的。此外,在《乡镇图书馆管理规范(草案)》中,还特别强调"乡镇图书馆应建立严格的财务管理制度,做好年度预算,规范经费开支"。

三、乡镇、社区图书馆的文献资源管理

几乎在所有关于图书馆管理的理论描述中,文献资源都被作为最重要的管理对象。从一定程度上讲,文献资源管理是各类型图书馆业务工作中最为核心的部分,文献资源管理的质量与效率直接影响到图书馆各类服务工作开展的质量和效率。具体而言,主要涉及文献采访、文献加工与组织、文献剔旧以及文献保存保护等内容。

在文献采访方面,本课题认为,除了应当保障图书馆文献入藏的整体数量以外,还应适当考虑文献资源在类型结构、主题内容等方面对本地需求的适应性,相关内容在本章第一节第六部分已经着重阐释,此不赘述。而对于乡镇、社区等基层图书馆而言,近年来在文献采访过程中比较受人关注的问题还包括入藏文献的版权问题。课题组在调查过程中发现,不少乡镇、社区图书馆的馆藏文献中,还存有较大比例的盗版文献。当前社会环境下,保护知识产权已经成为越来越多领域的共识,特别是作为公共文化事业组成部分的图书馆,确有义务在这方面加强宣传和监管。因此,本课题在《乡镇图书馆管理规范(草案)》中也提出了"乡镇图书馆文献采购应符合国家知识产权法的规定"的要求。需要说明的是,盗版文献进入图书馆的现象,一方面与乡镇、社区图书馆的购书经费短缺有较大关联,另一方面也与乡镇、社区图书馆工作人员不熟悉、不重视此类问题有关。因此,最终从根本上解决这一问题仍需要从两方面入手,一是要加大对乡镇、社区等基层图书馆的经费投入,另一方面需要进一步增强对乡镇、社区等基层图书馆相关工作人员的业务辅导。随着总分馆制等新型的公共图书馆区域性业务合作系统的建设和发展,江苏、浙江、山西等地正在尝试由县以上的总馆或中心馆统一为基层图书馆采购、入藏各类文献资源,这或许是解决上述问题更为有效的途径。

在文献加工与组织方面,目前国内已有许多可以参照使用的标准规范。其中,为各级公共图书馆使用最为普遍的有《中国图书馆分类法》,该分类法于1975年发布第一版,目前最新版本为第五版,其中每一版均有适用于藏书量在20万册以下的中小型图书馆的"简本"。对于藏书规模更小的乡镇、社区图书馆而言,则通常采用更简单的办法对藏书进行分类加工,如仅按《中国图书分类法》基本大类划分,或者根据本地需求特点自行制定分类大纲等。近年来,一些已经将乡镇、社区图书馆纳入区域总分馆服务体系的地区,也有采用由总馆或中心馆统一编目或指导联合编目的方式。其中统一编目又分两种情况,一种是由总馆或中心馆统一采购、分类、编目后划拨给乡镇、社区分馆,如山西等地目前采用的主要是这种方式;另一种则是由乡镇、社区分馆自行采购,由总馆或中心馆派员到现场进行分类、编目,如

广东东莞目前采用的主要是这种方式。根据对上述现实情况的调查,本课题在强调乡镇、社区图书馆文献资源加工组织工作重要性的基础上,针对有关问题提出了相对灵活的建议标准,既支持乡镇、社区图书馆自行开展文献资源的加工组织工作,同时也鼓励其"充分利用网上联机编目数据,并配合县(区)图书馆开展统采统编工作,逐步实现资源共享"。此外,为了保障图书馆的服务效率,本课题对乡镇图书馆的文献加工处理时间也提出了相应的要求,如《乡镇图书馆管理规范(草案)》中指出,"乡镇图书馆应提高文献加工效率,缩短文献加工时间;报纸当天上架,期刊2个工作日内上架,图书和视听资料5个工作日内上架"。

文献剔旧是基于"馆藏零增长理论"对图书馆文献资源进行科学管理的手段。对于具体的图书馆而言,无论其规模如何,其藏书空间都是有限的,而读者对新入藏文献的兴趣和需求又是不断增加的。因此,在保障图书馆馆藏适当规模的基础上,定期对一些残旧的或利用率较低的文献进行整理剔除,对于提高图书馆空间的利用效率,具有重要意义。课题组在调查中也发现,目前,我国还有很多乡镇、社区图书馆没有及时开展剔旧工作,一些无人问津的旧书、残破书,长期堆积在书架上,不仅影响图书馆形象,而且也占用了本来有限的架位资源,影响新书上架(其中也存在一些图书馆新书入藏极少甚至没有的现象),从而最终影响读者利用。本课题认为,我国乡镇、社区图书馆普遍规模较小,而且一般无须承担文献保存职能,因此,有必要鼓励这些图书馆"定期做好对馆藏文献资源进行清点、剔除的工作"。对于剔除文献的管理,《乡镇图书馆管理规范(草案)》建议,"要按照固定资产管理要求进行登记、报批"。根据我们的设想,在不远的未来,大部分乡镇、社区图书馆都将被纳入地区总分馆服务体系,届时,还可以对这些图书馆的文献资源剔旧工作进行统一规划和管理,让各馆剔除下来的文献能够通过系统内的广泛流动和共享实现更加充分的利用。

关于文献资源的保存与保护,本课题认为,这不属于乡镇、社区图书馆的主要职能,但是在有限的范围内,为了保障基本服务,课题建议主要从规章制度方面做好管理,一方面,为做好关于书库的防盗、防尘、防潮、防虫等,要建立健全书库管理制度;另一方面,为避免图书资料在借阅过程中遭受损毁或丢失,制定《图书室图书外借规则》《图书室阅览规则》《书刊丢失、损毁赔偿办法》等管理规范。

四、乡镇、社区图书馆的设施设备管理

图书馆的业务流程离不开设施设备的支撑,图书馆设施设备的配置情况在一定程度上制约着图书馆服务的深度和广度。因此,科学严谨的设备管理体系,是维护图书馆正常运行的必要保障,同时也是图书馆管理的重要组成部分。乡镇、社区图书馆的设备主要包括建筑设备、专业家具设备和技术设备三种,《社区图书馆建设指南》对这些设备的具体范围和配置要求进行了明确界定。《乡镇图书馆管理规范》和《社区图书馆建设指南》均要求基层图书馆,"应制定相应的设施设备管理制度,确保设施设备的正常运行"。关于图书馆建筑的设计、选址、规模、功能设置等,《乡镇图书馆管理规范》和《社区图书馆建设指南》也都做了较为细致的规定,并明确指出任何机构不得随意占用乡镇、社区图书馆的馆舍,禁止在乡镇、社区图书馆内设置营业性文化娱乐场所。该规定可以有效保证基层图书馆的名副其实,而非"名存实亡",杜绝随意占用基层图书馆馆舍改为他用的现象。

随着计算机技术与网络技术的发展,人类社会已进入一个信息爆炸的新时代,信息的存储载体、传播途径与查询方式已发生根本性变化。但是,由于客观存在的地区差别和城乡差

别,在主流图书馆已步入信息化、数字化时代的今天,乡镇图书馆——尤其是欠发达地区的乡镇图书馆(室),大都还处在自动化管理与网络化应用的推广普及阶段。针对乡镇图书馆的现实情况,《乡镇图书馆管理规范》对其计算机设备的配置标准和基本网络条件等信息化基础设施建设提出了明确要求,要求乡镇图书馆"全面实现业务自动化管理",并"应采用图书馆业务自动化管理系统开展各项工作",同时"为了实现文献信息资源的共建共享与联合服务,自动化管理系统软件宜与上一级公共图书馆保持一致,或通过互联网直接使用所属县(区)图书馆自动化管理平台"。同时,《乡镇图书馆管理规范》还强调了乡镇图书馆与全国文化信息资源共享工程的关系,要求乡镇图书馆"依托全国文化信息资源共享工程,通过共享工程基层服务点建设,逐步建立公共电子阅览室,开展数字资源服务,培养辖区居民的信息素养"。关于信息安全问题,《乡镇图书馆管理规范》也给予了特别关注,要求乡镇图书馆应加强计算机网络及信息安全管理,做好日常数据备份工作。

五、乡镇、社区图书馆的服务管理

图书馆服务管理是图书馆为了改善读者关系以及读者对图书馆服务质量的感知所采取的管理措施。服务广大农村和社区读者是乡镇、社区图书馆的目的及其一切工作的出发点和落脚点,服务管理是图书馆有效开展服务并获得读者认同的重要手段,是图书馆管理的重要内容。目前,基层图书馆的服务工作还停留在一般阅览阶段,服务管理较松散甚至没有服务管理概念,开放时间没有保障,对图书馆的利用率造成负面影响。为了加强服务管理,充分发挥乡镇图书馆的作用,提高乡镇图书馆的利用率,《乡镇图书馆管理规范》明确了服务对象及"以人为本"的服务原则,要求"乡镇图书馆应建立完善的读者服务规则及业务管理制度,并将服务范围、服务内容及时间、服务公约、借阅规则、读者须知和服务承诺等基本服务信息对外公示"。为了促进农村居民的阅读积极性,丰富农村居民的业余生活,提高农村居民的文化修养,《乡镇图书馆管理规范》针对"阅读推广活动"做出了专门规定:"乡镇图书馆应自主组织并积极配合县(区)图书馆开展各种形式的阅读推广活动,通过讲座、展览等群众性读书活动吸引读者进馆阅读。"同时《乡镇图书馆管理规范》对隐私权问题做出了明确要求,"乡镇图书馆应建立读者管理制度,做好读者个人信息保护工作"。《社区图书馆服务指南》也对社区图书馆的服务和宣传提出了具体的要求,从服务时间、服务内容、阅读推广服务、读者教育、服务效率、服务导引标识、服务告示、馆藏揭示、服务监督与反馈等方面,为社区图书馆工作提供明确的指导。作为公共文化设施,乡镇、社区图书馆为读者提供免费服务在《乡镇图书馆管理规范》和《社区图书馆服务指南》中都有所体现。

六、乡镇、社区图书馆的业务管理

乡镇图书馆建设与事业发展的最终目的是向乡镇民众提供文献信息服务。但是,由于我国民众整体上图书馆意识还比较薄弱,利用图书馆的习惯还未养成,因此,乡镇图书馆的利用率和社会效益处于较低的水平。近年来随着中央和省、市各级政府对文化建设的重视,一些文化惠民工程相继组织实施,乡镇、社区图书馆的基础设施和办馆条件逐年改善,但重建设轻管理,重收藏轻利用的现象在基层仍十分普遍,部分乡镇图书馆由于规模较小,服务能力有限,人员不够专业,很难在当地的经济和文化建设中发挥作用,导致乡镇图书馆不能够受到当地政府和群众的重视,从而形成恶性循环,影响到乡镇图书馆事业的进一步发展。

公共图书馆统计可以通过定量的记录与描述数据向社会公众展示图书馆的运行情况,是实现社会公众对图书馆监督、上级机构对图书馆考核以及图书馆内部管理不断改进的重要工具;评估则是通过全面系统地收集图书馆的各种相关信息,对图书馆当前状况及其实现预期目标的条件、行为及状态做出客观判断,是检验图书馆发展的优势与劣势并探寻新的战略定位和发展方向的重要手段。统计与评估工作通过客观反映、判断乡镇图书馆的运行与发展状况,有助于国家、各级地方政府统筹规划乡镇图书馆事业和图书馆自身业务与管理工作的改进。为了通过全面的分析和科学的评估来指导乡镇图书馆的业务运作,《乡镇图书馆管理规范》引进绩效管理概念,明确乡镇图书馆应做好基本业务数据统计,定期进行办馆效益评估,并且提出了年接待进馆读者数量、年外借书刊数量等具体的衡量指标。

业务档案是图书馆工作的历史记录,是图书馆制订战略决策与业务规划的重要依据。《乡镇图书馆管理规范》和《社区图书馆建设指南》对档案管理也做出了明确规定,要求基层图书馆"加强业务档案管理,及时收集、整理在业务活动中形成的具有保存价值的文件材料"。业务档案则主要包括:年度报告(计划与总计)、业务统计数据、读者活动材料、人员考核档案、参考咨询档案等。此外,应急管理保证图书馆在面对突发事件时能够及时采取有效解决方案,避免或减少人财物方面的损失。《乡镇图书馆管理规范》要求"乡镇图书馆严格执行 WH 0502—96 及相关法律法规的规定,建立、健全消防安全规章制度,制定消防安全应急预案,定期开展消防安全教育和消防安全检查,确保图书馆文献资源、办馆设施及进馆读者人身财产安全"。

为了实现普遍均等的公共图书馆服务,构建覆盖全社会的公共图书馆服务体系,就需要按照合理的"就近服务标准"普及基层图书馆①。而"设置了基层图书馆"并不等于"完善了公共图书馆服务体系",服务体系的完善还需要通过对各级各类公共图书馆进行科学的管理来实现。当前基层图书馆在管理方面存在管理定位偏差、管理机制不够健全等弊端,严重制约着其自身服务的发展与整个社会公共图书馆服务体系的完善,《乡镇图书馆管理规范》《社区图书馆建设指南》等管理标准,通过对乡镇、社区图书馆管理各方面内容的规范化来优化基层图书馆管理系统,最终实现全国乡镇、社区图书馆的统一、协调发展。

第三节　我国乡镇、社区图书馆服务标准解析

图书馆服务标准主要用于解决图书馆"为谁服务""如何服务",以及服务过程的质量控制、目标管理和效能提升等问题。针对这些问题,本课题分别在《乡镇图书馆服务规范(草案)》和《社区图书馆服务指南(草案)》中提出了有关建议。

一、乡镇、社区图书馆的服务对象

服务对象是反映图书馆基本职能和属性的重要因素,只有明确规范服务对象,才能充分体现出乡镇、社区图书馆在社会文化中的重要作用。

---

① 邱冠华,等.覆盖全社会的公共图书馆服务体系:模式、技术支撑与方案[M].北京:北京图书馆出版社(今国家图书馆出版社),2008.

有关图书馆的服务对象,各国际组织、各国及各地区的相关法律法规和标准规范中均有涉及和规定。《公共图书馆服务:IFLA/UNESCO 发展指南》中指出"为了尽可能让公众使用公共图书馆服务,公共图书馆必须在最方便的时间开放给在小区内生活、工作和学习的人使用",这在一定程度上反映了公共图书馆的服务对象;美国各州的《公共图书馆法》中都规定"公共图书馆永远免费供当地居民使用",并规定社区及乡镇图书馆都依照州立法进行图书馆的管理和开展服务;英国《公共图书馆服务标准》也对图书馆的服务范围和服务半径进行详细规定;澳大利亚《新南威尔士州公共图书馆标准》中规定,图书馆"应使一般公众都能获取图书馆服务"。我国台湾省在《公共图书馆设立及营运基准》中也规定图书馆服务对象为"所属行政辖区内之居民"。可见,乡镇、社区图书馆的基本服务对象一般为社会公众,受地域因素限制,以本地居民为主。

《公共图书馆宣言》中指出,每个人都有平等享受公共图书馆服务的权利,而不受年龄、种族、性别、宗教信仰、语言或社会地位的限制[①]。基于此,国际组织、各国及地区的相关标准规范中特别关注了特殊人群服务。如美国佛蒙特州标准建议公共图书馆的发展馆藏预算应满足社区公众的需求和兴趣,这些公众要包括:婴儿、学龄前儿童、成人初学者、青少年、英语作为第二外语的学生、残疾人、老年人,等等;《威斯康星公共图书馆标准》指出图书馆要为残疾人提供不同格式的资源,并且要通过提供必要的技术和设备确保所有年龄层残疾人公平获取这些资源和服务;澳大利亚制定了专门针对土著居民和托雷斯海峡岛民、儿童、一般居民的标准;日本图书馆协会在其《市民的图书馆中》中也将儿童服务作为当时的一个服务重点等。

国内的相关法律法规、标准规范也对社区、乡镇图书馆服务对象进行了规定,主要服务对象也定位为社会公众,并强调了面向特殊人群的服务。如《北京市图书馆条例》中规定"本市鼓励学校、科学研究机构以及社会团体、企业、事业单位的图书馆(室)向社会开放。图书馆应当为读者利用文献信息资源创造便利条件,为老年人、残疾人提供方便"。上海、河南、湖北及乌鲁木齐等地的相关法规中也有类似表述;《深圳经济特区公共图书馆条例(试行)》中规定,凡是能够遵守公共图书馆有关管理规定的人均可成为公共图书馆的读者,同时规定市、区、镇公共图书馆的建设、使用及其监督管理适用本条例;2011 年出台的《公共图书馆服务规范》中提出,公共图书馆服务对象包括所有公众。应当注重培养少年儿童的阅读习惯,并努力满足残疾人、老年人、进城务工者、农村和偏远地区公众等的特殊需求。可见,在国内,"社会公众""遵守相关规定的人""特殊群体"等同样被确定为社区、乡镇图书馆的服务对象。

根据国内外相关法律法规和标准规范,《乡镇图书馆服务规范(草案)》及《社区图书馆服务指南(草案)》结合乡镇、社区公共图书馆的职能及实际情况,按照公益性、基本性、均等性和便利性的原则,确定其服务对象。一方面,在向社会公众开放的前提下,重点服务本地或图书馆所在行政区域内的所有居民。另一方面,对儿童、老年人、残疾人等特殊群体给予重点关注。具体而言,《乡镇图书馆服务规范(草案)》规定,乡镇图书馆服务对象包括本地所有居民。应当特别关注培养少年儿童的阅读习惯,满足残疾人、老年人和其他读者的文献信息需求;《社区图书馆服务指南(草案)》规定,社区图书馆的服务目标是以本社区所有居

---

① 林祖藻.公共图书馆服务发展指南[M].冯洁音,译.上海:上海科技文献出版社,2002.

民为服务对象,充分利用各类资源,采用各种便民的服务方式,满足公众对文献、信息、知识及精神文化方面的需求。

二、乡镇、社区图书馆的服务内容

服务是图书馆的基本宗旨,也是图书馆的永恒主题。图书馆的服务内容决定着其基本功能和属性,决定着图书馆在社会发展中扮演的角色。

目前,各国在相关法律法规和标准规范中均对图书馆服务内容进行规范。主要有以下几个方面:一是文献借阅与查询。如英国威尔士州在 2002 年颁布的《全面、高效和现代的公共图书馆——标准与引导》中指出,威尔士公共图书馆当局"应为读者提供丰富多样的图书资料",此外也对文献借阅及文献的预约和获取有专门规定。二是公益性讲座、培训、展览等活动。如澳大利亚新南威尔士州的《终身教育和学习中的图书馆:新南威尔士公共图书馆标准与指南》中设计了丰富多彩的公益性讲座、培训、展览等活动,并专门针对儿童、老年人等特殊人群安排相关活动;三是信息检索、文献传递、参考咨询等服务。如日本 2005 年的《有关公立图书馆设置及运营所期望的标准》中规定了市、町、村立图书馆运营的基本任务,包括资料的收集、提供,参考咨询服务,读者服务,提供各种学习机会,参加和促进志愿者活动等。

国内相关立法及标准规范也确定了图书馆的服务内容,主要也包括文献借阅、参考咨询、阅读指导、社会教育等。如《内蒙古自治区公共图书馆管理条例》中规定公共图书馆应当为读者利用文献资料创造便利条件,解答咨询,指导阅读,设计、营造和维护阅读环境,向社会服务;上海、浙江在相关法规中规定,公共图书馆应当采用图书展览、辅导讲座和组织群众性读书活动等多种形式,向读者推荐优秀读物,指导读者阅读;安徽、江西和新疆等地的公共图书馆服务标准中也提出,图书馆服务内容为文献借阅、查询和阅读指导等服务。

一直以来,由于资金、人员等各方面原因,我国乡镇、社区图书馆的发展受到一定限制,生存与发展成为其长期以来的第一要务。由于乡镇、社区图书馆的服务对象主要为乡镇、农村、社区居民,他们的受教育程度普遍不高,因此文献借阅与查询、阅读指导、文化普及教育、阅读推广以及参考咨询等图书馆基础服务,便成为这些基层图书馆的主要服务内容。正基于此,《乡镇图书馆服务规范(草案)》与《社区图书馆服务指南(草案)》将重点放在了图书馆日常提供的各项基本服务的规范上。两个标准将许多日常服务工作一一规范解释,深入浅出,使从业人员可以按图索骥,便于理解与执行。

此外,随着人们信息需求的不断变化,乡镇、社区图书馆除了提供传统的信息服务外,还应利用现有资源充分开展形式多样的拓展服务。如《浙江省公共图书馆管理办法》提出公共图书馆应当拓展服务领域和服务功能,采取多种服务方式提高文献信息资源利用率,为当地经济社会发展和科学研究提供服务;公共图书馆应当开展送图书下乡活动,为农村、农民提供科技文化服务。正如学者所言,"文献的借阅服务被视为农村图书馆最基本、也是最主要的服务之一。但由于农村图书馆的文献资源有限,借阅服务并不能完全保证图书馆功能的实现。为此,农村图书馆应当把重心放在开展多样化的贴近村民生活的读者活动上。例如,举办知识讲座,举办各种法规政策宣传活动,开展咨询服务,举办读书比赛、棋牌比赛等各种娱乐活动。要通过这些活动,让农村图书馆先具备趣味性,再逐步增加知识性"[①]。两个标

---

① 高巾,刘兹恒.农村图书馆的可持续发展路径[J].图书馆论坛,2011(10).

准,尤其是《乡镇图书馆服务规范(草案)》充分考虑了这一要素,将"拓展服务"作为一项重要内容进行重视,提出"通过举办艺术活动、科普实践等农村公众喜闻乐见的形式开展各类知识的学习实践"。

三、乡镇、社区图书馆的服务方式

服务方式是确保公共图书馆更好地开展服务的重要保障,是促进图书馆职能发挥的重要条件。近年来,随着科技持续进步,以及服务理念的不断创新,图书馆的服务方式也日趋丰富。

国外相关标准规范中对图书馆服务方式进行了规范,主要表现在计算机/网络服务、流动图书馆服务等方面。如美国《威斯康星公共图书馆标准》对图书馆采用计算机和网络技术开展服务,向读者提供计算机、公共无线网络和电子资源等方面进行规定;澳大利亚新南威尔士州的《终身教育和学习中的图书馆:新南威尔士公共图书馆标准与指南》中也对网络服务和计算机服务进行了规定;英国《公共图书馆服务标准》中提出要对固定图书馆覆盖不到的区域和人口,以流动图书馆和"其他图书馆服务形式"作补充,并对流动图书馆和其他图书馆服务形式进行详细解释和规定;澳大利亚昆士兰州《操作服务标准》也对流动图书馆服务做了详细规定,并制作了全面、系统的车辆标准、维护标准、停靠服务点标准、通信设备标准、安全标准等;韩国在其《图书馆法实施令》中规定"社区图书馆为了更好地为当地居民服务,可根据地区特点设立分馆、移动图书馆等"。

我国一些地区的相关法律法规和标准规范也就图书馆的服务方式进行规范,主要集中在三个方面:一是传统文献服务方面,有开架、阅览、外借等服务。如北京、上海等地的图书馆管理条例中指出公共图书馆可以采用馆内借阅、外借阅读(包括邮寄、电话预约等)、流动借阅等多种服务方式。二是自动化、网络化服务。如《北京市图书馆条例》指出,图书馆应当逐步配置计算机与网络设备,视听、缩微、复制设备,文献信息资源利用和保护等设备,完善信息网络系统建设;《浙江省公共图书馆管理办法》中也提出要逐步实现自动化、网络化检索和开架、网络化借阅等。三是延伸服务。如安徽、新疆等地的公共图书馆服务标准中提出要积极开展延伸服务,扩大服务覆盖面,在企事业单位、军营、学校等建立分馆、服务点或流通站。

《乡镇图书馆服务规范(草案)》与《社区图书馆服务指南(草案)》充分考虑了基层图书馆的服务对象,致力于推动图书馆营造更好的阅读和学习环境,在全开架环境下由读者自行选择准备阅览和外借的文献,从而为读者提供方便、快捷的服务。同时,随着信息技术的不断发展,人们对计算机和网络的运用不断加强,尤其是在乡镇和农村,逐渐普及的计算机和网络技术,成为人们获取知识和信息的新渠道。基层图书馆应顺应这一时代潮流,满足人们日益变化的需求。只有这样,图书馆才能与时俱进,受到人们的进一步关注和喜爱。基于此,两个标准充分关注了计算机和网络服务,对相关内容进行详细规范,在一定程度上有利于基层图书馆的现代化和网络化发展。此外,由于农村地区存在交通不便的偏远地区,其自然条件具有一定的特殊性,以及城市社区受图书馆服务半径的限制,许多读者不能方便地使用图书馆,而流动图书馆可以最大限度地深入基层,贴近读者,将书送到居民、工人、战士、学生及老弱病残者手中,能够不受限制地深入街道社区、乡镇山村、企业学校主动开展服务,招之即来,来之能用,在最短的时间内为读者提供个性化的服务。《乡镇图书馆服务规范(草案)》充分考虑流动服务方式,规定应通过设立流动站、馆外服务点等形式,将文献外借服务和其他图书馆服务向农村偏远地区延伸,定期开展巡回流动服务。目前,流动服务已越来越受各国重视,因此标准中如此规范既有现实意义,也有一定的前瞻性。

随着社区图书馆建设进程的不断加快,许多问题也不断凸显出来,社区图书馆如何利用自身优势,根据每个读者的不同要求做好全程个性化服务,越来越成为其发展过程中不可忽视的现实问题①。个性化服务是随着网络技术的发展而产生的新型服务方式,是网络环境下图书馆信息服务的深化和发展,是在技术进步基础上开展具有针对性的满足读者及其特定主题需求的一种服务。图书馆开展个性化服务是为了更好地揭示文献资源,提高服务效率和服务质量,满足读者的多样化信息需求。个性化服务体现了对读者的人性化、专业化、知识化关怀,强调服务的针对性、连续性和专业性②。基于此,两个标准对个性化服务进行了规范,《乡镇图书馆服务规范(草案)》提出,乡镇图书馆应因地制宜向个人、群体、机构提供多样化的、灵活的、有针对性的文献信息服务(包括上门服务),尤其应关注特殊人群中的个性化需求;《社区图书馆服务指南(草案)》指出,社区图书馆应针对读者需求,为各类读者提供灵活、多样的个性化服务。

四、乡镇、社区图书馆的服务效率

服务是贯穿图书馆发展的主线,是图书馆的核心价值观。效率是关系到服务能否高速、高质、高效完成的重要因素。因此,在各国的相关立法和标准规范中都有所体现。英国《公共图书馆服务标准》中对图书馆的累计开放时间、图书预约、到馆人次等方面有详细指标限制,如规定“65%的读者(无论成人或者儿童)能够顺利获得指定图书,75%的读者检索或查询后能够顺利获得所需信息”;威尔士州《全面、高效和现代的公共图书馆——标准与引导》中对图书馆开放时间、借阅周期、借阅数量、图书预约、网站访问量等也进行了规范;澳大利亚的相关标准规范中也对图书馆开放时间、各类型服务所需时间等做了详细规范。

国内相关规范性文件也做出类似规定。如北京、上海、内蒙古等地的图书馆条例中均详细规定了图书馆开放时间。《公共图书馆服务规范》中规定了图书馆服务时间及服务效率,包括文献加工处理时间、闭架文献获取时间、开架图书排架正确率、馆藏外借量、人均借阅量、电子文献使用量、文献提供响应时间、参考咨询响应时间等。江西、安徽和新疆等地的公共图书馆服务标准中也都规定了开放时间、文献提供所需时间、开架图书错排率、读者数量、人均借阅量、外借流通量等,并制定了一系列量化指标。

毋庸置疑,图书馆的服务水平和服务效果是由图书馆建筑、馆藏文献资源、人员队伍素质、服务效率等多方面因素综合作用的结果。其中建筑、资源等硬性指标固然发挥重大作用,但服务效率作为一种软指标,在一定程度上更能决定图书馆的整体服务水平。《乡镇图书馆服务规范(草案)》与《社区图书馆服务指南(草案)》充分重视服务效率方面的规范,根据国内外现有标准规范体系,结合乡镇、社区的实际情况,对文献加工处理时间、借阅册次与借阅人次的增长率、持证率、人均参加读者活动次数、读者满意率等指标做出了相应的规定。如《乡镇图书馆服务规范(草案)》提出,乡镇图书馆应不断调整馆藏结构和书刊种类,加强

---

①　董继红.社区图书馆全程个性化服务模式探析[J].图书馆工作与研究,2011(2).

②　刘冬梅,龙叶.社区图书馆个性化服务模式研究[J].图书馆工作与研究,2010(8).

宣传,并制定有针对性的服务策略,以保持借阅册次与借阅人数的增长;应依照馆藏文献量和读者需求适时调整外借册数、借期等流通规则,逐步提高人均借阅量。《社区图书馆服务指南(草案)》则制定了更为详细的量化指标,如社区图书馆要尽量缩短文献加工处理时间;报纸、期刊到馆当天上架,图书及其他文献3个工作日内上架,及时供读者借阅;发放阅览外借证总数占总服务人数的比例不低于30%;人均流通册数不低于2册/年;持证读者到馆与网络访问量不低于每年5次/人;组织读者活动不少于2次/年。

五、乡镇、社区图书馆的服务宣传与引导

服务宣传是图书馆开发利用文献资源,教育、影响和吸引读者的有效方式,是图书馆长期以来一直开展的重要实践工作。如何吸引读者到图书馆来、利用图书馆的资源是图书馆服务的本质,做好宣传引导工作有利于读者更全面地了解图书馆提供的服务,更高效地利用图书馆的服务。

国内外图书馆标准规范中均对图书馆服务的宣传与引导给予充分考虑,主要强调图书馆采用各种标识,确保读者了解和获取服务。如美国弗吉尼亚州的标准中指出图书馆要有明显的标识;澳大利亚昆士兰州的《操作服务标准》中规定,图书馆应该有明显的内外部标牌,方便读者识别并获取服务,其电话联系方式也应该是方便获取的。我国的《北京市图书馆条例》要求,图书馆工作人员应当指导读者查找馆藏文献信息资料,图书馆应当将本馆的服务对象、服务范围、开放时间等服务事项进行公示。因故变更开放时间或者闭馆的,至少应当提前3日进行公示。《上海市公共图书馆管理办法》中也指出公共图书馆的工作人员应当指导读者查找书刊资料。《公共图书馆服务规范》中就图书馆的引导标识、服务告示、馆藏揭示、活动推广等方面进行了详细规定。此外,安徽、江西和新疆在其公共图书馆服务标准里也都对图书馆指示牌及信息公示等内容做了规范。

当前,我国乡镇、农村图书馆普遍面临生存和发展的困境,原因之一就是人气不足,缺乏读者。图书馆缺乏读者,必然造成图书馆服务可持续发展的动力不足。实际上,不是农村居民不需要图书馆,而是他们不了解图书馆。造成这种状况的根本原因,还是图书馆没有做好自身的宣传工作。因此,农村图书馆要想真正实现可持续发展,首先要做好宣传,实现农村图书馆由"错位"到"正位"的转变[①]。与此同时,随着人们精神文化需求的不断增长,乡镇、社区图书馆涌现出大量新读者,这些读者对图书馆服务缺乏全面了解,因此急需对其进行全面的服务宣传和引导。此外,乡镇、社区图书馆正在适应社会需求,积极开展职能拓展,丰富服务内容,创新服务手段,一系列新的服务活动陆续开展,也需要即时对社会公众进行宣传和公示。《乡镇图书馆服务规范(草案)》与《社区图书馆服务指南(草案)》抓住基层图书馆这一特性,把服务宣传与引导摆在突出位置,详细规范了图书馆的引导标识、服务告示、馆藏揭示、业务宣传、服务推广等内容,力求对各项指标进行详细设计。这也是基于基层图书馆服务和发展的现状所进行的针对性制度安排,有利于将图书馆服务相关事宜"广而告之",使读者对图书馆的各种服务"心中有数",从而更好地服务读者。

---

① 武晓丽.对我国农村图书馆建设的思考[J].图书馆工作与研究,2010(4).

六、乡镇、社区图书馆的服务监督与评价

服务监督与评价是图书馆提供优质服务的基本前提,也是图书馆实现健康、可持续发展的重要保障。对图书馆服务的监督和评价,是对图书馆服务的反馈,有利于图书馆更好地把握自身服务情况,及时发现问题,克服问题,从而进一步提高服务质量。

国内外图书馆相关标准规范对图书馆服务监督与评价给予充分重视,并制定一系列量化指标。如英国《公共图书馆服务标准》中规定用户对图书馆工作人员的知识及服务的评价需要达到一定指标,要求95%的读者反映工作人员的知识为"很好"或"好",95%的读者反映工作人员的帮助"好"或"很好";澳大利亚新南威尔士州的《终身教育和学习中的图书馆:新南威尔士公共图书馆标准与指南》也设置了基准目标,要求95%的用户认为图书馆服务是"非常好"或"好"。我国《公共图书馆服务规范》中就服务监督与反馈问题进行重点关注,制定了严格的监督途径和方法以及读者满意度调查,并设置了具体的量化指标。江西、安徽和新疆等地的公共图书馆服务标准中也就图书馆监督与评价做了详细规范,如读者意见箱、监督电话、读者座谈会、问卷调查、电子邮件等,并制定了满意率的量化指标。《新疆维吾尔自治区公共图书馆服务标准》中规定,图书馆每年开展不少于一次的读者满意度调查,调查问卷表发放数量为地州、县市不少于300、100份,回收率不少于80%,基本满意率要达到85%以上,要及时分析、总结、研究调查意见,落实整改措施,建立长期档案。

图书馆服务的监督与评价机制是为鞭策图书馆做好服务的一项重要制度安排,图书馆应该有一定的服务监督机制,并调查读者对图书馆服务的态度,以更好地提升图书馆的服务内容、方式、手段等。当前,乡镇、社区图书馆正处于快速上升期,社会公众的意见和建议将对图书馆的建设和发展具有重要意义。《乡镇图书馆服务规范(草案)》与《社区图书馆服务指南(草案)》基于国内外的相关实践经验,结合基层图书馆发展的特殊历史时期,将服务监督与评价作为推动基层图书馆发展的重要因素,设置了服务监督途径与方法、读者满意度调查、读者需求与行为分析、需求档案、评价与反馈和监督指导等,并在此基础上建立了量化指标。这在一定程度上体现了我们以制度规范推动事业发展的先进理念。

第四节　我国乡镇图书馆统计标准解析

图书馆统计标准主要用来规范图书馆统计工作的指标体系及体系内各指标的采集和处理方法,本课题针对上述问题,结合新中国成立60余年来,我国县以上公共图书馆和乡镇综合文化站基本情况年报统计的工作经验,提出了《乡镇图书馆统计指南(草案)》。

一、乡镇图书馆统计指标的选择

图书馆统计工作是指图书馆工作运行中各项数据的搜集、整理和研究,并从中探寻其内在规律性的一种科学管理方法,其目的在于准确及时地反映馆藏资料、读者阅读规律、文献资料流通状况,为编制和检查图书馆工作计划提供充分可靠的原始数字依据,并利用统计手

段实现馆内业务的横向评估和同类图书馆之间的绩效对比①。为了达成这些目标,统计指标的选择必须满足以下几个方面的要求:

(一)目标明确

统计指标一旦选择,即需要付出相当的人力、物力对其进行采集和分析,无论对于何等规模的图书馆而言,这都是必须考虑的工作成本。因此,在选择统计指标时,应首先明确对这一指标进行统计的目标和意义,以及它与指标体系内其他指标之间是否存在替代或换算关系,从而在保障统计目标达成的前提下,最大限度地减少统计的工作量。与此同时,明确统计工作的具体目标,也有利于对各指标的内涵和外延做出更加准确的界定。例如,本课题提出的《乡镇图书馆统计指南(草案)》中,对"馆舍建筑面积"和"阅览座席数"进行统计的目的在于了解乡镇图书馆在开展具体服务活动时,对用户的实际接待能力,因此,在对其进行指标解释时,草案强调,"馆舍建筑面积"是对乡镇图书馆专用面积的统计,不包含租赁或与其他文化机构合用的面积,也不含正在改扩建、尚未竣工的面积。同理,在"阅览室面积"中单列"电子阅览室(区)面积"是为了反映基层图书馆公共电子阅览室建设状况;在"阅览座席"中增加对"少儿阅览座席"的统计是为了强调乡(镇、街道)及基层图书馆对未成年人提供社会教育的职责;在"计算机数量"中增加"电子阅览室(区)终端数",意在反映基层公共电子阅览室的服务能力;增加"其他设备数量",意在反映随着各大重点文化工程的大力推进,乡镇图书馆近年来增加的设施、设备及网络化建设方面的情况。

(二)体系完整

为了提高统计工作效率,统计活动需要尽可能一次完成,实现统计结果的多次利用。为此,统计指标体系应当能够比较系统完整地反映图书馆各项业务活动的过程、结果以及相关的管理运行及支撑保障情况。本课题提出的《乡镇图书馆统计指南(草案)》主要从设施设备条件、人员经费保障水平、文献资源建设情况、服务活动开展情况等方面设计指标。其中,设施设备统计不仅包含对传统建筑设备的统计,还包括对计算机等现代信息技术设备的统计;文献资源统计不仅包括对传统书刊资料的统计,还包括对日益普及应用的多媒体视听文献和数字网络资源的统计;服务统计不仅包括对传统到馆阅览和外借数量的统计,也包括对互联网访问以及参加讲座、展览、培训、阅读推广等各类社会教育活动情况的统计;此外,为了对各类旨在推动城乡基层图书馆全面发展的重点文化工程项目的建设情况进行客观调查,草案还特别设置了针对"重点文化工程服务"的专门统计指标。

(三)符合实际

作为国家标准,GB/T 13191—2009/ISO2789:2006《信息与文献图书馆统计》提出了各级各类图书馆基于各种不同目的进行统计的通行原则和方法,其中很多内容都为本课题在编制《乡镇图书馆统计指南(草案)》时参考引用,应该说,《乡镇图书馆统计指南(草案)》是国家标准 GB/T 13191—2009/ISO2789:2006《信息与文献图书馆统计》在我国乡镇图书馆统计工作中的延伸应用。但是与此同时,乡镇图书馆作为直接面向农村居民提供服务的基层图书馆,在建设、管理与服务等方面都有着区别于其他类型图书馆的特殊性。其规模一般相对较小,业务工作也相对比较粗放,考虑到这些因素,草案在一些具体的统计项目取舍方面,选择了相对简约的方案。例如,对文献资源的统计,仅选择了"总藏量""数字资源藏量""图书

---

① 周懿琼. 公共图书馆统计工作探讨[J]. 图书馆建设,2005(3).

年入藏量""报刊年入藏量"和"视听文献年入藏量"等 5 个指标,而没有选择 GB/T 13191 推荐的"手稿""缩微文献""电子图书""数据库""免费网络资源"等其他细分统计项目。又如,草案中提出了对"年网站访问量"的统计指标,但是对 GB/T 13191 推荐的"检索""下载"等细分项目则未做要求。同样地,草案在人员统计部分将"学历"统计范围设定为"高中(含职高、中专)及以上"和"初中及以下"两档;"职称状况"设定为"中级及以上"和"初级及以下"两档,并增加了对"专职人员"和"兼职人员"的统计,也都是出于对乡镇图书馆现实基础的考虑。

二、乡镇图书馆统计数据的采集

有了完整的指标体系,下一步需要根据指标体系的要求收集各项指标的具体数据。为了确保数据采集客观有效,并具有横向和纵向上的可比性,各类统计指标一般都会对指标数据的来源、采集方法和周期等问题进行详细说明。本课题提出的《乡镇图书馆统计指南(草案)》主要从以下几个方面对统计数据的采集做了规定:

(一)指标定义

对于每一个统计指标,草案都给出了明确的定义,除了对指标进行语义解释以外,还对各指标统计时所需要特别注意的事项,如"计算机数量"不应包含已报废的数量,"在职教育"应同时统计在职学历教育和在职业务培训,"视听文献年入藏量"中,一个题名的成套视听文献,应按其实际包含的各种载体的视听文献件数统计,等等。除此之外,各指标定义中还对指标的计量单位进行说明。

(二)统计周期

为了确保统计数据的横向可比性和纵向延续性,通常需要对每一项统计工作指定一个明确的统计周期,本课题针对乡镇图书馆统计工作给出了一般性的建议(通常以一年为一个周期),同时对其中个别累计总量数据(如从业人员总数、馆藏总量等)的统计时间进行了说明(以统计周期结束时的数据为准)。

(三)抽样统计的方法说明

虽然设计的统计指标都是可量化的,但是由于当前乡镇图书馆管理的专业化和自动化水平相对较低,往往会存在一些动态指标,特别是服务量指标无法获得连续累计的准确数据的现象。考虑到这一实际情况,草案允许在具体统计实务中采取抽样方法进行换算,但是要求在出具统计报告时对抽样方法进行说明。

(四)统计报表

为了便于乡镇图书馆统计工作的实际操作,草案参考文化部《公共图书馆基本情况年报》和《乡镇综合文化站基本情况年报》,制作了《乡镇图书馆统计年报表》,作为草案的资料性附录,供乡镇图书馆统计人员格式化填报。

(五)统计项目的细化要求说明

在上述两方面工作的基础上,草案还就乡镇图书馆各统计项目的细化要求制作了附表,将指标定义中涉及的各项具体说明一一对应到《乡镇图书馆统计年报表》的每一个具体项目,以便乡镇图书馆统计人员查阅、使用。

三、乡镇图书馆统计结果的分析与利用

前文提到过,图书馆统计工作的目的在于了解图书馆业务及管理工作的现状,发现其中存在的问题,分析其原因,并据此研究改进的对策。因此,任何一项统计工作,最终都要落实到对统计结果的分析和利用上来,对乡镇图书馆的统计也不例外,详见后文具体阐释的乡镇图书馆评估工作。

第五节　我国乡镇图书馆评估标准解析

图书馆评估标准主要用于规范图书馆评估工作的参与主体、对象范围、工具、方法、程序以及评估结果的具体应用等问题。通常根据不同的评估目标,上述各类问题会存在不同的选择。本课题针对乡镇图书馆评估工作中涉及的上述问题,提出了《乡镇图书馆评估指南(草案)》。

一、乡镇图书馆评估的主体

评估主体是基于一定目的主动实施评估行为的实体,是图书馆评估体系的重要组成部分。当前国外图书馆评估已经逐步从图书馆管理者和馆内业务人员主持的"内部评估"转向外部评估,评估主体趋于多元化,既有各级管理部门、业界专家,也有读者甚至咨询公司。采用这种方法,从某种程度上可以避免单一主体评估时的主观性和片面性,增强评估的客观性。

总体来看,图书馆的评估主体主要有政府管理部门、图书馆自身以及第三方机构等。政府管理部门对图书馆进行评估,是为了全面地掌握图书馆事业发展的整体状况,从而为其制定和调整相关政策提供参考。英、美、日等国都有此种评估工作。图书馆自我评估是为了系统掌握自身的运行情况,及时发现图书馆工作中的问题,帮助图书馆不断改进自身的工作,所以,在许多图书馆的战略规划中,自我评估都是其未来工作计划的一部分,如美国国会图书馆2011—2016战略规划[1]中就有自我评估的计划,要求图书馆监测并评估用户需求与馆藏资源间的差距。除此之外,由图书馆协会等第三方机构主持的评估工作,也在各国图书馆评估中较为常见。独立第三方主持评估,是为克服政府管理部门和图书馆自身在评估工作上的主观因素影响。西方许多国家都有独立的第三方机构,负责搜集、整理、发布各类图书馆的运作信息,并根据公认的或自建的评估标准开展独立评估工作,如英国的图书馆和信息统计机构(Library and Information Statistic Unit,简称LISU),它是英国具有国际声誉的国家级图书馆和信息服务研究和信息咨询中心,定期分析、诠释、发布英国公共图书馆的系列统计数据,为英国的图书馆界提供数据。

针对乡镇图书馆的具体情况,本课题主要考虑了以政府主管部门作为评估主体的情况,同时参考县以上公共图书馆评估工作的组织实施办法,通过建立评估专家组的方式,引入第三方社会力量适度参与乡镇图书馆评估工作。由于我国图书馆评估工作起步较晚,与国外评估工作相比,我们还缺乏完善的图书馆自我评估和第三方评估制度,这将是今后评估工作需要改进和加强的地方。

---

[1]　Library of Congress Strategic Plan,Fiscal Years 2011 – 2016[EB/OL].[2013 – 06 – 03].http://www.loc.gov/about/strategicplan/strategicplan2011 – 2016.pdf.

二、乡镇图书馆评估的对象范围

图书馆的业务工作涉及许多方面,在评估中需要对这些内容通盘考虑、整体规划,从而全面系统地把握图书馆的各种相关信息,对图书馆当前的情况及其实现预期目标的条件、行为、状态做出准确的判断。评估一般需要对图书馆的馆舍建设、馆藏资源、读者服务、馆员队伍等几个方面进行综合考量。本课题提出的《乡镇图书馆评估指南(草案)》主要参考了第五次全国县以上公共图书馆评估工作的做法,建议从设施设备、经费与人员、馆藏资源、用户服务、业务辅导与协作协调、科学管理及重点文化工程等七个方面对乡镇图书馆进行评估。

考虑到我国大部分地区乡镇图书馆在基础设施、文献建设、服务活动及业务管理等各方面都处于相对较低的层次,故评估项目的设置相对于县以上图书馆进行了简化。例如,在"馆藏资源"部分,未设"地方文献数据库建设"项目,也未对其数字化文献建设与管理进行考查;在"用户服务"部分,未对"图书馆网站建设与管理"提出要求;在"科学管理"部分,未对"财务管理"提出要求;在"重点文化工程"部分,根据乡镇一级在工程建设中实际承担的职责,主要从设施设备配置到位情况和社会服务效果两个方面进行评估,而未对其参与资源建设和为更基层的服务网点提供指导和服务提出要求。

三、乡镇图书馆评估的方法与工具

图书馆评估工作必须借助特定的方法和工具进行。根据评估目的不同,评估方法通常会存在差异,评估所选用的工具也有所不同。一般而言,一套完备的统计指标体系是必不可少的,目前世界各国都有针对本国图书馆的评估指标。国际上比较成熟的和通行的指标体系以国际标准化组织信息与文献技术委员会统计和绩效评估分会提出的 ISO 11620《信息与文献——图书馆绩效指标》为代表,除此之外,英国的《公共图书馆服务标准》、韩国的《公共图书馆评估指标》等也都比较完善。但是,仅有一套统计指标体系并不足以支持一项完整的图书馆评估工作。如上节所述,图书馆日常统计工作能够提供的通常主要是一些具体的量化指标的统计数据,对一些不易量化的项目,还需要通过查阅档案等方法获取资料。在对可量化的数据进行统计,对不可量化的项目进行查证的基础之上,要得出具体的评估结论,还需要根据评估目标的不同,选择不同的评估方法,如平衡积分卡法(用于评价图书馆表现与发展目标之间的差距)、定标比超法(用于评价图书馆与行业中某一既定水准之间的差距)等,对这些已知事实进行分析、比较,这也需要用到更多的评估方法工具,如平衡积分卡、比超标杆等。在一些以用户满意度为主体的服务质量评价项目中,广泛应用到的还有调查问卷、访谈提纲等工具。

针对我国乡镇图书馆评估工作的目标需求,本课题在设计乡镇图书馆评估工作方案时,综合采用了统计、标杆、问卷调查等多种评估方法,以下是对其中应用到的相关评估工具的具体说明:

(一)统计指标

遵循以客观统计为基本前提的原则,《乡镇图书馆评估指南(草案)》中使用的大量量化指标均来源于前文提到的《乡镇图书馆统计指南(草案)》,有的是直接引用,如"图书年入藏量""报刊年入藏量"等,有的是通过统计数据的计算获得,如"持证读者年人均外借册次""人均年到馆次数"等。

（二）档案资料

与许多评估指标一样，《乡镇图书馆评估指南（草案）》提供的评估指标体系中，除了量化指标以外，还有一些不可简单量化的指标，对于这类指标，草案在指标体系的"备注"项中详细注明了需提供参考的相关档案资料。例如，"免费开放本地经费到位情况"项目，要求提供上级财政补助收入的免费开放专项入账凭单；"参考咨询服务"项目，要求提供服务记录、用户反馈意见或相关报道等。

（三）比超标杆

参考我国县以上公共图书馆评估工作经验，《乡镇图书馆评估指南（草案）》中也采取了定标比超的方法。根据前期在全国10个省市171个乡镇、社区进行实地调研所获得的基本数据资料，课题组对乡镇图书馆的每一项指标提出了不同档位的预期表现值，即所谓"标杆值"（表格中的"标准与因素"项），在评估实务中，根据各馆的实际表现，可以比较方便地判断出该馆处于"标杆值"的何等水平。如"计算机数量"项，设定的四档"标杆值"分别为5台、10台、15台和20台，分别对应8分、12分、16分和20分的得分；与此同时，草案还提出了《乡镇图书馆评估定级必备条件》，对乡镇图书馆在申请认定一级、二级图书馆时，一些关键指标所需达到的"标杆值"进行了规范，如"馆舍建筑面积"，被认定为一级图书馆的乡镇图书馆应达到800平方米以上，二级图书馆应达到600平方米以上。

（四）调查问卷

图书馆是公益性的服务机构，对其进行评估，读者和用户的意见不容忽视，而且日益成为国际图书馆界组织开展各级各类图书馆评估工作的主要考虑因素。对于乡镇图书馆而言，直接面向各类型用户开展服务活动更是其主要业务工作内容。为此，《乡镇图书馆评估指南（草案）》也充分强调了用户在其评估活动中的参与作用。草案根据乡镇图书馆目前普遍提供的资源和服务情况，编制了"读者调查问卷"，作为资料性附录，供具体评估实务参考使用。

四、乡镇图书馆评估的程序

我国县以上公共图书馆评估工作经过近20年的积累和沉淀，已经形成了一套相对完善的工作程序。根据文化部的要求，各地区严格按照图书馆自评、本级行政主管部门组织初评，上级行政主管部门组织复评的流程组织开展各级图书馆的评估定级工作。其中，图书馆自评是依据评估标准对自身建设、管理与服务等各方面发展水平进行对照检查、提前整改的过程，这期间需要完成统计数据的采集、档案资料的整理、读者问卷的发放等具体工作。本级和上级行政主管部门组织评估时，通常要求组建有政府主管部门和业界专家共同参与的评估队伍，并要求结合听取汇报、查阅档案、现场检查、读者调查、逐项打分、总结反馈等方式，对参评馆进行全面细致的检查和评价。为了加强图书馆之间的交流和学习，一些地区还积极采取了交叉互评的方式，吸纳参评馆的管理人员参与到其他图书馆的评估工作中。

本课题在设计乡镇图书馆评估工作方案时，充分借鉴了上述经验，提出了自评、初评和复评的基本程序要求，并对其中实地评估、抽样调查等具体事项进行了规范，同时也对评估周期提出了建议。

五、乡镇图书馆评估结果的反馈与利用

评估是规范图书馆业务流程、提升图书馆社会地位的有效手段，是图书馆宣传自我、争取财政支持、促进图书馆队伍建设、提高员工整体素质的有效途径,其根本目的是为了促进图书馆事业的可持续发展。它不仅有助于图书馆了解自身状况,而且也能为各图书馆之间的对比和定级提供依据。《信息与文献——图书馆绩效指标》(ISO 11620)是各类型图书馆绩效评估活动的参考标准,由该指标所获得的评估数据是各图书馆进行年度自我检测和横向比较的科学依据。通过图书馆评估,可以发现许多当前急需改进的问题,在此基础上指导图书馆未来发展,并形成相关的系列指标和规划。例如,2003—2004年,加拿大蒙特利尔市政府文化与交流部对蒙特利尔辖区内的公共图书馆进行了评估,在查明服务对象以及服务水平状态后,于2004年11月出台了"2005—2015十年文化发展战略",提出了发展公共图书馆网络的远期目标[1];1999年,美国国会图书馆进行了信息技术战略评估,为该馆在未来十年应遵循的信息技术之路提出了战略性建议,形成了《21世纪国会图书馆数字战略》,为国会图书馆在网络、数据库、信息技术安全等方面的建设和发展提供了指导[2]。评估工作能够从思想上纠正人们对当前图书馆工作认识上的偏差,提高各级政府和主管部门对图书馆行业的重视,从而为图书馆事业的发展奠定良好的基础。韩国2008年展开了一次全国范围内的图书馆评估工作,形成了一系列业务准则和指标,其中以行业标准和政府法律法规形式出现的图书馆标准数量居多,具有一定的强制性,有力地推动了图书馆事业的发展。根据韩国图书馆协会2010年度的统计报告,2008—2010年韩国公共图书馆发展迅速,图书馆总数从2008年的600家增加到703家;馆藏总量从5022万册增加到6256万册;预算从4179亿韩元增长到6060亿韩元[3]。在我国,自1994年以来,文化部先后组织实施了五次全国县以上公共图书馆评估定级工作,对于近20年来我国图书馆事业的发展进步起到了重要的推动作用。

为了达到"以评促建"的目的,《乡镇图书馆评估指南(草案)》参考县以上公共图书馆评估工作的组织实施方法,对评估结果的反馈和利用提出了明确要求。根据草案要求,在一项具体的评估工作结束以后,参与评估的图书馆都将获得一份由评估专家组出具的评估报告。根据这一报告,图书馆可以全面了解自身建设、管理与服务工作与标准要求之间的差距,并得到有针对性的专家建议。与此同时,专家组出具的评估报告也将提交给上级行政主管部门,供其对本地区乡镇图书馆发展的整体面貌进行综合分析,从而为进一步发展提高制定相应的政策规划。此外,为了激励各馆自我发展,草案还建议上级主管部门根据各馆得分情况的不同进行排序,评定其建设发展等级,并面向社会公布。

---

①　2005 – 2015 Cultural Development Policy for the Ville de Montréal[EB/OL]. [2013 – 06 – 30]. http://ville. montreal. qc. ca/pls/portal/docs/page/librairie_fr/documents/Mtl_metropole_culturelle_en. pdf.

②　[美]国会图书馆信息技术战略委员会,等. 21世纪国会图书馆数字战略[M]. 蒋伟明,苑克丽,译. 北京:北京图书馆出版社(今国家图书馆出版社),2004.

③　한국도서관협회. (2010) 한국도서관연감[M]. 서울 : 한국도서관협회,2010.

附　录

社区图书馆建设指南(草案)*

1　范围

本标准对政府主办的社区图书馆的设置原则、建筑要求、建筑面积及馆藏建设和设备配置及人员队伍建设做出指导。

本标准适用于政府兴办的城市社区图书馆。城市街道图书馆、街道综合文化站图书室、城市公益性私人图书馆以及公共图书馆基层服务点可参照执行。

2　规范性引用文件

下列文件对于本文件的应用是必不可少的。凡是注明日期的引用文件,仅注日期的版本适用于本文件。凡是不注日期的引用文件,其最新版本(包括所有的修改单)适用于本文件。

GB 50034—2004　建筑照明设计标准

GB 50189—2005　公共建筑节能设计标准

建标 108—2008　公共图书馆建设标准

建标〔2008〕74 号　公共图书馆建设用地指标

JGJ 38—99　图书馆建筑设计规范

JGJ 50—2001　城市道路和建筑物无障碍设计规范

3　术语和定义

下列术语和定义适用于本文件。

3.1

社区 community

社会上以某种特征划分的居民区。它包括地域和人文两个方面的概念,泛指聚居在一定地域范围内的人们所组织的社会生活共同体。

3.2

社区图书馆 community library

为一定地域内的所有居民服务的具有公益性、教育性、休闲性等特征的文献信息集散场所与公益性文化服务机构。是由各级政府投资兴办或社会力量捐资兴办的,面向社会公众开放的基层图书馆。

---

* 本标准草案主要起草人:闻德锋、阚立民。

210

3.3

服务人口 service population

社区图书馆服务范围内的常住人口。

4 总则

4.1 社区图书馆建设,应适应所在地区社会、经济发展的状况,正确处理现状与发展、需要与可能的关系,构建覆盖广泛、布局合理、规模适当、功能先进、适用高效、可持续发展的惠及全民的社区图书馆设施。

4.2 社区图书馆建设,应坚持开放服务、方便服务、平等服务、创新服务、满意服务的原则,应满足文献资源建设、读者服务等基本功能要求,并为读者、工作人员创造良好的环境和工作条件,做到功能合理、流程科学。

5 建设主体

社区图书馆一般由地方政府、社区居民委员会主办,亦鼓励采用公共图书馆开设社区分馆、社区内企事业单位共建、住宅小区自建以及民办等多种类型创办。

6 选址

6.1 社区图书馆建设应统筹考虑图书馆的网点布局,考虑馆与馆之间的距离。社区图书馆之间、社区图书馆与区(县)图书馆之间应保持1.5公里或步行15分钟的距离。

6.2 社区图书馆宜位于人口集中、市政配套设施条件良好、交通便利、环境相对安静、易于找到、符合安全和卫生及环保标准的区域。

6.3 社区图书馆应积极创造条件加入本地区的图书馆网。

7 规模

7.1 新建、改建和扩建的社区图书馆规模,应以服务人口数量和相应的人均藏书量、千人阅览座位指标为基本依据,兼顾服务功能、文献资源数量与品种和当地经济发展水平等因素,在一定的幅度内加以调整。

7.2 按服务人口数量确立社区图书馆的建设规模,服务人口范围为0.3万—3万。0.3万人以下的社区可以不设立社区图书馆,3万人以上的社区设立图书馆,应按照建标108—2008公共图书馆建设标准的要求设立。

7.3 社区图书馆建筑面积及藏书量、阅览座位数量,按表1执行。

表1 社区图书馆建筑面积及藏书量、阅览座席指标

服务人口 (万人)	馆舍面积		藏书量		阅览座席	
	千人面积指标 (m²/千人)	馆舍面积控制 指标(m²)	人均藏书 (册、件)	总藏量 (万册、件)	千人阅览座位 (座/千人)	总阅览 座位
0.3—3	27	80—800	1.5—1	0.3—4.5	3.0	10—100

8 功能设置

8.1 在一个社区图书馆内,可以根据其规模选择设立图书阅览区、多媒体阅览区、综合活动区、少年儿童阅览区等。社区图书馆总平面布置必须分区明确,布局合理,流线通畅,朝向和通风良好。少年儿童阅览区应与成人阅览区分开,并宜设置单独的出入口,有条件的,可设老龄阅览室和视障阅览室。

8.2 社区图书馆可与社区其他文化设施合建。社区图书馆与其他文化设施合建时,必须满足其使用功能和环境要求,并自成一区,单独设置出入口。

8.3 社区图书馆建设要依据服务的少年儿童人口数量,设置专门用于少年儿童借阅与活动的区域。

9 设施设备

9.1 配置内容

9.1.1 设施设备

社区图书馆的设施设备包括房屋、场地、建筑设备、专业家具设备和技术设备。

9.1.2 房屋

社区图书馆的房屋包括藏书、借阅、咨询服务、公共活动与辅助服务、业务、行政办公、技术设备、后勤保障用房等。

9.1.3 场地

社区图书馆的场地包括人员集散场地、道路、停车场、绿化用地等。

9.1.4 专业家具设备

社区图书馆应配置开展读者服务工作所必备的专业家具设备,如书架、期刊架、报纸架、阅览桌椅、目录柜、出纳柜台、电脑桌椅等。社区图书馆根据规模大小配备各种专业家具设备数量见表2。

表2 设备数量控制指标

书架(个)	期刊架(个)	报纸架(个)	阅览桌椅(套)
5—75	1—10	1—10	3—30
[注]:书架以每个可放置图书600册为计算单位; 期刊架以每个可放置期刊24册为计算单位; 报纸架以每个可放置报纸10种为计算单位; 阅览桌椅以每个4座位为计算单位			

9.1.5 建筑设备

社区图书馆的建筑设备包括给水排水、通风空调、强弱电及网络布线等。

9.1.6 技术设备

9.1.6.1 社区图书馆应根据需要配置若干供业务使用的计算机和供读者使用的计算机设备,并配置相应的网络设备和相关外围设备,视听及音像控制设备等。

9.1.6.2 社区图书馆宜配备视障、老龄及少年儿童阅读设备。

9.1.6.3 社区图书馆提供公共电子阅览室服务的,其设备配置应按照文化部有关公共电子阅览室设备配置标准执行。

9.1.7 其他

综合活动区、少儿区等设备配置应根据所要开展活动的内容和少儿的特点进行配置。

9.2 配置要求

9.2.1 社区图书馆建筑设计应适应现代图书馆服务方式的变化,满足图书馆开架管理方式、纸质文献与数字资源利用相结合、提供文献信息资源与提供文化活动相结合的服务模式需求,根据其规模和功能合理设计。在外观造型、室内装修和环境设计上,注意体现文化建筑的氛围特点,讲究实用效果。

9.2.2 社区图书馆应按 JGJ 50—2001 要求进行无障碍设计。

9.2.3 社区图书馆的藏书、借阅、咨询服务、公共活动与辅助服务等基本用房,应具有空间使用的灵活性和可调整性,宜采用框架(框剪)结构体系或其他大空间结构形式。

9.2.4 社区图书馆的室内环境设计、建筑热工设计和暖通空调设计,应符合 GB 50189—2005 的规定,改善室内环境,提高能源利用效率。建筑构配件、装修材料和建筑设备必须选择安全、节能、环保、不损害健康的产品。

9.2.5 社区图书馆各部分的允许噪声级按 JGJ 38—99 的分区规定执行。如阅览室属于"静区",应有较安静的环境,避免噪声特别是交通噪声的干扰。

9.2.6 社区图书馆的主要阅览室特别是少年儿童和老龄阅览室应有良好的日照,并应充分利用自然通风和天然采光。社区图书馆的人工照明标准,应符合 GB 50034—2004 的规定。除正常的人工照明外还应设应急照明和值班照明。阅览区照明宜分区控制。

9.2.7 社区图书馆的文献资料防护应符合 JGJ38—99 的规定,设置必要的通风、空调、除湿设备,有条件的宜设空气调节和净化设施。

9.2.8 社区图书馆的建筑防火应遵守国家现行的建筑设计防火规范和有关技术标准。根据 JGJ 38—99 的规定确定耐火等级、防火防烟分区,针对图书馆的特点设计建筑构造、配置消防设施,设置安全疏散出口。

9.2.9 社区图书馆应设室内外给水、排水系统和消防给水系统,以及相应的设施和设备。给排水管道不得穿过书库及藏阅合一的阅览室。

9.3 设施设备管理

社区图书馆应制定设施设备管理制度,确保设施设备的正常运行。

10 人财物保障

10.1 人员保障

10.1.1 人员数量

社区图书馆必须配备专职工作人员,并根据需要配备一定数量的兼职人员。

10.1.2 人员学历要求

社区图书馆的专职工作人员应具有大专以上学历,兼职工作人员应具有高中以上学历;社区图书馆的工作人员应具有办好社区图书馆的责任心;新任职人员需经过上级图书馆的业务指导或培训。

10.1.3 稳定性要求

应保持社区图书馆工作人员队伍的稳定。

10.1.4 人员管理

应在保持专职人员队伍稳定的前提下,推行聘任制度,依照"公开、公平、公正"的原则择优聘用,实行岗位责任制。

10.2 经费保障

包括人员工资、文献购置、网络通信、阅读推广及宣传、设备维护与更新、馆员学习培训、日常办公开支等项目。文献购置费实行专款专用。

10.3 文献信息资源保障

10.3.1 馆藏数量

表3 社区图书馆馆藏数量要求

图书(册)	3000—45 000
期刊(种)	20—200
报纸(种)	10—100
电子音像制品(种)	50—500
注:馆藏数量的多少以服务人口的数量按比例控制	

10.3.2 文献类型

10.3.2.1 社区图书馆除了需要收集纸质文献,也应该收集数字文献。

10.3.2.2 社区图书馆在信息种类上应重视纸质文献的收藏,在内容需求上注重对实用知识类信息和文化娱乐类信息的收藏,同时应根据所在社区读者的特点有针对性地进行地方文献收集工作。

10.3.2.3 采购数量及新增藏量:图书采购复本以2—3册为宜,年新增应达到每百人0.4册以上;保证期刊、报纸等资料的连续性。

11 管理

11.1 设置、撤销及变更的审核与登记

11.1.1 新建、改建和扩建社区图书馆,其设计方案应当报相应的文化主管部门备案。

11.1.2 社区图书馆应当自设置之日起30日内,向相应的文化主管部门办理设置登记手续。社区图书馆的合并、分立、撤销或者变更馆址、馆名的,应当向相应的文化主管部门办理审批登记手续。

11.1.3 社区图书馆的馆舍必须严格管理和保护,禁止随意占用。确需占用的,应当向相应的文化主管部门提出申请,文化主管部门自受理申请之日起15日内做出审批决定。禁止在社区图书馆内设置营业性文化娱乐场所。

11.2 规章制度

社区图书馆应加强规章制度建设,宜制定如下管理规范:《图书室借阅规则》《图书室图书外借规则》《图书室阅览规则》《书刊丢失、污损赔偿办法》《图书室图书分类细则》《公共电子阅览室管理制度》等。

11.3 档案管理

社区图书馆应加强档案管理,及时收集、整理在业务活动中形成的具有保存价值的文件资料。包括:年度报告(计划与总结)、业务统计数据、读者活动材料、人员考核档案、参考咨询档案等。

乡镇图书馆管理规范(草案)*

1 适用范围

本标准规范了乡镇图书馆设置与建设、馆藏文献资源管理、服务管理、信息化管理、绩效管理等业务工作。

本标准适用于乡镇图书馆。街道图书馆(室)、村图书馆(室)、社区图书馆(室)可参照使用。

2 规范性引用文件

下列文件对于本标准的应用是必不可少的。凡注明日期的引用文件,仅所注日期的版本适用于本文件。凡未注日期的引用文件,其最新版本适用于本文件。

GB 28007—2011 儿童家具通用技术条件

GB/T 28220—2011 公共图书馆服务规范

建标 108—2008 公共图书馆建设标准

建标〔2008〕74 号 公共图书馆建设用地指标

JGJ 38—1999 图书馆建筑设计规范

WH 0502—96 公共图书馆建筑防火安全技术标准

3 术语和定义

下列术语和定义适用于本文件。

3.1

乡镇 township

较小的市镇。

注:来源自《现代汉语词典》(第5版)2005年。

3.2

乡镇图书馆 township library

由乡镇政府投资兴办的、向所辖乡镇公众开放的图书馆,是具有文献信息资源收集、整理、存储、传播和服务等功能的公益性公共文化与社会教育设施。

注:改自 GB/T 28220—2011《公共图书馆服务规范》术语和定义3.1。

3.3

服务人口 service population

---

* 本标准主要起草人:胡明超、陈卫东、师丽梅、肖焕忠。

指乡镇图书馆所在行政区域的常住人口。

注:改自建标108—2008《公共图书馆建设标准》第十条。

3.4

资源管理　resources management

乡镇图书馆在开展服务过程中对所拥有的物力、财力、人力等各种物质要素进行有效管理,主要包含对馆舍建筑、设备设施、人力资源、文献资源和经费资源等的管理。

注:改自GB/T 28220—2011《公共图书馆服务规范》术语和定义3.3。

4　总则

4.1　本标准是政府新建、改建、扩建乡镇图书馆的依据,是乡镇图书馆开展各项业务及服务工作的规范。

4.2　乡镇图书馆是公共文化服务基础设施,其建设主体是乡镇人民政府及其上级县(区)人民政府。乡镇图书馆建设应纳入国家公共图书馆事业发展规划与管理范畴,纳入当地经济和社会发展的总体规划。

4.3　乡镇图书馆应逐步发展为县(区)图书馆的分馆,共享县(区)图书馆的技术资源和文献资源,开展联合服务;同时应对本行政区域内的农家书屋、村级图书馆等进行业务指导。

5　设置与建设

5.1　建设主体

乡镇图书馆一般由地方政府主办,亦鼓励采用公共图书馆开设乡镇分馆、乡镇内企事业单位共建等多种类型创办。

5.2　选址

乡镇图书馆宜设置于人口集中、交通便利的中心区域,与其他机构合并建设时宜自成一体,并设有独立出入口,方便读者利用。

5.3　规模

乡镇图书馆的建设规模,以服务人口数量为基本依据,参照建标108—2008《公共图书馆建设标准》,按千人面积、人均藏书量、千人阅览座位等指标确定馆舍面积、藏书量和阅览座位(见表1)。

表1　乡镇图书馆馆舍面积、藏书量及阅览座位数量控制指标

服务人口（万人）	馆舍面积		藏书量		总阅览座位	
	千人面积指标（m²/千人）	馆舍面积控制指标(m²)	人均藏书（册、件/人）	总藏量（万册、件）	千人阅览座位（座/千人）	总阅览座位（座）
1—3	27	300—800	1.5—1.0	1.5—3	3.0	30—90
0—1	27	300	1.5	1.5	3.0	30

5.4　功能设置

5.4.1　乡镇图书馆须充分保证读者阅览空间,基本布局应包括藏书区、阅览区、电子阅览区、少年儿童阅览区及文化交流空间。

5.4.2　乡镇图书馆的场地应包括人员集散场地、道路、停车场、绿化用地等。

5.5　设置、撤销与变更的审核与登记

5.5.1　新建、改建、扩建乡镇图书馆,其设计方案应当组织相关领域专家进行论证,并报县(区)文化行政管理部门备案。

5.5.2　乡镇图书馆应当自设置之日起30日内,向县(区)文化行政管理部门办理登记手续。乡镇图书馆的关闭、撤销或者变更馆址、馆名的,应当向县(区)文化行政管理部门办理审批登记手续。

5.5.3　乡镇图书馆的馆舍必须严格管理和保护,禁止随意占用。确需占用的,应当向县(区)文化行政主管部门提出申请,文化主管部门自受理申请之日起15日内做出审批决定。禁止在社区图书馆内设置营业性文化娱乐场所。

6　设施设备管理

6.1　建筑设备

乡镇图书馆的建筑设备包括给排水设备、暖通空调、照明系统、消防设备、通信设备、网络设备等,各项设备均应根据其建设规模、环境要求和功能需求合理配置,并符合JGJ 38—1999《图书馆建筑设计规范》的规定。

6.2　专业家具设备

乡镇图书馆的专业设备包括书架、刊架、报架、书车、阅览桌椅、服务台、书刊防盗设备等。用于儿童阅览区的设备应符合儿童特点,并符合GB 28007—2011的规定。

6.3　技术设备

乡镇图书馆的技术设备应包括电子计算机及相关外部设备、声像视听设备、文献复印设备、自助借还设备及其他设备。

6.4　运营管理

乡镇图书馆应制定相应的设施设备管理制度,确保设施设备的正常运行。

7　人员管理

7.1　人员数量

乡镇图书馆应配备与其职能相适应的工作人员。工作人员的数量应以所服务人口数、馆舍规模、馆藏资源数量为依据,兼顾服务时间和年度读者服务量等因素确定,专职人员应不少于2人。

7.2　专业要求

乡镇图书馆工作人员应具备相应的专业知识与技能。馆长应具备助理馆员或以上专业技术职务任职资格,或具有图书馆学(或图书情报专业)大专以上学历,或具有3年以上图书馆工作经验;其他工作人员应具备高中或以上学历,须经过县(区)级以上图书馆专业技术培训,培训课时不少于220学时并成绩合格。

7.3　管理机制

乡镇图书馆应在保持人员队伍相对稳定的前提下,逐步建立健全人员聘用制度,依照"公开、公平、公正"的原则择优聘用,实行岗位责任制。

7.4 绩效考核

乡镇图书馆应建立绩效管理制度,对员工进行年度考核,考核结果与任用、奖惩挂钩,并作为续聘、解聘、奖惩的依据。

7.5 业务培训与继续教育

乡镇图书馆应有计划地组织实施在岗培训工作。工作人员每年参加继续教育学习应不少于24学时,有条件的地区可按照专业人员继续教育要求执行。

7.6 志愿者

乡镇图书馆应导入志愿者服务机制,通过不断的招募、甄选和培训工作,逐步建立稳定的图书馆服务志愿者队伍。

8 经费管理

8.1 日常运营经费

乡镇图书馆日常运营经费应包括人员工资、文献购置、网络通信、阅读推广及宣传、设备维护与更新、馆员学习培训、日常办公开支等项目。

8.2 文献购置费

乡镇图书馆文献购置费实行专款专用,年文献购置费按常住人口计算应不低于人均0.14元。文献购置经费应与财政收入的增长同步增加。

8.3 经费管理与使用

乡镇图书馆应建立严格的财务管理制度,做好年度经费预算,规范经费开支。

9 文献资源管理

9.1 文献采访原则

乡镇图书馆文献信息资源建设应符合本地经济、文化、社会发展需要,以满足当地居民基本阅读需求为首要原则,同时兼顾本地特色,注重地方文献的搜集保存。

9.2 总藏量

乡镇图书馆总藏量不低于1.5万册,人均馆藏不低于1.5册。儿童文献占总藏量的比例应不低于30%。

9.3 文献采购数量指标

乡镇图书馆文献复本不超过2册,人均年新增藏量不少于0.004册,年报刊订阅量不少于80种。

9.4 知识产权保护

乡镇图书馆文献采购应符合国家知识产权法的规定。

9.5 文献编目加工规范

乡镇图书馆文献资源入藏应履行查重、验收、编目、加工、典藏等程序,文献分编、加工应符合相关业务规范的要求,充分利用网上联机编目数据,并配合县(区)图书馆开展统采统编工作,逐步实现资源共享。

9.6 文献加工处理时间

乡镇图书馆应提高文献加工效率,缩短文献加工时间;报纸当天上架,期刊2个工作日内上架,图书和视听资料5个工作日内上架。

9.7　文献剔旧

乡镇图书馆应当定期做好馆藏文献的清点、剔除工作。剔除文献要按照固定资产管理要求进行登记、报批。

9.8　文献组织及要求

乡镇图书馆应实行开架服务,书刊文献应按《中国图书馆分类法》分类号顺序排列,并将新书(指到馆三个月以内的图书)单列书架,保持架位整齐和分类指引标识清晰,图书排架正确率控制在95%以上。

注:新书,指到馆三个月以内的图书。

9.9　文献保护

乡镇图书馆应建立健全书库管理制度,做好防盗、防尘、防潮、防虫等文献信息资源的存储和保护工作。

10　信息化管理

10.1　计算机设备

乡镇图书馆应配备一定数量的计算机设备,保证图书馆业务工作需要与读者电子阅览需求,全面实现图书馆业务自动化管理,不断提高图书馆服务的网络化、信息化水平。

10.2　网络化建设

乡镇图书馆应建设与馆舍规模相适应的内部局域网并具备相应的网络接入条件,网络带宽应不小于2兆;乡镇图书馆信息节点数量应能够适应业务管理与读者服务工作的需要。有条件的可提供互联网无线网络接入服务。

10.3　自动化管理与应用

乡镇图书馆应采用图书馆业务自动化管理系统开展各项工作,包括提供书目信息查询、读者证办理及文献流通等服务;为了实现文献信息资源的共建共享与联合服务,自动化管理系统软件宜与上一级公共图书馆保持一致,或通过互联网直接使用所属县(区)图书馆自动化管理平台。

10.4　电子阅览与文化信息共享工程

乡镇图书馆应依托全国文化信息资源共享工程,通过共享工程基层服务点建设,逐步建立公共电子阅览室,开展数字资源服务,培养辖区居民的信息素养。

10.5　信息安全

乡镇图书馆应加强计算机网络及信息安全管理,做好日常数据备份工作。

11　读者工作与服务管理

11.1　服务对象及培训

乡镇图书馆服务对象包括所有公众,应关注和满足辖区内特殊人群及偏远地区居民的阅读需求,积极开展读者教育和培训工作。

11.2　服务原则及要求

乡镇图书馆应按照 WH/T XXX《乡镇图书馆服务规范》的要求,本着以人为本的原则,通过免费、便捷的服务,充分满足辖区公众对文献信息及相关文化活动的基本需求。

11.3 服务管理与规则

乡镇图书馆应建立完善的读者服务规则及业务管理制度,并将服务范围、服务内容及时间、服务公约、借阅规则、读者须知和服务承诺等基本服务信息对外公示。

11.4 阅读推广活动

乡镇图书馆应自主组织并积极配合县(区)图书馆开展各种形式的阅读推广活动,通过讲座、展览等群众性读书活动吸引读者进馆阅读。

11.5 隐私保护

乡镇图书馆应建立读者管理制度,做好读者个人信息保护工作。

12 统计与评估

12.1 乡镇图书馆应参照 WH/T XXX《乡镇图书馆统计指南》做好基本业务数据统计,为基础建设与服务的高质量、规范化、标准化提供依据。

12.2 乡镇图书馆应参照 WH/T XXX《乡镇图书馆评估指南》建立自身绩效考评机制,参照公共图书馆评估细则,从办馆条件、基础业务建设、读者服务工作、业务辅导、协作协调、管理、奖励等方面,对乡镇图书馆的信息资源、信息服务质量、信息化管理、读者满意度等进行评估,以提高办馆效益。

13 档案管理

乡镇图书馆应加强业务档案管理,及时收集、整理在业务活动中形成的具有保存价值的文件材料。业务档案包括:年度报告(计划与总结)、业务统计数据、读者活动材料、人员考核档案、参考咨询档案等。

14 应急管理

乡镇图书馆严格执行 WH 0502—96《公共图书馆建筑防火安全技术标准》及相关法律法规的规定,建立、健全消防安全规章制度,制定消防安全应急预案,定期开展消防安全教育和消防安全检查,确保图书馆文献资源、办馆设施及进馆读者人身财产安全。

乡镇图书馆服务规范(草案)*

1 范围

本标准规定了乡镇图书馆的服务效能、服务宣传以及服务监督与反馈等内容。

本标准适用于乡镇图书馆。街道图书馆(室)、村图书馆(室)、社区图书馆(室)可参照使用。

2 规范性引用文件

下列文件对于本文件的应用是必不可少的。凡是注明日期的引用文件,仅注日期的版本

---

* 本标准主要起草人:王效良、金晓明。

适用于本文件,凡是未注日期的引用文件,其最新版本(包括所有的修改单)适用于本文件。

　　GB/T 10001.1　标识用公共信息图形符号第 1 部分:通用符号

　　GB/T 28220—2011　公共图书馆服务规范

3　术语和定义

下列术语和定义适用于本文件。

3.1

乡镇 township

较小的市镇。

注:来源自《现代汉语词典》(第 5 版)2005 年。

3.2

乡镇图书馆 township library

由乡镇政府投资兴办的、向所辖乡镇公众开放的图书馆,是具有文献信息资源收集、整理、存储、传播和服务等功能的公益性公共文化与社会教育设施。

注:改自 GB/T 2820—2011《公共图书馆服务规范》术语和定义 3.1。

3.3

乡镇图书馆服务 township library service

乡镇图书馆通过各类资源和自身专业能力满足乡镇居民日益增长的对知识、信息及相关文化活动需求的工作。

3.4

易读资料 readable

容易被阅读的,有参考价值、内容有趣并以某种为大部分读者所理解的风格写作的阅读材料。

4　总则

　　4.1　乡镇图书馆履行政府在乡村推行社会教育和文化传播的职能。乡镇图书馆是公共文化服务体系的重要组成部分,其基本服务应当免费。

　　4.2　乡镇图书馆从人本理念出发,通过各种手段、方式为公众提供有效、快捷、温馨和尽可能完善的图书馆服务。乡镇图书馆应根据当地经济社会发展和公众需求,有针对性地确定阶段性服务方针,以取得良好的社会效益。

　　4.3　乡镇图书馆围绕“农业、农村、农民”开展服务,统筹兼顾乡镇教育、文化、农技、经济、法律、医疗等各方面社会资源,促进服务的全面协调可持续发展。

　　4.4　乡镇图书馆服务对象包括本地所有居民。应当特别关注培养少年儿童的阅读习惯,满足残疾人、老年人和其他读者的文献信息需求。

5　服务效能

5.1　服务时间

　　乡镇图书馆每周开放时间应不少于 42 小时,双休日应对外开放。乡镇图书馆日常开放应根据农村实际注重下午和晚间时段,尤其是晚间开放须成为常态。

5.2 文献借阅服务

5.2.1 馆内文献阅览

乡镇图书馆内应设置完全开放、温馨舒适、安静安全、光照明亮、取读便利的阅读环境,提供合适的书报刊供读者馆内阅读。少年儿童读者基于年龄特点,应有单独设置的阅读环境。

5.2.2 文献借阅

乡镇图书馆在全开架环境下由读者自行选择准备外借的文献(包括电子文献)。借阅手续应简便可靠,尽量通过图书馆管理系统进行。在有条件的地方应向不同弱势群体分别提供易读资料、婴幼儿图书、盲文文献和诵读有声资料等对应的文献种类。

乡镇图书馆应通过文献资源馆际共享的多种方式,满足读者的文献阅读需求。有条件的地方可利用互联网、电子邮件、邮递等方式开展文献传递服务。

乡镇图书馆年接待进馆读者数量按常住人口计算应不低于0.3次/人,年外借书刊数量不低于0.2册/人。

5.2.3 阅读辅导

乡镇图书馆应在读者中组织书评、读物推荐、知识竞赛、辅导讲座等各类阅读活动,并应配合当地教育机构推动和深化少年儿童的课外阅读。有条件的地方可制作、发布书刊提要、书目和期刊索引等推介资料,以充分体现图书馆的阅读指导功能。

5.3 参考咨询服务

乡镇图书馆应提供文献咨询服务,解答读者有关阅读方面的咨询,指导和帮助读者查找书刊资料。有条件的地方可针对读者需求编辑专门问题解答、专题信息收集等二次文献。

乡镇图书馆与乡镇各职能部门和单位应密切合作,拓宽信息渠道,尽力满足农业生产、农村建设和农民发展的各类文献信息需求。

5.4 流动服务

乡镇图书馆应通过设立流动站、馆外服务点等形式,将文献外借服务和其他图书馆服务向农村偏远地区延伸,定期开展巡回流动服务。

5.5 电子文献及网络服务

乡镇图书馆应发挥计算机等数字化信息工具的作用,开展电子文献检索和阅读、视频音频欣赏等数字化信息服务和网络检索、咨询、阅读以及网络通信等远程网络信息服务。有条件的地方可利用网络条件试行远程教育、信息用户培训等教育强化工作。

5.6 个性化服务

乡镇图书馆应因地制宜向个人、群体、机构提供多样化的、灵活的、有针对性的文献信息服务(包括上门服务),尤其应关注特殊人群中的个性化需求。

5.7 文化科学普及服务

在阅读服务之外,乡镇图书馆要充分利用社会和自身资源,采用培训、讲座、展览、社团活动、视频资料放映以及艺术活动、科普实践等农村公众喜闻乐见的形式开展各类知识的学习实践和社会主义价值观念的传播。活动中应积极提倡读者的参与互动。

5.8 阅读推广服务

对于尚未有阅读要求的人群,乡镇图书馆应从他们现实的文化状况出发,制定较长期的阅读培养计划,针对各类人群形成不同方案实施阅读推广和普及。必要时应与社会力量合作,先行开展扫盲工作。

5.9　公共信息服务

乡镇图书馆应采用各种形式收集、链接各类适用、有效、实时的公共信息和数据提供给本地公众使用。有条件的地方可以建立实用信息导航系统。

乡镇图书馆作为所在县区、乡镇政府信息公开的重要查阅点,也可将信息公开范围扩展至省市政府。

5.10　地方文献服务

乡镇图书馆应积极参与当地地方文化建设。在收集整理地方文献的同时,应在读者和当地居民中开展对于地方文化遗产的认识和普及,尤其应重视在少年儿童人群中宣传推广。

5.11　指导村级图书馆(室)

对于乡镇范围内具有公益服务性质的村级图书馆(室)、农家书屋、民办公益图书馆(室),乡镇图书馆应主动为其提供业务指导和帮助。

5.12　服务效率

5.12.1　借阅册次与借阅人次的增长

乡镇图书馆应不断调整馆藏结构和书刊种类,加强宣传,并制定有针对性的服务策略,以保持借阅册次与借阅人数的增长。

5.12.2　人均借阅量的增长

人均借阅量根据有效持证读者和服务人口总数,计算已外借文献册次占有效持证读者总数和服务人口总数的比例。乡镇图书馆应依照馆藏文献量和读者需求适时调整外借册数、借期等流通规则,逐步提高人均借阅量。

6　服务宣传

6.1　导引标识

乡镇图书馆导引标识系统应使用标准化的文字和图形建立,公共信息标识应采用国家标准 GB/T 10001.1《标识用公共信息图形符号第 1 部分:通用符号》。

乡镇图书馆应在馆舍建筑外竖立明显的导向标识,并在各功能区域入口处明确展示该区域的功能标识。

乡镇图书馆须在书刊集中展示区域设置书刊分类排架标识。

乡镇图书馆应设置无障碍设施的专用标识。

6.2　服务告示

乡镇图书馆的服务范围、服务内容及时间、服务公约、借阅规则、读者须知和服务承诺等基本服务政策应在馆内醒目位置以及相应网站的相关栏目向读者公示,其他服务政策和各类服务信息均应通过各种有效途径告知读者,以方便读者查询。

因故须暂时闭馆,须向上级管理部门报告并取得同意后,提前三天向读者公告。如遇公共安全等突发事件须临时闭馆或关闭部分区域、暂停部分服务的,应及时向读者公告。

6.3　馆藏揭示

乡镇图书馆应通过宣传栏、宣传橱窗、宣传资料、专门展示、网站等方式向公众揭示、推介最新馆藏、重要馆藏和特色馆藏。

6.4 业务宣传

乡镇图书馆要运用各种手段开展服务特色和服务成果的宣传和展示,以扩大图书馆的社会影响,吸引更多公众利用图书馆。

7 服务监督与反馈

7.1 服务监督途径与方法

乡镇图书馆应在馆舍显著位置设立读者意见箱,开通监督投诉渠道,定期召开读者座谈会,设立公众监督员,认真对待、正确处理来自读者的意见和投诉,及时回复并整改落实。

7.2 读者满意度调查

乡镇图书馆每年应进行一次读者满意度调查,调查表的发放应不少于 70 份,回收率不低于70%。乡镇图书馆的读者满意度应在70%(含)以上。

乡镇图书馆应对回收的读者满意度调查表进行分析,针对薄弱环节提出整改意见。调查数据应系统整理,存档保留。

7.3 读者需求与行为分析

乡镇图书馆应根据当地经济、社会、文化的发展状态和发展要求,分析读者群体及其阅读需求的变化,及时调整和改进服务工作。

7.4 服务档案

乡镇图书馆应实行严格的借阅和咨询登记制度,保证实时统计数据的完整和准确。对借阅和咨询之外的各服务项目,乡镇图书馆也宜建立服务档案,对项目内容、过程和成果进行实录和统计。原始统计数据和实物依据保存期限至少一年。

附录 A
(资料性附录)
乡镇图书馆借阅登记表

借书证号	性别	年龄	书名	职业	借期	还期	备注

附录 B
（资料性附录）
乡镇图书馆参考咨询登记表

读者姓名	咨询类别	咨询内容	解决途径	答复形式	答复效果	咨询员	备注

社区图书馆服务指南(草案)*

1　范围

本标准规定社区图书馆服务资源、服务效能、服务宣传以及服务反馈与监督等内容。

本标准适用于政府兴办的城市社区图书馆。城市街道图书馆、街道综合文化站图书室、城市公益性私人图书馆以及公共图书馆基层服务点可参照执行。

2　规范性引用文件

下列文件对于本文件的应用是必不可少的。凡是注明日期的引用文件,仅注该日期的版本适用于本文件。凡是不注明日期的引用文件,其最新版本(包括所有的修改单)适用于本文件。

GB/T 10001.1　标识用公共信息图形符号第 1 部分:通用符号

GB/T 28220—2011　公共图书馆服务规范

WH/T XX　社区图书馆建设指南

IFLA　公共图书馆服务发展指南(中文版)2002 年,国际图联/联合国教科文组织

3　术语和定义

下列术语和定义适用于本文件。

3.1

社区 community

社区是以某种特征划分的居住区。它包括地域和人文两个方面的概念,泛指聚居在一定地域范围内的人们所组织的社会生活共同体。

---

* 本标准主要起草人:关燕云、郭斌、富平、齐金薇、阎峥、周生浩、吴喜文、陈剑虹、肖楠。

3.2

社区图书馆 community library

为一定地域内的所有居民提供服务,并具有公益性、教育性、休闲性等特征的文献信息集散场所与公益性文化服务机构。是由各级人民政府投资兴办或由社会力量捐资兴办的,面向社会公众开放的基层图书馆。

3.3

社区图书馆服务 community library service

社区图书馆通过各类资源和自身专业能力满足社区居民日益增长的对知识、信息及相关文化活动需求的工作。

3.4

服务人口 service population

社区图书馆服务范围内的常住人口。

4 总则

4.1 社区图书馆的服务目标是以本社区所有居民为服务对象,充分利用各类资源,采用各种便民的服务方式,满足公众对文献、信息、知识及精神文化方面的需求。社区图书馆是公共文化设施,其基本服务应该免费。

4.2 社区图书馆应该树立"以人为本、用户至上"的服务宗旨,为所有居民提供便捷、温馨、灵活、多样并具有本社区特色的优质高效的服务。

4.3 社区图书馆服务的基本原则是公益、公平、均衡。应提供面向社区所有居民的服务,并为残障人士、老年人、病人、进城务工人员、外籍人士等提供方便的服务。

5 服务资源

服务资源是社区图书馆在开展服务过程中所拥有的物力、财力、人力等各种物质要素。

社区图书馆在开展服务中所涉及的硬件资源、经费资源、人力资源、文献资源参照 WH/T XX《社区图书馆建设指南》执行。

6 服务效能

6.1 服务时间

社区图书馆每周的开放时间应不少于 42 小时,国家法定节假日应对外开放,但可以适当调整开放借阅时间。

6.2 文献借阅

社区图书馆实行文献开架借阅。按照《中国图书馆图书分类法》分类体系排架,随时整架、顺架,保证架上图书有序整齐。

6.3 电子文献服务

社区图书馆应充分利用电子文献,积极宣传和辅导社区居民使用电子文献,提高电子文献的利用率。

6.4 参考咨询服务

社区图书馆应通过自身努力和借助各种渠道,面对读者需求做好专门问题解答、专题信息收集、书刊资料的代查和专题参考资料书目的编辑工作。

6.5　网络服务

社区图书馆应为社区居民提供信息查询、在线学习、网络交流等服务。

6.6　个性化服务

社区图书馆应针对读者需求,为各类读者提供灵活、多样的个性化服务。

6.6.1　少年儿童服务

应使社区图书馆成为少年儿童校外活动的重要场所;同时,应将服务对象延伸到婴幼儿,通过图书资料和各种活动(如早期教育、亲子阅读等),从小培养阅读兴趣和阅读习惯。

6.6.2　老年人服务

应使社区图书馆成为老年人活动的重要场所,通过图书资料和学习、娱乐、休闲、交流等多种途径(如各类培训、心理咨询等),提供适合老年人的各项服务及专用服务设施用品,如放大镜、大字体书报刊等。

6.6.3　特殊人群服务

社区图书馆应了解本社区特殊群体的需求,有针对性地提供上门服务、电话服务、网络在线服务等。

6.7　阅读推广服务

社区图书馆应依据本社区居民的实际情况,分析各类人群的潜在阅读需求,通过媒体、网站、手机、宣传资料(介绍社区图书馆的小册子)、有效的室内外标志、书市活动、图书馆宣传周、宣传栏、展览等各种途径和方式,开展阅读推广工作,邀请、吸引居民前来参与和互动。必要时应与社会力量合作开展。

6.8　信息素养教育

社区图书馆应为读者提供使用图书馆、利用计算机、培养业余爱好等各种教育培训,根据需求有针对性地举办各种讲座,促进居民终生学习,提高社区居民信息素养和文化素质。

6.9　服务效率

6.9.1　文献上架时间

社区图书馆要尽量缩短文献加工处理时间;报纸、期刊到馆当天上架,图书及其他文献3个工作日内上架,及时供读者借阅。

6.9.2　持证率

发放阅览外借证总数占总服务人口的比例不低于30%。

6.9.3　人均流通册次

人均流通册数不低于2册/年。

6.9.4　人均图书馆访问量

持证读者到馆与网络访问量不低于5次/人年。

6.9.5　组织读者活动次数

组织读者活动(含读书会、报告会、读者辅导班等,不含咨询、个别辅导、培训班)不少于2次/年。

6.10　公共信息服务

社区图书馆应采用各种形式收集、链接各类适用、有效、实时的公共信息和数据,提供给本社区公众适用。有条件的地方可以建立实用信息导航系统。

7　服务宣传

7.1　导引标识

社区图书馆的导引标识系统应使用标准化的文字和图形,公共信息标识应采用国家标准 GB/T 10001.1,根据需求可采用双语或多语言对照。

社区图书馆应在馆舍建筑外及馆内入口处竖立明显的导向标识,在馆内设立醒目的布局功能标识,在书刊借阅区设置清晰的文献分类排架标识。

社区图书馆应在馆内外设立无障碍设施的专用标识。

7.2　服务告示

社区图书馆的服务范围、服务内容、服务时间、服务公约、读者须知、借阅(使用)规则以及服务承诺等基本服务信息应在馆内醒目位置和社区图书馆网站的相关栏目上向读者公示,其他各类服务的相关信息应通过各种有效途径及时告知读者,并方便读者查询。

因故须暂时闭馆,须向上级管理部门报告并取得同意后,提前三天向读者公告。如遇公共安全等突发事件须临时闭馆或关闭部分区域、暂停部分服务的,应及时向读者公告。

7.3　馆藏揭示

社区图书馆应借助计算机与书目检索系统,将不同载体的馆藏文献目录向读者揭示,提供题名、著者、主题等检索途径,方便读者查询。

社区图书馆应通过网站、宣传资料、专题展览等方式向居民推介新书、最新馆藏和特色馆藏。

8　服务监督与反馈

8.1　服务监督途径与方法

社区图书馆应在馆舍显著位置设立读者意见箱或意见簿,公开监督电话,开通监督投诉渠道,定期召开读者座谈会,发放读者调查表,组建社会监督员队伍,认真对待并正确处理来自读者的意见及投诉,在5个工作日内回复并及时整改落实。

8.2　服务评价与反馈

社区图书馆应采取与社区居民互动的方式定期对服务工作进行评价。

附录 A
（资料性附录）
读者活动统计表

序号	活动负责厅室	时间	地点	主讲人姓名	主讲人资历	活动内容	参加人数	所属系列	备注

附录 B
（资料性附录）
检索咨询登记表

年　月　日

读者姓名		证件号		年龄	
文化程度		职务职称		性别	
工作单位					
通讯地址					
联系电话			邮编		
检索咨询类型	图书(　)报刊(　)网络(　)视听文献(　)其他(　　)				
咨询内容					
咨询信息载体名称					
答复办理咨询情况	读者满意(　　)		不满意(　　)		
	已查到(　　)		未查到(　　)		
	说明：				
读者签字：			工作人员签字：		

附录 C
（资料性附录）
读者活动登记表

主办活动部门	
协办单位或部门	
读者活动名称	
主讲人及其职务	
开展活动时间	
开展活动地点	
参加活动人数	
活动内容摘要	

附录 D

（资料性附录）

电子阅览室上机登记单

日期	读者证号	机号	上机时间	小时	备注

附录 E
（资料性附录）
课题服务登记表

读者姓名:		工作单位:		
职务（职称）:		电话:		时间:
课题服务项目:				
课题服务摘要:				
文献检索数量:				
课题成果:				
课题完成者:			读者签字:	

注:附课题服务详细报告

乡镇图书馆统计指南(草案)*

1　范围

本标准针对乡镇图书馆业务特点,规定了乡镇图书馆业务统计的各项指标的定义,并对各项指标统计的要求做出明确规定。

本标准适用于乡镇图书馆。街道图书馆(室)、村图书馆(室)、社区图书馆(室)可参照使用。

2　规范性引用文件

下列文件对于本文件的应用是必不可少的。凡是注明日期的引用文件,仅注日期的版本适用于本文件。凡是不注日期的引用文件,其最新版本(包括所有的修改单)适用于本文件。

GB/T 13191—2009　信息与文献——图书馆统计

建标 108—2008　公共图书馆建设标准

ISO 11620:2003　信息与文献——图书馆绩效指标

ISO/TR 20983:2003(E)　信息与文献——电子图书馆服务绩效指标

3　术语和定义

下列术语和定义适用于本文件。

3.1

乡镇 township

较小的市镇。

注:来源自《现代汉语词典》(第5版)2005年。

3.2

乡镇图书馆　Township Library

由乡镇政府投资兴办的、向所辖乡镇公众开放的图书馆,是具有文献信息资源收集、整理、存储、传播和服务等功能的公益性公共文化与社会教育设施。

注:改自 GB/T 2820—2011《公共图书馆服务规范》术语和定义3.1。

3.3

图书馆统计　Library Statistics

对图书馆实行计量化管理的主要途径和手段。其任务是对图书馆工作和图书馆事业进行调查、统计和分析,提供统计资料,制订数量指标,实行统计监督,研究图书馆统计方法,对图书馆各项工作进行评价。

＊　本标准主要起草人:谢林、万行明、解虹、陈茹、田颖、贺定安、万群华、徐力文。

4 统计数据的报告

4.1 数据涉及的时间周期

统计跨越的时间周期应清晰陈述,通常以一年为一个统计周期。其中所要求的总数(如人员、馆藏文献总量等),一般指报告周期结束时的数据。

4.2 抽样估算的数据

在数据不能通过计算机系统自动采集,或采集某一数据周期时间过长的情况下,本标准允许采用抽样方法,但应说明统计取样的方法。

5 统计数据收集

5.1 基础设施

5.1.1 馆舍建筑面积

馆舍面积,以乡镇(街道)提供给图书馆的专用面积为依据,不含租赁或与其他文化机构合用的面积,不含正在改扩建、尚未竣工的面积。以"平方米"为单位统计,需要统计以下四项:

a)馆舍建筑面积;

b)阅览室总面积;

c)书刊阅览室面积;

d)电子阅览室(区)面积。

5.1.2 阅览座席数

阅览室内可供读者坐阅的座位数,含多媒体视听室座席、电子阅览室座席、少儿阅览室座席数,但不含公共活动场所供读者休息、等候的座椅。以"个"为单位统计,需要统计以下二项:

a)阅览座席数;

b)少儿阅览室(区)座席数。

单独的少年儿童活动空间,参照建标108—2008《公共图书馆建设标准》的相关规定,按1.8—2.3平方米/座折算阅览座席数量。

5.1.3 书架单层总长度

按照书架每个单层逐面计算(不含办公用书架),可供读者借阅图书的所有书架单层长度的总和。以"米"为单位统计。

5.2 现代化技术设备

5.2.1 计算机数量

可供读者和工作人员正常使用的计算机数量(不含已报废的数量)。以"台"为单位统计。需要统计以下二项:

a)计算机数量;

b)电子阅览室(区)终端数。

5.2.2 其他设备数量

可供读者和工作人员正常使用的打印机、复印机、传真机、投影仪、摄影机等设备数量(不含已报废的数量)。以"台"为单位统计。

5.3　人员

5.3.1　人员数量

以在职人员为准,含兼职人员。以"人"为单位统计。需要统计以下三项:

a)人员数量;

b)专职人员数量;

c)兼职人员数量。

5.3.2　性别

以"人"为单位统计,需要统计以下二项:

a)"男性"数量;

b)"女性"数量。

5.3.3　学历

国家承认的正式学历,不含相当学历。以"人"为单位统计,需要统计以下二项:

a)大专及以上学历人员数量;

b)高中、中专及以下学历人员数量。

5.3.4　职称

高、中、初级专业技术职称结构状况。以"人"为单位统计,需要统计以下二项:

a)"中级及以上"职称人员数量;

b)"初级及以下"职称人员数量。

5.3.5　在职教育

含在职学历教育和各类业务培训等,以"学时/年"为单位统计。

5.4　经费

5.4.1　财政拨款

专指地方各级政府拨付给乡镇图书馆经费的总和,其一般来源为地方政府的财政收入,通常在拨款时明确规定了资金的用途。以"万元/年"为单位统计。需要统计以下二项:

a)财政拨款;

b)购书专项经费。

5.4.2　社会捐赠

专指捐赠人包括法人实体、自然人或其他组织自愿无偿向乡镇图书馆捐赠财产的总和(实物按折合后实际价值计)。以"万元/年"为单位统计。

5.4.3　新增藏量购置费

乡镇在图书馆新增图书、报刊、电子及缩微制品等文献藏品所用经费之和。以"万元/年"为单位统计。

5.4.4　重点文化工程运行维护费

主要包括共享工程运行所必需的电费、宽带租用费、设备维修费、人员培训费及移动服务交通费等。以"万元/年"为单位统计。

5.5　馆藏资源

5.5.1　总藏量

指本馆已入藏的图书(含古籍)、期刊和报纸合订本、小册子、手稿,以及缩微制品、录像带、录音带、光盘等视听文献资料数量之和,含电子文献。以"万册、件"为单位统计。

5.5.2　数字资源总量

含有关数字文化工程资源量及自建、外购并储存在本地的数字资源。以"TB"为单位统计。

5.5.3　图书年入藏量

年入藏的各种来源的中、外文图书(不含电子图书)数量,如采购、接受捐赠或调拨等。图书按题名计"种"(即丛书中的每一题名单独计"种",分散出版的多卷书各自计"种")。以"种"为单位统计。

5.5.4　报刊年入藏量

年入藏的各种来源的中、外文报纸、期刊(不含电子报刊)数量,如采购、接受捐赠或调拨等。报刊按题名计"种"(即丛刊中的每一分辑题名单独计"种"),以"种"为单位统计。

5.5.5　视听文献年入藏量

年入藏的各种来源的、不同载体(如录音带、录像带、DVD/VCD、CD唱片等)的视听文献数量,如采购、接受捐赠或调拨等。一个题名的成套视听文献,按其实际包含的各种载体的视听文献件数计。以"种"为单位统计。

5.6　开放时间

5.6.1　周开放时间

每周向读者开放服务时间的总和,以"小时"为单位统计。

5.6.2　年开放天数

全年向读者开放服务天数的总和,以"天"为单位统计。

5.7　服务工作

5.7.1　年到馆总人次

指当年在馆内阅览和借出书、刊、缩微制品、视听文献、电子文献等的读者人次(含自习、咨询的人次)。以"人次/年"为单位统计。

5.7.2　持证读者数

截至统计周期,在图书馆系统内注册的读者累计量。以"人"为单位统计。

5.7.3　年外借总册次

指本馆及馆外服务点借出书、刊、缩微制品、视听文献、电子文献等的数量之和。以"册次/年"为单位统计。

5.7.4　年馆外服务点借阅量

为读者提供借阅服务的馆外服务点外借册次。以"册次/年"为单位统计。

5.7.5　年网站访问量

指图书馆网站中所有网页(含文件及动态网页)被浏览的总次数,以"次/年"为单位统计。

5.7.6　年参考咨询服务量

指利用各类馆藏资源为用户提供参考咨询服务的次数,含为本地政府、重点教育、科研和企事业单位及社会公众提供的各类咨询服务。以"次/年"为单位统计。

5.8　重点文化工程服务

5.8.1　电子阅览人次

读者利用公共电子资源或数字资源(主要指电子图书和电子期刊),在馆内或馆外浏览使用网站电子资源的人次。以"万人次/年"为单位统计。

5.8.2　播放服务

利用全国文化信息资源共享工程资源及配发设备为群众播放电影、戏曲、科技片等的服务活动,需要统计以下二项:

a)播放场次:以"场次"为单位统计;

b)收看人次:以"人次"为单位统计。要求提供播放时间、地点、内容、播放照片及收看人次等统计材料。

5.9　社会教育活动

5.9.1　讲座

乡镇图书馆组织的以授课为基本表现,并向读者传授某方面知识、技巧,用以扩大读者知识视野、改善读者知识结构,提高其工作、生活技能的一种定期或不定期的阅读推广形式(含报告会)。需要统计以下二项:

a)讲座次数:以"次"为单位统计;

b)参加人次:以"人次"为单位统计。

5.9.2　展览

乡镇图书馆组织开展,以公开展示、陈列美术作品、书法作品、摄影作品、各类出版物或其他手工艺品、生产生活用品等,用以拓展读者知识视野、改善其知识结构的一种阅读推广活动形式。需要统计以下二项:

a)举办展览:以"个"为单位统计;

b)参观人次:以"人次"为单位统计。

5.9.3　读者培训

乡镇图书馆举办的以提高读者基本素质及利用图书馆能力方面的读者培训活动。需要统计以下二项:

a)举办培训:以"个"为单位统计;

b)培训人次:以"人次"为单位统计。

5.9.4　阅读推广活动

乡镇图书馆组织举办的除讲座、展览、培训之外的其他阅读推广活动,如读书征文、有奖知识竞赛、经典诗文朗读等以培养阅读兴趣、传授阅读方法、倡导全民读书为目的的活动。以"次"为单位统计。

附录 A

（资料性附录）
乡镇图书馆统计年报表

□□□□年度
制表机关：文化部
有效期：　年　月

01 单位代码□□□□□□□ – □□□□

02 单位名称(章)：

03 邮政编码	06 详细地址	07 登记注册类型	10 近十年有无重大维修	12 是否有少儿阅览室
□□□□□□			1. 有 □ 2. 无 □	1. 有 □ 2. 无 □
04 电话	_____街 （乡、镇） _____号	08 部门判别	11 活动状态	13 新报因素
□□□□ – □□ □□□□□□□ 区号 电话号		1. 文化部门 □ 2. 其他部门 □	正常活动 □ 暂停活动 □ 筹建 □ 撤销 □	连续上报 □ 新增单位 □ 上年应报未报 □ 报表类别改变 □
05 行业代码		09 主体建筑建成年份		
9031		_____年		

项目	代码	单位	指标	项目	代码	单位	指标
一、基础设施	14	—		五、文献资源	43	—	
1、馆舍建筑面积	15	平方米		1. 总藏量	44	万册、件	
阅览室总面积	16	平方米		2. 数字资源总量	45	TB	
其中 书刊阅览室面积	17	平方米		3. 图书年入藏量	46	种	
电子阅览室（区）面积	18	平方米		4. 报刊年入藏量	47	种	
2. 阅览座席数	19	平方米		5. 视听文献年入藏量	48	种	
少儿阅览室（区）座席数	20	个		六、开放时间	49	—	
3. 书架单层总长度	21	米		1. 周开放时间	50	小时	
二、现代化技术设备	22	—		2. 年开放天数	51	天	
1. 计算机数量	23	台		七、服务工作	52	—	
其中 电子阅览室（区）终端数	24	台		1. 年到馆总人次	53	人次	
2. 其他设备数量	25	台		2. 持证读者数	54	人	
三、人员	26	—		3. 年外借总册次	55	册次	
1. 人员数量	27	人		4. 年馆外服务点借阅量	56	册次	
其中 专职人员	28	人		5. 年网站访问量	57	次/年	
兼职人员	29	人		6. 年参考咨询服务量	58	次	

续表

2.性别	男性	30	人		八、重点文化工程服务		59	—	
	女性	31	人		1.电子阅览人次		60	人次	
3.学历	普通高中及以上	32	人		2.视听播放服务	播放场次	61	场次	
	初中及以下	33	人			收看人次	62	人次	
4.职称	中级及以上	34	人		九、社会教育活动		63	—	
	初级及以下	35	人		1.讲座	讲座次数	64	次	
5.在职教育		36	学时/年			参加人次	65	人次	
四、经费		37	—		2.展览	举办展览	66	个	
1.财政拨款		38	万元/年			参观人次	67	人次	
其中	购书专项经费	39	万元/年		3.培训	举办培训	68	个	
2.社会捐赠		40	万元/年			培训人次	69	人次	
3.新增藏量购置费		41	万元/年		4.阅读推广活动		70	次	
4.重点文化工程运行费		42	万元/年						

单位负责人：　　　　　统计填表人：　　　　实际报出日期：　　年

注:表内关系:15≥16,16≥17+18,19≥20,23≥24,27=28+29=30+31=32+33=34+35,38≥39,62≥61,65≥64,67≥66,69≥68。

附录 B：

（资料性附录）

统计项目的细化要求说明

项目		代码	单位	细化要求说明
一、基础设施		14	—	
1. 馆舍建筑面积		15	平方米	1. 以乡镇提供给图书馆的专用面积为依据，不含租赁或与其他文化机构合用的面积，不含正在改扩建、尚未竣工的面积 2. 不含租赁的房屋，不含职工宿舍及临时建筑
阅览室总面积		16	平方米	
其中	书刊阅览室面积	17	平方米	
	电子阅览室（区）面积	18	平方米	电子阅览室单列的需注明
2. 阅览座席数		19	平方米	1. 含电子阅览室座席 2. 不含公众活动场所供读者休息、等候的座椅
	少儿阅览室（区）座席数	20	个	1. 少儿阅览室单列的需注明 2. 考虑到少儿阅读、亲子阅读等因素，"少儿阅览室座席数"也可参照《公共图书馆服务规范》用占用面积（如1.2/2平方米/1座）折算
3. 书架单层总长度		21	米	按书架每个单层逐面计算，不含办公用书架
二、现代化技术设备		22	—	
1. 计算机数量		23	台	馆属可供工作人员和读者正常使用的计算机数量，不计已报废的数量
其中	电子阅览室（区）终端数	24	台	电子阅览室（区）内可供读者正常使用的计算机数量，不计已报废的数量
2. 其他设备数量		25	台	除计算机外的设备数量，如打印机、复印机、传真机、投影仪、摄影机等，不计已报废的数量
三、人员		26	—	
1. 人员数量		27	人	以在职人员为准，含兼职人员
其中	专职人员	28	人	指专职从事图书馆工作的人员
	兼职人员	29	人	指从事其他工作的同时，兼职承担图书馆工作的人员
2. 性别	男性	30	人	
	女性	31	人	
3. 学历	普通高中及以上	32	人	1. 指国家承认的正式学历，不含相当学历 2. 普通高中含职高及中专学历
	初中及以下	33	人	

项目		代码	单位	细化要求说明
4. 职称	中级及以上	34	人	不含低职高聘的人员
	初级及以下	35	人	
5. 在职教育		36	学时/年	含图书馆专业在职学历教育和各类业务培训
四、经费统计		37	—	
1. 财政拨款		38	万元/年	含各种事业经费、人员工资、购书费、专项补助资金等
其中　购书专项经费		39	万元/年	限定其用途为购书经费的专项经费数额
2. 社会捐赠		40	万元/年	实物按折合后实际价值计
3. 新增藏量购置费		41	万元/年	含图书、报刊、缩微制品和视听文献等各类藏品的购置经费
4. 重点文化工程运行费		42	万元/年	地方财政投入推广共享工程的专项经费,不与其他经费重复核算
五、馆藏资源统计		43	—	
1. 总藏量		44	册、件	1. 指本馆已入藏的古籍、图书、期刊和报纸合订本、小册子、手稿,以及缩微制品、录像带、录音带、光盘等视听文献资料数量之和 2. 含电子文献入藏量
2. 数字资源总量		45	TB	含有关数字文化工程资源量,含自建和外购并储存在本地的数字资源量
3. 图书年入藏量		46	种	1. 含各种来源的中外文图书(如采购、接受捐赠或调拨等) 2. 不含电子图书
4. 报刊年入藏量		47	种	1. 含各种来源的中外文报刊(如采购、接受捐赠或调拨等),不含电子报刊 2. 按报刊题名计"种"(即丛刊中的每一分辑题名单独计"种")
5. 视听文献年入藏量		48	种	1. 含各种来源(如采购、接受捐赠或调拨等)、不同载体(如录音带、录像带、DVD/VCD、CD唱片等)的视听文献 2. 一个题名的成套视听文献,按其实际包含的各种载体的视听文献件数计
六、开放时间统计		49	—	
1. 周开放时间		50	小时	指主要服务窗口正常开放时间
2. 年开放天数		51	天	周六、周日或节假日是否开放
七、服务工作统计		52	—	

续表

项目		代码	单位	细化要求说明
1. 到馆总人次		53	人次	1. 含到馆阅览和借出书、刊、缩微制品、视听文献、电子文献等的读者人次 2. 含自习、咨询的人次
2. 持证读者数		54	人	截止统计周期止，在图书馆系统内注册的累计读者数量
3. 外借总册次		55	册次	含到馆外借册次、馆外服务点外借册次及电子文献外借册次
4. 馆外服务点借阅量		56	册次	含流动图书车、基层阅览室等
5. 年网站访问量		57	次/年	指图书馆网站中所有网页（含文件及动态网页）被访客浏览的总次数
6. 参考咨询服务量		58	次	含为本地政府、重点教育、科研和企事业单位及社会公众提供的各类咨询服务
八、重点文化工程服务统计		59	—	
1. 电子阅览人次		60	人次	按每位读者接受电子阅览服务1小时为1人次计
2. 视听播放服务	播放场次	61	场次	专指在馆内外开展的共享工程资源播放服务
	收看人次	62	人次	
九、社会教育活动统计		63	—	
1. 讲座	讲座次数	64	次	含报告会、公益讲座、读书沙龙等
	参加人次	65	人次	
2. 展览	举办展览	66	个	
	参观人次	67	人次	
3. 培训	举办培训	68	个	面向馆内员工举办的培训班不计
	培训人次	69	人次	
4. 阅读推广活动		70	次	除讲座、展览、培训外的其他阅读推广活动

参考文献

1. 国家建设部,文化部,教育部. 图书馆建筑设计规范[M]. 北京:中国建筑工业出版社,1999:10.

2. 李国新,冯守仁,鹿勤. 公共图书馆规划与建设标准解析[M]. 北京:国家图书馆出版社,2009(3).

3. 邱冠华,于良芝,许晓霞. 覆盖全社会的公共图书馆服务体系:模式、技术支撑与方案[M]. 北京:北京图书馆出版社(今国家图书馆出版社),2008(4).

4. 王效良. 基层图书馆的农村服务工作[M]. 北京:国家图书馆出版社,2010(11).

5. 方允璋. 农家书屋实用手册[M]. 北京:国家图书馆出版社,2010(4).

6. 北京市文化局. 北京市街道(乡镇)图书馆评估定级标准[S],2007.

7. 上海市图书馆. 上海市街道(乡镇)图书馆等级评定标准(讨论稿)[S],2011.

8. 深圳图书馆. 深圳市基层图书馆(室)达标定级评估标准[S],2011.

9. 深圳图书馆. 深圳市街道图书馆评估(达标)标准[S],2011.

10. 大连市文化局. 大连市乡镇、街道图书馆评估标准[S],2005.

乡镇图书馆评估指南(草案)*

1 范围

本标准制定了乡镇图书馆评估考核指标体系及具体细则,规范了乡镇图书馆评估工作。本标准适用于乡镇图书馆。街道图书馆(室)、村图书馆(室)、社区图书馆(室)可参照使用。

2 规范性引用文件

下列文件对于本文件的应用是必不可少的。凡是注日期的引用文件,仅注明日期的版本适用于本文件。凡是不注日期的引用文件,其最新版本(包括所有的修改单)适用于本文件。

GB/T 4894—2009 信息与文献 术语

GB/T 28220—2011 公共图书馆服务规范

建标 108—2008 公共图书馆建设标准

WH/T xx‐201x 乡镇图书馆统计指南

3 术语和定义

下列术语和定义适用于本文件。

3.1

乡镇 township

较小的市镇。

注:来源自《现代汉语词典》(第5版)2005年。

3.2

乡镇图书馆 township library

由乡镇政府投资兴办的、向所辖乡镇公众开放的图书馆,是具有文献信息资源收集、整理、存储、传播和服务等功能的公益性公共文化与社会教育设施。

注:改自 GB/T 28220 2011《公共图书馆服务规范》术语和定义3.1。

3.3

评估 assessment

在机构目标的实现中,对有贡献的候选人、雇员、项目、机构、运行或资源的效率或结果的评价。

注:来源于 GB/T 4894—2009《信息与文献术语》术语和定义4.1.3.1。

3.4

指标 indicator

用来从质和量两方面描述活动(或者事件、物体、人)的特征,从而评价此特性化活动的

---

* 本标准主要起草人:谢林、万行明、解虹、陈茹、田颖、贺定安、万群华、徐力文。

价值的表达方式(可以是数字、符号或口头形式)。

4 乡镇图书馆评估指标

表1 乡镇图书馆评估指标

标号	指标	标准与因素	分值	备注
4.1	设施设备		150	
4.1.1	建筑条件		60	注1:新建或改建馆舍工程中应参考建标108—2008《公共图书馆建设标准》相关规定执行
4.1.1.1	馆舍建筑面积(平方米)	800↑ 600↑ 300↑ 100↑	30 25 20 15	注2:以上一年度报表所报面积为依据 注3:应提供相关建筑图纸及房产证明,无法提供建筑图纸的老建筑,须提供上一次评估时对此项的结论 注4:不含正在扩建、尚未竣工的建筑面积 注5:不含租赁的房屋;不含职工宿舍及临时建筑
4.1.1.2	阅览座席(个)	100↑ 50↑ 20↑	20 15 10	注6:指阅览室(含电子阅览室)内供读者使用的座席 注7:不含公众活动场所供读者休息、等候的座椅
4.1.1.3	少儿阅览座席(个)	20↑ 15↑ 10↑	10 7 4	注8:指图书馆中可供少儿读者使用的座席。单独的少年儿童活动空间,参照建标108—2008《公共图书馆建设标准》的相关规定,按1.8—2.3m^2/座折算阅览座席数量
4.1.2	现代化技术条件		90	
4.1.2.1	计算机数量(台)	20↑ 15↑ 10↑ 5↑	20 16 12 8	注9:指可供读者和工作人员正常使用的计算机数量(不含已报废的数量) 注10:提供每台计算机的存放地点、用途及实际使用情况

标号	指标	标准与因素	分值	备注
4.1.2.2	提供读者使用的计算机数量（台）	18↑ 13↑ 8↑ 3↑	20 16 12 8	注11：可供读者正常使用的计算机数量 注12：提供每台计算机的存放地点、用途及实际使用情况
4.1.2.3	其他设备数量	10↑ 7↑ 4↑ 2↑	20 16 12 8	注13：可供读者和工作人员正常使用的打印机、复印机、传真机、投影仪、摄影机等设备数量（不含已报废的数量） 注14：提供每台设备的存放地点、用途及实际使用情况
4.1.2.4	宽带接入（Mbps）		20	注15：提供电信施工合同
4.1.2.5	图书馆自动化管理系统		10	注16：系统运行不正常的酌情扣分
4.2	经费与人员		150	
4.2.1	经费保障		50	
4.2.1.1	财政拨款（万元/年）	12↑ 10↑ 8↑ 6↑	15 12 9 6	注17：提供自上次评估以来历年的平均值
4.2.1.2	财政拨款年增长率与当地财政收入增长率的比率（%）	110↑ 100↑ 90↑	5 4 3	注18：（财政拨款年增长率/当地财政收入增长率）×100 注19：提供自上次评估以来历年的平均值
4.2.1.3	新增馆藏购置费（万元/年）	2.5 2.0 1.5 1.0 0.5	20 16 12 8 4	注20：指本馆自上次评估以来平均每年购进图书、报刊、缩微制品和视听文献等各类藏品所用经费
4.2.1.4	免费开放本地经费到位情况		0—10	注21：提供上级财政补助收入的免费开放专项入账凭单
4.2.2	人员队伍		100	

续表

标号	指标	标准与因素	分值	备注
4.2.2.1	每 10 万人拥有图书馆员数量	15 ↑ 10 ↑ 5 ↑ 3 ↑ 1 ↑	20 16 12 8 4	注 22:在职员工数/乡镇人口总数 ×100 000
4.2.2.2	学历		30	注 23:指国家承认的正式学历,不含相当学历
4.2.2.2.1	大专以上学历人数/职工人员总数(%)	30 ↑ 20 ↑ 15 ↑	15 10 5	
4.2.2.2.2	中专、高中以上学历人数/职工人员总数(%)	90 ↑ 80 ↑ 60 ↑	15 10 5	
4.2.2.3	职称		30	注 24:不含低职高聘的人员
4.2.2.3.1	中级以上职称人数/职工人员总数(%)	30 ↑ 20 ↑ 10 ↑	15 10 5	
4.2.2.3.2	初级以上职称人数/职工人员总数(%)	50 ↑ 40 ↑ 30 ↑	15 10 5	
4.2.2.4	员工岗位培训、继续教育 (人均学时/年)	70 ↑ 50 ↑ 40 ↑	20 15 10	注 25:=年总学时/业务人员数 注 26:含在职学历教育和各类业务培训 注 27:提供上一年度继续教育培训计划、课程安排和参加学历教育、各类培训的人员名单及学时证明
4.3	馆藏资源		150	
4.3.1	总藏量 (万册、件)	1.5 ↑ 1.2 ↑ 0.9 ↑ 0.6 ↑ 0.3 ↑	20 16 12 8 4	注 28:指本馆已入藏的图书(含古籍)、期刊和报纸合订本、小册子、手稿,以及缩微制品、录像带、录音带、光盘等视听文献资料数量之和,含电子文献 注 29:以上一年度报文化部的年度统计报表为依据

续表

标号	指标	标准与因素	分值	备注
4.3.2	文献入藏		50	
4.3.2.1	图书年入藏量（种）	600↑ 300↑ 100↑	20 15 10	注30：含各种来源的中外文图书（如采购、接受捐赠或调拨等） 注31：不含电子图书 注32：提供上次评估以来的历年平均值
4.3.2.2	报刊年入藏数量（种）	100↑ 60↑ 30↑	20 15 10	注33：含各种来源的中外文报纸和期刊（如采购、接受捐赠或调拨等） 注34：不含电子报刊 注35：按报刊题名计"种"（即丛刊中的每一分辑题名单独计"种"）
4.3.2.3	视听文献年入藏量（件/年）	15↑ 10↑ 5↑	10 7 4	注36：含各种来源（如采购、接受捐赠或调拨等）、不同载体（如录音带、录像带、DVD/VCD、CD唱片等）的视听文献 注37：一个题名的成套视听文献，按其实际包含的各种载体的视听文献件数计
4.3.3	电子文献藏量（种）	100↑ 60↑ 30↑	20 15 5	注38：指评估期间各种来源（如采购、接受捐赠或调拨等）、可供读者利用的电子文献数量，含电子图书、电子期刊 注39：提供查重后的数量
4.3.4	文献编目		40	
4.3.4.1	文献分类	使用《中图法》进行分类标引	20	
4.3.4.2	文献著录	依据有关国家标准或行业标准著录	20	
4.3.5	藏书组织管理		20	
4.3.5.1	文献加工	书标 登录号 馆藏章	2 2 2	注40：要求规范、统一、整齐、美观
4.3.5.2	开架图书排架误差率（%）	5↓ 4↓ 3↓	6 8 10	注41：按本馆排架规定检查

续表

标号	指标	标准与因素	分值	备注
4.3.5.3	文献保护		4	注42：重点考察书库防火、防盗、防虫、防潮、防尘等措施、设备及效果；以及破损图书修补情况等
4.4	用户服务		275	
4.4.1	免费开放	公共空间设施场地免费开放情况；基本服务项目健全并免费开放	15 15	注43：根据文化部、财政部《关于推进全国美术馆、公共图书馆、文化馆（站）免费开放工作的意见》及财政部《关于加强全国美术馆、公共图书馆、文化馆（站）免费开放经费保障工作的通知》，检查执行情况
4.4.2	基本服务		95	
4.4.2.1	每周开馆时间（小时）	48↑ 36↑ 24↑	20 15 10	注44：凡节假日、双休日闭馆的不得分
4.4.2.2	开架书刊册数/总藏量(%)	60% 50% 40%	20 15 5	注45：含半开架书刊，总藏量中不含古籍
4.4.2.3	馆藏利用情况		20	
4.4.2.3.1	持证读者年人均外借册次（册/人）	10↑ 7↑ 5↑ 3↑	10 8 6 4	注46：书刊文献外借册次/持证读者数
4.4.2.3.2	馆藏年流通率(%)	70↑ 50↑ 30↑ 20↑	10 8 6 4	注47：书刊文献年外借册次/馆藏总量 注48：考察自上次评估以来历年平均值
4.4.2.4	总分馆制及馆外延伸服务		20	
4.4.2.4.1	总分馆制	有总分馆建设协议；有实质性文献流通。	5 5	注49：乡镇（街道）图书馆有否加入上一级图书馆总分馆系统（各项累加计分）
4.4.2.4.2	馆外延伸服务覆盖率(%)	90% 70% 50%	10 8 6	注50：乡镇（街道）图书馆村（社区）延伸服务数/乡镇（街道）下辖村（社区）总数

续表

标号	指标	标准与因素	分值	备注
4.4.2.5	人均年到馆次数（次/人）	25 ↑ 20 ↑ 10 ↑ 5 ↑	10 8 6 4	注51：年流通总人次/执证读者数 注52：考察自上次评估以来历年平均值
4.4.2.6	书刊宣传		0—5	注53：指乡镇图书馆开展的以推介馆藏书刊为目的的各类宣传活动 注54：提供有关资料
4.4.3	参考咨询服务	乡镇政府公共信息服务； 村民致富（社区就业）信息服务； 休闲娱乐、养生保健及其他信息服务	10 10 10	注55：提供信息服务记录、用户反馈意见或相关报道（各项累加计分） 注56：利用共享工程设施开展的信息查询服务计入此处
4.4.4	为特殊群体服务	残疾人服务 进城务工人员服务 未成年人服务 老年人服务	10 10 10 10	注57：提供服务记录及相关材料（各项累加计分）
4.4.5	读者活动		80	注58：指图书馆举办或联合举办并具有一定规模的读者活动
4.4.5.1	年读者活动次数	25 次 ↑ 20 次 ↑ 15 次 ↑ 10 次 ↑ 5 次 ↑	50 40 30 20 10	注59：包含讲座、报告会、展览、培训、读书沙龙及其他阅读推广等读书活动的总人次 注60：提供计划、总结、照片、宣传报道及读者反馈意见等有关材料 注61：读者活动达到一定数量，如无计划和总结，酌情减分
4.4.5.2	每万人参加读者活动次数（次/万人）	3.0 ↑ 2.0 ↑ 1.0 ↑ 0.5 ↑ 0.05 ↑	30 25 20 15 10	注62：(参加讲座、报告会、展览及各类阅读推广活动总人数/乡镇)总人数）×10 000 注63：面向馆内员工举办的辅导班不计
4.5	业务辅导、协作协调		80	

续表

标号	指标	标准与因素	分值	备注
4.5.1	业务辅导	计划、总结	0—7	注64:对村(社区)图书馆开展业务辅导活动
		对本地区公共图书馆的业务统计分析	0—7	注65:考察所辖村(社区)图书馆规范化建设情况
		业务辅导活动成效	0—7	注66:提供辅导工作报告、工作记录及有关基层馆材料
4.5.2	基层业务培训工作	计划、总结	0—7	注67:提供有关计划、总结、反馈材料
		培训内容及次数	0—7	
		培训效果及反馈	0—7	
4.5.3	参与县(市、区)图书馆服务网络建设		0—8	
4.5.4	本地区村、社区图书馆参与服务网络建设的比例(%)	40↑ 30↑ 20↑ 10↑	15 12 9 6	
4.5.5	本地区图书馆服务网络内的资源共享情况		0—15	注68:考察通借通还的覆盖率、分馆书刊文献借阅册次等
4.6	科学管理		135	
4.6.1	年度计划		0—5	注69:提供自上次评估以来历年的年度计划文本
4.6.2	规章制度	规章制度建设完备;制度执行状况良好	10	注70:图书借阅制度、电子阅览室管理制度,书刊污损、遗失赔偿办法等制度齐全并上墙
4.6.3	岗位管理	岗位设置、聘用	0—5	注71:主要考核岗位设置、聘用及岗位责任制落实,考核与分配激励制度等管理工作情况
4.6.4	志愿者管理	吸纳志愿者参与图书馆工作,对其进行科学管理	5	
4.6.5	设备、物资管理	桌椅、书报刊架、电脑、强弱电线路等设备完好,无故障	10	

续表

标号	指标	标准与因素	分值	备注
4.6.6	档案管理	档案健全,资料详实,归档及时,装订整齐,每卷有目录	10	注72:须现场查阅档案
4.6.7	统计工作	业务统计项目齐全 按时完成业务统计年报	5 5	注73:提供有关材料(各项累加计分)
4.6.8	环境与安全管理		20	
4.6.8.1	环境管理	整齐整洁、美观,标识规范,告示醒目	10	
4.6.8.2	安全保卫	制度、设施齐全,无重大责任事故	10	注74:须具备当地公安消防部门提供消防合格材料
4.6.9	评价与表彰		30	
4.6.9.1	读者评价	设施设备 馆藏资源 服务质量 员工素质	2.5 2.5 2.5 2.5	注75:在评估期间发放调查表,征求读者意见(各项累加计分)
4.6.9.2	表彰、奖励		20	注76:国家级表彰、奖励每次计5分 注77:国务院业务主管部门及省级党委、政府表彰、奖励每次计4分 注78:省级业务主管部门及市级党委、政府表彰、奖励每次计3分 注79:市级业务主管部门及县级党委、政府表彰、奖励每次计2分 注80:县级业务主管部门表彰、奖励计1分 注81:自上次评估以来的累计值,总分不超过20分
4.7	重点文化工程		90	
4.7.1	文化共享工程		30	
4.7.1.1	专门机构		0—10	
4.7.1.2	设备达标		0—10	注82:须现场核查

续表

标号	指标	标准与因素	分值	备注
4.7.1.3	经费投入（万元/年）	2.5 2.0 1.5 1.0 0.5	20 16 12 8 4	注83：须提供共享工程运行维护经费有关资料
4.7.1.4	工程管理	年度计划总结 人员、设备管理制度 服务、活动档案统计报表制度执行情况	2.5 2.5 2.5 2.5	注84：提供有关资料（各项累加计分）
4.7.1.5	电子阅览人次（万人次/年）	2↑ 1↑ 0.5↑ 0.2↑	15 12 9 6	注85：按每位读者接受电子阅览服务1小时为1人次计 注86：提供有关资料
4.7.1.6	共享工程播放服务	12次↑ 8次↑ 6次↑ 4次↑	15 12 9 6	注87：专指在馆内外开展的共享工程资源播放服务 注88：须提供活动记录及照片
4.7.2	古籍保护	存藏条件 管理制度 古籍普查 保护现状	2.5 2.5 2.5 2.5	注89：没有古籍的图书馆，主要考察其对辖区古籍文献的普查情况，即"古籍普查"项的分值为10分

注：年内发生重大责任事故，从管理总分中扣除30—50分。重大责任事故指造成较大损失、受到上级通报批评，损害图书馆声誉和形象的失火、失窃等事件。

5　评估资料的采集

5.1　评估资料的采集途径

5.1.1　常规统计年报资料

乡镇图书馆依据《乡镇图书馆统计指南》所填报的业务统计年报数据。

5.1.2　文书、档案、图片及其实物资料

乡镇图书馆开展业务工作所形成的资料，如工作计划、方案、总结、学术论文、调研报告等文书、档案资料；馆办活动图片资料；获奖证书实物资料等。

5.1.3　抽样估算（含读者问卷调查）的数据

依据计算机自动生成(如文献借阅流通数据等)、临架抽样检查(如文献排架误差率等)及读者满意度问卷调查所获得的乡镇图书馆工作数据。

5.2 评估资料采集所涉及的时间周期

乡镇图书馆评估工作,主要依据上次评估以来历年数据的平均值,部分项目可参考评估上一年度的相关数据。

6 评估工作的流程及方法

6.1 评估工作流程
6.1.1 自评

根据乡镇图书馆评估标准,由乡镇文化站或图书馆自行组织进行的评估。自评是被考评者对自身工作的主观评价,应尽量客观。

6.1.2 初评

地方文化行政主管部门根据本标准,在地区层面组织进行的对辖区乡镇图书馆的评估。初评一般不计入评估结果,可作为更高一级评估工作的参考。

6.1.3 复查评估

在全国或地区层面上组织进行的对乡镇图书馆的评估。一般由专门组建的评估专家组,依据评估标准对乡镇图书馆诸项工作予以客观、公正的测评,复查评估结果可作为国家或地区相关部门授予乡镇、街道图书馆相应等级的依据。

6.2 评估工作方法
6.2.1 实地评估

由上级文化行政主管部门组成评估专家组,深入实地,依据乡镇图书馆评估标准对被评估者单位所做出的评估。

6.2.2 抽样调查

评估专家组在被评估者单位,依据5.1.3抽样估算(含读者问卷调查)的数据所做出的评估。

7 评估工作实施主体、周期及评估工作报告

7.1 评估工作的实施主体

乡镇图书馆评估工作的实施主体为国家文化行政主管部门。

乡镇(街道办事处)有义务配合各级文化行政主管部门做好评估定级相关工作,促进乡镇图书馆为辖区民众提供优质的服务。

7.2 评估周期

乡镇图书馆评估工作原则上应与县级以上公共图书馆评估定级工作在时间上保持同步,一般应以4年为一个评估周期。

7.3 评估报告及其结果
7.3.1 评估报告

评估专家组在完成乡镇图书馆复查评估工作的基础上,应将评估情况以文字形式形成报告,并将评估报告报送上级文化行政主管部门,以作为其授予乡镇图书馆相应等级的依据。

7.3.2 评估结果

国家或地区文化行政主管部门在对乡镇图书馆评估的基础上,根据其得分多少确定相应等级,以此作为乡镇图书馆评估工作的最终结果。

乡镇图书馆的评估等级分为一、二、三级。

乡镇图书馆的等级评定结果应由文化行政主管部门以政府公文形式向社会公布。

附录 A
(资料性附录)
乡镇图书馆评估定级必备条件

标号	项目	标准	等级	说明
1	馆舍建筑面积(平方米)	800↑	1	
		600↑	2	
2	财政拨款总数不低于乡镇(街道)人均(元)	4.00↑	1	服务人口≤2万。
		3.00↑	2	
		3.50↑	1	服务人口2—4万。
		2.50↑	2	
		3.00↑	1	服务人口≥5万。
		2.00↑	2	
3	大专以上学历人数/职工人员总数(%)	30↑	1	
		20↑	2	
4	图书年入藏量(册)	750↑	1	
		450↑	2	
5	每周开馆时间(小时)	40↑	1	
		35↑	2	
6	馆藏年流通率(%)	70↑	1	
		50↑	2	
7	现代技术装备,自动化、网络化规范化建设部分得分率(%)	80↑	1	
		70↑	2	
8	共享工程服务得分率(%)	80↑	1	
		70↑	2	
9	读者满意度(%)	80↑	1	
		70↑	2	

附录 B
（资料性附录）
读者调查问卷

读者朋友,您好:

为了更好地满足您的需求,提高图书馆的服务质量和水平,我们特邀请您参与"读者调查"活动,望能得到您的支持。请在您认为合适的答案后划"√"。谢谢您的合作!

馆舍环境与设施设备满意程度:

1. 您对本馆的馆舍环境与阅览环境(安静、整洁、舒适、明亮)感到

满意□　　基本满意□　　不满意□

2. 您能方便、顺利地找到您想借的图书吗?

满意□　　基本满意□　　不满意□

3. 您对本馆的计算机查询、复印等设备感到:

满意□　　基本满意□　　不满意□

您对本馆的文献和信息资源是否满意:

1. 图书资料:　　　　　满意□　　基本满意□　　不满意□

2. 期刊报纸:　　　　　满意□　　基本满意□　　不满意□

3. 电子文献:　　　　　满意□　　基本满意□　　不满意□

4. 音像资料:　　　　　满意□　　基本满意□　　不满意□

您对本馆的服务是否满意?

1. 开放时间:　　　　　满意□　　基本满意□　　不满意□

2. 目录查询:　　　　　满意□　　基本满意□　　不满意□

3. 借阅手续和效率:　　满意□　　基本满意□　　不满意□

4. 解答咨询:　　　　　满意□　　基本满意□

您对本馆员工的素质是否满意?

5. 工作人员服务态度:　满意□　　基本满意□　　不满意□

6. 工作人员专业水平:　满意□　　基本满意□　　不满意□

7. 读者反映意见的途径:满意□　　基本满意□　　不满意□

综合评价:满意□　　基本满意□　　不满意□

您的基本情况;

年　　龄:16 岁以下□　17—30 岁□　31—45 岁□　45—60 岁□　60 岁以上□

文化程度:小学□　中学□　大专□　本科□　硕士□　博士以上□

身　　份:学生□　工人□　农民□　教师□　机关干部□　科研技术人员□

　　　　　军人□　公司职员□　自由职业者□　离退休人员□　其他□

您认为本馆目前最需要解决的问题是什么？欢迎提出意见和建议

附录 C
（资料性附录）
读者满意率调查汇总表

单位：_____ 填表人：_____ 填表时间：_____

统计	发放表数量（份）	
	回收表数量（份）	
	回收率（%）	

满意率（%）		评估得分	
备注			

说明：1. 每表填写"基本满意"和"满意"的项目达 10 项以上，并占总项目的 60% 以上为满意答卷。

2. 满意率计算方法：满意率 = 满意答卷分数 ÷ 回收表数量。

参考文献

1. 文化部公共图书馆第五次评估［EB/OL］. http://www.ccnt.gov.cn/sjzznew2011/shwhs/shwhs_tsgsy/201212/t20121210_268889.html.

2. ISO11620:2008 图书馆绩效指标（Information and Documentation-Library performance indicators）

3. ISO/TR20983:2003 电子图书馆服务绩效指标（Performance indicators for electronic library services）

4. 国家建设部,文化部,教育部. 图书馆建筑设计规范［M］. 北京：中国建筑工业出版社,1999.

5. 北京市文化局. 北京市街道（乡镇）图书馆评估定级标准［S］,2007.

6. 上海市图书馆. 上海市街道（乡镇）图书馆等级评定标准（讨论稿）［S］,2011.

7. 深圳图书馆. 深圳市基层图书馆（室）达标定级评估标准［S］,2011.

8. 深圳图书馆. 深圳市街道图书馆评估（达标）标准［S］,2011.

9. 大连市文化局. 大连市乡镇图书馆评估标准［S］,2005.